사회적 경제조직과 성과관리

Social Economy Organizations and
Performance Management

사회적 경제조직과 성과관리

초판1쇄 인쇄 2024년 11월 15일
초판1쇄 발행 2024년 11월 22일

지 은 이 지은구
펴 낸 이 신일희
펴 낸 곳 계명대학교 출판부
출판등록 제347-1998-1호(1970. 9. 1)
주 소 대구광역시 달서구 달구벌대로 1095
대표전화 053-580-6233
팩 스 053-580-6235
홈페이지 www.kmupress.com

ISBN 979-11-6516-237-5 93330 정가 30,000원

이 저서는 2021년 대한민국 교육부와 한국연구재단의 지원을 받아 수행된 연구임
(NRF-2021S1A6A4051414)

사회적 경제조직과 성과관리

Social Economy Organizations and
Performance Management

지은구

계명대학교 출판부

목차

제3장

제4장

제7장

한국형 사회적 경제조직 성과관리 영역별 측정요소 및 측정도구

제8장

결론: 한국형 사회적 경제조직 성과관리모델의 특성

표목차

그림목차

머리말

시장경제대응조직으로 연대경제, 공유경제 그리고 사회적 경제를 지향하는 사회적 기업과 같은 사회적 경제조직(기업)[01]이 한국사회에 등장한지 20년이 지나고 있다. 사회적 경제조직인 사회적 기업의 진흥을 위해 사회적 기업육성법이 제정된 이후 사회적 기업의 수는 지속적으로 증가하여 정부의 지원을 받는 예비 및 인증 사회적 기업의 수는 2007년 55개에서 2022년을 기준으로 인증받은 기업의 수가 3,266개를 넘어서고 있으며 2020년을 기준으로 마을기업은 약 1,652개 자활기업은 2021년을 기준으로 1,062개 그리고 2022년을 기준으로 사회적 협동조합은 3,660개가 운영 중에 있어 한국에서 사회적 경제조직의 수는 빠르게 증가하고 있다. 양적으로만 본다면 한국의 사회적 경제조직은 어느 정도 발전을 위한 기반을 닦은 것으로 보이는 것이 사실이다. 하지만 현실적으로 사회적 경제조직이 시장에서 이윤을 창출하면서 사회적 가치를 실현하는 것은 매우 어렵다는 것이 현장의 목소리이다. 이러한 어려움에

01 사회적 경제조직은 사회적 경제 기업이라고도 불린다. 본 연구에서는 사회적 경제 기업을 사회적 경제조직으로 통칭한다. 이는 사회경제영역에서 활동하는 조직들 중에는 기업화되어 있지 않은 조직 등도 포함되어 있기 때문이다.

도 불구하고 시장의 실패 또는 시장으로부터의 배제를 경험하면서 시장의 폐해를 지적하는 수많은 요구를 해결하기 위해서는 사회적 경제는 활성화되어야 하고 이를 위한 도구로써 사회적 기업을 포함한 다양한 사회적 경제조직들은 시장에서 생존가능성을 유지 및 확대하여야 한다.

객관적으로 사회적 경제조직이 생산하는 상품 즉, 재화와 서비스는 경쟁 상태에 있는 일반기업이 생산하는 것보다 우수하지 못하면 사회적 경제 또는 공유경제에 대한 국민들의 의식이 높지 않은 상태에서 국민들로부터 선택받기가 어려운 것이 사실이다. 특히 사회적 경제조직은 일반기업보다 투자자본 및 우수한 인재를 확보하는 것이 현실적으로 어려움으로 허약한 인적 및 물적 토대에서 일반기업과 경쟁하면서 이윤을 창출하고 창출된 이윤을 지역사회에 반환하는 활동을 유지하고 확대한다는 것은 어려운 과업임에 틀림없다. 이러한 현실적 어려움에도 불구하고 시장경제의 폐해를 극복하기 위해 사회적 경제는 활성화되어야 하며 이를 위한 수단으로써의 사회적 경제조직들은 활성화되고 지속적인 발전을 하여야 한다.

시장에서 사회적 경제조직의 생존가능성은 곧 이윤창출임으로 사회적 경제조직의 유지 및 발전을 위한 성과관리는 경제적 가치인 이윤창출을 위한 노력이나 창출된 이윤으로 측정될 수 있다. 하지만 이미 일반영리기업의 성과관리의 패러다임이 이윤창출에서 기업 활동이나 이용자중심으로 변화하고 있으며 일반영리기업의 성과 역시 경제적 성과와 함께 사회적 성과로써 기업의 사회적 책임이나 창의적 공유 가치 그리고 사회적 가치 창출 여부로 평가하는 사회적 분위기가 형성되고 있다. 일반기업의 이윤은 전적으로 지역사회로부터 온다, 따라서 지역사회가 건강하지 않으면 일반기업의 영리활동은 위축되지 않을 수 없으며 이윤창출은 지속될 수 없다. 이는 곧 일반기업이 사회적 책임감을 넘어 기업이 지역사회를 위해 사회적 가치를 창출하기 위한 노력을 하여야 하고 성취된 결과물로써 가시적인 사회적 성과를 만들어 내야함을 의미한다.

사회적 경제조직은 일반기업과 달리 태생부터 사회적 가치를 실현하기 위해 노력한다. 실현하려는 사회적 가치가 주민들의 건강한 삶이나 삶의 질 개선 또는 지역사회문제해결, 지역사회의 발전이나 사회소외계층에 대한 생활보장 내지는 저소득층 생활개선 등 다양하지만 어떠한 사회적 가치라고 할지라도 사회적 경제조직의 생존이유는 바로 사회적 가치실현을 위해 노력하고 성과 또는 결과물로써 사회적 가치가 성취되어야 한다는 것이다. 최근 사회적 기업으로 대표되는 사회적 경제조직의 성과를 관리하기 위한 관리방안이나 성과측정을 위한 도구 및 지표개발과 관련된 연구는 많은 부분 이루어지고 있지만 현실적으로 많은 사회적 경제조직은 성과관리를 위한 기본 안(틀)을 가지고 있지 못하며 성과관리를 위한 성과측정 역시 수행하지 못하고 있다. 조직이 성장하기 위해 성과가 관리되어야 한다는 원칙에도 불구하고 사회적 경제조직의 성과가 관리되고 측정되지 못하는 가장 결정적인 이유는 첫째, 사회적 경제조직의 성과가 다양한 요소로 구성되는 다면적 속성을 가지고 있어 수량적 방법으로 측정하기가 쉽지 않으며 이러한 결과로 객관적이고 보편적인 성과관리를 위한 성과측정방안이 개발되고 보급되지 못했기 때문이다. 두 번째 이유로 생각해볼 수 있는 이유는 바로 지금까지 수행되어온 많은 성과관리 및 성과측정모델 및 측정도구개발을 위한 노력들이 사회적 경제조직에 적용하기가 현실적으로 매우 어렵게 설계되었거나 현장의 분위기나 상황이 성과관리방안이나 성과측정모델 등에 적절히 반영되지 못했기 때문이다. 즉, 대부분의 성과관리 및 성과측정모델들이 현장적합성이 떨어진다는 것을 의미한다. 그리고 마지막 이유는 사회적 경제조직이 성과를 체계적으로 관리할 수 있는 정도의 기반이 부족하다는 점이다. 성과를 관리할 정도의 인력을 갖추지 못할 정도로 기업의 규모가 적은 경우 성과를 관리할 수 있는 인력적 여유가 없으며 성과측정 및 성과관리를 위한 시간적 여유조차 허락되지 않는 것이 현실이다.

사회적 경제조직은 경제적 가치와 사회적 가치를 성취하려는 사회적기업가정신으로 무장한 기업대표를 포함한 직원들의 의지나 태도 그리고 다양한 노력을 통하여 결과물로써 이중적 성과(경제 및 사회적 성과로써 이중적 기본선)를 산출한다. 경제적 가치창출은 사회적 경제조직의 생존가능성을 그리고 사회적 가치창출은 사회적 경제조직의 목적 실현 및 발전가능성을 담보하는 이중적인 가치이다. 따라서 사회적 경제조직이 생존하고 유지 및 발전을 위해서 성과는 반드시 관리되어야 하며 관리를 위해서 성과는 측정되어야 한다. 성과측정을 통하여 사회적 경제조직은 생존과 유지 및 발전을 위한 성과관리방안이 구체적으로 도출되어야 하며 이를 위한 국가적 차원에서 또는 지역사회와 기업단위차원에서 생존 및 유지발전가능성을 확보하기 위해 즉, 성과를 개선하기 위해 무엇을 어떻게 할 것인지에 대한 보다 현실적인 지원 및 관리방안이 도출되어야 한다.

본 저서의 목적은 한국의 사회적 경제조직에 적용할 수 있는 현실적합성과 객관성이 보장되는 성과관리를 위한 성과관리모델을 개발하는 것이다. 즉, 사회적 경제 영역에서 활동하는 모든 기업들이 부담없이 손쉽게 스스로 성과를 측정하고 성과를 관리할 수 있는 자기주도성 성과관리모델을 도출하는 것이다. 특히 사회적 경제조직의 역동성과 활동에 대한 논리적 근거를 바탕으로 성과측정영역과 측정요소들을 도출하기 위해 노력하였다. 즉, 부차적 연구목적으로 측정가능성에 초점을 맞추어 객관적이고 보편적이면서 비교 가능한 수량화된 그리고 도출된 성과관리모델에 최적화된 측정도구를 개발할 수 있는 기본경로를 제시하기 위해 노력하였다는 점이다. 본 저서의 출간에 도움을 주신 계명대학교 출판부에 깊은 감사를 드리며 본 연구가 사회적 경제조직의 발전을 위한 성과개선에 미력하나마 도움이 되기를 기원한다.

2024년 9월

지은구

제1장

사회적 경제조직 성과관리의 배경

사회적 기업, 마을기업, 사회적 협동조합, 자활기업 등으로 대표되는 우리나라의 사회적 경제조직은 시장에서 이윤창출활동을 기반으로 사회취약계층에 대한 지원 나아가 지역사회문제해결 및 지역사회발전 등 사회적 가치 성취를 위해 노력하는 제3부문(the third sector)에서 활동하는 조직이다. 이와 같은 사회적 가치 지향성을 강하게 내포하는 사회적 경제조직의 경영·관리적 핵심은 바로 지속가능성이며 나아가 사회적 경제조직이 창출하는 성과의 증진 및 개선이다. 사회적 경제조직의 성과개선 및 증진 나아가 조직발전을 담보하는 성과관리는 본 연구의 주된 내용이다. 성과를 관리하기 위해서는 반드시 성과가 측정되어야 하고 측정되기 위해서는 성과측정을 위한 기본적인 틀(또는 모델이나 체계)이 구축되어 있어야 한다. 본 장에서는 사회적 경제조직 성과관리를 위한 기본 모델을 개발하기 위한 전체 연구의 과정을 다룬다. 이를 위해 구체적인 연구의 목적과 필요성 그리고 연구의 과제와 연구방법들을 설명한다.

제1장

사회적 경제조직 성과관리의 배경[02]

제1절 연구의 목적 및 필요성

1. 사회적 경제조직 성과관리연구의 목적

사회적 기업, 마을기업, 자활기업 그리고 사회적 협동조합과 같은 사회적 경제조직은 영업활동을 통한 이윤의 창출이라는 목적에 있어 일반기업과 같지만 영리를 추구하지는 않음으로 일반기업과는 다른 사회적 가치의 달성이라는 사회적 목적(또는 사회적 미션)을 수행하기 위해 노력한다. 따라서 사회적 경제조직은 경제적 가치 창출과 사회적 가치의 달성이라는 두 기본 목적을 성취하기 위하여 설립된 혼합조직(mixed or hybrid organization)이라고 할 수 있다(Costa and Andreaus, 2021). 사회적 가치의 달성은 사회적 경제조직의 설립목적이자 사회적 경제조직이 성취하려는

---

02 이 저서는 2021년 대한민국 교육부와 한국연구재단의 지원을 받아 수행된 연구임(NRF-2021S1A6A4051414)

사회적 목적이라고 할 수 있다. 구체적으로 사회적 경제조직이 추구하는 사회적 목적은 “일자리를 잃은 국민들을 위한 직업훈련이나 일자리창출”, “사회복귀를 위한 다양한 서비스 제공”, 그리고 “조직의 서비스를 제공하기 위한 자원 창출”, “지역사회문제해결”, “지역주민복지증진”, “사회적 위험 해소” 등 다양할 수 있다.

사회적기업육성법 제2조에 따르면 사회적 기업은 “취약계층에게 사회서비스 또는 일자리를 제공하여 지역주민의 삶의 질을 높이는 등의 사회적 목적”을 추구한다. 즉, 재화 및 서비스의 생산·판매 등 영업활동을 하는 기업으로 주주나 소유자를 위한 이윤 극대화를 추구하기 보다는 우선적으로 사회적 가치를 추구하면서 이를 위해 이윤을 사업 또는 지역공동체에 다시 투자하는 기업으로 정의되어 있다. 이러한 법적 개념에 따르면 사회적 경제조직의 대표 격인 사회적 기업은 한편으로는 영업활동을 통해 이윤을 추구하고 창출된 이윤을 조직과 사회에 재투자하며 다른 한편으로는 소외계층을 위한 일자리창출과 지역주민의 삶의 질 향상이라는 사회적 가치 실현을 동시에 추구한다. 또한 협동조합 기본법 제2조 제3호에 따르면 사회적 협동조합은 “지역주민들의 권익·복리 증진과 관련된 사업을 수행하거나 취약계층에게 사회서비스 또는 일자리를 제공하는 등 사회적 가치실현을 목적”으로 한다. 이는 자활기업이나 마을기업과 같은 사회적 경제조직에도 동일하게 적용되는 논리이다.

우리나라에 2000년대 이후 등장한 사회적 경제조직의 빠른 성장과 함께 이에 대한 연구 역시 활발히 진행되고 있다. 특히, 사회적 경제조직의 대표 조직인 사회적 기업에 대한 연구가 가장 활발히 진행되고 있다. 사회적 기업에 대한 연구는 주로 사회적 기업 활성화를 위한 정책적 제안, 국내외의 사례연구, 육성방안과 세부전략, 사회적 기업가정신 그리고 사회적 기업 인증제도 그리고 사회적 기업의 성과 등을 중심으로 이루어져 왔고 최근에는 사회적 기업의 성과측정기준이나 성과관리 및 성과측정모델개발에 대한 연구 등이 이루어지고 있지만 그 범위가 제한적이다. 사회적 기업의 활성화를 돕는 정책적 제안이나 육성방안이나 사례연구 그리고 인증제도 등에 대한 연구는 초기 사회적 기업이 지역사회에 뿌리를 내리는 데 도움이 되는 중요한 연구이다. 자활기업과 마을기업 그리고 사회적 협동조합에 대한 연구는 사회적 기업보다는 상대적으로 덜 진행되었는데 자활기업인 경우는 사회적 기업으로의 전환과 자활기업의 특성에 관한 연구가 주로 이루어졌고 마을기업은 활성화방안이나 특성 그리고 지속가능성이나 조직성과에 대한 연구가 일부 이루어졌으며 사회적 협동조합은 외국의 사례와 사회적 협동조합의 특성이나 발전과제 그리고 지속가능성 및 성과에 대한 연구가 최근에 이루어졌다.

하지만 사회적 경제조직이 경제적 가치인 이윤창출과 지역사회개선 및 향상이라는 사회적 가치를 실현할 수 있는 성공적 대안조직으로 자리 잡기 위해서는 그리고 사회적 경제조직이 지속적으로 경제적 가치와 사회적 가치를 실현시키도록 하기 위해서는 조직을 어떻게 운영 및 관리하여야 하는가에 대한 연구와 사회적 경제조직의 지속가능성 및 성과관리 등에 대한 보다 활성화된 연구가 필요하다. 특히, 사회적 경제조직의 성과관리적 측면에서 본다면 사회적 경제조직이 창출하는 조직의 다면적 성과를 어떻게 규정하고 측정하며, 조직 발전적 측면에서 성과를 어떻게 개선 또는 향상할 수 있도록 하는가에 대한 보다 현장 중심적이면서 조직 역량강화를 목적으로 하는 이론중심적인 사회적 경제조직 성과관리모형이나 및 성과측정방안 등에 대한 연구가 필요하다.

본 연구는 사회적 경제조직이 창출하는 성과를 자체적으로 측정하여 관리할 수 있는 성과관리모델을 개발하는 것을 목적으로 한다. 그동안 사회적 경제조직 중 사회적 기업의 성과와 관련된 연구들은 많은 부분 수행되어져 왔다. 하지만 선행연구를 통해 살펴보면 사회적 기업의 성과를 측정함에 앞서, 사회적 경제조직인 사회적 기업의 논리와 역동성을 설명해주는 이론적 틀에 기초하지 않고 성과를 너무 단면적으로 이해하여 성과를 구성하는 구성요소 간 인과관계를 고려하지 않은 채 성과를 경제적 가치 중심으로 이해하거나 또는 결과부분으로만 성과를 인식한 채 경제적 성과와 사회적 성과로 이중적으로만 인식하는 경우가 대부분이다. 또한 연구를 통해 제시된 성과관리나 성과측정모델들이 현실 사회적 기업에서 잘 적용되지 않고 활용되지 않고 있는 것도 현실이다. 이는 기존에 개발된 사회적 기업 성과관리모델이나 성과측정모델들이 현실 기업에 적용하기가 너무 어렵거나 사회적 기업의 성과에 대한 현실적 상황을 적절히 반영하지 않았거나 또는 사회적 기업조건상 성과관리를 위한 성과측정을 수행하기가 불가능하거나 등의 이유일 것이다. 이는 곧 사회적 기업과 같은 사회적 경제조직에 보다 적합한 성과측정이나 성과관리모델연구가 더욱 활발하게 이루어져야 함을 나타내준다.

사회적 경제조직의 기업 논리는 의외로 간단하다. 사회적 기업가정신으로 뭉친 대표나 직원들이 다양한 자원(또는 원료)를 활용하여 재화와 서비스를 생산하고 생산된 재화와 서비스를 통해 이익을 창출하며 창출된 이익을 주주가 아닌 기업과 지역사회를 위해 반환하는 재생산과정을 거친다. 사회적 경제조직이 일반기업과 다른 점은 바로 기업이 사회성 또는 사회적 가치지향성(social value orientation)을 실현하기 위해 노력한다는 점이다. 사회성은 곧 사회적 경제조직이 성취하려는 사회적 목적을 의미하는 것이고 사회적 가치지향성을 의미하는 것이다. 사회적 경제조직이 창출한 이익이 지역사회로 흘러 들어가면서 지역사회는 살기 좋은 지역사회로 탈바꿈하면서 사회적 경제조직은 자유경쟁시장이 만들어 내는 차별과 배제에 의해 심각한 위험에 처한 지역주민 나아가 지역사회를 건강하게 만들기 위해 노력한다. 따라서 사회적 경제조직이 지속가능성을 확보하기 위해서는 당연히 경제적 가치를 추구하는 경제적 가치지향성(이윤을 추구하는 성향)이 실현되어야 하며 동시에 사회적 가치를 실현하기 위해 사회적 가치지향성이 실현되어야 한다.

사회적 경제조직의 성과개선을 목적으로 성과를 측정하는 성과관리 및 측정모델을 개발하는 것을 목적으로 하는 본 연구의 주제에 대한 근본적인 질문은 조직 생존가능성 및 조직 발전적 측면에서 사회적 경제조직의 성과가 반드시 측정되어야 한다는 점이다. 사회적 경제조직의 성과가 다면적이고 측정하기 어려운 영역임에도 불구하고 왜 사회적 경제조직의 성과는 측정되고 관리되어야만 하는가? 일반적으로 성과관리를 위한 성과측정을 영리기업의 조직 관리적 측면에서 본다면, 조직관리를 통하여 생산성 및 효율성을 강화하기 위한 즉, 경제적 가치 창출을 위한 도구라고 인식할 수 있다. 사회적 경제조직은 이미 지적한 바와 같이 사회적 목적을 성취하기 위해 이윤을 지역사회에 반환하는 사회적 가치지향성을 조직생존의 가치로 여기는 조직이다. 따라서 경제적 가치창출은 사회적 가치창출을 위한 토대임과 동시에 지역사회활동을 위한 수단이자 도구이다. 이는 곧 사회적 경제조직의 성과관리가 경제적 가치 및 경제적 가치창출을 위한 노력에 초점을 맞출 수 없으며 사회적 가치 및 사회적 가치창출을 위한 노력 역시 반드시 관리가 되어야 함을 의미한다. 이는 곧 사회적 경제조직의 성과가 결과부분에서 창출된 가치(경제적 및 사회적)뿐만 아니라 경제적 및 사회적 가치창출을 위한 노력과 행동 및 태도도 관리되어야 하고 관리를 위해서 반드시 측정되어야 함을 의미하는 것이다. 만약 사회적 경제조직의 성과관리가 생산성 및 효율성 강화를 목적으로만 수행된다면 또는 성과의 결과부분만 측정된다면 사회적 경제조직의 사회적가치지향성 및 지속가능성 향상 그리고 조직발전에 도움이 되지 않는 관리 도구이자 기법에 지나지 않을 것이다.

2. 사회적 경제조직 성과관리연구의 필요성

한국의 사회적 경제조직들은 아직 성과를 중심으로 조직을 체계적으로 관리하지는 못하고 있는 것이 현실이다. 이는 사회경제 및 사회적 경제조직이 한국에 본격적으로 도입되어 등장한 역사가 2000년대 이후로 짧고 사회경제에 대한 국민의 인식수준도 낮으며 법적 지원을 위한 기반도 아직 체계적으로 이루어지지 않았기 때문이다. 16세기 등장한 시민경제와 18세기 사회경제의 뿌리인 협동조합의 등장과 함께 발전한 유럽중심의 사회경제와 조직들은 1980년대 후반 실업문제의 증가와 복지국가의 사회적 보호의 약화현상을 극복하기 위한 대안으로 급속하게 발전하게 되었으며 지금은 자본주의 경제체제에서 자원할당을 하는 하나의 경제부문으로 인정받고 있다. 유럽연합국가들을 중심으로 사회경제에 고용되어있는 고용인은 전체 고용인의 약 6.8%(약 13.6백만 명)이며 비임금노동자를 포함하면 약 2천만 명 이상이 사회경제영역에서 일을 하고 있고 전체 사회경제조직의 수는 약 3백만 개에 육박하고 있다(European Economic and Social Committee, 2016). 유럽의 경우 증가하는 사회경제조직의 수와 함께 조직을 관리하기 위한 다양한 관리방안에 대한 연구 역시 활발히 이루어져 1990년대 성과관리시대의 출현과 함께 조직의 성과를 창출하고 개선하기 위한 관리운영방안 또는 성과관리모델들이 사회적 경제영역에도 등장하기 시작하였지만 아직 한국의 경우는 외국에서 제시된 사회적 경제조직의 성과관리모형들에 대한 학습과 이에 대한 적용을 시작하는 단계에 머물러 있다.

어떤 조직이든 조직은 발전하고 성장하기를 희망한다. 성과관리측면에서 조직이 발전하고 성장하기 위해서 조직의 성과는 관리되어야 한다. 특히, 조직의 성과를 관리하기 위해서 성과는 측정되어야 하며 성과가 측정되기 위해서는 성과를 관리 및 측정할 수 있는 성과관리 및 측정모델과 이에 적합한 측정도구가 있어야 한다. “성과를 측정하지 못하면 관리할 수 없다”라는 말은 성과측정의 중요성을 가장 단적으로 설명해주는 문장이라고 할 수 있다. 성과를 측정하기 위해서는 가장 우선적으로 무엇이 성과인가를 이해하여야 하며 성과를 측정할 수 있도록 성과는 조작적 정의를 가지고 있어야 한다. 또한 성과의 개념이 정리되면 성과를 측정할 수 있는 성과관리 및 측정모델의 개발이 필요하다. 성과관리모델은 조직성과측정의 필요성 및 측정의 올바른 목적설정을 설명해주는 이론에 기초하며 이론적 배경은 곧 성과관리모델의 방향 및 중요성을 설명해준다. 성과측정모델은 성과를 측정하기 위한 기본 틀을 제시하지만 성과관리모델은 측정된 성과를 개선하기 위한 관리방안을 다룸으로 성과관리모델에 성과측정방안이 포함된다. 하지만 선행연구에서나 또는 거시적으로 보면 성과측정도 조직성과를 개선하여 조직발전과 성장을 도모하는 것에 있으므로 성과관리모델과 성과측정모델이 동일하게 다루어지는 경우도 존재한다. 본 연구에서는 사회적 경제조직의 성과를 측정하는 틀을 포함한 성과관리의 기본 틀을 제시하기 위해 노력하였다.

2007년 제정된 사회적기업육성법에 기초하면 사회적 경제조직인 사회적 기업의 성과측정은 사회적 기업이 첫째, 일반 회사처럼 직원을 고용하여 영업활동을 잘 수행하고 있는지 둘째, 취약계층의 일자리와 사회서비스제공 등 사회적 목적이나 사회적 가치에 부합한 활동을 하고 있는지 셋째, 창출된 이익은 사회적 목적을 위해 재투자하고 있는지 그리고 넷째, 의사결정이 주주 이외에 이해관계자가 참여하여 민주적으로 결정되고 있는지를 점검하고 이에 따른 정보를 조직성과개선을 위한 자원으로 활용하는 것을 목적으로 수행될 수 있다. 즉, 사회적기업육성법의 정의에 의하면 사회적 기업의 성과(performance)는 첫째, 일자리창출 효과의 정도 둘째, 사회서비스제공에 따른 지역주민들의 혜택 정도, 셋째, 이익 넷째, 이해관계자들이 참여하는 의사결정구조의 정도 등으로 측정될 수 있다. 또한 마을기업은 지역주민이 각종 지역자원을 활용한 수익사업을 통해 공동의 지역문제를 해결하고, 소득 및 일자리를 창출하여 지역공동체 이익을 효과적으로 실현하기 위해 설립·운영하는 마을단위의 기업임으로 마을기업에 대한 성과 역시 소득 및 일자리창출, 지역사회문제해결노력 여부 등을 통해 측정될 수 있고 사회적 협동조합은 지역주민들의 권익·복리 증진과 관련된 사업을 수행하거나 취약계층에게 사회서비스 또는 일자리를 제공을 목적으로 하는 조직임으로 이 역시 주민복지증진과 같은 혜택의 정도나 일자리창출 그리고 사회취약계층에 대한 사회서비스 제공여부 등으로 성과가 측정될 수 있다. 종합하면 사회적 경제조직의 성과는 다면적이며 경제적 가치보다는 사회적 가치창출과 밀접한 연관이 있음을 알 수 있으며 일자리창출 이외에는 수량화된 가치로 측정하기가 매우 어렵다는 한계를 가지고 있음을 알 수 있다.

물론, 사회적 기업을 포함하여 대부분의 사회적 경제조직은 재화와 서비스를 생산 및 제공하여 시장을 통해서 이윤을 창출하고 조직을 안정적으로 유지하여야 하므로 경제적 지속가능성(sustainability)이 무엇보다도 중요한 조직의 성과라고 할 수 있지만 사회적 가치의 실현여부도 사회적 경제조직의 존재 기반이므로 중요한 성과임에 틀림없다. 사회적 경제조직은 사회적 가치를 실현하는 기업이지만 이에 대한 평가나 성과측정에 있어서도 사회적 경제조직이 창출하는 사회적 가치를 제대로 평가 또는 측정하지 못하고 있다는 한계가 지적되고 있는 것도 현실이다.

사회적 경제조직의 성과관련 분야에서 가장 많은 연구가 진행된 영역은 사회적 기업이다. 이는 사회적 기업이 사회적 경제조직 중 가장 많은 수를 차지하고 있는 가장 발전되어 있는 사회적 경제조직이기 때문이다. 이 때문에 자활기업도 사회적 기업으로 전환을 모색하는 것이 일반적이다. 대부분의 사회적 기업 성과관련 연구들은 단순히 사회적 기업의 성과를 결과부분에서 성취된 경제적 성과(이윤 등)와 사회적 성과(일자리 창출 등)로 구분하고 측정하기 쉬운 계량화된 수량중심의 지표들만을 중심으로 성과를 측정하고 있다. 경제적 성과는 이익을 의미하므로 단순 수량중심의 측정이 가능하지만 사회적 성과는 그 개념적 정의에 따라 매우 다양하게 해석되므로 이에 대한 논의는 반드시 필요하다. 최근에 수행된 사회적 기업의 성과측정 지표나 성과측정모델개발에 대한 연구는 대부분 사회적 기업 영역에서 성과란 무엇인지 즉, 다면적 성과영역에 대한 구체적인 개념을 정리하지 못한 채 이루어지고 있으며 우리나라의 경우는 우리의 현실에 맞는 성과측정모델의 개발이 아닌 기존 외국에서 개발된 모델의 적용, 예를 들어 균형성과표모델(Balanced scorecard model, BSC)과 사회적 투자수익률(SROI)모델 등이 사회적 기업의 성과측정을 위한 모델로 적용되어 제시되고 있다. 외국에서 개발되어 사회적 경제조직의 성과관리에 적용되고 있는 모델들의 한계는 가장 우선적으로 성과를 재정적 성과 또는 경제적 성과와 사회적 성과로 구분하지만 이를 측정하기 위한 측정방법이 매우 어려워 직원들이 자체적으로 성과를 관리하기에는 한계가 있다는 점이고 경제적 성과와 사회적 성과가 주로 조직이 보유한 수량화된 문건중심의 재무적 지표로 이루어져있고 산출과 결과를 중심으로만 측정하여 관리한다는 점에서 구성원들의 조직설립목적이나 창출하려는 사회적 가치에 대한 인식이나 사고, 태도나 직무능력 등에 대해서는 측정하지 못한다는 한계로 성과가 제한적으로만 측정되어 관리되고 있는 실정이다.

비영리조직의 성과가 측정하기 매우 복잡하고 다중한 영역으로 구성되어 있는 것과 마찬가지로 사회적 기업과 같은 사회적 경제조직의 성과 역시 위에서 지적된 사회적 목적 실현이라는 사회적 가치 그리고 이윤창출이라는 경제적 가치 등 다양한 성과로 구성되어 있으므로 사회적 경제조직의 성과를 측정할 수 있는 모델에 대한 철저한 연구, 특히 성과의 다면성을 기반으로 하는 "한국형 사회적 경제조직 성과관리모델" 개발은 사회적 경제조직의 지속가능성 제고 및 운영안정화와 조직발전을 위해 매우 절실하다. 성과관리는 단순히 성과를 측정하는 것에 머무는 것이 아니라 측정된 성과를 개선하도록 하는 관리방안을 포괄적으로 다룬다. 효과적인 사회적 경제조직의 관리 및 운영기반을 정착시키고 지속가능성을 유지하기 위한 가장 확실한 조직관리기법이 성과측정을 통해 현재의 조직성과를 측정하여 보다 바람직한 성과가 성취될 수 있도록 하여 조직운영을 개선하는 것에 있으므로 사회적 경제조직에 대한 성과측정을 바탕으로 하는 성과관리가 조직성장과 발전 및 지속가능성을 담보하기 위해 필요한 중요한 정보를 수집하고 그 정보를 바탕으로 새로운 조직구조 개선을 추구하여 조직운영개선을 실현시키는 데 긍정적으로 작용하도록 하는 것이 중요하다.

특히, 사회적 경제조직이 기업이윤창출의 지역사회로의 재투자와 일자리 창출, 지역주민복지증진, 사회서비스제공으로 인한 지역기능강화 및 사회문제해결이라는 사회적 목적을 성공적으로 실현시킬 수 있도록 지원하기 위해서는 다양한 정부의 지원이 필수적이지만 정부의 지원체계는 사회적 경제조직이 시장에서 활동하는 사업체라는 한계로 인하여 제한적일 수밖에 없으므로 사회적 경제조직이 자체적으로 조직성장 및 조직발전을 도모할 수 있도록 하는 조직 발전적 측면에서의 타당도가 검증된 '자기주도성 사회적 경제조직 성과측정방안 및 성과관리모델'의 개발은 매우 시급한 과제라고 할 수 있다.

종합하면, 사회적 경제조직이 안정적으로 발전하고 지속가능성이 유지되기 위해서 사회적 경제조직의 성과는 측정되고 관리되어야 하지만 아직 사회적 경제조직의 성과에 대한 공유된 정의가 존재하지 않으며 성과관리모델이나 성과측정모델연구 역시 사회적 경제조직의 역동성을 설명해주는 이론적 틀에 대한 비교·분석 없이 외국의 모델을 그대로 적용하는 등 매우 제한적으로 이루어지고 있으므로 다양한 성과측정 및 관리모델에 대한 비교분석과 함께 이론에 근거한 한국형 사회적 경제조직 성과측정 및 관리적합모델을 찾는 노력이 필요하다.

본 연구는 단순히 기계적으로 이미 연구자들에 의해서 제시된 비영리조직이나 사회적 경제조직인 사회적 기업 성과측정 또는 성과관리모델을 적용하는 연구가 아니다. 한국형 사회적 경제조직의 고유한 특성을 고려하여 사회적 경제조직의 전 직원들이 참여하여 조직의 성과를 측정하는 성과측정모델 특히, 사회적 경제조직의 설립목적으로써 사회적 가치지향성이 강조되는 한국형 자기-주도성 성과관리모델을 개발하는 것을 목적으로 한다. 특히 본 연구에서는 사회적 경제조직의 성과가 결과부분만이 아닌 투입과 과정 그리고 결과부분을 모두 포함하는 다면적 요인으로 구성된 개념으로 보며 사회적 경제조직설립의 사회적 목적, 기업운영을 설명해주는 다양한 이론, 성과관리를 위한 측정모델, 그리고 측정도구 등이 상호 연관되어 있음에 주목한다. 즉, 사회적 경제조직의 경제 및 사회적 가치실현을 위한 노력과 태도 그리고 가치실현을 위한 기업의 기능을 이해할 수 있는 이론적 틀에 대한 분석을 통하여 사회적 경제조직의 성과측정의 영역을 도출하고 성과를 정의한다. 또한 사회적 성과를 포함하는 사회적 경제조직 성과의 다면적 영역을 측정하기 위해 활용할 수 있는 다양한 측정모델들을 비교 분석하여 '한국형 사회적 경제조직 성과관리모델'을 개발할 것이다. 또한 개발된 성과관리모델을 활용할 수 있는 적용 가능한 '예비성과측정도구'를 도출하기 위한 기본 방안을 찾기 위해 노력할 것이다.

지금까지 우리나라에서 진행되어온 대표적인 사회적 경제조직 또는 사회적 기업에 대한 지속발전모델 그리고 성과측정모델 및 성과평가지표에 관한 연구들을 살펴보면 한국사회적기업진흥원 주도의 성과측정모델 및 측정지표개발관련 연구들(2011, 2013, 2014, 2015, 2016)을 포함하여 가장 최근에 이루어진 한국보건사회연구원 주도의 사회적 경제조직의 사회·경제적 가치측정을 위한 지표개발연구(2018) 등이 있는데 대부분의 연구들은 사회적 기업을 포함한 사회적 경제조직의 목적 성취 그리고 사회적 경제조직의 올바른 방향을 설명해주고 이해하며 분석하기 위해 필요한 이론적 틀에 대한 고려가 부족하다. 사회적 경제조직의 사회적 기능 및 필요성을 이해하기 위한 이론적 틀로써는 사회적 경제론, 지역공동체이론, 거버넌스이론, 조직

사회자본이론, 사회적 기업가정신론, 스튜어드십이론(stewardship theory), 이해관계자이론(stakeholder theory) 등이 있을 수 있지만 이들 이론을 사회적 경제조직에 적용하여 사회적 경제조직의 운영 및 필요성 나아가 사회적 경제조직의 조직 관리나 성과관리를 위한 관리영역 및 성과측정요소 등을 분석한 연구는 부족하다. 또한 한국의 사회적 경제조직에 적합한 한국형 사회적 경제조직의 성과를 평가하는 평가기준이나 성과측정기준 그리고 성과측정모델이나 성과관리모델개발 등에 대한 연구가 부족하다. 기존 사회적 기업에 적용 가능한 성과관리모델이나 성과측정모델 그리고 측정지표 개발에 대한 연구는 대부분 외국에서 제시된 모델을 소개하고 적용하는 연구들이다. 특히, 일부 모델 예를 들어 균형성과표모델(BSC모델)이나 사회적 투자수익률모델(SROI) 등 기존 모델에 대한 비판 없이 기계적인 적용에 치우치는 경우가 많았다.

본 연구는 특히, 사회적 경제조직 성과연구의 한계를 극복하기 위한 노력의 일환이다. '한국형 사회적 경제조직 성과관리모델개발'이라는 연구목적을 성취하기 위하여 사회적 경제론, 스튜어드십이론, 이해관계자이론, 거버넌스이론, 조직사회자본론 그리고 지역공동체(communitarian)이론 등 사회적 경제조직의 운영을 논리적으로 설명할 수 있는 이론들을 비판적으로 비교·분석한 후 이를 토대로 사회적 경제조직 성과의 다면성을 정리한 후 성과를 측정하기 위한 성과관리영역 및 영역별 성과측정요소를 도출하기 위해 노력할 것이다. 또한 사회적 경제조직 성과측정의 필요성 및 성과측정의 기본전제로써 사회적 경제조직의 성과측정은 성과를 측정하고 측정된 자료를 기초로 조직발전을 성취할 수 있음을 설명하는 조직발전이론 그리고 조직성과측정을 통해 조직원들과 조직의 역량이 강화될 수 있음을 설명하는 학습조직이론에 기초할 것이다.

본 연구를 통하여 영업활동을 통한 이윤창출과 이윤의 사회적 재투자 그리고 지역주민의 삶의 질 향상과 소외계층의 일자리 창출 등과 같은 경제적 가치와 사회적 가치 실현을 중심 가치로 하는 한국형 사회적 경제조직의 성과를 측정하고 측정된 성과를 개선할 수 있도록 돕는 성과관리모델이 제시될 수 있으며 이는 곧 사회적 경제조직 성과측정을 통한 조직의 발전과 조직구조개선 및 성과개선을 통한 조직 역량강화를 위한 노력에 있어 보다 구체적인 방안이 도출될 수 있음을 의미하는 것이다. 결국, 본 연구결과의 활용은 곧 향후 한국형 사회적 경제조직의 발전을 위한 구체적인 토대로 작동할 수 있음을 의미하는 것이라고 할 수 있다.

제2절 사회적 경제조직 성과관리연구의 과제 및 방법

1. 사회적 경제조직 성과관리연구의 과제

본 연구는 '우리나라 사회적 경제조직의 실정에 적합한 "사회적 경제조직 자기주도성 성과관리모델"을 개발하는 것을 목적'으로 한다. 특히, 이윤창출이라는 경제적 가치의 측정을 포함하여 취약계층의 일자리 창출과 사회서비스제공, 지역사회문제해결 및 지역주민복지증진이라는 사회적 경제조직의 설립목적 즉, 사회적 가치지향성을 측정할 수 있는 성과관리모델개발을 위해서 성과관리의 바람직한 방향을 설정할 수 있는 이론적 틀에 대한 분석적 고찰과 성과관리 및 성과측정이론을 기초로 하는 성과영역(performance dimension) 및 측정요소 구축, 선진연구자 및 실천가들에 의해서 논의되어온 대표적인 사회적 경제조직인 사회적 기업 및 비영리조직의 성과관리모델 또는 성과측정모델에 대한 비교·분석을 통한 한국형 성과관리모델의 개발 특히, 사회적 경제조직의 사회적 가치지향성 등 성과관리 영역을 측정할 수 있는 성과관리모델개발 및 성과영역별 측정도구의 제시를 목적으로 한다. 본 연구의 목적을 성취하기 위한 구체적인 연구과제는 다음과 같다.

연구과제 1: 사회적 경제조직의 작동원리와 설립목적을 설명할 수 있는 이론적 틀을 분석하며 이론적 틀에 기초한 사회적 경제조직 성과관리영역과 영역별 성과측정요소를 도출한다.

연구과제 2: 사회적 경제조직의 다면적 성과를 정의 및 조작화(조작적 정의)하고 성과를 측정할 수 있는 성과관리 및 성과측정 기초이론을 검토한다.

연구과제 3: 사회적 경제조직의 조직성과는 어떠한 요인으로 구성되어 있는지 성과구성요소를 분석한다.

연구과제 4: 현재까지 국내외문헌에서 제시된 사회적 경제조직 및 사회적 기업에 적용 가능한 비영리조직의 성과관리 및 측정모델을 비교·분석하고, 한국 상황에 적합한 "사회적 경제조직 자기주도성 성과관리모델"을 도출한다.

연구과제 5: 연구과제 4에서 도출된 한국적 상황에 적합한 사회적 경제조직 성과관리모델을 기반으로 성과관리에 적합한 성과영역별 주요 핵심성과지표(Key Performance Indicator, KPI)가 포함된 측정도구를 도출한다.

이상과 같은 연구과제는 본 연구의 최종 연구목적을 달성하기 위한 일련의 단계들이며, 연구방법에 대한 구체적인 절차는 다음과 같다.

2. 사회적 경제조직 성과관리연구의 방법

본 연구는 성과의 개념 및 성과관리 및 성과측정모델의 이론적 토대를 비교분석하여 사회적 경제조직의 기본 가치와 설립목적 및 운영원칙을 적절하게 반영하는 성과관리모델개발을 최종 목적으로 한다. 이에 따라 연구방법은 크게 다음과 같다.

▶ 연구방법 1: 사회적 경제조직 성과와 성과관리의 개념 및 성과관리이론을 비판적으로 분석하기 위한 비교문헌조사를 실시한다.
▶ 연구방법 2: 사회적 경제조직 성과관리모델 개발을 위해 기존에 개발된 비영리조직 및 사회적 경제조직 성과관리 및 측정모델의 주요 내용을 분석한다.
▶ 연구방법 3: 성과관리이론에 근거한 한국형 사회적 경제조직 성과관리모델을 도출하고 모델에 적합한 성과관리영역 및 핵심성과지표(질문항목) 및 측정도구개발을 위한 비교문헌조사를 실시한다.
▶ 연구방법 4: 도출된 성과관리모델과 성과관리영역 및 영역별 핵심성과지표 및 측정도구의 이론적 적합성 및 액면 및 내용타당도를 검증하기 위하여 현장전문가들을 대상으로 포커스집단면접조사(focus group interview)을 시행하고 학계전문가들을 대상으로 전문가심층면접(In-depth interview)을 실시한다.

위와 같은 연구의 과정 및 방법을 그림으로 나타내면 아래와 같다.

<그림 1-1> 연구의 과정 및 방법

1단계	사회경제조직 성과의 다면성 및 성과관리의 이론적 토대구축을 위한 비교문헌 조사
2단계	사회경제조직 성과의 구성요소 도출 및 성과관리모형구축을 위한 선행연구와 기존 모형에 대한 내용분석
3단계	사회경제조직 성과의 다면성에 기초한 한국형 사회경제조직 성과관리모형 도출
4단계	사회경제조직 성과관리모형에 적합한 성과관리영역 및 핵심성과지표(KPI) 개발 - 성과관리 영역별 측정 요소에 적합한 핵심성과지표/질문항목/개발
5단계	사회경제조직 성과관리 영역 및 영역별 핵심성과지표의 이론적 적합성 및 타당도 검증 = 액면 및 내용타당도 검증
6단계	최종 사회경제조직 자기주도성 성과관리모형 도출 및 모형에 적합한 핵심성과지표완성

3. 사회적 경제조직 성과관리연구의 기대효과

본 연구의 학문적 의의 및 기대 효과는 다음과 같다.

첫째, 본 연구가 그동안의 선행연구에서 시도되지 않았던 우리나라 사회적 경제조직의 자기주도성 성과관리모델개발 및 개발된 모델에 적합한 성과관리 영역별 성과측정도구의 제시를 위해 기존 성과관리 및 성과측정이론을 비교, 분석 고찰한다는 것은 성과관리이론, 모델 그리고 측정도구의 관계적 분석을 기초로 한다는 것을 의미한다. 특히 이론의 발굴 및 적용은 향후 협동조합을 포함하는 사회적 경제조직의 성과관리 원리 및 원칙을 이해하고 설명하기 위한 분석적 틀을 제시하는 것으로써 향후 연구자들에게 사회적 기업을 포함한 사회적 경제조직의 성과관리기초이론에 대한 지속적인 연구 활동이 이루어지도록 하는 데 영향을 줄 수 있다.

둘째, 사회적 경제조직의 성과를 구성하는 구성요인에 대한 분석을 통하여 사회적 경제조직의 다면적 성과영역 특히 사회적 성과영역을 구체적으로 제시함으로써 사회적 기업 및 사회적 경제조직 성과개선 및 향상을 위한 방안을 포함하는 연구의 필요성 및 중요성에 대한 인식을 제공할 수 있다.

셋째, 사회적 경제조직이 성취하려는 경제적 가치를 포함하여 사회적 가치를 입증하고 조직사회자본 향상 및 조직발전과 성장을 담보로 하는 사회적 경제조직 성과관리모델을 제시함으로써 사회적 기업뿐만 아니라 사회적 경제조직 나아가 비영리조직 특히, 사회복지시설 성과측정분석을 위한 분석모델의 연구 확대에도 영향을 줄 수 있다.

넷째, 사회적 경제조직 실무자들이나 연구자들 그리고 국민들에게 사회적 경제조직의 사회적 가치지향성의 정도를 인식할 수 있는 합리적인 성과관리 및 성과측정체계를 위한 원칙 및 기준을 제시함으로써 사회적 경제조직이 국민들의 삶에 어떠한 영향을 미치고 지역사회에 어떠한 사회적 영향력을 제공하는지에 대한 구체적인 정보를 제공하여 사회적 경제조직의 발전 및 지속가능성을 위한 토대구축에 기여할 수 있다.

다섯째, 활용 가능한 사회적 경제조직의 성과관리모델개발 및 적용 가능한 성과영역별 측정도구 제시를 통해 단위 사회적 경제조직들이 자체적인 성과개선 노력을 수행할 수 있도록 도움으로써 사회적 경제조직의 지속가능성을 향상시키며 나아가 자기주도적 발전 및 조직역량강화에 긍정적으로 이바지 할 수 있다.

제2장

사회적 경제조직의 실태 및 생산방식과 성과관리연구

본 장에서는 사회적 경제조직의 성과관리 및 성과측정을 다루는 선행연구들을 비교·분석한다. 사회적 경제조직인 사회적 기업의 연구가 활성화된 1980년대 이후 사회적 기업의 지속가능성이나 발전방안들에 대한 다양한 연구결과가 등장하였으며 2000년대 이후에는 사회적 기업이 창출하는 경제적 가치와 사회적 가치를 측정하는 다양한 측정모델이나 모델들이 등장하였다. 이에 본 장에서는 사회적 경제조직 중 사회적 기업관련 연구에서 제시된 성과측정모델들에 대한 장단점을 비교분석하여 적용하기 위해 한계점을 집중 조명할 것이다. 이를 위한 사전 작업으로 본 장에서는 사회적 경제조직의 성과측정관련 선행연구에 앞서 사회경제의 개념 및 사회적 경제조직의 조직유형을 정리하며, 사회적 경제조직의 생산 및 할당방식을 조명하여 사회적 경제조직의 작동원리를 설명하고 추가적으로 한국의 사회적 경제조직의 실태 및 현황을 집중적으로 살펴본다.

제2장

사회적 경제조직의 실태 및 생산방식과 성과관리연구

제1절 사회적 경제조직의 실태 및 개념

1. 사회경제의 개념

사회경제는 공공부분(정부, 제1부문)도 아니고 민간부분(시장, 제2부문)도 아닌 국가와 시장사이에 위치해 있으면서 자원의 할당을 책임지는 경제의 제3부문을 의미한다. 사회경제를 가장 쉽게 이해할 수 있는 개념적 정의는 사회경제가 "연대에 기초한 경제"라는 것으로 사회경제는 기본적으로 다양한 조직과 기업으로 구성되며 공동의 가치를 공유하고 성취하기 위해 노력한다(지은구, 2021).

Amin과 동료들(2002)은 현대 사회에서 사회경제가 "사회적 욕구를 해결하기 위해서 조장된 비영리행동"을 의미한다고 제시하였다. Molloy와 동료들(1999)은 사회경제가 "지역주민들에게 잠재적 능력을 발휘할 수 있도록 하는 그리고 지역사회가 지역경제를 재생할 수 있는 모든 단계에 개입할 수 있도록 하는 기회를 제공하는 광범위한 행동을 포함한다"고 강조하였다. 이들이 제시하는 광범위한 행동들에는 일자리 창출이나 지역주민의 기본적 욕구해결과 같은 사회복지증진을 위한 노력 등이 포함된다. 이들의 견해에 따르면 사회경제는 사회적 욕구나 사회문제해결을 위한 경제활동이라고 볼 수 있다.

우리나라의 경우 정부는 사회경제를 "구성원 간 협력·자조를 바탕으로 재화·용역 생산 및 판매를 통해 사회적 가치를 창출하는 민간의 모든 경제적 활동" 이자 "구성원 참여를 바탕으로 국가-시장 경계에서 사회적 가치를 추구하는 경제활동" 이라고 정의하고 유사개념으로 제3부분, 비영리섹터, 자발적 영역, 연대경제, 시민경제 등이 있는 것으로 파악하고 있다(일자리위원회, 2017). 한국에는 사회경제를 위한 기본법이 제정되지 않아 이에 대한 합의된 개념은 존재하지 않지만 2016년 발의된 사회경제기본법(윤호중 의원 대표발의)에는 사회경제를 "양극화 해소, 양질의 일자리 창출과 사회서비스 제공, 지역공동체 재생과 지역순환경제, 국민의 삶의 질 향상과 사회통합 등 공동체 구성원의 공동이익과 사회적 가치의 실현을 위하여 사회경제조직이 호혜협력과 사회연대를 바탕으로 사업체를 통해 수행하는 모든 경제적 활동"으로 제시하고 있어 사회경제를 사회적 가치실현을 위한 경제적 활동으로 보고 있음을 알 수 있다.

하지만 사회경제는 경제활동이라기보다는 자원할당을 책임지는 경제의 한 부문이라고 보는 것이 더욱 적합할 수 있다. 자본주의 경제체제 하에서 자원의 할당은 주로 시장을 통해서 이루어지지만 시장을 통한 자원의 할당이 어려운 경우 또는 특정한 재화에 대해서는 국가가 개입하여 자원을 할당하게 된다. 사회경제는 이러한 시장(민간부분)을 통한 할당과 국가(공공부분)를 통한 할당에 대한 대안으로 등장하였다고 볼 수 있다. 특히, 사회경제는 시장에 대한 적극적 개입을 통하여 지역사회문제 및 지역사회의 발전을 추구함으로써 시장으로의 참여를 통해 이익을 추구하지만 시장을 통한 생성된 이익의 분배는 상호호혜의 원칙하에 사회경제조직을 구성하는 구성원이나 지역사회에 재분배하는 특징이 있다(Laville, 1994; Godbout, 2000).

특히 사회경제는 자본주의 시장경제의 발달과 함께 자기이익중심의 시장경제가 지역에서 사회배제와 차별을 심화시킴으로써 지역사회에서 배제된 집단과 개개인들의 삶이 더욱 어려워지고 있음에 주목하고 이를 극복하기 위한 대안으로써 사회경제단위들의 연대와 상호호혜, 공동체, 재분배, 그리고 사회복지와 사회봉사와 사회정의 등의 가치를 핵심적인 조직운영의 가치로 삼는다(Moulaert and Ailenei, 2005).

Moulaert & Nussbaumer(2005)은 사회경제가 "지속 가능한 방식으로 인간의 기본 요구를 충족시키기 위해 민주적 협력과 상호주의 원칙에 따라 경제 기능을 구성하며 높은 수준의 평등과 분배를 보장하고 필요할 때 재분배를 조직하는 경제의 일부"임을 주장하였다. 또한 Nasioulas(2015)은 사회경제가 "사적 수단을 포함하고 사회적, 집단적 또는 공공의 목적을 추구하는 경제 활동의 총합, 공공과 민간 사이의 제3경제 부분"임을 제시하여 시장을 통해서 집단 및 공공의 이익을 추구하는 제3부분(the third sector)임을 강조하였고 Ferreira와 동료들(2019) 역시 사회경제를 '협력과 협동 그리고 상호주의에 기반하여 경제활동을 하는 조직들로 구성된 제3부문으로 불리는 영역'으로 규정하고 있다. 지은구(2021) 역시 이들의 견해와 동일하게 사회경제를 '민간부문(private sector)이나 공공부문(public sector)이 아닌 양 부분의 사이에 위치하는 제3부문으로 불리는 자원할당의 경제영역'으로 제시하고 있다.

따라서 사회경제는 자원할당을 위한 가장 대표적인 영역인 공공부문과 민간부문과 함께 사회경제부문(social economy sector)이라고 표현되기도 한다. 사회경제부분은 민간부분이나 공공부분과 다른 내용과 작동원리를 갖는다. 즉, 사회경제부분은 이익을 추구하고 자본을 축적하는 민간부분이나 국민들에게 필요한 공공재를 제공하는 공공부분이 아니라 이익을 추구하지 않으면서 지역사회나 지역주민의 문제해결을 통한 발전과 욕구해결을 통한 기본적 상태의 개선을 위한 광범위한 행동을 나타내고 이러한 행동을 추진하고 수행하는 사회적 기업과 협동조합을 포함하는 다양한 사회경제 조직으로 구성되어 있다. Austin과 동료들(2012)은 사회경제부분의 조직들이 상업적 활동을 통해서 이윤을 창출하고 창출된 이윤을 사회복지향상을 위한 사회적 활동에 재투자하는 속성을 가진다고 강조하였다.

결론적으로 사회경제는 "민간과 공공사이의 새로운 부분 또는 경제의 제3부문"이고 "사회복지향상 즉, 지역사회문제해결과 발전 및 지역주민들의 욕구를 해결하기 위해 노력하는 그리고 자본이나 개인의 이익을 추구하지 않는 다양한 (경제)활동"을 포함한다. 여기서 다양한 활동이란 직업훈련이나 교육, 일자리 창출, 주거문제 해결, 사회복지혜택이나 서비스 제공 그리고 환경문제 개선 등이 포함된다(지은구, 2021).

사회경제가 추구하는 목적은 이윤창출과 사회복지향상으로 양립적이다. 즉, 이윤창출이라는 경제적 목적과 사회복지증진이라는 사회적 목적을 동시에 성취하기 위해 노력한다. 사회경제조직들은 일차적으로 사회복지증진을 목표로 설립되었으며 이러한 사회복지증진이라는 사회적 목적을 성취하기 위해 시장에서 이익창출이라는 기업모델을 적용하여 운영한다. 특히, 사회경제는 빈곤으로부터의 탈피나 빈곤경감 그리고 부의 불평등이나 환경적 폐해와 같은 인간의 사회적 번영이나 사회복지에 부정적인 영향을 미치는 사회문제를 해결하는 것을 일차적 목적으로 하며 이러한 목적을 성취하기 위해 상업활동을 통해 확보한 이익을 다시 사회복지향상을 위한 사회적 활동을 위해 재투자한다(Austin, et al., 2012). 따라서 사회경제조직들은 순수하게 보면 상업적 조직도 아니고 비영리조직도 아니며 명확하게 구분하면 영리를 추구하는 상업조직과 비영리조직의 혼합이라고 할 수 있다(Ebrahim, et al., 2014). 결국, 사회적 경제조직들은 사회복지증진(또는 사회적 가치실현)와 이익창출이라는 두 가지의 목적을 성취하기 위해 노력함으로 영업이익을 사회적 가치(또는 사회적 목적) 즉, 사회복지 증진이나 대중의 이익을 위해 사용한다고 할 수 있다(Barraket, et al., 2016).

사회적 경제의 이윤창출목적은 사회적 경제조직들의 지속가능성을 의미하는 것으로써 이윤창출을 통한 지속가능성은 사회복지향상을 위한 기본 전제조건이기도 하다. 사회적 기업이나 사회적 협동조합과 같은 사회경제조직들은 재화와 서비스를 직접 생산하고 판매하여 확보한 이윤으로 임금과 같은 생산비용을 소비하고 또한 사회복지향상을 위한 비용으로 소비한다. 따라서 사회적 경제조직이 유지 및 지속 가능한 비용이 확보되지 않게 되면 사회복지향상이라는 사회경제의 목적 실현가능성은 약화된다(지은구, 2021).

2. 사회경제조직

사회경제는 국가로부터의 관리나 통제를 받지 않으면서 민주주의를 증진시키고 개인과 가족의 욕구와 지역사회문제를 해결하기 위하여 활동을 수행하는 조직들로 구성되어 있다. 사회경제는 다양한 조직들로 구성되는데 그 조직들은 협동조합, 신용기금조합, 노동조합, 사회적 기업, 비영리조직, 종교 및 자선조직, 자발적 조직 등이 대표적이다. 이 모든 사회경제조직들이 공통적으로 가지고 있는 것 또는 공통적으로 추구하는 것은 상호적이고 집단적인 혜택을 증진시키기 위해 노력한다는 것이고, 또한 경제적·사회적 수준에서 상호호혜의 원칙이 작동할 수 있는 지역사회를 건설하는 것이라고 할 수 있다. 즉, 어떻게 공공의 이익실현 또는 집합적인 목적을 위해서 그리고 자본에 대한 사회적 통제를 위해서 사회적 관계가 동원되어지는가가 사회경제의 가장 중요한 논리라고 할 수 있다. 사회경제조직들은 사회 안에 있는 인간들이 공동의 목적을 성취하도록 하기 위해 함께 행동한다. 특히, 사회경제조직들은 시장메커니즘을 사회적 목적을 성취하기 위해 활용하기도 한다. 우리나라의 경우 사회적 경제조직은 개인 및 자본가의 이익(영리)을 추구하지 않는 사회적 기업, 자활기업, 마을기업 그리고 사회적 협동조합이 대표적이다. 사회경제부분을 구성하는 사회적 기업이나 사회적 협동조합과 같은 조직들은 국가가 홀로 대응하지 못하거나 채우지 못하는 부분을 줄이고 사회적 혜택을 성취하기 위하여 노력함으로 종종 국가로부터 재정을 포함하여 다양한 지원을 받는 경우가 존재한다.

우리나라는 아직 법적으로 명확하게 사회적 경제기업의 범위를 제시하지는 못하고 있다. 2016년 발의된 사회경제기본법(윤호중의원 대표발의 현재 국회 계류 중)에서는 사회경제기업을 사회적 가치를 추구하면서 재화 및 용역의 구매·생산·판매·소비 등 영업활동을 하는 사업조직으로 범위를 제시하여 사회적 경제기업에 영리를 추구하는 협동조합 등도 포함될 수 있도록 사회적 경제기업의 범위를 매우 넓게 제시하고 있다.

> ※ 아직 국회를 통과하지 못한 사회경제기본법[03]에 의하면 사회적 경제조직은 일반협동조합도 포함됨으로 협동조합을 포함하면 그 수는 2020년을 기준으로 약 21,500개를 상회한다. 협동조합은 통상 사회적 경제조직의 뿌리라고 알려져 있으며 유럽국가들도 대부분 사회적 경제조직에 협동조합을 포함한다. 하지만 우리나라의 경우 협동조합은 영리를 목적으로 운영되어 이익을 사회에 환원하는 사회적 기업과 같은 사회적 경제조직과는 그 운영이 상이한 점이 있다. 즉, 협동조합은 구성원(조합원)들에게 영리를 목적으로 사업을 하여 배당금을 제공하지만(예를 들어 농협, 수협 등) 사회적 협동조합은 구성원들에게 배당금을 제공하지 않고 모든 이익금을 조합이나 지역사회를 위해 사용한다. 협동조합은 기본적으로 운영목적이 조합원의 사회경제적 지위향상 즉, 조합원의 권익향상이 주된 목적이고 나아가 지역사회에 공헌한다는 다소 추상적인 조직목적을 갖는다(협동조합기본법, 제2조 1항). 따라서 본 연구에서는 협동조합 중에서 주민복지증진, 사회서비스제공, 사회취약계층 일자리창출 등과 같이 사회적 가치지향성이 명확한 사회적 협동조합만을 사회적 경제조직으로 구분하였다. 현재 발의된 사회경제기본법에는 사회복지법인도 일반 사회경제기업으로 구분되어 있어 사회적 경제조직의 범위가 매우 넓음을 알 수 있다. 사회복지법인은 사회적 가치지향성이 명확하고 시장에서 사업을 운영해도 영리를 목적으로 하지 않음으로 넓게 해석하면 사회경제부문에 포함될 수 있다.

---

03 윤호중 의원이 2016년 발의한 법언을 의미. 이 외에도 다른 의원들(2016년 유승민, 2019년 강병호)이 발의한 사회경제기본법이 있지만 2022년 12월을 기준으로 아직 합의된 법

제2절
한국 사회경제 및 사회적 경제조직의 실태

1. 한국 사회경제의 배경

한국에서 사회경제가 도입되고 중요성이 강조된 시기는 유럽에서 사회경제가 자본주의 시장경제체제가 해결하지 못하는 실업문제증가와 복지국가가 제공하는 사회적 보호의 약화 등 사회문제를 해결하는 대안경제로 자리 잡기 시작한 1990년대 보다 늦은 2000년대 이후이다. 우리나라도 1990년대 유럽과 동일하게 2000년대 저출산과 고령화로 대표되는 신사회적 위험이 전통적인 빈곤과 실업문제 등과 같은 사회문제와 함께 사회구성원들에게 부정적인 영향을 미치면서 이에 대한 국가적 차원에서의 대응만으로는 국민들의 분출하는 사회복지 및 사회서비스에 대한 욕구를 해결하지 못하자 이에 대한 대응으로 실업문제해결 및 사회서비스욕구에 대한 대응으로 제3부문의 사회경제에 대한 중요성이 등장하게 되었다. 특히, 이익창출을 통한 지역사회문제해결 및 사회적 가치실현을 목적으로 경제활동을 하는 대안조직으로 사회적 기업의 등장과 함께 사회경제조직 및 사회경제에 대한 중요성이 급속도로 확산되었다. 사회경제를 활성화시키기 위하여 정부는 2007년 사회적 기업, 2011년 마을기업 그리고 2012년 자활기업과 협동조합의 활성화를 위한 법 및 지원정책을 수립하여 시행하고 있다. 현재 정부는 사회경제의 활성화를 위해 법제정 및 제도개선 그리고 시범사업 실시 그리

안이 국회를 통과하지는 못하였다. 2022년 가을회기에 민주당(더불어민주당)이 발의하여 통과시키려는 사회적 경제 기본법을 포함한 관련 3법은 “사회적 경제 기본법”, “사회적 경제 기업제품 구매 촉진 및 판매지원 특별법” 그리고 “공공기관의 사회적 가치실현 기본법” 등이었다.

고 사회경제에 대한 인식확산 노력 등 사회경제가 발전하고 성장하기 위한 물적 토대를 구축하는 단계에 있다.

2. 사회적 경제조직의 실태

우리나라의 사회적 경제조직으로는 대표적으로 사회적 기업, 마을기업, 자활기업 그리고 사회적 협동조합이 있다. 우리나라의 경우 사회적 경제와 사회적 경제에서 활동하는 사회적 경제조직에 대한 관심과 등장 및 발전은 2000년대 이후로써 그 역사가 길지 않다. 2007년 사회적 기업육성법이 제정된 이후 사회적 경제조직에 속하는 사회적 기업이 이윤창출과 같은 경제적 가치와 사회적 목적 실현이라는 사회적 가치를 동시에 실현할 수 있는 대안적 조직으로 우리나라에서 빠르게 발전하고 있다. 2007년 55개를 시작으로 2018년에는 예비 및 인증 사회적 기업의 수가 2,122개로 빠르게 증가하였으며 2022년 04월 말 기준으로는 3,266개로 집계되었고 창출된 일자리의 수 즉, 고용인원은 총고용인원이 2007년 2,539명(취약계층 고용 1,403명)에서 2018년에는 45,522명(취약계층 고용 27,589명) 그리고 2022년 04월말을 기준으로 약 62,669명(장애인이나 고령자 등 취약계층 고용은 36,889명 전체의 58.9%)으로 양적으로 급속하게 팽창하였다(한국사회적기업진흥원, www.socialenterprise.or.kr). 자활공동체사업을 활성화하기 위하여 2012년 8월 2일 국민기초생활보장법 개정으로 자활공동체에서 자활기업으로 명칭이 변경된 사회적 경제조직인 자활기업은 2021년 10월을 기준으로 광역자활기업이 37개, 전국단위 자활기업이 3개 그리고 지역자활기업이 1,022개로 총 1,062개가 운영 중에 있다(한국자활복지개발원, https://www.kdissw.or.kr/main/). 또한 2011년부터 본격 사업이 추진되어 등장한 마을기업은 2020년 12월을 기준으로 총 1,652개가 운영 중이다(2020, 행안부,

전국마을기업현황). 영리를 목적으로 하지 않는 비영리법인인 사회적 협동조합은 2022년을 기준으로 전국에 약 3,660개가 운영 중에 있다(coop협동조합, http://www.coop.go.kr/COOP/main.do). 사회적 경제조직의 수는 매년 증가하고 있으므로 정확한 수를 제시하는 것은 어렵지만 2022년을 기준으로 할 때 약 9,600여개 이상의 사회적 경제조직이 활동하고 있다.

<표 2-1> 사회적 경제조직 현황

목적유형	사회적 기업 (2022)	자활기업 (2021)	마을기업 (2020)	사회적협동조합 (2022)	계
개수	3,266	1,062	1,652	3,660	9,640
비율(%)	33.9	11.0	17.1	38.0	100.0

사회적 경제조직을 구분하여 실태 및 현황을 살펴보면 다음과 같다.

3. 사회적 기업

일반적으로 사회적 기업은 1980년 이후 유럽과 미국에서 협동조합이나 비정부조직 등을 중심으로 취약계층의 소득창출과 고용 및 복지증진을 위한 방안으로 활성화되었다고 알려져 있다(정선희, 2004; Becchetti and Borzaga, 2010). 사회적 기업을 한마디로 정의하는 것은 매우 어렵다고 할 수 있지만 일반적으로 사회적 기업은 "공익을 위한 민간기업(OECD, 1999)이다. 영국의 무역산업부는 사회적 기업을 사회적 목표달성을 위해 사회·경제적 목적을 가지고 상거래를 통해 안정적인 재원을 확보하는 독립된 조직"이라고 정의하였으며(Department of Trade and Industry, DTI, 2002). Ebrahim과 동료들(2014)은 사회적 기업에 대한 가장 단순한 정의로 사회적 기업을 "시장메커니즘을 활용하여 사회적 미션(임무)을 성취하기 위한 하나의 조직"이라고 강조하였다(Ebrahim, et al., 2014).

사회적 기업이 활성화되어 있는 유럽국가들 중 특히 영국의 무역산업부(DTI, 2002)는 사회적 기업을 보다 구체적으로 '이윤이 주주나 소유자의 이익을 극대화시키는 것이 아니라 기업의 목적이나 지역사회에 재투자되는 기본적인 사회적 목적을 가진 기업'이라고 정의하고 있다. 또한 Becchetti와 Borzaga(2010)는 사회적 기업을 '지역사회에 혜택을 주는 것을 목적으로 재화와 서비스를 제공하는 자발적인 비영리조직'으로 정의하였다. 즉, 사회적 기업은 시장에서 이익을 창출하지만 창출된 이익을 지역사회의 혜택을 위해 재투자하는 조직이라는 점이 강조된다. 1996년에 결성된 사회적 기업 및 연대경제와 사회경제를 전문적으로 연구하는 국제연구네트워크인 EMES는 사회적 기업이 다음과 같은 세 요소가 결합된 조직이라고 정의하고 있다(Defoutny and Nyssens, 2012, pp. 77-78에서 재인용).

> 첫째, 경제 및 기업적 영역에서, 사회적 기업은 시장에서 경쟁하고 재화와 서비스를 판매하는 상업적 활동을 추구하는 조직이다.
> 둘째, 사회적 영역에서, 사회적 기업은 지역사회에 대한 기여활동을 추구하는 조직이다.
> 셋째, 참여거버넌스의 영역에서, 사회적 기업은 지역사회의 소유권을 표현하는 조직이다.

위의 정의들에 기초하면 사회적 기업은 영리를 추구하는 기업조직이기도 하면서 비영리조직이기도 한 혼용조직이고 기업의 소유권이나 결정권은 특정 주주나 대표만이 가지지 않는 조직이다. 특히, 사회적 기업의 분배나 할당메커니즘이 기존의 영리기업과는 다른 점이 존재하는데 이는 곧 사회적 기업이 창출한 이익의 전부 또는 일정 부분이 기업이나 지역사회로 다시 투자되어 '자본의 사회화'가 발생한다는 것을 의미한다. 자본의 사회화는 창출된 이익이 개인이나 기업소유자가 아닌 다양한 이해관계자들과 지역사회을 위해 사용됨을 나타내준다. 즉, 투자된 자본이 특정 자본가의 이익창출이 아니라 지역사회를 위해 재투자되고 사회적 기업의 운영 및 발전을 위해 활용된다는 점에서 사회적 기업은 비영리조직과 동일시 된다. 결국, 사회적 기업은 이윤을 창출하지만 창출된 이윤을 지역사회이익창출을 위해 활용하는 조직이고 이는 곧 사회적 기업의 사회적 미션(또는 목적)이나 사회적 가치지향성을 의미한다. 사회적 목적을 지향한다는 것 즉, 사회적 가치지향성은 사회적 기업의 가장 중요한 설립 및 운영 목적이다. Peattie와 Morley(2008)은 사회적 기업의 성격을 정의하면서 사회적 목적을 가장 중요한 성격으로 규정하였으며 이외에도 민주적 관리와 민주적 소유 또한 사회적 기업의 중요한 성격으로 규정하였다. 따라서 사회적 기업이 일반 기업과 다른 성격을 제시하면 '목적', '소유권', '이익분배', '통제권(민주적 통제)' 등으로 정리될 수 있다.

유럽의 사회적 기업과 미국의 사회적 기업은 매우 다른 특성을 지니고 있는데, 유럽의 경우 협동조합을 중심으로 사회적 기업이 발달하여 사회적 목적을 추구하면서도 제한된 범위 내에서 참가자들에게 이윤을 배분함으로써 '사회경제'(Social Economy)라는 범주가 형성되어 있는 반면에 미국의 경우, 사회적 기업이 비영리조직(NPO)들의 목적사업을 위한 수익활동을 중심으로 발달했으며 비영리조직의 특성상 조직원에 대한 이윤의 배분을 허락하지 않고 있다는 점이다.

우리나라에서 사회적 기업이 일반영리기업의 한계를 극복하고 이익을 지역사회취약계층에게 제공하고 사회복지 및 사회서비스를 확대하는 것을 목적으로 설립되고 운영된 역사는 2000년대 이후로써 매우 짧다. 우리나라의 경우 사회적 기업육성법 제2조에서 사회적 기업을 "취약계층에게 사회서비스 또는 일자리를 제공하거나 지역사회에 공헌함으로써 지역주민의 삶의 질을 높이는 등의 사회적 목적을 추구하면서 재화 및 서비스의 생산 판매 등 영업활동을 수행하는 기업"으로 정의하고 있다. 보다 구체적으로 사회적 기업은 비영리조직과 영리조직의 중간 형태로써 첫째, 일반 회사처럼 근로자를 고용하여 영업활동을 수행하고 둘째, 기업의 목적은 취약계층의 일자리와 사회서비스제공 등 사회적 목적에 있으며 셋째, 창출된 이익은 사회적 목적을 위해 재투자하고 넷째, 의사결정도 주주 이외에 이해관계자가 참여하여 민주적으로 결정하는 조직으로 정의되고 있다. "사회적기업육성법"과 "사회적 기업 육성법 시행령"에 의하면 사회적 기업이 추구하는 사회적 목적의 기준으로 취약계층에게 사회서비스를 제공하고, 취약계층에게 일자리를 제공하는 것과 함께 지역사회공헌도 중요한 목적으로 제시하고 있는데 지역사회공헌은 지역주민의 소득과 일자리를 늘리거나, 지역의 빈곤, 소외 범죄 등 사회문제를 해결하거나, 지역사회에 사회서비스는 일자리를 제공하거나 또는 지역주민들의 삶의 질을 개선하는 사회적 목적 실현을 우선적으로 추구하는 조직에 대한 컨설팅, 마케팅, 자금 등을 지원하는 경우 등을 포함하고 있다.

여기서 일자리는 일반영리기업이 만들어내는 일자리가 아니고 사회적 목적을 가진 사회적 기업이 만들어내는 일자리이기 때문에 사회적 일자리라고도 불린다. 사회적 기업은 사회적 일자리를 만들어 내어 자본주의 체제위협의 가장 큰 문제인 실업문제를 극복하고 나아가 이윤을 창출하여 이윤을 사회적 목적에 투자함으로써 공동체의 가치를 실현할 수 있는 매우 중요한 사회적 체계라고 할 수 있다. 결국, 사회적 기업은 이윤을 창출하며(경제적 가치) 취약계층에게 사회서비스 또는 일자리를 제공하여 지역주민의 삶의 질을 높이는 등의 사회적 목적(사회적 가치)을 실현하는 기업이라고 할 수 있다. 따라서 우리나라 사회적 기업이 성취하려는 사회적 목적은 크게 보면 사회소외계층을 위한 일자리창출과 사회서비스제공 그리고 지역사회공헌 등이 된다.

위의 기준에 따라 사회적 기업을 유형별로 구분하면 현재 우리나라의 사회적 기업은 일자리제공형, 사회서비스제공형, 지역사회공헌형, 혼합형 그리고 기타형으로 구분된다. “일자리 제공형” 사회적 기업은 취약계층에게 양질의 일자리를 제공하여 노동시장에 통합시키는 유형이다. 전체근로자 중 취약계층 근로자 비율이 50%(2021.12.31.까지는 30%)가 되어야 인증을 받을 수 있다. “사회서비스제공형”은 취약계층에게 사회서비스를 제공하는 형태를 의미한다. 인증을 받기 위해서는 전체 서비스의 수혜자 중 취약계층 비율이 50%(2021.12.31.까지는 30%)가 되어야 한다. “지역사회공헌형”으로 인증받기 위해서는 첫째, 지역의 인적·물적자원을 활용하여 지역주민의 소득과 일자리를 늘림으로써 지역사회에 공헌하거나, 둘째, 지역의 빈곤·소외·범죄 등 사회문제를 해결하거나, 셋째, 지역의 사회적 목적을 추구하는 조직을 지원해야 한다. 세 가지 중 하나를 만족하면 “지역사회공헌형”으로 인증을 받을 수 있는 요건을 갖추게 된다. “혼합형”은 취약계층에게 일자리와 사회서비스를 동시에 제공하는 유형을 말한다. 해당 유형으로 인증받기 위해서는 전체근로자와 전체서비스 수혜자 중 취약계층 비율이 각 30%(2021.12.31.까지는 20%) 되어야 한다. “기타형”은 단순히 취약계층 고용이나 사회서비스 제공 등을 정량적으로 판단하기 어려운 사업모델을 가지고 있는 경우 “기타형”으로 분류할 수 있다. “기타형”의 경우 폭넓게 사회적 기업을 육성하고 지원하기 위한 유형이라고 할 수 있다.

2007년 55개로 시작한 사회적 기업의 수는 급속한 양적 팽창을 이루어 2022년 상반기를 기준으로 보면, 인증 사회적 기업은 총 3,266개로 증가하였으며 이중 사업을 유지하고 있는 기업 즉, 실제 운영하고 있는 기업(생존기업)은 2,249개이다. 아래의 표는 2007년 이후부터 2022년(상반기)까지의 인증 사회적 기업의 생존실태를 보여준다. 표에서 나타나는 것과 같이 현재 운영되고 있는 사회적 기업은 2022년 기준 3,266개로 누적된 인증 사회적 기업 수에 대비하여 84.2%가 운영되고 있다. 많은 우려에도 불구하고 사회적 기업은 정부지원이 중단된 이후에도 상대적으로 높은 생존율을 보이고 있다. 이는 사회적 기업에 대한 기대를 갖는 이유 중 하나이다. 국회입법조사처 조사에 따르면 신생 일반기업의 5년 생존율이 30.2% 수준에 불과하지만, 사회적 기업의 5년 생존율은 78%를 넘고 있다(손을춘, 2014). 또한 사회적 기업의 다양한 사회서비스 혜택을 받는 이용자들은 2019년 약 202만 명에서 2020년 약 174만 명으로 소폭 감소하고 있는 것으로 나타났다(한국사회적 기업진흥원, 2020).

<표 2-2> 사회적 기업 현황

연도	2007	2008	2009	2010	2011	2012	2013	2014	2015	2016	2017	2018	2019	2020	2021
현재유지 사회적 기업(개)	35	100	50	128	95	109	192	197	225	227	234	290	378	425	499
인증 사회적 기업(개)	55	166	77	216	155	142	269	265	295	265	256	312	392	429	500
생존율(%)	63.6	60.2	64.9	59.3	61.3	76.8	71.4	74.3	76.3	85.7	91.4	92.9	96.4	99.1	99.8
사회 서비스 수혜 중위값 (명)	1,831	1,066	805	495	692	782	517	583	500	480	1,651	1,599	1,262	655	-

출처: 한국사회적 기업진흥원, 2022, www.socialenterprise.or.kr

아래의 표는 2022년 기준 인증 사회적 기업의 조직형태, 사업목적에 따른 유형 그리고 설립경로 등을 나타낸다. 표를 보면 현재 사회적 기업은 목적유형별로는 일자리제공형이 가장 많은 수를 차지하고 있으며 협동조합, 자활기업 그리고 마을기업에서 사회적 기업으로 전환되어 설립된 경우도 적지 않은 수를 차지하고 있음을 알 수 있다.

<표 2-3> 사회적 기업 인증현황(2022년)

(N= 3,266)

지역	서울	부산	대구	인천	광주	대전	울산	경기	강원	충북	충남	전북	전남	경북	경남	제주	세종	계
개수	575	151	121	205	134	94	110	567	187	141	130	185	178	223	157	83	25	3,266
비율(%)	17.5	4.6	3.7	6.3	4.1	2.9	3.4	17.4	5.7	4.3	4.0	5.7	5.5	6.8	4.8	2.5	0.8	65.6

조직형태	비영리						영리				
	민법상 법인	비영리 민간 단체	사회 복지 법인	사회 협동 조합	기타 법인 단체	계	상법상 회사	농(어) 업회 사법인	영농 조합 법인	협동 조합	계
개수	312	66	74	231	2	685	2,031	151	113	286	2,581
비율(%)	9.5	1.9	2.3	7.1	0.1	9.5	62.2	4.6	3.5	8.8	1.9

목적 유형	일자리 제공형	사회서비스 제공형	지역사회 공헌형	혼합형	기타형	계
개수	2,173	237	264	204	388	3,266
비율(%)	66.5	7.3	8.1	6.2	11.9	66.5

설립경로	[예비] 사회적 기업[04]	자활기업	마을기업	장애인 작업장	농어촌 공동체	협동조합	기타	계
개수	2,232	189	63	250	9	517	655	3,915

서비스 분야	문화 예술	청소	교육	사회 복지	환경	간병 가사	관광 운동	보건	보육	문화 재	산림 보전 관리	고용	기타	계
개수	322	269	295	133	126	106	80	18	15	18	10	10	1,864	3,266
비율(%)	9.9	8.2	9.0	4.1	3.9	3.2	2.4	0.6	0.5	0.6	0.3	0.3	57.0	100

출처: 한국사회적기업진흥원(2022). www.socialenterprise.or.kr

04 설립경로 중복포함

4. 마을기업

마을기업이란 "지역공동체의 이익을 실현하기 위하여 설립 운영하는 마을 단위의 기업"이다. 구체적으로 마을기업은 "지역주민이 각종 지역자원을 활용한 수익사업을 통해 공동의 지역문제를 해결하고, 소득 및 일자리를 창출하여 지역공동체 이익을 효과적으로 실현하기 위해 설립·운영하는 마을단위의 기업"으로(행안부, 2022년 마을기업 육성사업 시행지침), 지역자원, 지역문제, 지역공동체이익 그리고 마을에 대한 기본 정의는 지리적으로 타 지역과 구분되는 경계를 가지면서 지역 내부에 상호 관계나 정서적 공감대가 형성되어 있는 곳을 의미한다(지은구, 2021). 마을기업은 자립형마을기업, 예비마을기업, 청년마을기업, 우수마을기업 등으로 구분되는데 '자립형 마을기업'이란 사업비 지원 종료 후 자생력을 갖고 성장해나가는 마을기업을 말하며 '예비마을기업'이란 마을기업 설립 전 단계의 프로그램으로 정체성과 사업성을 갖춘 경쟁력 있고 준비된 마을기업을 발굴·육성하기 위한 예비 단계의 마을기업을 말한다. 또한 '청년마을기업'이란 청년 일자리를 창출하고 젊고 유능한 청년 자원을 보강하기 위해 청년이 절반 이상 참여하는 마을기업을 말하고 '우수마을기업'이란 지역의 일자리를 창출하고 마을공동체를 활성화하고 지역사회 공헌활동을 통해 사회적 가치를 실현하는 선도적인 마을기업을 말한다. 마을기업을 설립하고 운영하기 위해서는 공동체성, 공공성, 기업성 그리고 지역성을 모두 만족하고 지속적으로 유지해야 한다(복지부, 2019).

마을기업은 2009년 희망근로 프로젝트 실시 이후 2010년 후속사업의 일환으로 「자립형 지역공동체사업」을 확정하고 마을기업 시범사업 시작하였으며 2010년 12월 「마을기업 육성계획」을 수립하여 2011년부터 본격 사업을 추진하였다. 2018년 3월을 기준으로 1,813개소를 지정하였으며 지정 취소된 299개소를 제외하면 1,514개소가 운영 중에 있는 것으로 나타났다.

2020년 12월을 기준으로는 약 140개의 마을기업이 추가 설립되어 총 1,652개가 운영 중이다(2020, 행안부, 전국마을기업현황).

<표 2-4> 마을기업의 현황

지역	서울	부산	대구	인천	광주	대전	울산	세종	경기	강원	충북	충남	전북	전남	경북	경남	제주	계
개수	96	77	92	56	65	59	44	32	197	125	92	140	106	174	134	125	38	1,652
비율(%)	5.8	4.7	5.6	3.4	3.9	3.6	2.7	1.9	11.9	7.6	5.6	8.5	6.4	10.5	8.1	7.6	2.2	100

5. 자활기업

자활기업은 국민기초생활보장제도의 시작과 함께 근로능력이 있는 자활빈곤층 주민들의 자활을 돕기 위하여 지역자활센터의 자활공동체사업으로 시작되었다. 즉, 2000년 10월 국민기초생활보장법 시행으로 '자활공동체' 창업 지원을 위한 법적 근거가 확보되었고 이후 자활공동체로 운영되어 왔다. 정부는 자활공동체사업을 활성화하기 위하여 2012년 8월 2일 국민기초생활보장법 개정으로 자활공동체를 자활기업으로 명칭을 변경하였으며 정부는 자활기업의 설립요건을 사업자등록 상 2인 이상 사업자에서 공동사업자 1인 이상으로 완화하였다. 또한 정부는 2018년 7월 24일 "자활기업 활성화 대책"을 발표하고 정부가 지원하는 지원대상 자활기업의 요건을 완화하여 예비자활기업 육성 및 자활기금 적극 지원 체계 등을 마련하였다(지은구, 2021). 자활기업은 "2인 이상의 수급자 또는 차상위자가 상호·협력하여, 조합 또는 사업자의 형태로 탈빈곤을 위한 자활사업을 운영하는 업체"로 정의되며 국민기초생활보장법에 의한 자활기업 요건을 갖추고 보장기관으로부터 인정을 받은 자활기업으로 국민기초생활보장법 제15조, 제18

조, 국민기초생활보장법 시행령 제17조, 국민기초생활보장법 시행규칙 제19조, 제20조, 제31조, 제32조에 근거한다. 자활기업의 설립은 지역 시·군·구 단위이지만 광역시·도나 전국단위의 자활기업의 설립도 가능하다. 광역시도 단위의 자활기업은 광역자활기업이며 전국단위의 자활기업은 전국자활기업이다.

2021년을 10월을 기준으로 전국적으로 자활기업은 광역자활기업이 37개, 전국단위 자활기업이 3개 그리고 지역자활기업이 1,022개로 총 1,062개의 자활기업이 운영 중에 있다. 구체적인 기업 수 및 참여인원 그리고 전국적인 자활기업의 분포는 아래와 같다.

<표 2-5> 자활기업의 수와 참여인원

구분	지역자활기업	광역자활기업	전국자활기업	합계
기업수	1,022	37	3	1,062
참여자수(명)	7,124	1,029	6,763	14,916

* 지역과 광역-전국자활기업의 중복참여인원 제외
출처: 한국자활복지개발원, 2021. https://www.kdissw.or.kr/main/

6. 사회적 협동조합

사회적 협동조합은 '지역주민들의 권익·복리 증진과 관련된 사업을 수행하거나 취약계층에게 사회서비스 또는 일자리를 제공하는 등 영리를 목적으로 하지 아니하는 협동조합'을 말한다(협동조합 기본법 제2조 제3호). 협동조합과 사회적 협동조합의 가장 큰 차이점은 협동조합이 이익을 추구하는 영리법인이라는 점이고 사회적 협동조합은 영리를 추구하지 않는 비영리법인이라는 점이다. 특히 사회적 협동조합은 사회취약계층의 사회복지의 증진이라는 사회적 가치를 지향하므로 여기서는 사회적 협동조합을 중심으로 설명하기로 한다. 아래의 표는 협동조합과 사회적 협동조합의 차이점을 나타내준다(지은구, 2021).

<표 2-6> 협동조합과 사회적 협동조합의 차이 비교

구 분	(일반)협동조합	사회적 협동조합
법 인 격	• (영리)법인	• 비영리법인
설 립	• 시도지사 신고	• 주 사업 소관 중앙행정기관의 장 인가
사 업	• 업종 및 분야 제한 없음	• 주 사업(협동조합 기본법 제 93조 근거) 40% 이상 수행
경영공시	• 의무사항 아님 ※ 조합원수 200인 이상 또는 출자금 납입 총액이 30억원 이상, 우선 출자 발행 협동조합은 의무	• 의무사항
법 정 적 립 금	• 잉여금의 10/100 이상 ※ 출자금 납입 총액의 3배에 이를 때까지	• 잉여금의 30/100 이상 ※출자금 납입 총액의 3배에 이를 때까지
배 당	• 배당가능	• 배당금지
청 산	• 정관에 따라 잔여재산 처리	• 비영립법인·국고 등 귀속
감 독	• 필요 시 소관 시·도지사가 조사 및 시정조치 명령 가능	• 필요시, 주 사업 소관 중앙행정기관의 장이 업무상황, 장부, 서류 등 검사 • 인가요건 위반시 인가 취소 가능

출처: 기재부, 2021. 사회적 협동조합설립가이드북에서 재인용

우리나라의 경우 2012년 12월 협동조합기본법 제정 이후 지속적으로 협동조합 설립이 증가하여 2022년 04월 기준, 일반협동조합은 18,834개, 사회적 협동조합은 3,660개, 일반협동조합연합회 91개, 사회적협동조합연합회 20개, 이종협동조합연합회 5개로 총 22,610개의 협동조합이 설립되어 운영 중이다.

<표 2-7> 2022년 협동조합 현황

구분	일반협동조합	사회적협동조합	일반협동조합 연합회	사회적협동조합 연합회	이종협동조합 연합회	총 계
개수	18,834	3,660	91	20	5	22,610

출처: coop협동조합 http://www.coop.go.kr/COOP/main.do

제3절

사회적 경제조직의 생산 및 할당방식

1. 사회적 경제조직의 생산 및 분배메커니즘

사회적 기업과 같은 사회적 경제조직의 목적은 사회가치지향적인 성격을 가지고 대중에게 이익이 되는 재화나 서비스를 생산 및 제공하는 것이다. 따라서 사회적 경제조직의 잠재적 생산원리에는 이익최대화라는 자본의 생산논리보다는 사회적 욕구의 만족이라는 사회적 생산논리가 더 중요하게 작동한다(Borzaga and Torita, 2007, 2009). 사회적 경제조직은 정보비대칭이 만연하고 시장불안정성이 내재화되고 있는 현 자본주의 경제체제에서 영리기업보다 혁신적이고 효과적이며 효율적이고 생산적인 작동원리를 통하여 시장배제 및 시장차별을 극복하는 대안조직으로 성장하고 있다. 또한 사회적 경제조직은 공공조직에 비해 더욱 전문적이고 효과적이며 유연하고 민주적인 조직운영을 통해 국민들의 욕구를 충족시키기 위한 재화와 서비스를 생산 및 제공하고 있다.

사회적 경제조직 생산방식에 있어 중요한 원리는 바로 사회적 경제조직의 '목적', '(자본에 대한)통제권' 그리고 '협치'이다. 사회적 경제조직의 목적은 사회적 가치지향성을 의미하며 지역사회문제해결 및 지역사회발전을 의한 노력과 활동을 나타내고 이는 곧 사회적 경제조직의 존재 이유를 설명해준다. 사회적 경제조직의 통제권은 특별한 의미를 갖는데 사회적 경제조직과 영리기업의 가장 큰 차이점이 바로 통제권에 있기 때문이다. 사회적 경제조직은 자본에 의한 통제가 아니라 사회적 목적 실현을 위한 분배 및 할당메커니즘을 통해 '자본의 사회화'를 실현하기 위해 노력한다. 즉, 사회적 경제조직은 이익에 종속되거나 자본에 종속되지 않으며 대중의 이익이나 사회적 욕구해결에 종속된다. 또한 다양한 이해관계자들(stakeholders)에 의한 민주적 통치 즉, 거버넌스(협치) 역시 사회적 경제조직 생산방식에 있어 중요한 요소이다. 사회적 경제조직은 기업가, 기업 종사자, 지역주민, 기부자, 자원봉사자 등 다양한 이해관계자들과의 협력적 의사소통을 통해 국민들이 필요한 재화와 서비스를 생산한다. 즉, 이익을 위한 또는 소유자의 일방적 관리·운영방식은 사회적 경제조직의 운영 및 의사결정구조가 아니다. 사회적 경제조직은 민주적 의사결정과 협력적 거버넌스의 구축 및 운영을 기본으로 하는 생산방식을 구현하기 위해 노력한다. 아래의 그림은 사회적 경제조직의 생산방식을 나타내준다.

<그림 2-1> 사회적 경제조직의 생산방식

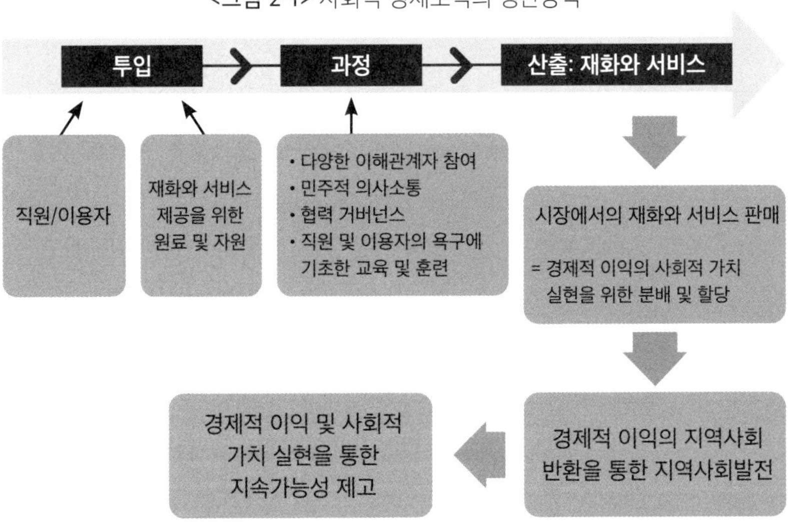

1) 사회적 경제조직의 할당 및 분배메커니즘

사회적 경제조직의 목적은 경제적 이익에 대한 제한 하에서 사회적 욕구를 충족시키는 것에 있으며 이를 충족시키기 위해 사회적 경제조직은 영리기업과는 상이한 할당메커니즘을 작동한다. 사회적 경제조직 할당메커니즘에서 중요한 것은 바로 가격정책이다. 낮은 가격의 질 좋은 재화와 서비스 생산 및 제공 그리고 지불능력이 없는 국민들에 대한 무상 또는 저렴한 가격의 재화와 서비스 제공 등은 영리기업이 할 수 없는 할당메커니즘이자 가격정책이다. 재화와 서비스를 구매할 수 있는 지불능력에 의존하는 할당메커니즘이 아닌 욕구충족 및 사회문제를 해결할 수 있도록 지불능력에 의존하지 않는 할당메커니즘은 사회적 경제조직의 큰 장점이라고 할 수 있다. 사회적 경제조직의 이러한 할당메커니즘의 작동은 사회적 경제조직의 생산경비가 재화와 서비스 판매를 통한 시장적 자원에서 오기도 하지만 정부보조금, 기부금 및 후원금 그리고 자원봉사자와 같은 비시장적 자원(non-market resources)을 통해서도 확보되기 때문에 가능하다. 사회적 소외계층이나 지불능력이 취약한 사람들에게 재화와 서비스를 무상이나 낮은 가격으로 공급하는 것은 사회적 경제조직의 할당메커니즘이 시장교환을 통한 시장메커니즘이 아닌 사회적 교환을 통한 '사회적 할당메커니즘'이라는 것을 잘 나타내준다.

사회적 경제조직의 할당메커니즘의 또 다른 특징은 사회적 경제조직이 생산하고 제공하는 재화와 서비스가 공공재와 같이 '비경쟁성'과 '비배제성'를 주요한 성격으로 한다는 점이다. 가격으로 이용자들을 배제 및 차별하지 않음으로 이용자들의 지불능력이나 자산과 같은 개인정보는 필요하지 않다. 영리기업은 이용자들의 개인정보를 이용하여 이익을 창출하기 위해 노력하지만, 사회적 경제조직은 이용자들의 개인정보를 보다 나은 서비스를 생산하고 제공하기 위해 활용한다. 독점과 과점을 이용하여 가격을 결정하지 않으며 국민들이 필요한 재화와 서비스를 경쟁없이 제공함으로 언제든지 필요한 재화와 서비스를 제공할 수 있다. 사회적 경제조직의 자원봉사자들과 기부금과 같은 비시장적 자원은 이러한 사회적 경제조직의 할당메커니즘이 작동하도록 하는데 도움을 준다.

사회적 경제조직의 할당메커니즘의 마지막 특징은 사회적 경제조직이 정보비대칭을 극복한다는 점이다. 통상적으로 자본주의 시장경제체제에서 구매자는 판매자에 제공되는 재화와 서비스에 대해 부족한 정보를 가진다. 어떤 생산자나 판매자도 생산되고 제공되는 재화와 서비스에 대한 완벽한 정보를 제공하지는 않는다. 구매자는 정보비대칭상황에서 자신에게 적합한 합리적인 가격의 재화를 구매하기를 원하지만 구매하려는 재화에 대한 완벽한 정보를 가지고 있지 않음으로 항상 시장교환체계에서는 판매자에게 유리하게 교환이 이루어진다. 사회적 경제조직은 생산 및 제공되는 재화와 서비스에 대한 정보를 은닉하거나 공개하지 않을 이유가 없음으로 이용자들은 보다 정확한 재화와 서비스의 특성을 고려하여 자신에게 적합한 교환을 통해 욕구를 해결할 수 있다.

2) 사회적 경제조직의 사회·경제적 임팩트

사회적 경제조직의 사회·경제적 파급효과는 곧 사회적 경제조직이 창출하는 사회·경제적 임팩트를 나타내고 임팩트(impact)는 사회적 경제조직이 성취하려는 목적의 달성 정도를 통하여 확인할 수 있다. 사회적 경제조직의 사회·경제적 임팩트는 곧 사회서비스 제공 확대와 같은 증진된 생산과 고용창출로 대변되는 증진된 고용, 빈곤 및 사회배제감소 그리고 혁신적이고 활동적인 조직모델의 운영 등으로 대변되고 이는 곧 산출과 고용 그리고 복지에 대한 임팩트를 의미한다(Tortia in Becchetti and Borzaga, 2010). 사회적 경제조직의 사회·경제적 임팩트는 다음과 같이 나타난다.

> 첫째, 국민의 욕구에 비해 절대적으로 부족한 사회서비스나 돌봄서비스 양의 확대는 곧 증진된 산출량을 나타내며, 이익이 수반되지 않아 생산을 기피하는 특정 재화나 서비스에 대한 생산 역시 산출 양의 증대를 나타내준다.
>
> 둘째, 노인이나 장애인 등과 같은 사회적 소외계층이나 실업자들을

위해 일자리를 창출함으로 고용증진을 통한 삶의 질 향상에 기여한다.

셋째, 일자리제공을 통해 소득을 보장하고 질 좋은 재화와 서비스를 낮은 가격에 제공하여 지불능력에 상관없는 할당을 통해 국민들의 욕구충족을 위해 노력하며 국민들이 필요한 사회복지 및 사회서비스제공 그리고 이익의 지역사회환원을 통해 지역사회가 가진 문제들을 해결하는데 기여함으로 국민복지 수준이 향상된다.

넷째, 재화와 서비스 특성 및 생산과 소비의 모든 정보를 공개함으로써 시장실패의 요소인 생산자 및 판매자의 정보독식을 통한 정보비대칭문제를 해결하고 대리점이나 프렌차이즈계약에서 발생하는 불공정한 거래계약을 사전에 통제함으로써 신뢰관계를 통한 상호호혜적 거래관계를 형성하여 신뢰와 네트워크와 같은 사회자본축적에 기여할 수 있다.

다섯째, 민주적 의사소통과 욕구에 기반한 할당시스템구축, 다양한 이해관계자 간의 협력적 거버넌스 그리고 사회적 통제권의 확립 등과 같은 조직운영요소는 곧 혁신적이며 유연하고 역동적인 조직모델을 의미하여 조직운영모델에 대한 새로운 등장을 의미한다.

아래의 그림은 사회적 경제조직의 사회·경제적 임팩트를 그림으로 나타낸 것이다.

<그림 2-2> 사회적 경제조직의 사회·경제적 임팩트

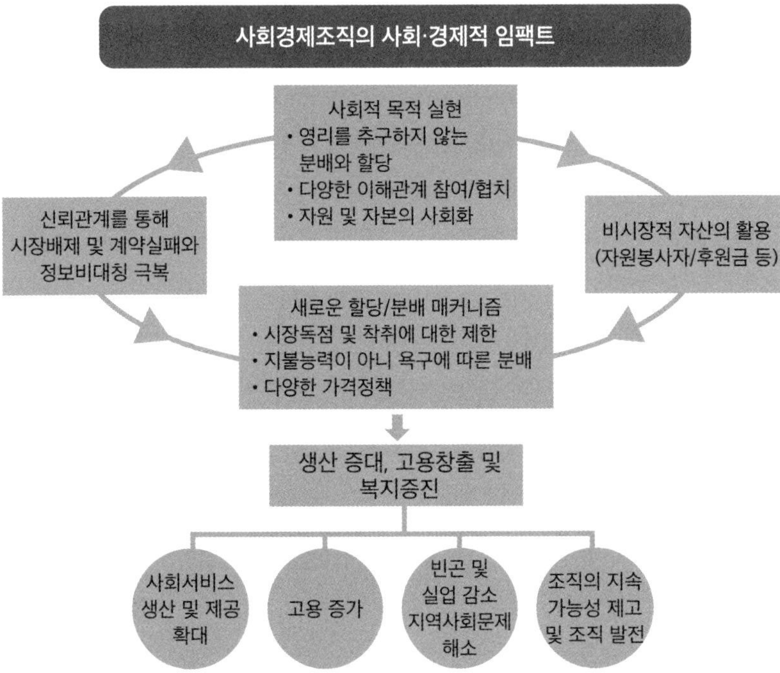

위와 같은 사회적 경제조직이 양산해내는 사회·경제적 임팩트는 곧 지역구성원간의 신뢰 및 관계지향성과 공동체인식과 같은 사회자본을 향상시켜 지역사회발전을 위한 밑거름으로 작동할 것이다(Evers, 2001). 사회적 경제조직이 창출하는 사회·경제적 파급효과가 사회자본을 향상시킨다는 것은 다음과 같은 전제에 기초한다.

> 첫째, 일자리창출 및 복지향상을 위한 노력 그리고 자본 및 개인의 이익을 추구하지 않는 자원의 사회화 등은 사회적 기업 및 사회적 기업이 생산하고 제공하는 재화와 서비스에 대한 신뢰 향상을 의미하며 이는 곧 이웃과 지역사회에 대한 신뢰의 정도에 영향을 미칠 수 있다.

둘째, 사회적 경제조직이 강조하는 관계지향성과 가치지향성 그리고 공동체지향성 등은 사회적 기업에게 외도하지 않은 효과 즉, 긍정적 외부효과(externalities)를 창출하도록 하여 신뢰관계와 같은 사회자본 축적에 도움을 준다. 긍정적 외부효과는 사회적 기업이 창출하는 직접적인 영향력이라기보다는 간접적인 영향력(효과)이고 복지외부효과[05]이자 온돌효과, 낙수(spill over)효과나 장미효과와 같이 한 주민에게서 가족으로 가족에게서 집단으로 그리고 집단에서 전체 지역사회로 확산되는 사회자본의 전파자이다.

셋째, 상호의존에 기초한 네트워크, 민주적 의사소통과 협력 거버넌스 활동 등은 직원들 사이, 직원과 서비스이용자 사이, 직원들과 사회적 기업가 사이 그리고 다양한 이해관계자들 사이의 신뢰향상에 도움을 주며 이는 곧 사회적 기업에 대한 신뢰의 정도를 향상시키고 나아가 지역사회에 대한 신뢰의 정도에 긍정적인 영향을 미칠 수 있다.

넷째, 지불능력에 따른 이용자선별과 기업(판매자)이 독점한 판매자와 이용자 사이의 정보비대칭문제를 극복하기 위한 사회적 경제조직의 노력은 곧 기업 및 직원 그리고 제공되는 재화와 서비스에 대한 신뢰의 정도를 향상시킬 수 있으므로 사회자본(social capital) 축적에 영향을 줄 수 있다.

아래의 그림은 사회적 경제조직 활동의 사회자본에 대한 임팩트를 그림으로 나타낸 것이다.

---

05 복지외부효과(welfare externalities)는 지은구(2003)가 "사회복지경제학연구"(청목출판사)에서 제시한 개념으로 사회복지관련 재화와 서비스의 생산 및 제공이 지역주민의 복지증진에 영향을 미치는 긍정적 외부효과를 의미한다. 사회적 경제조직이 제공하는 품질 좋은 돌봄서비스가 이용자 본인은 물론이고 이용자가족의 삶의 질에도 영향을 주고 이는 곧 전체 지역사회의 돌봄문제해결을 통한 지역사회복지증진이라는 복지외부효과를 창출한다. 즉, 이용자가족과 지역주민들은 별도의 비용부담 없이 삶의 질 향상 및 복지증진이라는 외부효과를 경험하게 된다.

<그림 2-3> 사회적 경제조직 활동에 따른 임팩트효과와 사회자본의 관계

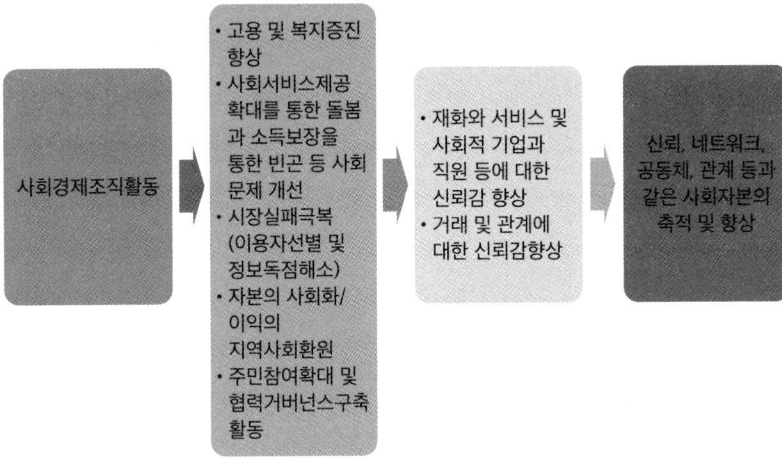

2. 한국 사회경제조직과 성과관리

위와 같이 일반기업과 상이한 운영방식(생산 및 할당방식)을 가진 사회적 경제조직의 성과를 관리하는 것은 쉬운 과업이 아니다. 특히, 오랜 역사를 가진 유럽의 사회적 경제조직과 달리 우리나라에서 사회적 경제조직의 성과관리는 활성화되어 있지 않다. 가장 결정적인 이유는 사회경제가 도입된 지 얼마 되지 않아 아직 사회경제활성화를 위한 법적·제도적 지원방안이 미흡하다는 점 때문이기도 하지만 현재 우리나라의 사회경제는 사회경제가 활성화되어 있는 유럽국가들과 달리 초기 진입단계로써 사회적 경제기업이 안정적인 기업활동을 하지 못하고 정착을 위해 노력하는 단계이기 때문이기도 하다. 또한 우리나라에서 사회적 경제조직의 성과를 관리하기 어려운 또 다른 이유는 사회적 경제조직이 성취하려는 성과의 다면적 속성 특히 성과가 경제적 성과와 사회적 성과로 크게 양분되어 나타남으로 성과를 개념 정의하고 이를 구성하는 성과요소를 찾아 관리하는 것이 어렵기 때문이기도

하다.

하지만 사회적 경제기업 중 가장 먼저 설립된 사회적 기업을 포함하여 일부 기업들은 초기 단계에서 안정적인 기업활동을 유지하여 생존가능성을 강화시키기 위해 노력하는 기업들도 상당수 존재함으로 조직생존가능성을 확보하고 안정적인 이익창출을 통해 지역사회문제해결 및 주민복지증진을 달성하기 위해 즉, 조직이 추구하는 사회적 목적을 실현하기 위해 조직이 창출하는 성과를 관리하고 개선하기 위해 노력하여야 하는 단계에 진입하였다고 볼 수 있다. 성과관리의 목적은 현재의 성과에 대한 측정을 통해 성과를 개선 및 향상하고 일정정도의 성과가 안정적으로 창출될 수 있도록 함으로써 조직발전 및 조직성장을 도모하는 것에 있으므로 사회적 경제조직들이 향후 한국사회에서 경제적 성과와 사회적 성과를 동시에 창출하는 것을 관리하는 성과관리는 매우 중요한 조직관리기법이라고 할 수 있다.

3. 사회적 경제의 활성화 과제 및 한국형 성과관리모형의 필요성

사회적 경제조직이 성과를 관리하기 위해서는 성과관리가 작동하도록 하는 시스템 즉, 성과관리모형 또는 모델이 있어야 가능하다. 성과관리모형은 기본적으로 사회적 경제조직이 창출하는 성과는 무엇이며 성과를 구성하는 요소는 무엇인지를 구체화하여 성과를 측정한 후, 측정한 자료를 바탕으로 성과를 유지 및 개선하기 위해서는 무엇을 어떻게 하여야 하는지 등의 관리방안을 도출하여 적용하기 위한 기본 축을 의미한다.

현재 우리나라의 대표적인 사회적 경제조직인 사회적 기업의 성과는 주로 기업 활동의 마지막 단계인 결과부분에서 창출된 산출(output)과 결과(outcome)를 중심으로 측정하는 측정방안들이 제시되고 있다. 특히, 조직이 보유한 문건중심의 개량화된 수치를 이용한 결과를 중심으로 성과를 측정하는 방안들이 대부분이다. 예를 들어 경제적 성과는 창출된 이익으로 그리고 사회적 성과는 창출된 일자리의 수 등으로 측정한다. 이러한 성과측정 방안들은 결과를 만들기 위한 투입과 행동은 무시한 채 산출과 결과를 성과와 동일시함을 의미한다. 대부분의 사회적 경제조직 성과관리방안들은 성과의 혼합적 측면 즉, 성과가 경제적 성과와 사회적 성과로 구분되는 방안들을 제시하고 있고 현장실무자들 역시 사회적 경제조직의 성과가 단순히 이익창출을 넘어 다면적인 속성을 지닌 복합개념으로 인지는 하고 있지만 아직 연구자들 사이에 또는 정부가 명확히 제시하는 사회적 경제조직의 성과의 내용이나 영역과 성과관리방안(모형)은 제시되고 있지 못한 것이 현실이다. 특히, 사회적 경제조직의 설립 지원 그리고 생존가능성(또는 유지가능성)을 위한 관리운영지원을 위한 정책적 방안들이 강조되고 있으며 아직 성과관리의 중요성에도 불구하고 조직 관리적 측면에서 성과관리를 적용하는 기업들이 미흡한 것이 현실이다.

사회적 경제의 활성화를 가로막는 장벽으로 제시되는 것은 다음과 같다. 첫째, 국민들의 사회경제에 대한 인식부족으로 인한 시장진입장벽 둘째, 사회적 경제조직의 영세성으로 인한 자금부족과 사업역량부족, 셋째, 시설 및 인력부족과 소비기반부족, 넷째, 사회적 경제조직 성공 사업모델부족 및 민간으로부터의 투자부족 다섯째, 네트워크부족 등이다(일자리위원회 관계부처합동, 2017; 지은구, 2021). 이러한 사회적 경제 활성화의 한계점을 극복하기 위해 정부는 다양한 지원정책을 진행 또는 계획하고 있는데 정부가 제시하고 있는 활성화방안을 포함하여 사회적 경제조직의 활성화를 위한 기본방안은 다음과 같다(지은구, 2021).

> 첫째, 국민들의 사회경제의 필요성에 대한 인식확산 나아가 공동체 지향성과 사회적 가치지향성 등에 대한 국민인식개선을 위한 노력이 필요하다. 시민사회를 구성하는 시민들의 사회에 대

한 인식은 공교육이 시작되는 시점에서부터 시작되어야 한다. 즉, 사회가 추구하는 바람직한 가치와 공동체인식 그리고 신뢰와 협동의 가치 등은 아동시기부터 지속적인 사회화교육을 통하여 성립되고 이라한 인식은 곧 사회경제가 활성화되기 위한 토대이다. 특히, 사회적 참여에 대한 인식수준이 높은 자원봉사자들이나 60세 이후의 제2의 인생을 설계하는 은퇴자들을 대상으로 사회경제에 대한 교육을 체계화하여 자원봉사자의 확보 및 사회경제기업의 재화와 서비스를 적극적으로 소비할 수 있도록 유도하는 것도 중요하며 이를 위해 시민사회단체의 적극적인 노력 역시 매우 중요하다. 시민단체들은 '공공선을 위한 경제', 착한시장, 착한소비, 연대시장 등과 같은 경제적 이슈를 선점하여 시민운동적 차원에서 시장의 실패 및 정부의 한계를 명확히 홍보하고 이를 시정하기 위한 경제사회운동을 적극적으로 주도할 필요성이 있다.

둘째, 사회경제활성화를 위해 법적, 제도적 틀을 명확히 구축하여 지원하는 것이 필요하다. 우리나라는 사회경제기본법 등 필요한 법안(사회경제3법)이 발의만 되었지 실행되지 못하고 있어 필요한 정책적 노력도 법적 지원을 받지 못하는 한계가 있다. 조속한 시기에 사회경제활성화를 법적으로 지원할 수 있도록 관련 법안의 통과는 필수적인 토대가 된다.

셋째, 사회경제를 활성화시키기 위해서는 대폭적인 금융지원제도 개선이 필요하다. 사회경제조직은 대부분 소규모이고 재정적으로 취약하므로 우선적인 목표는 시장에서 유지가능성이라는 측면에서 시장 진입 시 그리고 시장에서 활동 시 기존의 기업 등과 경쟁할 수 있도록 운영을 지원하고 재정적으로 도움을 주는 것은 매우 절실하다. 이를 위해 사회경제 기업에게는 중앙정부 차원에서 인건비지원이나 금융지원확대 이외에 부가가치세를 절감하여 준다든지 또는 지자체가 조례제정을 통해 세금을 감면하여 주거나 지자체 주도적으로 사회경제 활성화를 위해 보조금이나 임대료 면제 등과 같은 다양한 제도적 지원방안을 시행하는 등의 노력이 필요하다.

넷째, 사회경제는 정부의 지원과 주민의 참여 그리고 사회경제조직을 처음 운영하는 스타트업기업가와 이미 유지가능성을 인정받는 사회적기업가 등 다양한 이해관계자들의 노력이 필요하며 이들의 노력을 지원하기 위해서 협력과 협치가 가능한 민주적 의사소통구조 및 협력거버넌스를 구축하여 운영하는 것이 필요하다. 이를 위해 주민, 사회적 기업가와 직원 그리고 정부가 참여하는 사회적 경제협력기구를 운영 설치하는 것이 하나의 방안이 될 수 있다.

다섯째, 사회적 경제조직의 재정적 지속가능성을 확보하고 확장하기 위한 성과보상방안도 필요하다. 특히, 사회적 경제조직이 창출하는 사회적 성과에 대해 경제적 인센티브를 제공하는 정책적 지원방안을 고려할 필요가 있다. 사회경제조직은 이익창출이라는 경제적 성과만을 강조하는 일반영리기업과는 달리 경제적 성과와 사회적 성과를 동시에 창출하기 위해 노력하는 조직이며 경제적 성과를 사회적 성과 극대화를 위한 지렛대로 활용하는 조직이다. 경제적 성과는 시장에서의 생존을 위해 필요한 성과이며 사회적 성과는 상호호혜의 원칙하에 자원의 재분배를 통해 사회배제를 극복하고 나아가 지역사회를 발전시킨다는 사회적 경제조직이 추구하는 사회적 목적 및 가치실현을 의미한다. 따라서 일반영리기업이 창출하는 성과보다 훨씬 복합적이고 다면적이 성과를 창출하기 위해 노력하는 사회경제조직의 재정적 지속가능성 내지는 생존가능성을 확보하기 위하여 정부는 정책적으로 사회경제조직이 창출하는 사회적 성과를 경제적 지원으로 대체하여 보상하는 성과보상지원정책을 제공하는 것이 필요하다.

여섯째, 사회적 경제조직을 세밀하게 구분하여 단계적으로 지원하는 정책적 노력도 필요하다. 스타트업단계에서 조직운영을 지원하기 위한 초기지원방안과 이미 스타트업한 조직의 경우 경영관리활성화를 위해 경영지원플랫폼을 구축하여 지원하는 방안을 분리하여 제공하는 것도 생각하여야 하며 재정적 유지가능성화보를 위한 초기재정지원과 재정적 유지가능성이 있는 조직의 경우는 사회적 혁신에 더욱 매진할 수 있는 혁신적 조직관리 및 안정적인 성과를 유지 및 향상시키도록 하기 위한 성과관리지원방안에 등이 단계적으로 제공되는 것이 필요하다.

위와 같은 정책적 지원방안의 구축 및 실행과 함께 사회적 경제조직의 운영활성화를 위해 반드시 조직 관리방식이 필요하다. 1990년대 성과관리시대의 도입과 함께 일반기업들이 창출하는 성과를 중심으로 기업을 관리하는 성과관리의 중요성이 강조되는 현실세계에서 성과관리는 공공기업을 포함하여 다양한 조직들에게 필요한 조직관리기법이다. 특히 사회적 경제조직이 창출하는 성과를 중심으로 관리하는 성과관리는 조직성과에 대한 다양한 자료들을 바탕으로 미흡한 점을 개선할 수 있도록 도우며 성과관리를 통해 조직구성원들 간 그리고 이용자와의 소통은 강화될 수 있고 직원들의 역량 역시 강화될 수 있으므로 조직성장과 발전을 위해서는 성과를 중심으로 조직을 관리하는 것이 필요하다. 사회적 경제조직이 성과를 관리하여야 하는 필요성을 간략하게 정리하면 아래와 같다.

첫째, 사회적 경제조직이 창출하는 성과 특히, 사회적 성과를 통해 국민들에게 사회경제의 필요성과 사회경제가 가져다주는 사회적 임팩트효과를 홍보할 수 있으므로 단위 기업뿐만 아니라 사회경제활성화에도 도움이 된다. 특히, 사회적 성과에 대한 홍보는 국민들로부터 사회적 경제조직이 공공의 이익을 위해 노력하는 조직임을 증명할 수 있으므로 소비성장에도 도움이 되며 나아가 민간투자를 유치하는데도 도움이 될 수 있다.

둘째, 성과측정을 통해 사회적 경제조직이 성과를 창출하기 위해 어떠한 조직 활동 또는 직원들의 행동이 부족하거나 필요한지를 설명해줌으로 조직 및 직원들의 성과창출을 위한 역량을 강화하는데 도움이 된다.

셋째, 성과관리를 위해 직원들이 성과에 대해 학습하며 이를 측정하기 위해 노력함으로써 조직이 창출하는 경제적 성과와 사회적 성과는 증진 및 향상이 이루어질 수 있고 이는 조직성장과 발전 및 직원성장과 발전에 도움을 준다.

넷째, 사회적 경제조직은 민주적 의사결정과 거버넌스의 실현이 조직운영원칙임으로 조직상부나 정부로부터 일방적으로 이루어지는 조직평가보다는 모든 이해관계자들이 참여하여 조직의 성과를 측정하고 관리하는 성과관리모형의 구축 및 실행은 조직운영의 투명성 및 관리운영의 효율성과 효과성을 담보하는 최적의 방식임으로 필요하다.

다섯째, 사회적 경제조직을 위한 성과관리모형은 한국기업의 특성에 맞게 구축되어 제시되고 적용되는 것이 바람직하다. 사회적 목적이나 사회적 가치실현이라는 큰 틀에서의 공통점을 제외하고 사업의 유형 및 인적·물리적 기반 및 토대 역시 부족한 한국의 특성을 고려하여 조직이 성과관리를 통하여 조직기반을 육성하고 성정시킬 수 있도록 하는 한국형 성과관리모형의 개발 및 적용이 필요하다.

제4절
한국 사회적 경제조직 성과관리(측정)모델 선행연구고찰

1.사회적 경제조직 성과관리의 실태

사회적 경제조직이 성장하고 발전하며 지속가능성을 담보하기 위해서는 성과가 관리되어야 함에도 불구하고 현재 한국에서 이루어지고 있는 사회적 경제조직의 성과관리는 걸음마단계에 있다. 즉, 사회적 경제조직이 자체적으로 성과시스템을 구축하여 성과개선을 목적으로 성과를 관리하는 자율적 성과관리를 시행하는 경우는 제한적이다. 대표적 사회적 경제조직인 사회적 기업의 경우 정부(고용노동부)에 년 2회 의무적으로 제출하여야 하는 사업보고서로 성과관리를 대신하는 경우가 일반적이다. 이는 우리나라에서 사회경제 및 사회적 경제조직이 발달과정에 있으므로 아직 법적·제도적 지원체계를 구축하지 못하고 있고 성과관리나 성과측정을 위한 보편적 관리모형에 대한 연구 역시 초기단계라는 현실과 함께 많은 사회적 경제조직들이 전문인력부족과 재정적으로 영세하여 시장에서의 생존에 더 많은 노력을 기울일 수 밖에 없으므로 사업보고서 제출 이외에 별도로 전문적이고 체계적인 성과관리방안을 찾고 이를 도입하여 자체 성과를 측정하고 관리하지는 못하고 있는 것이 현실이다.

2021년 고용노동부·사회적기업진흥원에서 발표한 2020년도 사회적 기업 성과분석관련 연구보고서에 따르면 현재 우리나라의 대표적인 사회적 경제조직인 사회적 기업의 성과관리는 인증사회적기업이 제출한 사업보고서를 중심으로 이루어지고 있음을 알 수 있다. 사회적기업육성법에 따라 제출하게끔 되어 있는 사업보고서의 내용 중 성과관련 내용은 재정적 성과와 사회적 성과를 구분하여 재정적 성과는 주로 화폐적 단위(원)로 기술하고 사회적 성과는 화폐적 단위와 건수나 사업의 내용 등 기업이 보유한 문건을 중심으로 서술하도록 하는 방식으로 되어 있다. 사업보고서는 크게 보면 총 10개의 항목으로 구분되어 기술하도록 되어 있으며 구체적인 내용은 다음과 같다: 기업현황, 의사결정참여내용, 사회적 목적 재투자, 자원내역(정부지원금과 민간지원금), 재정성과, 고용, 사회서비스내용, 지역사회공헌, 연계현황(기업 및 지방자치단체와의 연계) 그리고 기타(서비스대상과 서비스내용).

<그림 2-4> 사회적 기업 사업보고서 양식(2020년)

① 기업 현황				
사회적기업명		대표자		(남/여)(0000년생)
소재지		연락처	전화번호	
			팩스번호	
			전자우편주소	
인증 번호		사업자등록번호		
		고용보험관리번호		
사회적 목적		정관 변경여부		변경 없음[ ] 변경[ ]
인증 유형	사회서비스 제공형[ ] 일자리 제공형[ ] 지역사회 공헌형[ ] 혼합형[ ] 기타형[ ]			
조직 형태	「민법」에 따른 법인[ ] 「민법」에 따른 조합[ ] 「상법」에 따른 회사[ ] 「상법」에 따른 합자조합[ ] 공익법인[ ] 비영리민간단체[ ] 사회복지법인[ ] 소비자생활협동조합[ ] 협동조합[ ] 협동조합연합회[ ] 사회적협동조합[ ] 사회적협동조합연합회[ ] 농(어)업회사법인[ ] 영농(어)조합법인[ ] 기타[ ]			

업종						
주업태		주종목		주사업		주업종 코드
부업태		부종목		부사업		부업종 코드

기업 소유구조						기타	계
지분보유자							
지분율(%)							100%

② 의사결정 참여 내용	참여범위					
주요 의사결정기구	사내 이해관계자		사외 이해관계자			연간 개최 횟수
	임원 등	근로자	수혜자	지역사회	기타	
이사회	명	명	명	명	명	
기타( )	명	명	명	명	명	

③ 사회적 목적 재투자			
구분	내용	수혜자인원	금액
일자리 창출			천원
사회서비스 제공			천원
근로자 처우개선			천원
지역사회 재투자			천원
기타[ ]			천원
미처분이익잉여금/배당액	천원(천원)		

④ 지원 내역			
구분		내용	금액
정부 지원	일자리창출사업		천원
	전문인력지원		천원
	사업개발비		천원
	사회보험료		천원
	정책자금		천원
	기타		천원
	소계		천원
민간 지원	기업 후원		천원
	모기관 지원		천원
	일반 기부		천원
	민간금융지원		천원
	기타		천원
	소계		천원

⑤ 재정 성과	매출액	천원	공공시장	천원
			민간시장	천원
	매출총이익	천원	매출원가	천원
	영업이익	천원	판매비와 관리비	천원
	영업외수익	천원	노무비	천원
	법인세차감전이익	천원	영업외비용	천원
	당기순이익	천원	법인세 등	천원

⑥ 고용	구분	총 인원	자체 고용 근로자 수	사회적기업 관련 인건비 지원사업 참여 근로자 수	기타 정부지원사업 참여 근로자 수	평균 임금	평균 근로시간 (주 단위)
	취약계층 근로자	명	명	명	명	천원	시간
	비취약계층 근로자	명	명	명	명	천원	시간
	총 유급근로자	명	명	명	명	천원	시간

⑦ 사회 서비스 제공	제공유형 (중복체크가능)	교육[ ] 보건[ ] 사회복지[ ] 보육[ ] 환경[ ] 간병·가사 지원[ ] 산림[ ] 고용[ ] 청소[ ] 문화·예술[ ] 관광·운동[ ] 문화재[ ] 기타[ ]		
	구분	서비스 내용	대상	제공 인원
	취약계층			명
				명
	비취약계층			명
				명

⑧ 지역사회 공헌	사업지역	( ) 시/도 ( ) 구/군
	공헌 내용	
⑨ 기타	서비스 대상	
	서비스 내용	

⑩ 연계 현황	구분		재정 지원	상품 구매	사업 위탁	경영지원	그 밖의 지원
	연계 기업	1.	천원	천원	천원	천원	
		2.	천원	천원	천원	천원	
	연계지방 자치단체	1.	천원	천원	천원	천원	
		2.	천원	천원	천원	천원	

「사회적기업 육성법」 제17조 및 「사회적기업 육성법 시행규칙」 제16조에 따라 사업보고서를 위와 같이 제출합니다.

년 월 일

사회적기업 대표자 (서명 또는 인)

○○지방고용노동청장(○○지청장) 귀하

사업보고서의 재정적 성과는 매출총이익, 영역이익, 당기순이익, 법인세차감전이익 등을 나타내며 사회적 성과는 사회적 목적재투자(일자리창출,

사회서비스제공, 근로자처우개선, 지역사회재투자 그리고 미처분이익잉여금/배당액 등을 화폐단위로 제시), 고용(취약계층근로자 인원수 등), 사회서비스를 제공받은 인원과 서비스내용, 지역사회공헌(지역공헌사업내용) 등을 서술하도록 되어 있다. 또한 민주적 의사결정의 경우 이사회에 사내이해관계자와 사외이해관계자의 수를 기입하도록 되어 있다. 즉, 현재 사회적 기업의 성과는 기업이 보유한 문건중심의 재정적 성과와 일자리창출과 사회서비스제공여부 그리고 지역사회공헌사업유무 등을 중심으로 사회적 성과를 측정하고 관리하도록 되어 있음을 알 수 있다. 사업보고서는 결과물중심으로 성과를 측정하는 것이 핵심임으로 화폐단위로 나타나는 단편적인 성과를 중심으로 기업의 활동이나 노력을 평가하게 된다. 성과를 개선하기 위해서는 사회적 경제조직 성과의 다면적 영역을 확인하고 영역별로 무엇을 어떻게 노력하여야 하는지 그리고 사회적 경제조직을 이용한 이용자들은 기업의 제품이나 서비스 그리고 직원들의 사회적 가치실현을 위한 노력 등을 어떻게 인식하는지 등에 대한 종합적인 자료가 필요하지만 현 사업보고서는 이를 판단할 수는 없다는 한계를 가진다.

2020년에 이루어진 791개의 경기도 사회적 경제기업에 대한 설문조사 결과 사회적 경제기업 중 사회적 미션의 성과를 측정하고 있다고 응답한 기업은 전체의 44%이었고 이중 한국사회적기업진흥원이 제시한 사회적가치지표를 이용하는 기업은 25.7%이고 사회적 가치를 사회서비스성과, 고용성과, 환경성과, 사회생태계성과 등으로 나누어 이를 화폐가치로 환산하여 제시하는 SK의 SPC(social progress credit) 가치측정지표를 사용하는 기업이 5.4%이었으며 67.1%의 기업들은 성과를 자체적으로 측정하는 것으로 나타났다. 이러한 결과는 사회적 경제조직의 약 56%는 사회적 미션의 성취라는 조직 자체의 성과를 측정 및 관리하지 못하고 있으며 성과를 측정하는 조직조차도 대부분 성과측정도구를 활용하지 않고 자체적으로 성과를 측정한다는 것을 나타낸다. 이는 대부분의 사회적 경제조직이 법적으로 제출하여야 하는 사업보고서로 성과를 대체한다는 것을 의미한다고 볼 수 있다(장종익 외, 2020).

SK의 SPC(social progress credit) 가치측정지표는 SROI(사회투자수익율)모델을 적용하여 사회적 성과를 화폐단위로 표현하여 나타내는 것으로써 사회적 성과를 화폐단위로 환산한다는 현실적으로 어려운 작업을 거쳐야 함으로 우리나라에서도 실제 적용하는 사회적 경제조직이 많지 않음을 알 수 있다. SROI모델은 본 연구의 측정모델에 대한 비교부분에서 설명되지만 모든 사회적 성과가 화폐적 단위로 환산되는 것이 어려움으로 사회적 경제조직이 성과관리모델로 활용하기에는 한계를 갖는다. 또한 사회적기업진흥원(2020)이 개발하여 제시한 사회적가치지수(SVI, social value index 또는 사회적가치지표)는 장종익(2021)에 따르면 사회적 기업 이외의 마을기업이나 자활기업, 협동조합 등의 사회적 경제조직에는 적용하기 어려운 지표라는 한계를 갖고 있어 사회적 경제조직의 성과에 대한 개념과 성과의 범주를 보다 포괄적으로 정리하고 사회적 경제관점에서 이를 측정할 수 있는 방안이 필요하다. 한국사회적기업진흥원이 제시한 사회적가치지수는 사회적기업이 사회적 가치를 실현하여야 한다는 당면과제를 성과로 인식하고 이를 측정하지만 사업보고서의 성과내용과 동일하게 성과를 기업이 보유한 문건 유무 여부를 자체 평가하는 방식으로 되어 있어 한계를 갖는다. 사회적가치지수에 대해서는 아래의 국내외 연구동향에서 보다 자세히 다루었다.

종합하면, 현재 한국 사회적 경제조직의 성과관리 실태는 모든 사회적 경제조직을 포괄하여 성과를 측정하고 관리할 수 있는 성과관리 및 측정모델이 제시되지 못한 관계로 사회적 기업을 중심으로 개별적으로 이루어지고 있으며 사회적 기업의 경우는 법적 의무조항인 사업보고서로 성과를 측정하고 관리하는 경우가 대부분임을 알 수 있다. 또한 최근 제시되고 있는 성과관리를 위한 측정도구(SROI나 사회적가치지수 등)들은 사회적 기업의 성과가 경제적 성과와 사회적 성과 또는 사회적 가치의 실현여부로 측정하여야 한다는 점에 기초하고 있으며 사회적 성과나 사회적 가치의 실현여부를 측정하기 위해 방안을 제시하고 있지만 측정지표설정의 어려움으로 현장에서 적용하지 못하는 경우도 존재하며 사회적 성과를 대부분 문건을 통해 확인함으로 실제 사회적 성과가 수량화하여 어느 정도 창출되는지를 확인하는 것은 어렵게 되어 있는 것이 현실이다. 이는 곧 성과측정을 통한 성과관리가 조직성장과 조직원들의 역량강화 나아가 성과개선을 통한 지속가능성 확보 등과 같은 목적에 적절히 부합하지 못함을 나타내준다고 할 수 있다.

2. 사회적 경제조직 성과관리 및 측정모델 국내외연구 동향

사회적 경제조직의 성과를 측정하기 위해 제시된 성과측정모델에 대한 연구는 대부분 사회적 기업이 중심이며 유럽이나 미국 등에서 이루어져 왔다. 따라서 본 연구에서도 사회적 경제조직의 성과측정에 대한 선행연구는 사회적 기업을 중심으로 이루어졌다. 지금까지 가장 많이 이루어진 사회적 기업 성과측정모델에 대한 연구는 유럽중심의 사회적 회계(SA, social accounting)와 감사(auditing)를 활용한 성과측정에 대한 연구와 SROI(사회적 투자반환비율)를 중심으로 사회적 기업의 재무적 성과와 비재무적 성과를 화폐가치로 전환하여 측정하는 연구 그리고 균형성과표(BSC)모델을 사회적 기업에 적용하여 발전시킨 수정된 균형성과표를 활용한 성과측정에 대한 연구들이 대표적이다. 사회적 회계나 SROI 그리고 BSC를 활용한 연구들 외에도 프로그램개발과 평가영역에서 주로 활용된 로직모델을 적용한 연구와 연구자가 사회적 기업의 특성을 고려하여 성과측정(모델)도구를 자체 개발한 연구들도 있다. 사회적 기업의 특성에 맞게 성과측정모델을 제시한 연구들은 상황모델(contingency model)로 구분되기도 한다(Arena et al., 2015; Ebrahim & Rangan, 2010).

사회적 기업의 성과측정을 위한 선행연구들은 대부분 경제적 성과보다는 사회적 기업의 비재무적 성과 또는 사회적 성과를 어떻게 측정하는가에 초점이 맞추어져 있다. 즉, 사회적 기업은 경제적 성과 이외에도 사회적 목적을 실현하기 위해 운영되므로 경제적 성과에 대한 측정은 이론의 여지없이 화폐적 가치를 적용하여 측정할 수 있지만 사회적 목적 실현의 여부나 정도 즉, 사회적 성과는 수량화된 화폐적 가치로 측정하는 것이 한계가 있으므로 이를 극복하기 위한 대안을 제시하는 연구들이 주종을 이룬다.

균형성과표(BSC)모델은 알려진 바와 같이 Kaplan과 Norton(1996)이 일반영리기업의 성과를 경제적 가치만을 중심으로 측정하는 한계를 뛰어넘기 위하여 개발된 모델이지만 기본 축은 효율성을 측정하는 모델로 알려져 있다. 일반영리기업 성과측정을 위해 개발된 BSC성과측정모델을 사회적 기업에 적용한 가장 대표적인 연구는 Somers(2005)와 Bull(2007) 그리고 Meadow와 Pike(2010)의 연구 등이 있다. 사회적 기업에 적합하게 Meadow와 Pike에 의해 수정된 BSC모델은 재정적 반환금과 사회적 반환금, 조직발전과 기업모델이라는 네 개의 중심영역에서 성과를 측정한다. 하지만 BSC모델은 기업의 효율성을 최우선의 중심 가치로 삼으므로 경제적 목적이나 경제적 가치창출이 아닌 사회적 가치실현이라는 사회적 목적을 최우선과제로 하는 사회적 기업의 성과를 측정하는 모델로는 적합하지 않을 수 있다.

또한 사회적 기업의 성과측정을 위해 수정되어 적용되고 있는 SROI모델은 본래 Emerson과 Cabaj(2000)이 영리기업의 사회·경제적 가치를 측정하기 위해 개발한 모델로 사회적 기업의 성과측정모델로 적용된 가장 대표적인 연구는 Miller와 Hall(2013), Rotheroe과 Richards(2008), Ryan과 Lyne(2008), Peattie와 Cornforth(2008) 등의 연구가 있다. SROI모델은 기본적으로 사회적 기업의 성과를 사회적 가치, 경제적 가치 그리고 환경적 가치로 구분하여 측정하지만 사회적 가치를 영향력(impact)과 결과중심으로 측정하는데 있어 화폐적 가치를 통해 수량화될 수 있는 것만 측정하는 한계를 내포하고 있다. BSC모델과 SROI모델과 같이 사회적 기업의 성과를 측정하기 위해 기존모델에서 수정되어 적용된 측정모델들의 한계로는 이 두 모델들이 사회적 기업의 성과측정모델로 현존하는 사회적 기업들에 폭넓게 적용되지 못하고 있다는 점과 학자들과 실천가들 사이에서도 객관적으로 인정받지 못하고 있다는 점 그리고 사회적 기업의 지속가능성을 성과의 영역으로 선정하지 못하였다는 점 등이 지적되었다(Mokhothu, 2014).

기존의 영리기업성과측정모델을 통해 수정된 BSC모델과 SROI모델 외에 이들이 가진 한계들을 보완하여 활용가치를 향상시키기 위해 최근 개발된 사회적 기업 성과측정모델로는 Nicholls(2009)가 제시한 혼합가치회계(blended value accounting)모델과 Arena와 동료들(2015)이 체계이론을 적용하여 개발한 성과측정체계모델(Performance Measurement System, PMS모델), Bagnoli와 Megal(2011)이 제시한 다중혼합모델(상황모델이로고도 불림), Mokhothu(2014)가 제시한 성과와 지속가능성모델, 그리고 Lee와 Nowell(2014)이 비영리조직의 성과측정을 위해 개발한 모델을 Wise와 Marika(2016)가 사회적 기업에 적용한 단계적 성과측정모델, Darby와 Jenkins(2006)가 활용한 사회적 회계(social accounting)모델, McLoughlin, Kaminski 그리고 Sodagar(2009)가 사회적 임팩트(social impact)를 보다 강조하여 제시한 SIMPLE모델 등이 있으며 Brueckner, Wise 그리고 Marika(2016)가 비영리조직의 성과측정을 위해 Lee와 Nowell(2014)이 개발한 모델을 사회적 기업 성과측정을 위해 적용한 통합적·단계적 성과측정모델이 있다. 이들 모델들은 각기 장단점들을 가지고 있고 역시 현장에서 객관성이 입증되지 못하여 폭넓게 활용되지는 못하고 있다.

특히, Arena와 동료들(2015)이 제시한 성과측정체계모델(PMS모델)은 Bagnoli와 Megal(2011) 그리고 Ebrahim과 Rangan(2010)의 상황모델에 기초하여 개발된 모델로서 로직모델과 체계이론적 틀을 적용하여 발전시킨 모델이다. PMS모델은 성과의 다면성을 바탕으로 성과는 투입, 산출 그리고 결과로 이루어지며 성과를 구성하는 요소는 효율성, 효과성(관리적 효과성과 사회적 효과성) 그리고 임팩트임을 강조하였다. 여기서 행정적 효과성은 조직이 설정한 행정적 목표의 성취물을 나타내며 사회적 효과성은 산출이 결과한 사회적 가치창조물이며 임팩트는 지역사회에 대한 산출의 장기적 효과로써 결과를 측정하는 도구로 작동한다는 특징이 있다. 하지만 PMS모델은 사회적 기업 전반에 공통적으로 적용할 수 있는 구체적인 성과측정도구 및 지표를 개발하여 제시하기보다는 기업이 보유한 문건중심으로 지표를 설정한다는 한계를 가지고 있다.

사회적 기업의 성과를 관리하기 위한 성과측정도구개발과 관련한 Crucke와 Decramer(2016)의 연구는 질적인 연구방법과 양적연구방법을 활용하여 객관적인 측정도구의 개발을 제시하였다는 점에서 기존의 연구들과는 차별성을 갖는다. 이들은 사회적 기업의 성과의 다면적인 특성을 고려하여 성과를 경제적 성과, 환경적 성과, 지역사회성과, 인간성과, 거버넌스성과의 5개 영역으로 제시하고 각각의 성과를 도출할 수 있는 5개 영역별 성과측정도구를 개발하여 제시하였다. 물론 성과의 5개 영역에 대해서는 논쟁이 될 수 있지만 각각의 성과영역에서 측정요소를 도출하고 요소별 측정문항을 포함한 측정도구를 객관적인 방법으로 도출하기 위해 노력하였다는 점은 의미가 있다.

우리나라에서 진행된 사회적 기업 성과측정모델이나 성과측정방안(성과지표)에 대한 대표적인 연구로는 김기현(2013), 조영복(2012), 김혜란(2012), 이승규(2007), 김순양(2008), 이영범과 박수영(2011), 이용탁(2008) 등의 연구와 사회적기업진흥원이 주도한 성과측정개발 관련 연구(2011, 2013, 2014, 2015, 2016) 등이 있다. 조영복과 김혜란의 연구는 주로 SROI를 활용한 성과측정의 연구이다. SROI를 활용한 연구는 사회적 기업의 성과를 경제적 가치, 사회적 가치 그리고 환경적 가치를 중심으로 분류하여 특히, 사회적 가치를 측정하기 위해 노력한다는 점에서 경제적 이익만을 강조하는 성과측정보다는 진일보한 측면이 있지만 사회적 가치를 수량화된 화폐적 가치로만 측정하므로 사회적 가치로써 사회적 기업의 직원들이나 사회적 기업을 이용하는 이용자들에게 나타나는 생각이나 태도 그리고 인식이나 기능 등의 변화 나아가 지역사회에 미친 영향력의 정도를 측정하는 것이 불가능하다는 한계를 가지고 있어 사회적 목적성취와 사회적 가치실현을 위해 노력하는 많은 사회적 기업들이 성과측정을 위한 도구로 활용하지는 않고 있다. 예를 들어 방과후 학교 프로그램을 운영하는 사회적 기업이 SROI를 사용하여 사회적 성과를 측정하는 경우 측정지표는 사업에 참여한 학생들의 정서·심리적 변화나 환경적 변화를 측정하기보다는 주로 사교육비절감, 보육비지출감소, 아동청소년 대상 범죄예방 비용감소, 학부모들의 근로에 따른 근로소득세증가, 강사의 소득증대 등 주로 화폐적 가치를 중심으로 사회적 성과를 측정하게 된다.

김기현(2013)의 연구는 사회적 기업이 아닌 영리벤처기업의 성과측정모델로 개발된 Gartner(1985)의 모델을 수정하여 성과를 재무성과, 시장성과 그리고 기술성과로 구분하여 성과를 측정하였다. 이는 김기현의 연구가 사회적 성과가 아닌 주로 시장성과를 중심으로 사회적 기업의 성과를 측정하였다는 점을 의미하는 것이다. 김순양(2008)은 사회적 목적에의 부합성, 이익의 배분, 소유구조, 공동체이익추구(지역사회기여도), 운영과정의 자율성, 참여지향적 의사결정, 종업원의 동기부여, 영업활동 및 고객관리, 재무적 지속성 등 총 8개의 성과측정영역을 구분하였으며 각각의 영역에서 평가기준과 평과지표의 예를 지시하였다. 하지만 이 논문은 성과의 영역에 대한 측정이론과 측정모델의 적용 그리고 측정모델에 기초한 측정지표의 개발이라는 기본적 틀을 고려하지 않고 단순히 성과측정 영역 및 측정지표만을 제시하고 있다는 한계를 가지고 있으며 평가변수의 신뢰도나 타당도에 대한 검증은 전혀 이루어지지 않았다.

이영범과 박수영(2011)은 BSC모델을 사회적 기업 성과측정모델로 적용하고 이에 적합한 측정지표를 개발하였는데 그들은 성과측정영역을 첫째, 지속가능경영(경제적 지속가능성과 사회적 지속가능성으로 구성), 둘째, 기반확대 및 만족도 향상, 셋째, 효율적 운영시스템 구축 넷째, 조직목적에 부합한 직원 양성 및 역량증진의 네 영역으로 구분하고 각각의 영역에 적합한 측정지표를 타당성 분석을 통하여 제시하고 있다. 이들의 논문은 BSC모델을 성과측정모델로 적용하는 경우에 한하여 측정지표설정에 유익한 논문이지만 사회적 기업의 측정모델로 BSC모델의 적합가능성을 분석하지 않고 있고 성과측정 영역으로 네 개의 영역에 7개의 성과측정요인으로 제한하는 것에 대한 설명이 부족하다는 한계를 가지고 있다. 마지막으로 이승규(2007)의 연구는 로직모델을 적용하여 성과측정지표를 제시하였다는 특징이 있지만 사회적 가치의 실현을 결과로 측정하기 위한 도구개발 및 활동에 대한 측정의 어려움 등을 극복하지 못하였다는 한계를 가진다.

이용탁(2008)의 연구는 사회적 기업성과측정모델로 BSC모델을 적용한 연구로써 성과측정영역을 재무적 관점, 이해관계자관점, 내부프로세스관점, 학습 및 성장관점으로 제시하고 있지만 Somers나 Bull 등은 이미 Niven(2003)이 제시한 BSC모델을 적용한 비영리조직성과 측정모델 보다 발전된 모델을 제시하였으므로 이미 제시된 모델을 적용한 수준에 불과한 측면이 있다. 특히, 이용탁의 연구는 왜 측정 영역이 4개의 영역으로 구분되어야 하는지에 대한 구체적인 설명을 하지 못한 채 외국 학자들의 견해에 대해 종합적 견해만을 제시하고 있다.

한국사회적기업진흥원에서 사회적 기업의 성과측정도구를 개발하기 위해 주도한 연구는 대표적으로 조영복(2011), 문철우 외(2013; 2014), 이준우 외(2015) 그리고 한국노동연구원(2016) 등이 참여한 연구가 있다. 한국사회적기업진흥원은 연구의 결과로써 사회적가치지수(SVI, social value index)를 개발하여 2018년부터 사업장에서 성과측정을 위한 측정도구 즉, 척도로써 활용하도록 장려하고 있다. 한국사회적기업진흥원이 주도한 연구가 갖는 장점은 기존의 사회적 기업 성과측정이 주로 경제적 성과에 치중하여 사회적 성과를 측정하는데 한계를 가진다는 점에 착안하여 사회적 성과를 측정하기 위한 도구로써 사회적가치지수를 개발하여 제시하였다는 점과 사회적가치지수에 혁신성과를 추가하여 사회적 기업의 성과를 경제적 성과, 사회적 성과 그리고 혁신성과의 3영역에서 측정한다는 점이다(한국사회적기업진흥원, 2016). 한국사회적기업진흥원은 사회적 가치를 경제적 회계가 측정할 수 없는 공공의 이익과 공동체 발전 등에 기여하는 가치로 정의하였으며 사회적 가치의 실현은 곧 공동체 발전을 위한 공익의 실현을 의미한다고 하였다. 이들이 제시한 성과측정지표 값은 사회적 성과가 총 9개 지표에 60점, 경제적 성과 총 4개 지표에 30점 그리고 혁신성과는 1개 지표에 10점이고 세 개 영역을 합산하여 총 100점으로 성과를 측정한다. 사회적 성과측정지표의 예를 보면 사회적 성과를 구성하는 영역 중 조직미션영역에는 사회적 가치추구여부가 2점이며 사회적 성과관리체계구축여부가 5점으로 구성되는데 사회적 가치 추구여부는 정관과 미션선언문, 그리고 사회적 목적 및 미션·비전이 명시된 자체문건으로 확인하여 점수를 책정하는 방식으로 주로 문건중심의 자료를 확인하여 점수를 배정하는 방식으로 사회적 성과를 측정한다. 사회적 성과영역의 사회적 가치지향성은 총 15점으로 기업이 자체적으로 신청서에 취약계층 고용 및 임금수준, 사회적 가치 또는 목적이나 미션을 성취하기 위한 활동 등을 구비서류와 함께 작성하는 방식으로 이 역시 행사문건중심으로 이루어져 점수를 관리하기 용이하게 되어 있다(한국사회적기업진흥원, 2020).

한국사회적기업진흥원이 제시한 성과측정도구(지표)는 사회적 성과를 포함하여 사회적 기업의 성과를 측정할 수 있는 지표들이 정리되어 제시되었다는 점에서 진일보하였지만 다음과 같은 명백한 한계를 가지고 있다. 첫째, 사회적 가치를 지향하는 측정질문항목이 주로 현장 및 연구자들의 경험이나 행사에 기초한 주관적 인식에서 도출된 질문이고 이에 대한 입증은 곧 사회적 기업이 가지고 있는 문건중심의 자료를 중심으로 측정함으로 문건이나 보고서만 잘 정리되어 있으면 사회적 성과에 대한 점수를 모든 사회적 기업들이 동일하게 확보(동일한 점수)할 수 있어 실제 사회적 성과가 얼마나 성취되었는가를 측정하는 것은 어렵게 되어 있다는 한계를 갖는다. 둘째, 주로 사회적 성과지표의 문건은 전문가들의 의견에 내용타당도만을 거쳐 제시되어 있으므로 사회적 성과지표에 대한 구성타당도(판별 및 수렴타당도 등)가 입증되지 않아 지표 또는 척도를 활용하는 데 있어 객관성이 입증되지 않았다는 한계를 가지고 있으며 셋째, 혁신성과를 사회적 가치지수에 포함하여 구분하는 데 있어 이에 대한 명확한 근거 및 혁신성과에 대한 측정을 정량이 아닌 정성적 방법으로 기술함으로써 이를 측정하는 데 있어 나타나는 문제점, 그리고 넷째, 경제적 성과와 혁신성과 그리고 사회적 성과의 결과 값에 대한 상대적 중요도가 입증되지 않고 연구자들의 주관적인 인식에 따라 제시되었다는 점 그리고 마지막으로 제시된 사회적 가치 지표들이 사회적 기업의 역동성과 운영원리를 설명해주는 이론적 틀에 기반하지 않는다는 한계를 갖는다.

최근에 이루어진 사회적 경제조직의 사회·경제적 가치측정을 위한 지표개발연구(한국보건사회연구원, 2018)에서는 사회적 기업만을 위한 측정도구개발의 연구가 아니고 사회적 협동조합과 마을기업 등 사회적 경제조직의 성과인 사회·경제적 가치를 측정하기 위한 측정도구를 개발하기 위한 시도로 이루어졌다. 이 연구에서 사회적 경제조직의 성과를 측정하기 위한 측정도구 즉, 질문항목으로 사회적 가치는 공통지표 4개와 6개의 개별지표를 그리고 경세적 가치를 측정하는 질문항목으로는 공통지표 6개 등 총 16개의 지표를 제시하였다. 이 연구에서 한국보건사회연구원이 제시한 측정지표는 모두 수집 가능한 문건중심의 수량화할 수 있는 질문항목으로 구성되어 있다. 예를 들어 사회적 가치측정지표 중 공통지표는 취약계층 고용인력 수, 근로자 4대 보험 가입률, 임금수준 그리고 창업 및 일자리창출 수 등으로 매우 제한적이다. 또한 대부분의 지표는 이론적 근거를 찾기 어렵고 선행연구를 통해 임의로 선정되었으며 측정지표에 대한 신뢰도 및 타당도는 입증되지 못하였다는 한계를 갖는다.

3. 사회적 경제조직 성과관리 및 성과측정 선행연구의 한계

최근 사회적 경제조직의 성과관리 또는 측정모델에 대한 연구가 국내에 많이 소개되고 있고 이중 SROI 등 일부 모델들은 일부 조직에서도 활용되고 있지만 보편적인 성과관리방안이라고 하기에는 여러 한계들을 내표하고 있는 것도 현실이다. 사회적 경제조직의 대표격인 사회적 기업의 성과 및 성과관리모델과 성과측정도구(지표)에 관한 국내외의 선행연구에서 나타나고 있는 한계점을 종합하여 정리하면 아래와 같다.

첫째, 사회적 경제조직의 성과는 무엇으로 구성되어 있는가? 즉, 성과의 영역(dimension)에 대한 합의된 논점을 찾기가 어렵다. 연구자에 따라 사회적 경제조직의 성과를 상이하게 정의하고 있음이 한계로 지적될 수 있다. 기본적으로 대부분의 연구자들은 사회적 경제조직의 성과를 경제적 성과와 사회적 성과 또는 재정적 관점과 비재정적 관점 또는 사회적 결과와 경제적 결과 등으로 나누어진다는 것에 대해서는 동의하며 최근에는 사회적 경제조직의 지속가능성이나 혁신성 등을 중요한 성과로 인정하지만 구체적인 성과의 영역에 대한 합의는 이루어지고 있지 않다. 특히 경제적 성과는 수량화된 측정 가능한 지표들이 제시되어 있지만 사회적 성과는 여전히 논쟁적이다. 이러한 이유로 사회적 경제조직의 사회적 성과를 측정할 수 있는 합의된 성과관리측정모델의 개발은 제한적이다.

둘째, 첫 번째 한계와 연관하여 사회적 경제조직이 성취하려는 성과의 과정적 측면이 적절하게 분석되지 못하고 있다. 사회적 경제조직의 성과를 연구하는 대부분의 연구들은 성과를 결과 부분에서 도출되는 결과물로 해석하는 경향이 강하다. 성과는 투입과 산출 및 결과의 인과관계에 의해서 나타나는 과정의 산물이다. 성과를 창출하기 위한 인력들의 강력한 의지나 태도 그리고 역량 등은 창출하려는 결과물에 영향을 미칠 수 있는 원인과 효과관계를 형성한다. 따라서 성과는 단순한 결과물이 아니며 투입과 기업활동 그리고 산출을 통해 결과를 만들어 내는 전 과정이라고 할 수 있다.

셋째, 사회적 경제조직의 성과관리측정모델개발에 있어 성과측정이 단계적(투입단계부터 결과단계)으로 진행되어야 하는지 또는 요소별(사회적 성과, 경제적 성과 등을 구성하는 요소)로 측정되어야 하는지에 대한 구체적인 논의 역시 이루어지지 않고 있다. 단계적으로 성과관리가 이루어지는 것을 강조하는 경우(투입, 과정, 산출과 결과 등의 단계) 체계주의적 관점이 적용된 모델(예를 들어 로직모델)에 기초한다고 볼 수 있으며 결과 중심으로 성과관리의 측정요소를 설정하고 요소별로 성과를 측정을 하는 경우(경제적 또는 재무적 성과요소, 비재무적 성과요소나 사회적 성과 요소 등) BSC모델이나 SROI모델 등 많은 모델들이 이에 해당되지만 보다 구체적으로 단계별 성과측정과 요소별 성과측정의 장단점이 분석되지 않고 있어 사회적 경제조직 성과관리측정모델개발에 한계로 지적되고 있다.

넷째, 사회적 경제조직의 성과측정에 있어 사회적 성과의 객관적인 또는 표준적인 지표를 개발하는 연구가 상대적으로 등한시되고 있다. 사회적 기업의 성과측정에 있어 성과지표의 기준을 제시하고 이 기준에 따라 지표가 적용되어야 측정 결과에 대해 객관적인 정당성을 부여받을 수 있지만 경제적 성과 중심의 특정 모델에 적합한 화폐가치중심의 측정하기 상대적으로 쉬운 수량화된 양적지표의 제시만 이루어지고 다른 영역의 성과를 측정하기 위한 측정도구개발이나 측정도구의 타당도나 신뢰도를 검증하고 성과측정의 영역 및 측정요소 간(예를 들어 경제적 가치 및 사회적 가치 사이의)의 상대적 중요도를 제시하는 연구 등은 부족한 실정이다.

다섯째, 성과측정에 있어 사회적 경제조직의 작동과 필요성, 이용자들에 대한 영향력 그리고 사회에서의 기능 또는 지역사회에 대한 임팩트 등을 이해하고 설명해줄 수 있는 사회적 경제조직의 기초이론들이 연구자들이 제시하는 성과측정모델에 적극적으로 적용되지 못하고 있다. 사회적 경제조직이 지역사회에 어떤 기능을 하여야 하며 어떤 작동논리를 가져야 하는지 그리고 정부와 사회적 경제조직, 지역주민과 사회적 경제조직과의 관계나 사회적 경제조직에 직, 간접적으로 영향을 주고받을 수 있는 이해관계자들은 누구이고 그들과의 관계는 어떠하여야 하는지 등에 대한 설명이 가능하게 해주는 사회적 경제조직에 대한 기초이론에 대한 분석적 고찰은 사회적 경제조직의 성과측정모델 개발에 많은 영향을 줄 수 있다. 사회적 경제조직 성과측정의 필요성 및 올바른 목적설정에 영향을 줄 수 있는 이론으로는 사회경제론, 거버넌스이론, 조직사회자본이론, 사회적 기업가정신론, 이해관계자이론, 스튜어드십(Stewardship) 이론 등 매우 다양하다.

여섯째, 사회적 경제조직 성과측정에 있어 사회적 경제조직이 창출하는 사회적 가치가 올바르게 평가받지 못하는 한계가 있다. 사회적 경제조직은 사회적 가치를 실현하기 위해 활동하는 조직으로서 사회적 경제조직의 성과 역시 사회적 가치가 어느 정도 실현되었는가를 중심으로 측정되고 관리되어야 함은 당연하다. 하지만 지금까지 이루어진 대부분의 성과측정모델들은 주로 경제적 가치나 생존가능성을 주로 강조하고 있다. 물론 SROI와 같이 사회적 가치를 경제적 가치와 비슷한 수준에서 측정하는 모델들이 최근 등장하고 있지만, 사회적 가치에 대한 구체적인 측정요소 및 측정방법이 제시되지는 못하고 사회적 가치를 화폐가치로 전환하여 측정함으로 사회적 경제조직의 사회적 가치 창출을 위한 노력과 성과가 제대로 인정받지 못하고 있다. SROI 모델은 특히 성과라는 용어보다 가치(사회적 가치와 경제적 가치)라는 용어를 이용하여 가치를 성과로 보고 이를 측정함을 강조하는데 이는 경제적 가치와 마찬가지로 사회적 가치를 화폐가치로 나타내어야 함으로 성과라는 용어보다는 가치라는 용어가 적합하기 때문이다. 하지만 사회적 가치를 측정한다는 것은 정확히 표현하면 성취하려는 사회적 가치의 실현 정도를 측정하는 것으로써 화폐적 가치로 수량화하여 측정하는 것은 현실적으로 실현된 사회적 가치의 일부분만을 측정하는 것과 같다.

일곱째, 사회적 경제조직의 성과를 측정하는 성과측정모델의 개발에 있어 국가별 상이성이 고려되지 못하고 있다는 점 역시 한계로 지적된다. 사회적 경제조직의 북미유형과 유럽유형 그리고 한국 등의 유형은 국가별로 정치, 사회, 경제적 상황에 밀접하게 연계되어 있음으로 성과측정모델 역시 선행연구에서 개발된 성과측정모델이나 측정도구를 국가별 특성을 반영하지 않은 채 그대로 활용하는 것은 문제가 있다. 사회적 경제조직을 둘러싸고 있는 사회·경제적 상황은 나라마다 다르다고 할 수 있으며 설립목적 역시 매우 상이하게 나타날 수 있으므로 특정 성과측정모델(예를 들어 BSC 모델이나 SORI모델 등)을 특정 국가의 사회적 경제조직에 적용하는 경우 조심스러운 논의가 반드시 필요하다. 사회적 경제조직의 성과를 측정하기 위해서는 사회적 경제조직을 둘러싼 사회·경제적 환경을 분석하고 이에 근거한 전략을 설정하여 전략에 맞는 성과측정영역을 사회적 경제조직의 목적에 맞게 재조정하여 구체적으로 제시하여야 하며 조직의 비전과 전략 그리고 각각의 성과측정영역에 대한 인과관계를 고려하여야 하는 등 매우 높은 지식과 기술을 요구한다. 또한, 사회적 경제조직의 경우 우리나라는 기업의 규모가 소규모인 경우가 많아 객관적인 또는 표준적인 성과지표가 개발되고 도출되는 것이 상대적으로 어렵다. 특히, 대기업과 같이 성과관리에 있어 전담인원이나 부서가 활동하는 것이 어려워 사회적 경제조직의 성과측정모델로 일정규모이상의 조직 성과측정에 적합하도록 설계된 BSC모델이나 SORI모델 등은 적합하지 않을 수 있다. 우리나라의 경우 사회적 경제조직의 성과측정모델은 외국에서 제시된 사회적 경제조직 또는 비영리조직 성과측정모델을 기계적으로 적용하기보다 새로운 성과측정패러다임의 구축을 위한 변화가 반드시 필요하다.

결론적으로 지금까지 이루어진 연구들을 분석해보면, 향후 사회적 경제조직의 성과측정을 위함 모델개발에 있어 다음과 같은 점이 반드시 고려되어야 함을 알 수 있다.

첫째, 취약계층의 일자리 창출과 사회서비스제공이라는 사회적 경제조직의 설립목적에 맞는 측정모델로 사회적 경제조직의 역동성을 설명해주는 이론적 틀에 대한 분석과 성과측정이론을 기초로 하는 성과영역(performance dimension)의 구축이 필요하다. 즉, 성과의 개념 및 성과측정영역 및 성과측정지표들이 사회적 경제조직의 작동원리를 설명하는 이론적 틀에 근거하여 도출되어야 한다.

둘째, 외국에서 소개된 모델의 무비판적인 수용보다는 한국사회에 맞는 현장적합성이 보장되고 적용가능한 성과측정모델의 개발이 필요하다. 셋째, 도출되는 성과측정영역에 대한 실천현장으로 부터의 합의 그리고 성과측정도구개발 및 이에 대한 신뢰도와 타당도 등이 구체적으로 이루어져야 할 필요가 있다.

셋째, 사회적 경제조직이 창출하는 사회적 가치가 측정하기 쉬운 경제적 가치에 우선하여 올바르게 측정되고 평가받을 수 있는 성과측정모델이 필요하다.

본 연구는 위와 같은 선행연구들의 한계에 대한 대응으로써 위에서 지적한 네 개의 측면이 모두 고려되는 사회적 경제조직 성과측정모델을 개발하기 위한 노력의 일환으로 이루어졌다.

제3장

사회적 경제조직의 성과와 성과관리

Social Economy Organizations and Performance Managemen

대부분의 민간조직과 같이 사회적 경제조직(또는 기업)은 사회적 미션에 기초하여 성과를 창출하고 창출된 성과를 지속적으로 개선하기 위해 노력하는 조직이다. 성과를 측정하여 개선하고 관리하기 위해서는 성과가 반드시 정의되고 성과의 영역과 구성요소들이 분명하게 제시되어 있어야 한다. 본 장에서는 사회적 경제조직에 적합한 성과측정모델을 개발하기 위한 전 단계로써 사회적 경제조직의 성과를 경제적 가치창출을 통한 성과와 사회적 가치창출을 통한 성과로 구분하여 제시한 후 성과에 대한 다면적 측면을 집중조명하여 새로운 개념 정의 및 성과를 구성하는 구성요소들을 제시한다. 특히 사회적 경제조직의 성과 중 사회적 성과를 쉽게 측정하지 못하는 이유를 설명하고 이를 극복하고 다면적 특성을 갖는 성과를 관리 및 측정하기 위한 성과관리 및 측정모델의 기본 방향을 제시한다.

제3장

사회적 경제조직의 성과와 성과관리[06]

제1절 성과의 개념

1. 성과와 경제적 이익

성과(performance)는 단순한 결과물 또는 기업이익이 아니며 경제적 이익창출이나 업적에 따른 보상(incentive)도 물론 아니다. 성과를 화폐적 가치로만 전환하면 성과는 결과부분의 창출된 이익을 의미하는 단순한 개념으로 이해될 수 있다. 성과가 화폐적 가치로 표현되는 단순한 이익이라고 한다면 모든 성과는 화폐적 의미의 수량적 단위로 나타내는 것이 가능하다. 하지만 1990년대 이후 기업의 이익창출을 강조하는 경제학이나 경영학에서도 성과를 단순히 화폐적 가치인 재무적 지표로만 표현하는 것이 적절하지 않음을 인정하고 있다. 만약 경제적 가치인 이익창출만을 성과로 본다면 기

06 본 장은 지은구(2021)의 제7장 내용을 참고로 수정 및 보완하였음.

업 관리적 측면에서 재무적 관점과 비재무적 관점의 균형을 강조하는 균형성과표(BSC) 성과관리모델이나 조직 또는 기업활동의 사회적 혜택을 강조하는 사회적 투자반환금(SROI) 성과관리모델 등은 등장하지 않았을 것이다.

일반적으로 성과측정 및 관리를 위해 성과를 개념화하고, 성과를 구성하는 영역 및 구성요소들을 찾아내어 구체화하는 것은 매우 어려운 작업이다. 성과는 매우 다면적인 개념으로 어떤 한 측면만을 나타내지 않는 복합개념이다. 따라서 다면적 개념의 성과를 측정한다는 것은 매우 어려운 작업이라고 할 수 있다. 성과를 좁게 해석하면 결과 또는 산출(outputs)과 결과(outcomes)로 해석될 수 있지만(결과관점), 성과는 단순히 산출과 결과를 포함하는 결과관점의 개념으로 보는 것은 성과를 매우 좁게 해석하는 것이라고 할 수 있다. 산출 및 결과를 성과로 보는 견해는 Harbour(2009)와 Berman(2006)이 대표적이다. Harbour(2009)는 성과가 "실제적인 성취물이나 결과(outcome) 또는 남겨진 것"을 의미한다고 정의하였으며 Berman(2006)은 성과가 "결과를 성취하기 위한 자원의 효율적이고 효과적인 사용"을 의미한다고 정의하여 성과는 곧 결과의 성취라는 점을 강조하였다. 따라서 성과에는 결과가 포함된다고 할 수 있으며 결과가 증가하면 증가할수록 사업의 성과는 개선된다고 할 수 있다. 이렇듯 성과에서 결과만을 강조하게 되면 성과는 과업이나 노동생산과정의 결과라고 해석될 수 있다(지은구, 2012). 하지만 성과를 결과로만 해석하게 되면 성과를 창출하기까지의 모든 단계나 과정 또는 개입활동들은 간과하게 되고 성과를 단순한 한 단면만으로 만 해석하는 오류를 범할 수 있다.

2. 성과와 결과

Armstrong과 Baron(2005)은 성과가 "성취한 것 일 뿐만 아니라 성취하기 위해 적절하게 행동하는 것"이라고 강조하였으며 지은구(2012)는 성과가 "행동의 결과나 노력의 결과이기도 하면서 동시에 어떻게 성취하였는가를 나타낸다고 제시하였다. 즉, 성과는 성취한 것일 뿐만 아니라 어떻게 성취할 것인가라는 의미를 포함한다. 투입을 위한 노력이나 과정을 위한 행동이 없으면 결과는 없을 것임으로 성과는 성취하기 위해 적절하게 투입하고 행동하는 것을 당연히 포함한다. 성과를 결과물을 만들어내는 과정이나 행동을 포함하는 의미로 이해하고 어떻게 행동하는가를 의미하는 투입과 행동노력까지 포함하면 성과는 일반적으로 사업의 전체 과정에 대한 수행능력을 의미한다. 따라서 본 저서에서는 위의 관점을 적용하여 성과를 "투입과 과정, 산출 그리고 결과(outcome)까지 기업 활동이나 사업의 전 과정을 실행 또는 수행해나가는 능력"으로 해석한다. 보다 구체적으로 "성과는 자원(투입)을 활동과 산출로 연계하고 나아가 조직이 성취하려는 결과 및 기대된 목적을 연계시키는 것"을 의미한다.

성과(performance)란 투입과 행동에 의해서 성취하려는 기대된 결과 대비 실제 성취한 결과와의 비교를 통해서 그 능력이 입증된다. 따라서 성과는 결과보다 사업의 전 과정을 이해하고 사업의 전 과정이 계획된 목적이나 또는 기대하는 성취결과를 얼마만큼 어떻게 성취하였는지를 보여준다고 할 수 있다. 결국 성과란 조직에서 수행하는 사업전체에 대한 이야기 즉, "투입에서부터 과정과 결과 전체"를 의미한다고 할 수 있다. 투입과 과정(행동) 그리고 산출과 결과를 모두 성과에 영향을 미치는 변수(또는 요소)로 인식한다면 투입과 과정은 산출 그리고 결과에 영향을 미치는 독립변수가 되고 산출과 결과는 종속변수가 된다. 즉, 투입과 과정은 무엇을 가지고 어떤 과정을 거쳐 어떻게 하여야 기대하는 산출과 결과를 가져다주는지를 나타내줌으로 투입과 과정 그리고 산출과 결과는 임팩트와 변화를 가져다주는 중요한 요인이자 변수이다. 통상 많은 자원이 투입되면 더 증진된 산출이나 결과를 가져다 줄 수 있고, 똑같은 자원으로도 더 능동적이고 역동적인 활동(과정)을 거치게 되면 역시 증진된 산출이나 결과를 기대할 수 있다. 따라서 투입(자원) 없는 결과 없고 과정(행동 또는 활동) 없는 결과 없듯이 투입과 과정을 위한 노력의 여하에 따라 산출과 결과는 지대한 영향을 받게된다.

경제적 이익(경제적 가치)을 평가하기 위해 사용되는 비용편익분석(cost-benefit analysis)이나 비용-효과성분석(cost-effectiveness analysis)의 경우도 투입자원에 들어가는 비용대비 이익을 화폐적 단위로 측정하거나 비용대비 설정된 목표달성 정도의 여부를 측정하여 사업이나 기업활동의 타당성을 검증하는 대표적인 분석 기법임을 감안하면 투입에 들어가는 자원이나 노력은 곧 결과에 영향을 미치는 중요한 성과의 요인이라고 할 수 있다. 재정관점과 조직내부활동관점 그리고 학습과 성장관점을 중요한 성과측정영역이자 관점으로 제시한 BSC(Balanced Score-Card, 균형성과표)모델을 보더라도 투입자원과 조직의 활동이 조직의 산출과 결과에 중요한 영향을 미치는 성과의 관점이자 요인임을 의미한다고 볼 수 있다.

3. 성과와 가치의 실현

성과를 통해 조직이 성취하려는 가치가 실현되었는지를 확인할 수 있음으로 "가치의 실현"이라는 측면도 성과에 포함된다고 할 수 있다. 즉, 가치의 실현이 곧 성과로 표현될 수 있다. 따라서 간략하게 표현하면, 경제적 가치의 실현은 곧 경제적 성과로써 이윤이 창출되었음을 나타내고 사회적 성과는 곧 사회적 가치인 연대성, 공동체, 공생, 협력 등의 향상이나 지역사회문제가 해결되었음을 나타내준다. 이는 곧 가치와 성과는 동일한 개념이 아님을 의미하는 것이기도 한다. 가치는 추상적이고 포괄적이며 규범중심적인 개념이고 성과는 가치보다 좁은 의미에서 투입이나 행동에 대한 결과를 강조하는 의미이자 실천적인 의미라고 할 수 있다. 또한 가치가 포괄적이라는 것은 가치가 다면석이고 복합적인 요소로 구성된 개념임을 나타내준다. 결국, 사회적 가치 지향성을 측정한다든지 또는 경제적 성과나 사회적 성과를 측정한다는 것은 가능하며 적절한 표현이지만 사회적 가치를 측정한다는 것은 너무 포괄적이고 추상적이므로 적당한 표현이라기보다는 사회적 가치의 실현이나 성취의 정도를 측정한다는 것이 보다 정확한 표현이라고 할 수 있다.

물론, 경제학에서 가치는 좁게 해석하여 화폐가치를 나타내는 개념임으로 경제적 가치창출은 곧 화폐로 표현되는 이익창출을 의미하지만 경제적 가치는 화폐가치로만 표현되는 것만은 아니다. 예를 들어 일자리창출이나 생산성 향상 등도 모두 경제적 가치실현을 위한 결과이자 행동이므로 경제적 성과라고 할 수 있다. 따라서 성과는 가치의 실현이고 가치의 실현은 곧 행동이 없으면 불가능함으로 성과는 가치실현을 위한 총체적 행동이나 결과를 포함하는 의미가 된다. 아래는 가치와 성과를 간략하게 구분한 것이다.

가치	• 추상적이고 포괄적이며 규범중심적인 개념 • 다면석이고 복합적인 요소로 구성 • 주로 가치는 조직이 추구하는 목적(미션)으로 표현
성과	• 가치보다 좁은 의미에서 투입이나 행동에 대한 결과를 강조하는 의미이자 실천적인 의미 • 투입, 과정 산출 그리고 결과로 구성 • 경제적 가치나 공공의 가치 또는 사회적 가치의 성취나 실현을 의미

4. 비영리조직의 성과

일반 영리기업에서 성과가 개선되었다는 것은 기업가치적 측면(경제적 가치측면)에서 기업의 이윤이 증가하였음을 의미한다. 하지만 영리기업과는 달리 공공조직이나 사회적 경제조직 그리고 비영리조직의 조직가치적 측면에서 본다면 공공조직 및 비영리조직이나 사회적 경제조직의 성과에는 일반 영리조직이 가지고 있지 않은 공공가치나 사회적 가치의 실현이 포함되어 있다. Van Dooren, Bouckaert, 그리고 Halligan(2010)은 성과가 "생산물을 만드는 과정의 결과이고 공공가치의 실현"이라고 강조하였는데 이는 성과의 영역에 가치의 실현이라는 점이 분명히 포함되어 있다는 것을 나타내준다. 비영리조직은 지역사회의 개선이나 사회구성원들의 삶의 질의 개선 등과 같은 사회적 가치실현을 궁극적 목적으로 함으로 가치의 실현은 곧 비영리조직의 성과로 나아날 수 밖에 없다. 비영리조직이 성취하려는 가치는 주로 미션이나 비전에 반영되어 있거나 이를 반영하는 용어로 표현되는데 예를 들면 "복지증진", "상호협력", "호혜", "공동체", "연대", "공존" 등이 대표적으로 비영리조직들이 성취하려는 가치이다

성과가 조직가치의 실현이라 해석되는 것은 조직은 설정한 가치의 실현이나 조직목적(비전이나 미션으로 표현)을 실현하기 위하여 결과물을 생산 또는 제공하며 조직이 제공하는 생산물이나 서비스는 결국 조직이 설정한 조직목적이나 가치의 실현을 위한 도구로 활용된다는 것이고 조직목적의 실현은 조직의 가치가 구현되는 것임을 의미하기 때문이다. 이러한 의미에서 지은구와 동료들(2018)은 비영리조직(특히, 사회복지조직)의 성과를 구성하는 세 구성요소로 가치, 과정 그리고 결과를 제시하였다. 즉, 비영리조직의 가치지향성을 투입으로 전환하여 성과를 가치와 과정 그리고 결과로 구분하였음을 알 수 있는데 결과는 체계주의적 관점을 적용하면 산출과 결과가 모두 포함된다고 볼 수 있다. 지은구와 동료들(2018)은 위와 같은 비영리

조직(사회복지조직)이 추구하는 성과의 개념에 다음과 같은 요소들이 포함되어 있음을 제시하였다.

> 첫째, 성과는 조직의 가치를 실현하기 위한 자원이나 준비의 정도 등을 포함 한다. 특히 비영리 사회복지조직의 생존이유는 바로 사회적 가치의 실현을 위한 노력이라고 할 수 있으므로 이를 성과의 가치영역(투입영역)이라고 부를 수 있다.
> 둘째, 성과는 단순한 결과만을 의미하지 않으며 결과물을 만들어내는 과정이나 행동을 포함 한다. 이를 성과의 과정영역이라고 부를 수 있다.
> 셋째, 성과는 자원을 활동과 산출로 연계하고 나아가 조직이나 사업의 기대된 목적으로 연계시키는 것을 의미한다. 따라서 성과란 기대된 결과대비 실제 성취한 결과와의 비교를 통해서 그 능력이 입증 된다. 이를 성과의 결과영역이라고 부를 수 있다.

비영리조직의 성과는 영리기업에서 강조하는 산출된 서비스나 상품의 양이나 또는 산출량을 만들어내는데 들어간 투입비용과 대비하여 조직에 가져다준 이익 또는 혜택(비용대비 편익)만을 고려하는 효율적 측면만을 그 고유영역으로 하지 않는다. 특히 비영리조직의 성격상 성과는 사회복지 재화와 서비스제공에 따른 이용자 자신의 변화를 포함하여 가족과 같은 주변 사람들의 변화 나아가 지역사회의 변화와 같은 사회적 임팩트나 복지외부효과도 포함함으로 비영리조직성과의 영역은 변화를 위한 모든 행동이 모두 포함되는 매우 광범위한 영역이 된다. 따라서 비영리조직의 성과를 구성하는 영역은 조직의 존재 가치와 가치실현을 위한 모든 노력 그리고 행동에 따른 변화를 의미하는 것으로 가치영역, 과정영역 그리고 결과영역으로 구성되어 있다고 볼 수 있다.

제2절
사회적 경제조직의 성과

1. 일반영리기업의 사회적 성과

시장의 가치 즉, 기업경쟁력 확보를 통한 이익창출이라는 시장의 가치는 현대 기업경영에서 과거에 비해 그 중요성이 점점 축소되고 있다. 특히 영리기업의 성과를 재무적 성과와 비재무적 성과로 구분하여야 한다는 균형성과표(Balanced Score Card, BSC) 성과관리모델이 등장한 이후로는 더욱 그러하다. 따라서 성과가 이윤창출극대화이고 생산성향상이며 효율성증진을 의미한다는 효율적 의미의 단일차원성 성과의 개념은 수정되고 있다. 특히, 지난 30여 년간 일반 영리기업의 사회적 발전에 대한 책임을 강화하여야 한다는 논의는 기업의 사회적 성과(social performance)[07] 또는 기업의 사회적 책임(corporate social responsibility, CSR)과 사회적 가치나 사회적 임팩트의 강조, 또는 ESG(Environmental, Social, and Governance)경영이라는 개념으로 발전하였다. 특히, 기업의 사회적 가치를 강조하면서 Porter와 Kramer(2011)는 공유된 가치의 창출(creating shared value, CSV)을 강조하였는데 그들에 따르면 공유된 가치는 기업이 추구하는 기업 가치와 사회적 가치가 결합된 것이다. 즉, 기업이 창출하는 이익과 같은 경제적 가치와 지역사회의 사회적 조건을 개선시키는 것을 의미하는 사회적 가치가 기업이 공동으로 추구하는 공유된 가치이며 이는 곧 기업이 창출하는 결과

07 일반 영리기업에서 사회적 성과는 기업의 사회적 성과 또는 기업의 사회적 책임(corporate social responsibility, CSR)이라고도 불린다. 또한 사회적 성과를 사회적 가치와 동일한 개념으로 보는 견해도 존재한다. 국제표준기준 26000(ISO 26000)은 기업의 사회적 성과를 위한 국제적 기준으로 인식되고 있다(지은구, 2018).

물로써 경제적·사회적 결과라고 주장하였다. 이들은 가치의 실현이 곧 결과로 나타남으로 경제적 가치는 경제적 결과로 또한 사회적 가치는 사회적 결과로 나타난다고 보았다. 즉, 사회적 가치가 사회적 결과가 아니고 사회적 가치의 실현(물)이 곧 사회적 결과(물)이 된다. Porter와 동료들(2011)이 일반기업의 공유된 가치를 실현하는 구성요소로 제시한 경제적 결과와 사회적 결과를 예로 보면 아래의 표와 같다. 표를 보면 공유된 가치 또는 기업이 창출하는 사회적 가치의 실현물 또는 사회적 결과는 곧, 기업이나 직원 그리고 이용자들에게 나타난 변화나 임팩트 즉, 결과부문을 나타내줌을 알 수 있다.

<표 3-1> 기업의 공유된 가치 실현요소로써의 경제적 결과와 사회적 결과의 예

경제적 결과	사회적 결과
• 증진된 수입 • 증진된 시장점유율 • 증진된 시장성장 • 증진된 이익 • 개선된 생산성 • 줄어든 관리운영비용 • 개선된 품질	• 개선된 이용자 불만 • 개선된 직무교육 • 개선된 직무기술 • 증진된 직원임금 • 줄어든 원료 • 증진된 이용자 건강 • 개선된 이용자 돌봄

출처: 지은구(2021), P, 273 표 7-1에서 재인용

성과는 투입부터 결과에 이르기까지 전 과정에서 나타남으로 단순히 결과부문을 의미하지 않는 즉, 결과를 만들어 내기 위한 투입이나 행동을 동시에 포함하는 다면적 개념이다. 특히, 영리기업의 측면에서 사회적 성과는 이윤을 추구하는 영리기업이라도 사회공헌이나 지역사회발전에 책임이 있음을 강조하는 것이다. 영리기업의 이윤은 곧 지역사회의 구성원으로부터 오는 것임으로 지역구성원들이 속한 지역사회의 안정과 발전에 기업이 기여하고 노력하여야 함을 강조하는 것이 사회적 성과를 의미한다고 할 수 있다.

Wood(1991)에 따르면 영리기업의 사회적 성과는 기업의 사회적 관계와 연관이 있는 관찰할 수 있는 결과, 프로그램, 정책, 사회적 응답 과정 그리고 사회적 책임의 원칙을 위한 기업요소로 정의할 수 있다. Carroll(1979), Watrick과 Cochran(1985), Wood(1991), Margolis과 Walsh(2003) 등은 모두 사회발전에 대한 기업의 응답이 곧 사회적 성과 분석을 위한 출발점임을 강조하였다. 또한, 기업의 사회적 성과는 기업과 이해관련당사자(사회구성원 또는 지역주민을 포함) 사이의 상호행동으로 구성되어 있음이 강조되기도 한다(De Graaf and Herkeströter, 2007). 따라서 기업의 사회적 성과를 구성하는 구성요인으로 기업의 사회에 대한 응답성, 책임성, 사회구성원들과의 상호행동 등이 제시될 수 있다.

<그림 3-1> 일반기업의 사회적 성과 구성요인

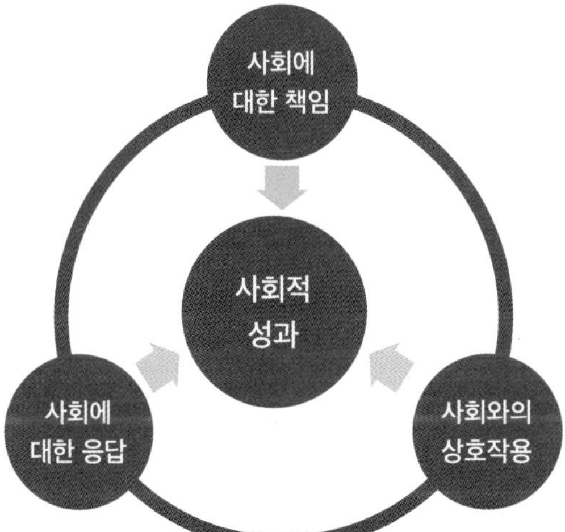

출처: 지은구(2018). p, 81 그림3-9에서 재인용

기업은 기업과 기업을 둘러싼 환경과의 상호행동만이 중요한 것이 아니고 사회발전을 위한 그리고 사회응답을 위한 상호행동이 더욱 중요하다. De Graaf과 Herkeströter(2007)는 사회구성원인 이해관련당사자들에 대한

기업의 응답성(responsiveness)이 중요함을 강조하였다. 그들은 기업의 응답성이 기업의 규범과 가치에 반영되어 있어야 하며 특히, 기업의 규범과 가치의 상호행동은 사회에 대한 책임성이라는 원칙에 녹아 있어야 한다고 주장하였다. 결국, 영리기업의 비전이나 가치 그리고 규범 등은 영리추구만을 목적으로 하는 행동에서 벗어나 사회적 성과를 반영하고 있어야 하며 이는 곧 사회에 대한 책임성과 응답성 그리고 상호행동 속에서 나타난다고 할 수 있다(지은구 외, 2018). 일반적으로 영리기업의 성과는 주로 투입대비 산출(특히 재정적 측면으로 측정되는 산출)로 측정되어 왔으며 산출이 비용보다 많아야 기업에게 이익을 가져다주는 성과로 이해되어졌다. 즉, 재정적 성과가 기업성과에서 가장 중요한 영역으로 이해되어졌다. 하지만 사회적 성과에 대한 최근의 강조는 기업성과의 영역이 변화하였음을 보여주는 것으로 일반영리기업의 성과를 구성하는 구성요인이 다변화하고 있음을 나타내준다(지은구, 2012; 지은구 외, 2018).

2. 일반영리기업의 시장가치와 사회적 가치

성과는 "가치의 실현이자 가치지향적인 행동들의 총합"이라는 명제에 기초하면 "사회적 성과를 성취하기 위한 사회적 가치지향적인 행동들의 총합"이 곧 사회적 성과이며 "경제적 성과를 성취하기 위한 경제적 가치지향적인 행동들의 총합"이 경제적 성과가 된다. 성과를 가치지향적인 행동들의 총합으로 보는 이러한 시각은 성과측정을 이해하는데 있어 성취하려는 또는 추구하려는 가치를 이해하지 못하면 성과측정을 이해하는 것이 불가능하고, 성과관리 및 측정원리의 적용 또한 불가능하다는 것을 의미한다. 성과관리의 역사를 살펴보면 초기성과관리는 영리를 추구하는 일반 기업에서 시작하였다. 영리를 추구하는 일반기업들이 추구하는 가치는 공공 및 사회적 가치를 추구하는 공공 및 비영리조직과는 달리 시장가치를 추구하며 화폐가치를 통한 이윤추구가 바로 가치실현을 위한 모든 행동들로 집약되어 나타나는 조직이다. 즉, 영리기업들의 모든 행동들은 이윤추구라는 경제적 가치를 실현하기 위한 노력이며 이러한 노력을 관리하기 위한 관리기법으로 성과관리기법이 개발되고 발전되었다(지은구 외, 2018).

성과관리의 측면에서 본다면 성과측정을 성공적으로 수행하기 위한 가치는 바로 기업이 설정한 설립목적이나 가치를 실현하기 위하여 노력하고 있는가를 확인하는 것이다. 기업은 경제적 가치를 창출하기 위해 노력하며 비영리조직이나 사회적 경제조직들은 사회적 가치를 실현하기 위해 노력한다. 이러한 기업들의 가치는 대부분 미션 또는 조직이 설정한 목적과 목표를 성취하기 위한 노력에 의해 평가받는다. 따라서 성과관리의 측면에서 가치는 기업이 설정한 목적과 목표를 성취하기 위하여 구성원들이 어떻게 행동하여야 하는지를 인도하는 안내자의 역할을 수행함으로 구성원들의 성과에 직접적인 영향을 주는 행동지침이라고 할 수 있다. 조직적 측면에서 본다면 조직목적이나 미션과 비전을 성취하기 위한 모든 행동들을 규정하는 구성원(직원)들의 가치실현을 위한 노력은 곧 성과의 중요 구성요소가 되고 성과관리 및 측정의 대상이 된다. 따라서 조직성과를 구성하는 가치실현을 위한 노력의 정도나 여부 등은 가치가 경제적 가치이든 사회적 가치이든 간에 상관없이 측정되고 관리되어야 한다. 아래의 그림은 시장의 가치(즉, 경제적 가치)를 실현하기 위한 조직과 사회적 가치를 실현하기 위한 조직의 논리를 비교한 것이다.

<그림 3-2> 경제적 가치와 사회적 가치의 조직 간 비교

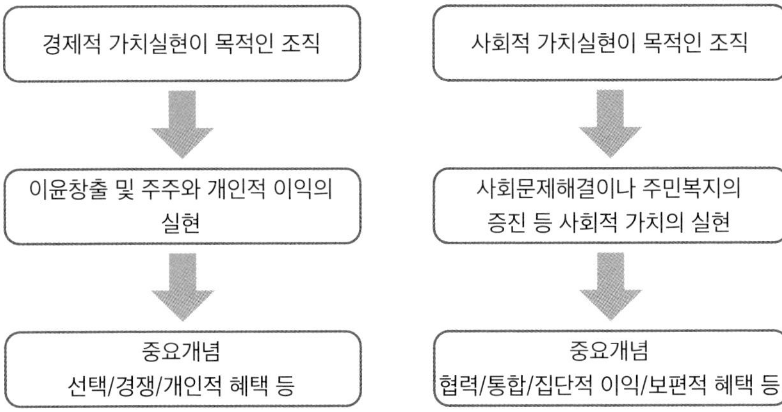

위의 그림과 같이 사회적 가치는 시장을 통해서 개인의 이익을 실현하는 시장중심의 가치실현을 위한 경제적 가치와 상이한 내용을 갖는다. 특히, 사회적 경제조직의 사회적 가치는 시장의 실패를 보완하기 위해 협력과 상생, 공동체의 역할을 강화하는 것을 통해서 집단적 이익실현 및 사회문제해결 등과 같은 사회적 가치를 실현하는 것을 목적으로 하는 경우가 대부분이다. 따라서 사회적 경제조직들은 시장가치가 아닌 사회적 가치의 성취를 지향함으로 성과측정 역시 사회적 가치를 성과의 중요한 영역으로 인정하고 사회적 가치실현을 위한 노력이나 행동의 여부를 측정하는 사회적 가치실현을 위한 태도나 노력 정도를 측정하는 측정도구의 개발과 적용이 중요하다. 하지만 사회적 경제조직은 엄밀히 시장에서 생존 가능하여야 하며 이것은 사회적 경제조직의 가장 우선적인 조직운영의 기본 목적으로 이는 경제적 가치의 실현을 통해서 구축된다. 따라서 마을기업, 자활기업, 사회적 기업 그리고 사회적 협동조합과 같은 사회적 경제조직이 추구하는 가치는 사회적 가치와 경제적 가치 즉, 이중적 가치라는 혼합적 성격을 갖는다.

3. 사회적 경제조직 성과의 이중적 가치

사회적 경제조직이 성취하려는 가치는 이중적이다. 사회적 경제조직은 지속가능성을 위해 시장에서 경쟁을 하며 이익을 창출하여야 한다는 점에서 사회적 경제조직의 경제적 가치는 재정적 측면에서 보면 이익창출이다. 따라서 사회적 경제조직의 지속가능성은 이익창출이 중요한 요인임에 틀림없다. 예를 들어 사회적 경제조직으로서 사회적 기업은 시장개입을 통하여 다른 기업들과 경쟁을 하는 기업임으로 이익창출실현을 통해 기업활동이 지속적으로 유지되어야 한다. 하지만 또 다른 한편으로는 사회적 경제조직은 시장이 가져다주는 배제현상에 대한 대응으로써 지역사회에 기반하여 지역사회 및 지역주민들과 함께 동반 생존하여야 하는 사회적 미션을 성취하기 위해 설립된 조직이기도 하다. 따라서 창출된 이익을 지역사회에 반환하는 것이 사회적 반환금이든 아니면 또 다른 명목으로 이루어지든 사회적 경제조직은 경제적 이익과 함께 사회적 가치나 목적 실현을 위해 사회적 이익을 동시에 추구한다. 따라서 사회적 경제조직의 지속가능성(sustainability)은 곧 시장에서 생존하기 위한 이익 창출이라는 경제적 가치와 조직설립기반인 사회적 미션이나 조직미션을 성취하기 위한 사회적 가치라는 이중적 기반에 의존한다,

사회적 경제조직의 이중적 기반(Double bottom line)은 사회적 경제조직이 경제적 결과와 사회적 결과라는 가치의 실현을 동시에 추구하는 이중적 성격의 조직임을 나타낸다. Porter와 동료들(2011)은 일반기업이 추구하는 사회적 결과와 경제적 결과의 이중적 가치를 공유된 가치(shared value)로 명명하여 이를 관리 및 측정하는 것이 중요함을 강조하였으며 Clark과 동료들(2004)은 일반기업 및 비영리조직과 사회적 경제조직의 이중적 기반인 사회적 결과와 경제적 결과의 측정을 위한 모델을 소개하였고 Perera(2013) 등은 사회적 경제조직인 사회적 기업의 이중적 기반으로 경제

적 결과와 사회적 결과를 제시하여 이중적 가치를 동시에 추구하는 조직의 특성을 강조하였다. 시회경제조직의 이중적 기반은 Emerson(2003)이 기업의 사회 및 경제적 가치를 통합적으로 관리하여야 함을 강조하면서 제시한 혼합가치(Blended value)라는 개념과 동일한 개념으로 이해될 수 있다.

사회경제조직의 경제적 결과는 기업활동이나 기업의 업무를 통해 얻은 것을 의미함으로 경제적 가치인 이익(또는 이익창출)을 나타내고, 이익창출을 위한 행동은 모두 경제적 가치에 포함될 수 있고 이의 실현은 경제적 성과로 구분될 수 있다. 사회적 결과는 지역사회공헌 또는 지역사회이익이나 지역사회발전으로 간략하게 정의될 수 있으므로 사회적 경제조직이 성취하려는 사회적 가치의 실현을 나타낸다. 사회적 경제조직이 창출하는 사회적 이익은 곧 사회적 가치로 구분된다. 사회적 경제조직이 성취하려는 사회적 가치는 이윤창출의 사회적 반환이나 지역사회에 대한 기여 또는 보다 구체적으로 지역주민을 위한 일자리창출과 같은 지역사회문제해결 등 다양하다. 사회적 경제조직이 성취하려는 경제적 가치는 이익의 실현으로 나타남으로 수량화하여 표현되기 쉽지만 사회적 가치는 추상적이며 주로 조직이 설정한 미션이나 비전에 근거하여 수량화하여 나타내기가 어렵다는 특징이 있다. 대표적인 사회적 경제조직이 추구하는 사회적 목적 실현을 위한 가치 즉, 사회적 가치는 "사회포용", "사회통합", "행복한 지역사회", "지역사회공헌", "연대", "공존" 등이 있다.

사회적 경제조직이 실현하려는 사회적 가치의 예	사회포용, 사회통합, 지역사회공헌, 연대, 공존, 협력, 협동, 행복한 지역사회, 공동체증진, 지역사회발전, 복지증진 등

결국, 영리실현을 추구하는 영리조직과 사회적 목적 실현을 추구하는 비영리조직과는 구별되는 사회적 경제조직의 이중적 성격은 곧 사회적 경제조직이 일반 기업과 같이 영리를 추구하는 기업이기도 하지만 동시에 사회

적 목적 성취를 위해 노력하는 조직이라는 점 그리고 사회적 경제조직은 비영리조직과 같이 사회적 가치를 지향하는 조직이기도 하지만 동시에 공동체와 연대경제를 강조하는 사회적 경제(social economy)를 실현하기 위해 노력하는 조직이라는 특수한 성격을 내포한다.

4. 사회적 경제조직 성과의 영역

앞에서 설명한 바와 같이 성과는 가치실현의 정도를 나타내준다. 즉, 사회적 경제조직이 성취하려는 가치가 어느 정도 실현되었는지는 성과를 통해서 측정 및 관리가 이루어진다고 할 수 있다. 사회적 경제조직의 성과를 결과부분만 강조한다면 조직이 성취하려는 목적이나 목표의 달성정도를 통해서 입증될 수 있다. 하지만 성과는 위에서 지적한 바와 같이 단순히 산출(output)과 결과(outcome)가 아니며 투입부터 과정 및 산출과 결과를 모두 포함하는 개념이다. 즉, 성과는 투입과 행동 그리고 산출과 결과를 통해서 나타난다. 성과를 산출과 결과중심으로 수량화하여 이해한다면 사회적 경제조직의 성과는 비용대비 편익의 경제적 이익을 의미하는 경제적 성과와 이익의 지역사회발전과 같은 사회적 가치의 실현 여부를 강조하는 사회적 성과로 단순하게 이분화될 수 있다. 하지만 경제적 성과와 달리 사회적 성과는 단순히 수량화하여 개념화하기 어려운 다면적 속성을 지닌다. Ridley-Duff과 Bulls(2011)은 사회적 성과가 관계를 형성하고, 유지하고, 발전시키고, 종결시키기 위한 주의력을 주고받으면서 기술을 활용하여 지역사회의 이익을 발전시키는 것이고 경제적 성과는 과업을 종결하기 위하여 도움을 주고받으면서 기술을 활용하여 업무가 수행되어 얻은 것이라고 강조하였다.

사회적 경제조직의 성과를 단순히 결과부분인 산출 및 결과중심으로만 구성된다고 보는 것은 성과를 구성하는 투입 및 과정 중심적 특성을 반영하지 못하는 좁은 시각이다. 사회적 경제조직의 활동은 이익을 창출하는 것에 집중한다기보다 지역사회 저소득층 주민이나 실업자들을 위한 일자리창출과 같은 사회적 가치실현을 위한 활동을 동반한다. 투입단계와 행동과정단계에서 사회적 경제조직을 설립하고 운영하는 다양한 이해관계자들의 참여활동과 노력 그리고 사회적 경제조직을 책임지는 관리자들의 사회적 가치를 실현하기 위한 노력이나 행동 그리고 사회적 기업가정신의 실현의지나 정도 등은 조직이 창출하는 산출과 결과에 지대한 영향을 줄 수 있으므로 성과를 구성하는 투입과 행동(과정)은 결과만큼이나 중요하다고 할 수 있다. 즉, 사회경제조직의 성과는 투입(인적자원이나 물적자원)과 과정부분과도 직접적인 관계가 있어 단순히 결과만을 성과라고 하기에는 한계가 있다. 투입과 과정이 좋으면 결과도 좋을 수 있기 때문이고 최소한 투입과 과정이 산출 및 결과에 영향을 주기 때문이다. 사회적 기업가정신으로 무장한 사회적 기업가의 태도 또는 활동과 그렇지 않은 사회적 기업가의 활동이 같은 결과나 영향력을 발휘한다면 창의성, 혁신성 및 위험관리를 강조하는 사회적 기업가정신론은 사회적 경제조직의 지속가능성이나 발전을 설명하는 이론적 토대하고 할 수 없다.

사회적 경제조직의 경제적 가치는 이익을 창출하기 위해 (상업적)기업가정신으로 무장한 사회적 경제조직 관리자나 직원들의 이익창출을 위한 의지나 태도, 역량 그리고 이익창출을 위한 노력과 행동 그리고 마지막으로는 성취된 이익창출이라는 산물로 나타난다. 또한 사회적 경제조직의 사회적 가치는 (상업적)기업가정신보다는 사회적 기업가정신으로 무장한 지역사회 공헌활동을 위한 사회적 경제조직 관리자나 직원들이 가지고 있는 사회적 가치실현을 위한 의지나 태도 그리고 지역사회공헌과 이익을 위한 노력, 마지막으로는 산물로써 성취된 지역사회공헌 또는 지역사회이익으로 나타난다. 아래의 그림은 사회적 경제조직이 추구하는 성과의 범위가 넓음을 나타내준다.

<그림 3-3> 사회적 경제조직 성과의 스펙트럼

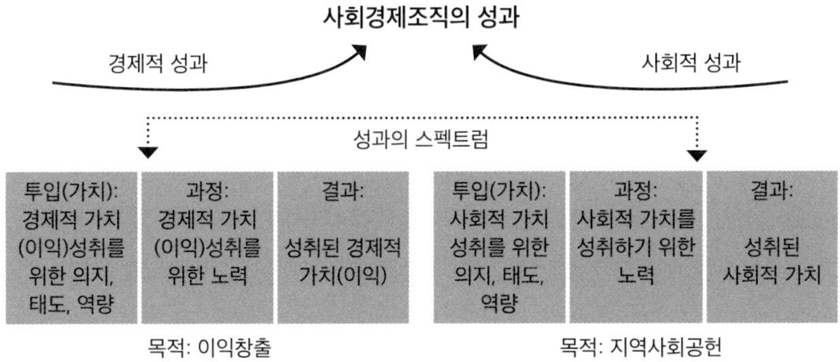

출처: 지은구(2021), p. 280 그림 7-4에서 재인용

종합하면, 사회적 경제조직의 성과는 사회적 성과와 경제적 성과로 구분되며 사회적 성과는 사회적 가치의 실현(예, 사회취약계층을 위해 창출된 일자리 수)으로 표현되고 경제적 성과는 경제적 가치의 실현(예, 창출된 이익)으로 표현된다. 특히, 사회적 경제조직이 창출한 가치(경제적 가치와 사회적 가치)에는 가치창출을 위한 인식이나 태도 및 역량과 자원 그리고 가치창출을 위한 노력 그리고 성취된 또는 실현된 가치의 정도 등이 모두 포함된다. 여기서 투입자원인 가치에는 인력이나 비용 등과 같은 인적·경제적 자원을 포함하고, 경제적 가치를 창출하기 위한 경제적 가치지향성 그리고 사회적 가치를 성취하려는 노력이나 의지 등을 나타내는 사회적 가치지향성을 모두 포함한다. 본 연구에서 사회적 경제조직의 성과는 "성취하려는 가치를 활동과 산출로 연계하는 능력 및 사회적 경제조직이 성취하려는 결과 및 기대된 목적(경제적 가치와 사회적 가치)을 성취한 정도"라고 정의하며 성과의 영역을 가치영역과 과정영역 그리고 결과영역으로 구분한다.

사회적 경제 조직의 성과	• 사회적 성과와 경제적 성과로 구분되며 사회적 성과는 사회적 가치로 표현되고 경제적 성과는 경제적 가치로 표현됨 • 사회적 경제조직의 성과는 성취하려는 가치를 활동과 산출로 연계하는 능력 및 사회적 기업이 성취하려는 결과 및 기대된 목적(경제적 가치와 사회적 가치)을 성취한 정도
성과의 영역	• 사회적 가치영역과 과정영역 그리고 결과영역

사회적 경제조직의 성과를 가치와 과정 그리고 결과의 영역으로 구분하는 경우 가치영역은 투입영역의 확대된 의미이며 과정영역은 직원들의 서비스제공 또는 과업수행과정을 나타내는 영역이며 결과영역은 산출과 결과를 포함하는 영역이다. 투입을 가치로 명명하는 이유는 투입영역에서 경제적 가치창출을 위한 자원(투자비용과 직원의 수 등과 같은 유형자원)과 사회적 가치창출을 위한 자원(사회적 가치와 이의 실현을 위한 직원들의 인식이나 생각, 태도 등과 같은 무형자원)들을 가치로 총칭한다는 의미이다. 각각의 성과영역별 내용은 아래와 같다.

성과	가치영역	경제적 가치: 경제적 가치실현을 위한 경제적 자원(비용 및 인력 등의 인적 및 물적 자원과 이익창출을 위한 준비, 노력, 행동 등)을 의미 사회적 가치: 사회적 가치실현을 위한 무형자원(조직 미션으로 대변되는 사회적 가치실현에 대한 직원들의 생각, 태도 등에 대한 인식의 정도 등)을 의미
	과정영역	조직목적이나 목표(또는 비전이나 미션)를 성취하기 위한 과업을 수행하는 조직구조 및 직원의 활동과 조직의 직원에 대한 지원과 협력 등의 기업활동을 의미
	결과영역	경제적 가치(이익)과 사회적 가치(지역사회이익/공헌 등)의 실현여부 및 실현의 정도를 의미

제3절
사회적 경제조직의 사회적 가치

1. 영리조직과 비영리 및 사회적 경제조직의 동력 비교

사회적 경제조직인 사회적 기업의 성과를 분석하는데 있어 경제적 가치와 사회적 가치를 중심으로 성과를 구분하는 Alter(2007)에 따르면 사회적 가치는 사회적 성과를 통해서 그리고 경제적 가치는 경제적 성과를 통해서 입증된다. 즉, 사회적 기업은 경제적 가치와 사회적 가치를 동시에 추구하는 기업으로서 경제적 가치는 경제적 성과인 이익을 통해서 그리고 사회적 가치는 사회적 성과인 사회적 기업이 성취하려는 미션(통상 성취하려는 사회적 가치는 미션을 통해서 나타남)의 성취를 통해서 실현된다. 〈표 3-2〉는 영리조직과 비영리조직 그리고 그 중간 형태를 유지한다고 보여 지는 사회적 경제조직의 동력(동기)에 대한 설명이다. 비영리조직은 철저하게 영리를 추구하지 않으며 사회적 가치의 실현을 조직운영의 목적으로 설정하고 이를 성취하기 위해 노력하는 조직이다. 특히 지역주민들이 갖는 어려움과 지역사회문제 등을 해결하고 보다 나은 사회를 건설 내지는 유지하기 위하여 노력하는 조직이다. 비영리조직의 수입은 전적으로 지역사회기업이나 지역주민으로부터 오는 후원금(기부금)이나 회비와 정부로부터 오는 국고보조금 그리고 각종 민간재단으로부터 오는 보조금 등으로 다양한 프로그램을 통해 지역주민들이 필요로 하는 재화와 서비스를 제공하기 위하여 노력한다. 영리조직은 소유자나 설립자가 직접 개인적인 자원을 동원하여 설립된 조직으로서 전적으로 개인의 이익이나 이윤(경제적 가치)창출을 위해 재화와 서비스를 생산하고 판매하며 창출된 이익은 소유자와 주주들에게 배분된다. 재화와 서비스는 주로 시장에서 기업이익을 보장하는 선에서 제공되며 화폐가치로 교환된다. 사회적 경제조직은 사회적 가치를 성취하기 위하여 설립·운영되며 시장을 통해서 재화와 서비스가 판매를 목적으로 제공되지만 이윤은 조직운영을 위해 재투자되던지 또는 지역사회주민과 지역사회발전을 위해 투자된다. 따라서 사회적 경제조직은 사회적 가치를 실현하기 위해 그리고 조직의 생존을 위해 이익을 창출하여야 함으로 지속가능성은 경제적 운영이 가능하도록 하는 경제적 가치실현을 위한 노력여부가 중요한 생존전략이 된다.

<표 3-2> 사회경제조직의 동력

	비영리조직	사회적 경제조직	영리조직
동기	선한 의지	사회의 선과 이익실현의 혼합	자기이익실현
방법	사회적 미션중심	사회적 미션과 시장의 혼합	시장중심
목적	사회적 가치 실현	사회적 가치의 실현과 경제적 가치창조	경제적 가치창조
수입의 주요 원천	후원금과 각종보조금	• 후원금과 국가나 민간재단의 보조금 그리고 법인후원금 • 상품과 서비스의 판매에 따른 이익금	상품과 서비스의 판매에 따른 이익금
이익의 목적지	비영리조직이 설정한 사회적 미션(가치)을 성취하기 위한 활동	• 조직운영으로의 재투자 • 사회적 미션(가치)성취를 위한 투자 및 활동 • 기업성장이나 발전을 위해 보유	주주나 대표자에게 할당

출처: 지은구(2021), p. 283 표 7-2에서 재수정

비영리조직과의 사회적 경제조직의 차이점은 사회적 경제조직이 이익을 창출하기 위한 시장생존전략을 사용한다는 점이고, 동일한 점은 두 조직이 모두 사회적 가치창출(또는 실현)을 위해 노력한다는 점이다. 또한 영리조직과 사회적 경제조직의 다른 점은 사회적 경제조직은 이익을 조직운영을

위해 그리고 사회에 재투자한다는 점이고 비슷한 점은 두 조직이 모두 시장에 개입하여 이익추구를 위해 노력한다는 점이다.

2. 사회적 경제조직의 사회적 가치 측정

1) Austin과 동료들(2012)들의 사회적 가치 명제(social value proposition, SVP)

일반기업과 달리 사회적 경제조직의 성과는 측정하기 어렵기 때문에 일반기업의 성과측정 틀보다 훨씬 복잡하고 다면적인 틀을 활용한다. 예를 들어 일반기업의 성과는 이익률과 같은 재정지표나 시장점유율, 소비자만족도 등 상대적으로 눈에 보이고 쉽게 유형화할 수 있으며 수량화가 가능한 측정을 통해 이루어 질 수 있다. 하지만 사회적 경제조직은 이익창출과 함께 조직의 사회적 가치나 목적 실현을 위해 노력하여야 함으로 일반기업의 성과측정보다 어렵다고 할 수 있다. 이러한 사회 성과측정의 어려움은 사회적 경제조직이 주주보다 비재정적 이해관계자들(지역주민이나 이용자 그리고 직원 등)에 대한 관리와 그들과의 관계를 더욱 중요시하는 요인에도 기인한다.

Austin과 동료들(2012)은 사회적 경제조직의 성과측정이 어려운 이유를 사회변화를 위한 노력을 측정하기 어렵기 때문이라고 보았으며 특히, 비수량화, 다면적인 인과관계, 창출한 결과나 사회적 임팩트에 대한 관점에 있어서의 차이, 그리고 성과를 구성하는 일시적인 구성요소 등에 기인한다고 주장하였다. 특히, 사회적 경제조직은 사회적 가치의 실현이 중요한 목적임으로 이를 측정하기 위해서 사회적 가치를 개념화(사회적 가치명제)하여 이를 중심으로 사회적 임팩트를 성과로 측정하는 것을 강조하였다. 결국, Austin과 동료들(2012)이 제시한 사회적 경제조직의 성과측정은 곧 수량화하기 어려운, 다면적인 인과관계를 포함하고, 관점에 따라 다양한 해석이 가능한 사회적 임팩트에 대한 측정이 중심이라고 할 수 있다.

Austin과 동료들(2012)은 일반기업과 사회적 경제조직인 사회적 기업의 차이를 설명하면서 사회적기업가정신을 강조하였다. 그들은 사회적기업가정신을 '혁신성과 사회적 가치를 창출하기 위한 행동'으로 정의하고 사회적 경제조직을 이끄는 사회적 기업가들의 사회적 가치창출을 위한 행동은 곧 사회적 기업가정신에 기초한 사회적 경제조직의 사회적 가치명제를 위한 기본 토대가 된다고 주장하였다. 특히, 그들은 사회적 기업의 사회적 가치지향성을 설명하면서 사회적 가치 명제(social value proposition, SVP)라는 용어를 제시하였다. 그들은 사회적 기업의 사회적 가치를 지향하는 성격으로 사회적 가치지향성 대신 사회적 가치 명제라는 용어를 사용하였는데 특히 사회적 가치를 지향하기 위해 자본(capital)이 필요함을 강조하였고 사회적 기업의 성과(사회적 가치창출을 위한 행동이 결과한 사회적 임팩트)를 측정하기 위한 이론적 틀로써 사회적 가치명제를 적용한 PCDO모델을 제시하였다.

PCDO모델은 Sahlman(1996)이 일반기업의 관리/운영 틀을 위해 제시했던 기업 모델 즉, 사람, 정황, 거래, 기회(PCDO, People, Context, Deal, Opportunity 이하 PCDO모델)을 의미하며 이를 Austin과 동료들(2012)은 사회적 기업(의 성과측정 틀)에 적용하였다. Sahlman이 제시한 PCDO모델에서 사람은 기업에 참여하는 그리고 기업에 자원을 가져다주는 사람을 나타내며 정황은 기업의 통제 밖에서 기업의 성공과 실패에 영향을 주는 요소들을 나타내는데 거시경제상황이나 세금, 규제 그리고 사회적 정치적 환경 등이 포함된다. 거래는 교환이 발생할 때 누가 무엇을 주고, 누가 무엇을 얻는가를 나타낸다. 그리고 기회는 미래에 회수될 것이라는 희망을 가지고 부족한 자원의 투자를 얻기 위한 행동으로 정의된다. Austin과 동료들(2012)은 PCDO모델을 이용하여 사회적 경제조직인 사회적 기업의 운영이 크게 사회적 가치 명제를 성취하는 것을 목적으로 하며 사회적 가치 명제는 크게 기회(opportunity), 자본(capital), 사람(people) 그리고 외부적 요인인 상황(또는 정황, context)에 의해 영향을 받는다고 주장하고 이들 요소들을 측정하게 되면 사회적 기업의 사회적 임팩트 즉 사회적 가치로 표현되는 성과가 측정될 수 있음을 제시하였다. 이들 요소들에 대해 설명하면 다음과 같다(지은구, 2021).

■ 기회

사회적 경제조직에 있어 기회는 현재와는 다른 갈망하는 미래의 상태와 그 상태가 가능할 것이라는 신념을 의미한다(Austin, et. al., 2012). 따라서 기회는 미래의 희망을 위한 부족한 자원의 투자를 나타낸다. 특히 기회는 상업적인 부분과 사회적인 부분으로의 미래희망에 대한 투자를 나타내는데 상업적 부분의 희망은 시장으로부터의 더 많은 이익창출 즉, 경제적 반환금(economic return)을 의미하며 그리고 사회적 부분의 희망은 사회적 영향력에 따른 사회적 반환금(social return)을 나타낸다. 따라서 기회는 사회적 기업에 있어 경제적 반환금과 사회적 반환금의 증대를 가져오게 하는 미래에 대한 투자와 신념을 의미하는 것이다.

기회에 대한 투자가 증대하면 사회적 기업의 지속가능성은 유지되며 지역주민 및 지역사회를 위한 사회적 혜택이나 사회적 영향력의 정도는 또한 증가하게 된다. 따라서 사회적 기업의 미션은 지역사회나 지역주민들이 가지고 있는 사회적 욕구를 해결하기 위한 그리고 사회적 경제를 구성하는 하나의 조직으로서 시장실패를 극복하기 위한 의지나 행동지침 등으로 구체화되어 나타난다고 볼 수 있다. 결국, 사회적 경제조직의 경제적 가치창출을 위한 상업적 노력은 사회적 경제조직이 설정한 미션 즉, 안정되고 번영한 지역주민이나 지역사회를 창출하기 위한 조직능력을 고취시키도록 도와주는 보충적인 역할을 한다고 볼 수 있다. 이는 대부분의 사회적 경제조직의 미션이 주주의 이익이나 회사의 이익과 같은 경제적 가치창출보다는 사회적 욕구해결에 기초하는 사회적 가치창출을 위한 노력이나 의지 등으로 설정되어 있다는 것을 통해서도 입증된다.

■ 사람

사회적 경제조직이 상업적 부분과 사회적 부분의 성취를 동시에 추구하기 위해서는 투입부분에서 인적 자원과 재정적 자원의 영향력은 절대적이다. Austin과 동료들(2012)들은 본래 PCDO모델에서 제시된 사람을 인적자원으로 그리고 재정적 자원 즉, 경제적 자원을 자본으로 구분하여 제시하였다.

인적자원을 구성하는 사람은 사회적 경제조직 대표, 직원과 이용자나 소비자 그리고 자원봉사자를 포함하여 사회적 경제조직과 연관이 있는 이해관련당사자들이 모두 포함된다. 사회적 경제조직은 기본적으로 인적자원이 부족함으로 다양한 영역의 자원봉사자들의 참여는 절대적으로 필요한 인적자원이다. 자원봉사자는 직접적 서비스 제공과 직원사무부조 그리고 후원금모금활동 등 일반기업에 비해 운영비가 부족한 사회적 경제조직에 매우 중요한 역할을 수행한다. 또한 기부자나 후원자 역시 사회적 경제조직의 안정적 운영에 있어 절대적으로 중요한 자원이며 각종 규정이나 공적 지원을 책임지는 정부조직의 공무원 그리고 비영리조직직원들과의 협력도 중요함으로 인적자원을 강화하기 위한 네트워크구축은 인적자원강화 및 활성화를 위해 중요한 역할을 당당할 수 있다. 이런 의미에서 협력파트너십을 구성하여 활용하는 것도 인적자원 활용을 위해 필요하다.

사회적 경제조직이 안정적으로 운영되고 발전하기 위해서는 다양한 이해관련당사자들로 구성된 인적자원을 개발하고 활용하는 것은 매우 중요한 관리방안으로 어떻게 인적자원을 개발하고 유지하며 나아가 확대하여 기업 운영에 필요한 도움을 얻는지에 대한 구체적인 방안이 필요하다. 결국, 사회적 경제조직은 조직능력의 확대를 위해서 인적 자원동원이 반드시 필요하며 이는 기업의 지속가능성뿐만 아니라 안정적인 성장을 위해 매우 중요한 요소이다.

■ 자본

자본은 경제적 자원을 의미한다. 투입영역에서 사회적 경제조직 운영에 인력과 함께 가장 중요한 요소가 바로 경제적 능력이다. 경제적 자원의 확보는 조직운영의 물적 토대이다. 충분한 재정자원을 가지고 사업을 시작하는 사회적 경제조직도 물론 존재할 수 있지만 대부분의 사회적 경제조직은 경제적 자원의 측면에서 불충분한 능력을 가지고 있다. 사회적 경제조직의 재정은 개인이나 단체의 후원금과 정부보조금, 재화나 서비스제공에 따른 이익이나 서비스이용료 그리고 이사들의 운영비분담금, 회비, 민간재단으로부터의 보조금 등으로 구성되어 있으며 지속적이고 안정적인 재원의 유입은 기업의 미션성취나 운영에 있어 가장 핵심적 사안이라고 할 수 있다.

■ 상황

상황(또는 주변상황)은 기업에 영향을 주는 외부적 조건으로써 거시경제상황이나 세금, 규제 그리고 사회적·정치적 환경 등이 포함된다. 상황은 특히 미래에 대한 투자와 신념을 나타내는 기회(opportunity)가 가져다주는 결과에 영향을 주지만 사회적 경제조직이 통제할 수 없는 또는 관리할 수 없는 외부적인 환경이나 요소임으로 사회적 경제조직이 추구하는 경제적 성과와 사회적 성과 모두에 영향을 준다. 사회적 경제조직에 대한 정부의 법규정이나 지침 등의 수정이나 변경은 사회적 경제조직의 사업지속성이나 운영 등에 직접적인 영향을 주는 요소(또는 상황)이며 불경기나 경기침체 등과 같은 경제상황의 어려움 역시 상업적인 측면에서 사회적 경제조직 운영에 영향을 주는 요소이다. 또한 비슷한 서비스나 재화를 제공하거나 생산하는 경쟁조직의 탄생이나 증가 등도 역시 사회적 경제조직의 안정성과 지속성에 영향을 주는 상황요소가 된다.

새로운 사회문제의 등장이나 특정 사회문제의 심화현상 그리고 대량실업자를 양산하는 시장실패 등과 같은 사회·경제적 상황이나 조건 역시 사회적 경제조직이 사회문제나 사회적 위기에 대한 대응으로 사회적 욕구를 해결하기 위해 서비스를 제공한다는 측면에서 중요하다. 사회적 경제조직이 시장실패에 대한 대응 조직으로 탄생하였다는 측면에서 바라보았을 때 이러한 사회·경제적 상황들은 사회적 경제조직의 존재이유를 설명해주는 요인이기도 하다. 즉, 사회적 경제조직은 기업을 둘러싼 사회문제의 등장이나 위기 등과 같은 상황을 표적으로 이를 수정하고 변화시키기 위해 그리고 사회적 영향력을 최대화하여 불리한 상황을 최소화시키기 위해 노력하게 된다.

2) 사회적 경제조직 사회적 가치명제(SVP)의 틀

PCDO모델을 사회적 경제조직에 적용하면서 Austin과 동료들(2012)들은 특히 거래가 곧 사회적 가치 명제의 논리적 핵심임을 강조하였다. 즉, 거래를 통해서 사회적 경제조직이 성취하려는 사회적 가치나 목적(또는 미션)이 실현된다고 보았다. 사회적 경제조직 미션의 가장 핵심적인 역할과 분명한 특성은 사회적 가치 명제이며 이 사회적 가치명제가 사회적 경제조직 운영에 있어 가장 핵심적인 운영의 축이다. 일반기업은 거래를 통해 그들의 운영목적인 경제적 가치(이윤창출)를 창출하기 위해 노력함으로 거래에 있어 이윤창출이라는 경제적 가치가 일반기업의 핵심적인 역할이다. 하지만 사회적 경제조직은 사회적 목적의 지향이 지역주민이나 이용자들과의 이윤창출을 위한 거래가 아닌 소외된 지역주민의 포용과 지역사회발전 및 공동체 지향성 등과 같은 사회적 가치를 위한 거래를 의미하고 이러한 사회적 가치를 실현하기 위한 노력이나 태도를 나타내는 사회적 가치지향성은 곧 사회적 가치를 실현하기 위한 사회적 경제조직의 노력 즉, 주민과 지역사회와의 거래를 통하여 실현됨으로 거래는 사회적 경제조직에 있어 일반기업과 마찬가지로 중요한 역할을 담당한다. 결국, 지역주민이나 지역사회와의 거래를 통해서 사회적 경제조직의 핵심운영논리인 가치지향성이 실현되는 것이라는 점을 나타내준다는 점에서 이들은 거래를 사회적 가치명제와 동일하게 간주하였다.

사회적 가치를 성취하기 위해서 사회적 경제조직, 보다 구체적으로 사회적 경제조직을 운영하는 사회적 기업가의 관심은 사회적 임팩트도 물론 중요하지만 이보다는 사회적 임팩트를 창출하는 수단으로써 사회적 경제조직의 성장이 더욱 중요하다고 할 수 있다. 따라서 사회적 경제조직을 운영하는 사회적 기업가의 조직성장을 위한 노력이나 부족한 자원의 동원은 곧 사회적 가치를 창출하기 위한 노력으로 수렴된다고 할 수 있다. 사회적 경제조직의 운영원리인 사회적 가치명제와 시장, 기회 그리고 사람의 관계를 그림으로 나타내면 아래와 같다. 그림을 보면 사회적 가치지향성을 강조하는 사회적 가치명제(SVP)가 중심에 있고 가장 위에는 기회 그리고 밑에는 사람과 자본이 있으며 이들 요소들을 거짓경제 등을 포함하는 상황이 둘러싸면서 영향을 주고 있는 것을 볼 수 있다.

<그림3-4> 사회적 가치명제에 따른 사회적 경제조직 운영의 틀

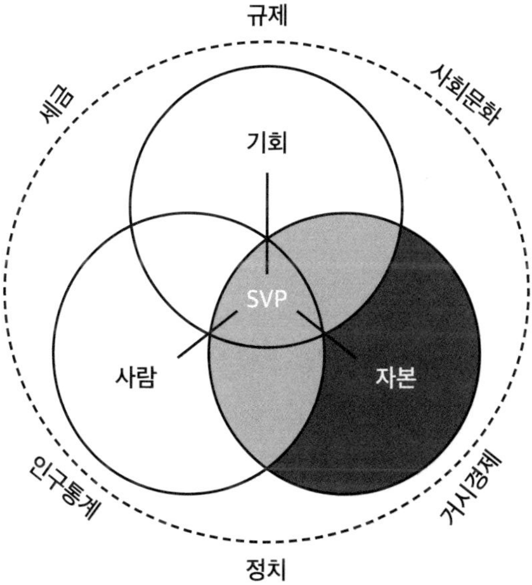

* Austin et al., 2012. p. 380. 그림-2에서 재인용

결국, 복잡하고 다면적인 개념으로 사회적 가치를 성취하기 위해 노력하는 사회적 경제조직의 가치실현의 정도를 입증하는 것은 사회적 경제조직의 사회적 성과를 입증하는 것이라고 할 수 있지만 가치실현의 정도를 측정하기 위해서는 PODC모델의 적용에서 설명한 바와 같이 사회적 경제조직을 주어진 상황, 기회나 위기요소나 조직행동, 자원 등과 같이 다각적인 시각으로 이해하여야 한다. 또한 사회적 경제조직 성과를 측정하기 위한 가장 중요한 첫걸음은 바로 조직의 성취목적으로써의 사회적 가치 또는 사회적 가치를 지향하는 행동으로써의 가치지향성 등과 같은 복잡용어를 개념화하고 측정가능하도록 하는 것도 중요하다.

3) 사회적 경제조직의 사회적 가치

사회적 경제조직의 설립목적이자 성취하려는 사회적 가치에 대한 대표적인 연구들을 보면 Defourny(2001)는 사회적 경제조직인 사회적 기업의 사회적 가치가 "지역사회에 대한 혜택"이라는 사회적 영역을 의미하는 것이라고 제시하였으며 Kerlin(2006)은 사회적 기업의 사회적 가치는 곧 사회적 기업 정당성의 기원이며 "사회문제해결이 최우선 목표"라고 하였다. Alter(2007)는 사회적 가치가 사회적 성과를 통해서 입증되며 "사회적 기업이 성취하려는 미션"이 곧 사회적 가치이고 이는 미션의 성취여부를 통해서 입증될 수 있다고 강조하였다. Alter는 사회적 목적을 성취하기 위해 만들어진 기업이 사회적 기업이며 사회적 목적은 곧 "시장의 실패나 사회문제를 줄이거나 완화시키는 것"이며 이러한 사회적 목적이 곧 사회적 기업이 추구하는 사회적 가치임을 강조하였다. Austin과 동료들(2012)은 사회적 가치라는 용어 대신에 사회적 가치 명제라는 용어를 동일한 의미로 사용하면서 사회적 기업의 사회적 가치가 "소외된 지역주민의 포용과 지역사회발전 및 공동체 지향성 등과 같은 가치지향성"을 의미한다고 주장하였다. 결국, 사회적 기업으로 대표되는 사회적 경제조직의 사회적 가치는 "사회적 경제조직이 성취하려는 미션에 나타나며 주로 지역주민이나 지역사회가 내포하고 있는 지역사회문제해결이나 지역사회포용과 안정 및 발전"으로 정의될 수 있으며, 사회적 가치는 곧 사회적 경제조직의 활동을 통해서 입증된다고 할 수 있다. 사회적 경제조직이 개인 나아가 지역사회에 영향력(impact)을 행사하여 성취한 사회적 가치는 사회적 가치 창조물(social value creation)이라고도 불린다(Kennedy, 2016). 따라서 결과물로써 사회경제조직이 성취한 사회적 가치(또는 실현된 사회적 가치)는 사회적 가치 창조물 또는 사회적 결과로 이해될 수 있다.

3. 사회적 경제조직의 사회적 가치 지향성

사회적 가치의 성취 또는 실현 정도는 투입, 과정 그리고 결과의 측정을 통해 사회적 경제조직이 성취하려는 사회적 성과로써 측정될 수 있다. 투입요소로써의 사회적 가치는 바로 기업의 대표나 관리자 그리고 직원들이 가지고 있는 공동체나 협력, 신뢰와 같은 조직사회자본이나 창의성이나 혁신성과 같은 사회적 기업가정신에 대한 인식의 정도나 태도로 나타날 수 있으며 이러한 사회적 가치에 대한 인식의 정도나 태도는 곧 사회적 가치 지향성(social value orientation)으로 명명할 수 있다. 따라서 조직사회자본에 대한 인식의 정도나 사회적 기업가정신에 대한 태도나 인식의 정도 등은 모두 사회적 가치의 결과부분에 영향을 미치는 투입요소라고 할 수 있다. 결국, 사회적 가치를 성취하려는 노력의 정도나 인식이나 태도 등을 나타내는 사회적 가치 지향성은 곧 사회적 가치의 실현이나 이를 위한 총체적 행동을 의미하는 사회적 성과에 영향을 주는 주요한 투입요소가 된다. Costa와 Andreaus(2021)는 사회적 경제조직인 사회적 기업이 전통적으로 이윤을 강조하는 재정적 효율성과 비영리조직이 추구하는 사회적 가치 지향성을 결합한 특성을 강조하여 사회적 가치 지향성의 중요성을 강조하였다.

앞에서 Austin과 동료들(2012)에 의해서 제시되었던 사회적 가치명제 역시 사회적 가치를 지향하는 성격을 나타내는 용어임으로 사회적 가치명제는 곧 사회적 가치 지향성과 동일한 의미를 갖는다고 볼 수 있으며 측정을 위해서는 투입영역에서의 다양한 투입요소들에 대한 분석을 통해서 측정될 수 있다. Kendall과 Knapp(2000a, 2000b)은 제3부문 자발적 조직의 성과측정모델을 제시하면서 비-자원투입(non-resource inputs)이라는 용어를 사용하고 비-자원투입을 측정하는 것이 중요함을 지적하였다. 그들이 제시한 비-자원투입이라는 용어는 곧 수량화된 가격을 가지지 않는 또는 시장가치로 환원 될 수 없는 결과 성취에 대한 영향력(임팩트)을 의미한다. 그들은 예를 들어 결과에 영향을 미치는 상황적 환경, 상황적 환경을 만들어 내는 직원들의 태도, 의견 또는 이데올로기 등이 여기에 해당된다고 강조하였다. 결국, 직원이나 관리자의 사회적 가치실현이나 조직미션성취를 위한 소명감이나 신념 등을 의미하는 비-자원투입요소는 곧 사회적 가치실현의 정도를 나타내는 사회적 가치 지향성을 나타낸다. 따라서 사회적 가치 지향성은 사회적 경제조직의 성과를 나타내는 중요한 영향요인이자 구성요소가 된다.

결과영역에서 사회적 가치의 실현은 곧 사회적 경제조직이 성취하려고 설정한 미션이나 조직목적의 성취여부를 나타내는 요소로 표현될 수 있다. 신뢰와 같은 조직사회자본이 매우 높은 조직구성원들이 작업을 하는 조직이나 사회적 기업가 정신으로 무장된 기업대표나 관리자의 조직 활동은 그렇지 않은 조직 활동에 비해 생산적이고 효율적이며 효과적인 노동가정을 거쳐 경제적 가치나 사회적 가치 또는 성과의 달성 정도가 매우 높을 수 있음은 이미 많은 연구들에 의해서 입증된 바 있다(Gali, et., al, 2020; Nemati, et., al, 2017; Ellinger, et., al, 2013; Westlund and Adam, 2010).

사회적 가치 지향성(social value orientation, SVO)[08]은 개인의 친사회적 성향을 나타내는 개념으로 1968년 Messick과 McClintock이 처음 제시하였다. 사회적 가치지향성은 그들의 정의에 따르면, 주로 친 사회적(pro-social) 성격과 친 개인적(pro-self) 성격의 구분이나 자신의 번영(personal well being)과 집합적 번영(collective well being)의 구분에 있어 친사회적이고 집합적 번영(공동체의 번영)을 나타내는 성향을 일컫는 개념으로 알려져 있다. Messick과 McClintock(1968)은 사회적 가치 지향성을 자기와 타인을 위해 결과를 내는 특정 행동을 선호하는 경향으로 이해하였다. 결국, 이들이 제시한 사회적 가치지향성을 사회적 경제조직에 적용하게 되면 "사회적 경제조직의 사회적 가치 지향성은 지역주민의 번영과 지역사회의 안정과 발전을 도모하기 위해 노력하려는 성향"으로 정의될 수 있다.

사회적 가치	• 사회적 경제조직이 성취하려는 미션에 나타나며 주로 지역주민이나 지역사회가 내포하고 있는 지역사회문제해결이나 지역사회포용과 안정 및 발전 등 다양 • 사회적 가치의 실현은 결과 나아가 투입, 과정 그리고 결과를 포괄하는 성과에 영향을 미치며 결과영역에서 측정될 수 있음
사회적 가치 지향성	• 사회적 가치를 지향하는 성격 • 사회적 경제조직이 지역주민의 번영과 지역사회의 안정과 발전을 도모하기 위해 노력하려는 성향 • 결과에 영향을 미치는 독립변수로써 투입자원에 해당

4. 사회적 가치 구성요소와 측정

사회적 경제조직에서 사회적 가치의 측정은 크게 사회적 가치 지향성과

08 사회적 경제조직 성과관리에 있어 사회적 가치 지향성에 대한 자세한 논의는 제6장 한국형 사회적 경제조직 성과관리모델을 참고하기 바람.

사회적 가치의 실현여부 등 두 부류로 측정될 수 있다.

- 사회적 가치 지향성: 사회적 가치를 지향하는 정도를 나타내는 사회적 가치 지향성은 사회적 경제조직의 운영자나 관리자 그리고 직원들을 상대로 하는 투입단계에서 측정 가능하다. 즉, 전문인력을 대상으로 하는 사회적 경제조직의 사회적 가치나 사회적 목적 실현에 대한 인식이나 태도나 노력의 정도 등이 측정요소가 된다. 예를 들어 관리자의 사회적 가치지향을 위한 노력의 정도나 사회적 기업가정신의 정도 등은 모두 산출이나 결과에 영향을 미치는 영향요인으로써 결과부분보다는 투입부분에서 측정될 수 있다.
- 사회적 가치실현의 여부: 조직 활동의 결과로써 사회적 가치의 성취(실현)여부는 산출(output)과 결과(outcome)단계에서 측정될 수 있다. 대부분의 사회적 경제조직인 사회적 기업 성과측정모델을 보면 사회적 가치를 결과부분(산출과 결과를 포함한 부분)에서 측정하고 있다. 사회적 가치실현의 정도나 여부 등은 매우 범위가 넓어 이를 측정 가능하도록 개념화하고 지표화하여 측정하는 것이 중요하다. 예를 들어 저소득층을 위해 창출된 일자리의 수는 대표적인 결과부분의 사회적 가치실현 정도를 나타내주는 측정요소이자 사회적 경제조직이 창출한 사회적 임팩트이다.

5. 사회적 경제조직 사회적 가치 측정의 한계

사회적 경제조직 성과측정에 대한 연구들은 대부분 사회적 경제조직(특히, 사회적 기업)이 창출하는 가치를 경제적 가치와 사회적 가치로 구분하여 측정하는 성과측정모델과 이에 따른 측정영역과 측정요소 등을 제시하고 있다. 그리고 사회적 가치에 대한 측정은 대부분 결과를 나타내는 수량화된 지표로 측정하는 경향이 있으며 사회적 가치를 투입과 결과부분에서 동시에 측정하는 경우는 제한적이다. 특히 사회적 가치를 투입과 결과부분에서 동시에 측정하는 경우 투입과 결과에 대한 명확한 구분을 하지 않고 연구가 이루어지는 경우가 대부분이다. 예를 들어 한국사회적기업진흥원(2016)에서 개발한 사회적 기업 성과측정모델에서도 혁신성과 같은 성과를 측정하고 있지만 투입과 결과에 대한 명확한 구분없이 혁신성을 나타내는 질문(정성질문항목)들을 활용해서 측정하고 있다. 하지만 혁신성은 사회적 기업가정신에서 강조하는 측정요소로써 명확하기 구분하면 관리자나 직원들의 사회적 기업가정신 또는 사회적 가치지향성을 나타내는 투입지표이다. 하지만 혁신성은 또한 혁신을 위한 노력의 결과로써 이용자를 포함하여 상품이나 서비스의 변화에도 영향을 미치는 중요 요소임으로 결과영역에서도 혁신성을 측정하는 것이 가능하다. 따라서 혁신성은 이용자나 서비스에 영향을 주는 독립적인 요소이고 동시에 종속적인 요소로 상호배타적이지 않은 상호 연관된 요소이다.

국내에서 사회적 경제조직영역에서 사회적 기업이 추구하는 사회적 가치에 대한 연구로 주목할 만한 것들은 이준희(2016), 장선희(2011, 2012, 2014), 진희선(2013, 2014)과 한국사회적기업진흥원(2011, 2012, 2014, 2015, 2016) 등이 주도한 연구들이다. 진희선은 사회적 기업이라는 특정 영역에서 사회적 가치를 "시민들의 삶의 질을 향상시키는 것과 사회문제를 해결하기 위한 방향으로 사회적 상태를 개선시키는 것으로, 사회가 중요하게 여기는 일들에 먼저 영향을 미치는 활동을 펼침으로 창출되는 가치"로 정의하고 사회적 기업의 사회적 가치를 구성하는 구성요소로써 영국의 트레이드크라프트공정무역회사에 제시한 5개의 요소를 기초로 하여 첫째, 사회이슈발견하기, 둘째, 미션설정하기, 셋째, 민주적 의결구도 및 의사소통구조, 넷째, 네트워크 및 파트너십, 그리고 다섯째로, 인간의 정의와 지속가능한 환경을 제시하였다. 하지만 진희선이 제시한 사회적 가치의 구성요소는 너무 광범위하며, 사회적 가치의 구성요소를 측정하는 구체적인 지표를 제시하지는 못하였다는 한계를 가지고 있다.

한국사회적기업진흥원(2016)은 사회적 기업의 성과를 측정하기 위한 측정모델개발연구에서 Kerlin(2006)의 사회적 가치에 대한 정의를 수용하면서 사회적 기업의 사회적 가치를 중요한 성과로 인정하였다. 특히 한국사회적기업진흥원은 사회문제해결과 같은 공익추구의 목표가 곧 사회적 기업의 사회적 가치임을 주장하면서 사회적 가치를 측정하기 위한 사회적 가치 영역으로 사회적 미션의 관리, 운영의 민주성, 근로자지향성, 사회적 경제 생태계구축, 이윤의 사회적 활용, 주사업활동의 사회적 가치 등 총 6개로 구분하고 각 영역에서 정량지표와 정성지표를 혼합하여 사회적 가치를 측정하는 것을 제시하였다.[09] 한국보건사회연구원(2018)에서 수행된 사회적 경제조직 성과지표관련 연구에서는 주로 수량화된 지표중심으로 사회적 가치지표를 취약계층고용인력 수 등으로 제한적으로 제시하였다. 국내에서 이루어진 대부부의 연구들은 국외학자들이 제시한 사회적 가치요소들을 중복하여 제시하는 경우가 많았다. 중복되어 제시된 사회적 가치 측정요소들은 고용창출, 취약계층 고용비율, 지역사회재투자, 환경보전기여 그리고 지역사회안정 등이다.

국외에서 이루어진 사회적 기업의 성과측정모델과 사회적 가치측정요소들에 대한 연구들을 살펴보면 국내연구들이 주로 답습하여 제시한 고용창출, 취약계층 고용비율, 지역사회재투자, 환경보전기여 그리고 지역사회안정 등이 주요한 사회적 가치를 구성하는 요소로 제시되고 있다. 이러한 요소들 외에 사회적 가치측정영역의 요소로 등장하는 것들은 Wheelr와 동료들(2005)이 제시한 사회적 공감, 기업의 네트워크활용도 등이 있으며, Spreckley(2008)와 같이 사회적 기업의 성과측정에 있어 사회적 감

09 한국사회적기업진흥원(2016)의 사회적 기업의 성과를 측정하기 위한 측정모델 및 측정도구에 대해서는 본 저서의 사회적 경제조직 성과측정모델을 다루는 장에서 구체적으로 살펴볼 것이다.

사를 강조하는 연구자들은 사회적 가치가 반영되어 있는 조직미션진술에 대한 검토 등을 나타내는 거버넌스 진술(statement)과 직원들의 조직활동과의 일치 여부 등을 중요한 측정요소로 지목하고 있다. 한편 Lee와 Nowell(2014)는 사회적 기업의 사회적 가치를 공공가치로 제안하면서 삶의 질, 번영, 행복, 사회자본의 창출, 사회통합과 사회포용, 안전과 보장 등을 성과측정요소로 제시하였다. 물론 이들은 위와 같은 측정요소들을 측정하기 위한 구체적인 측정도구를 구분하여 제시하지는 못하였다. 또한 위에서 소개한 Kendall과 Knapp(2000a, 2000b)는 비-자원투입요소인 사회적 가치지향성을 형평성, 참여 그리고 지지와 혁신 등의 성과측정영역으로 구분하여 제시하였다.[10] 지금까지 국내외에서 이루어진 대표적인 사회적 경제조직이나 사회적 기업의 성과측정에 대한 연구를 보면 사회적 가치는 중요한 성과이며 성과로써의 사회적 가치의 실현은 곧 사회취약계층을 위한 일자리창출, 지역문제해결, 공동체인식, 주민의 행복이나 복지증진 등과 같은 요소로 이루어져 있음을 알 수 있다.

6. 사회적 경제조직의 성과측정

사회적 경제조직의 성과가 앞에서 제시된 바와 같이 사회적 가치지향성과 같은 투입부터 성취된 결과(경제적 가치와 사회적 가치)에 이르기까지 다면적인 성격을 내포함으로 이를 측정하는 것 역시 어려운 문제라고 할 수 있다. Hart와 Houghton(2007)은 사회적 기업과 같은 사회적 경제조직은 성취하려는 목적이나 미션을 성취하기 위한 조직적 행동과 전략이 매우 다

10 사회적 경제조직의 성과측정모델 및 성과측정영역 및 요소에 대해서는 제5장에서 보다 구체적으로 다루도록 한다.

양하기 때문에 이를 측정하기 위한 보편적이고 표준화된 측정도구를 설정하는 것이 매우 어렵다고 주장하였다. Paton(2003) 역시 사회적 경제조직의 다양성으로 인하여 성과를 관리하는데 있어서 표준화된 관리방식이 존재하지 않음으로 성과측정도구가 표준화된 방식으로 존재하기가 어렵다고 제언하였다. 사회적 경제조직의 성과를 관리하고 측정하는 것이 어려운 가장 결정적인 이유는 다음과 같다.

> 첫째, 사회적 경제조직의 성과가 다면적인 요소로 구성되어 있으므로 이를 측정하는 것이 어렵다는 점
> 둘째, 사회적 경제조직의 사업 영역이 건강, 돌봄 및 사회서비스를 포함하여 각종 식가공업 및 세탁, 청소 등 매우 범위가 넓음으로 표준화된 성과관리모델이나 성과측정모델을 구축하는 것이 상대적으로 어렵다는 점
> 셋째, 성과의 사회적 가치 측면 또는 사회적 임팩트의 측면에서 임팩트 자체가 추상적인 경우가 존재하며 또한 관리자나 직원들의 주관적인 인식이나 경험 등을 측정하여야 하는 경우가 있어 측정도구의 개발이 상대적으로 어렵다는 점

결과적으로 보면, 사회적 경제조직의 성과는 성과개념의 정리와 성과관리를 위한 표준화된 성과측정도구개발을 위한 노력 그리고 사회적 경제조직의 사회적 가치실현의 정도와 창출된 사회적 성과 그리고 사회적 임팩트(영향력)를 측정할 수 있는 다양한 측정도구의 개발 등으로 측정모델이 설정되어야 측정이 가능할 일임을 알 수 있다.

사회적 경제조직의 성과관리를 위해 눈에 보이는 성과나 측정하기 쉬운 화폐가치 또는 수량화된 성과만을 측정하는 것은 어렵지 않은 작업으로써 전문화된 지식과 축적된 기술이나 경험 등을 필요로 하지 않고 조직이 가지고 있는 문서나 자료 등을 통해서도 손쉽게 이루어질 수 있다. 하지만 성과는 총체적 조직 활동을 통해서 나타나고 총체적 조직 활동 전반에 대해

측정하지 않는다면 실제적 조직이 결과한 성과와 측정된 성과는 상당한 괴리가 존재할 수 있어 성과관리를 통한 성과개선은 기대하기가 어렵게 된다. 조직일부의 성과가 조직 전체의 성과를 대신할 수 없으며 특정 성과는 이용자나 지역주민들에게 간접적으로 임팩트를 가져다 줄 수 있으므로 계산하기 용이하거나 눈에 보이는 또는 일부 문건화되어 있는 수량화된 조직성과만을 측정하는 경우 성과오류가 발생할 가능성이 존재한다. 예를 들어 기업이 지역주민들에게 환영받는 사업을 전개한다고 해도 성과측정 결과 성과가 낮을 수 있으며 반대로 이용자들이나 지역주민들에게 인기가 없는 기업도 측정결과 성과가 매우 높게 나타날 수 있는데 이러한 성과오류는 모두 성과를 매우 좁게 부분적인 성과로만 국한하여 측정하게 되는 경우 나타나게 되는 대표적인 경우이다. 특히, 사회적 기업과 같은 사회적 경제조직들은 이익창출보다는 사회적 임팩트나 사회적 가치창출을 통해 지역사회발전 및 지역공동체의 상생을 추구함으로 이들 조직들에 대한 성과측정은 반드시 전체주의적 관점을 유지하면서 다면적으로 성과가 측정되어야 함은 성과측정에 있어 필수적인 요인이다.

7. 사회적 경제조직 성과측정의 대상

사회적 경제조직의 성과측정을 위한 대상은 다양하다. 재화나 서비스를 이용하는 이용자나 소비자, 직원이나 직원대표 또는 관리자, 잠재적 이용가능자(지역주민), 자원봉사자 그리고 기업 활동에 참여하는 이해관계자(이사나 자문위원) 등이 모두 성과측정의 대상이다. 경제적 가치 또는 재정(재무)적 가치는 대부분 수량화된 자료나 화폐가치로 존재함으로 내부문서나 직원들로부터 오며 사회적 가치 지향성의 정도는 사회적 경제조직을 운영하는 대표나 관리자 그리고 직원들의 인식의 정도를 의미함으로 관리자나 직원 그리고 이용자들로부터 직접 온다고 볼 수 있다. 또한 내부조직활동은 대부분 직원들의 활동을 의미함으로 조직이 수집한 수량화된 자료이거나 직원들의 활동에 대한 인식의 정도이므로 직원이나 이용자들로부터 직접 온다. 따라서 사회적 경제조직의 성과관리를 위한 성과측정대상은 일차적으로 기업 내부 관리자 및 직원 그리고 이용자이다. 하지만 성과를 이용자들의 변화나 임팩트 그리고 지역사회 및 지역주민들에 대한 변화나 사회적 임팩트의 정도까지 포함한다면 이용자뿐만 아니라 지역주민 역시 성과측정의 대상이 된다. 만약 사회적 경제조직의 성과측정에 기업에 참여하는 이해관계자들을 포함한다면 수집되는 자료는 당연히 이해관계자들임으로 성과측정의 대상으로 이해관계자들도 포함 수 있다. 결국, 성과측정의 대상은 성과측정의 목적과 범위에 따라 달라질 수 있음을 알 수 있다.

제4절
사회적 경제조직 성과관리모델

1. 성과측정과 성과관리

조직의 성과는 다면적인 영역으로 구성되어 있으므로 성과관리는 한 번의 과업으로 끝나는 것이 아니라 일련의 과업들이 연결되어 있는 연속적인 활동과업으로 구성되어 있다. 따라서 성과관리를 위해서는 관리를 위한 추진 및 활동체계 또는 관리모델이 필요하며 성과측정을 위해서도 성과를 측정할 수 있는 측정체계 또는 측정모델이 반드시 필요하다. 성과관리는 “성과측정을 통하여 수집된 정보를 활용하여 조직 전반의 성과를 개선하려는 조직 관리기법"이다. 즉, "성과측정을 통해 조직의 성과를 지속적으로 개선 또는 변화시키기 위한 노력이자 과정"이라고 할 수 있다. 따라서 성과관리의 수행에 있어 가장 중요한 부분은 바로 성과측정영역 및 요소를 결정하고 성과를 측정하며, 측정된 성과를 어떻게 조직성과관리에 적용하여 조직을 변화시키는가를 결정짓는 성과관리의 체계 즉, 성과측정체계를 포함하는 성과관리모델을 개발하여 적용하는 것이라고 할 수 있다.

성과관리는 성과측정을 기본적으로 수행함으로 성과관리모델은 좁게 바라본다면 성과측정모델이라고도 볼 수 있다. 이는 성과측정을 통한 조직 개선 및 발전을 위한 관리가 성과관리이기 때문이다(지은구, 2012). 하지만 성과측정모델은 성과를 측정하기 위한 구체적인 틀 즉, 성과측정영역과 요소 및 성과측정도구를 포함한 성과측정방식 등을 포함하지만, 성과관리모델은 성과측정을 포함하여 성과측정결과를 바탕으로 조직개선 및 변화를 위한 관리방안까지도 포함한다는 측면에서 약간의 상이성은 존재한다. 결국, 성과측정모델은 성과를 측정하는 것에 초점이 맞추어져 있으며 성과관리는 측정된 성과를 개선하기 위해 관리하는 것에 초점이 맞추어져 있다고 할 수 있다. 성과측정모델과 성과관리모델의 차이점은 아래와 같다.

성과측정 (모델)	• 성과측정영역과 요소 및 성과측정도구를 포함하는 측정방식 • 성과를 측정하는 것에 초점이 맞추어져 있음
성과관리 (모델)	• 성과측정결과를 바탕으로 조직개선 및 변화를 추구하는 조직관리방식 • 성과측정방식을 포함하여 측정된 성과를 관리하는 것에 초점이 맞추어져 있음

성과관리는 역사적으로 영리조직의 성과를 증진 내지 개선시키기 위한 조직관리기법으로 개발되었음으로 경제적 가치실현을 목적으로 하며 그 이후 공공조직과 비영리조직 나아가 제3부문의 사회적 경제조직(특히, 사회적 기업) 등으로 점차적으로 확대 적용되어왔다. 또한 성과관리를 위한 성과의 영역도 영리기업 중심의 화폐적 가치를 주로 측정하는 재무적 관점의 성과가 주

된 영역이었지만 차츰 이에 대한 한계를 극복하기 위하여 비재무적 관점의 성과 역시 중요한 성과관리영역으로 등장한 이후 재무적 성과와 비재무적 성과 나아가 경제적 성과와 사회적 성과 등으로 구분되면서 발전되어 왔다(지은구, 2021).

대표적으로 경제적 가치를 중심으로 성과를 측정하는 자료포락분석(Data Envelopment Analysis, DEA)모델은 영리조직에 적용하기 위해 개발된 성과관리모델로 경제적 가치인 효율성을 강조하는 모델이며 중요도-성과분석(Importance-Performance Analysis, IPA)모델은 영리조직의 성과를 개선하기 위해 개발된 측정모델이지만 성과를 매우 제한적으로 바라본다는 한계를 가지고 있고 SERVQUAL(service quality)모델이나 SERVPERF(service performance)모델 등은 성과를 품질로 제한하여 바라본다는 한계가 있는 모델임으로 사회적 가치와 경제적 가치를 모두 중요한 가치로 인정하는 사회적 경제조직 성과관리를 위한 측정모델을 개발하는 것이 목적인 본 연구에서 소개하는 것은 적합하지 않을 수 있다[11].

경제적 가치의 성과에서 벗어나 성과를 다양한 측면에서 측정하는 균형성과표(Balanced Score Card, BSC)모델은 Kapan과 Norton(1992)에 의해 최초 영리조직의 성과를 재무적 관점과 비재무적 관점으로 구분하여 다면적인 측면에서 측정하기 위한 성과관리모델로 개발된 후 Niven(2008)에 의해 비영리조직에 적용 가능하도록 비영리조직의 성격에 맞게 수정되어 제시되었다. 또한 사회적 기업에도 적용 가능한 모델로 수정되어 제시되기도 하였다. 대표적인 모델이 Bull, Somers, 그리고 Meadow와 Pike(2010) 등의 모델이다. 또한 BSC모델에서 수정되어 비영리조직 및 사회적 경제조직인

11 자료포락분석(Data Envelopment Analysis, DEA), 중요도-성과분석(Importance-Performance Analysis, IPA), SERVQUAL모델이나 SERVPERF모델 등에 대한 특성 및 한계는 지은구(2012), “비영리조직 성과관리”, 제10장을 참고하기 바람.

사회적 기업 성과개발모델로 활용이 되는 모델들 이외에 사회적 기업을 포함하여 제3부문, 자발적 조직 또는 비영리조직의 성과측정을 위해 투입과 과정 및 행동 그리고 산출과 결과영역을 체계적으로 구분하여 단계적 그리고 요소별로 성과를 관리하는 모델이 있는데 대표적인 모델로는 Bagnoli와 Megali(2011)이 제시한 다중영역통제모델과 Kandall과 Knapp(2000b)이 제시한 모델 등이 있다. 한편, 사회적 경제조직의 특수한 성격을 강조하면서 사회적 회계와 사회적 감사(social auditing and accounting, SAA)를 강조하는 SAA모델이 등장하였다. 또한 사회적 경제조직의 사회적 가치를 화폐적 가치로 측정하는 것을 돕는 사회반환투자율(SORI)모델 등도 대표적인 사회적 경제조직의 특수성을 고려한 성과관리 및 측정모델들이다. 이외에도 비영리조직인 사회복지관의 성과를 관리하는 요소별·단계별 성과측정모델을 개발한 지은구 외(2018; 2019)의 모델도 사회적 가치를 강조하는 사회적 경제조직 성과관리모델로 적용될 수 있는 모델들이다.[12]

결론적으로 보면, 성과관리모델은 영리조직의 성과를 측정하기 위해 제시된 성과관리모델에서 비영리조직 나아가 사회적 경제조직인 사회적 기업 등으로 적용이 가능한 모델들로 발전하였음을 알 수 있다. 따라서 기존의 성과관리모델들을 비교·분석하는 것은 적합하고 객관적인 사회적 경제조직의 성과관리모델 개발을 위한 기초적인 작업이라고 할 수 있다.

2. 사회적 경제조직 성과관리모델의 한계와 바람직한 방향

사회적 경제조직의 성과를 측정하여 관리하는 것은 매우 어려운 작업이

---

12 사회적 경제조직의 특수성을 고려하여 적용할 수 있는 성과측정모델에 대한 비교는 제5장에서 살펴볼 것이다.

아닐 수 없다. 이는 수많은 성과측정 또는 성과관리모델이 존재하지만 어떤 모델도 사회적 경제조직 성과의 다면적 측면을 완벽하게 측정하지 못한다는 점에 의해서도 어느 정도 짐작할 수 있다. 일반 기업과 같이 완성된 상품이나 눈에 보이는 측정 가능한 서비스를 제공하는 조직의 경우 성과는 생산물중심으로 산출 ⇒ (품질) ⇒ 결과를 강조하는 결과중심의 성과측정이 효과적일 수 있지만 시장에서 생존하여야 하고 더불어 외부효과 즉, 사회적 외부효과가 발생하는 사회적 가치 지향적이며 사회적 목적 지향적인 사회적 경제조직의 성과를 측정하는 것은 투입 ⇒ 행동 ⇒ 산출 ⇒ (품질) ⇒ 결과를 모두 고려하여야 함으로 더욱 어려운 작업이 아닐 수 없다.

성과의 요소를 단계적으로 파악하여 성과를 측정하는 로직모델(logic model)이나 성과의 측면을 재정적 측면과 비재정적 측면과의 인과관계를 중심으로 측정하는 Niven의 수정된 BSC모델 그리고 성과를 구성하는 측정요소의 요소별 특징(예를 들어 효과성이나 형평성, 품질 등)을 중심으로 성과를 측정하는 모델인 Kendall과 Knapp모델, 그리고 성과의 다면적 측면을 고려하여 성과의 단계별·요소별 측정을 강조한 다중영역통제모델 등은 모두 장점과 단점을 동시에 가지고 있는 모델들이다. 사회적 경제조직 성과측정모델들, 특히 영리기업의 성과를 측정하는 모델로부터 발전된 모델들(예를 들어 균형성과표모델)은 성과를 결과부분 즉, 산출과 결과영역으로 제한하여 측정하고 있다. 투입과 과정을 거쳐야 산출과 결과가 도출될 수 있고 투입요소에 따라 과정 그리고 산출과 결과가 영향을 받는다는 것을 인정한다면 기업의 성과는 투입부터 결과에 이르는 전 과정으로 이해되어야 한다. 또한 결과영역에서의 사회적 가치와 투입영역에서의 사회적 가치를 성취하려는 노력이나 의지 등을 나타내는 사회적 가치지향성 등은 구분되지 않았으며 혁신, 위험관리 그리고 창의성을 강조하는 사회적 기업가정신, 조직원 상호간의 신뢰와 공동체를 강조하는 조직사회자본이나 사회적 가치지향성과 같은 요소들은 성과측정에서 제외되어져 왔다.

성과측정에 있어 어떠한 성과측정모델을 사용하는가는 성과측정의 목적이 무엇인가 즉, 성과측정을 통한 성과측정결과를 가지고 성과개선을 시행하는 성과관리의 목적이 무엇인가에 전적으로 의존한다. 일반 기업과 같이 일정정도의 규모를 가지고 있으면서 생산성이나 효율성을 강조하여 조직성과를 개선하는 것을 목적으로 한다면 즉, 조직 산출과 결과의 책임성을 강조하는 성과측정이라면 사회적 경제조직으로 적용하기 위해 수정된 BSC모델이 적합할 수 있으며, 조직관리 감독만이 목적이라고 한다면 단계적 성과관리모델인 확대된 로직모델만으로도 충분히 목적을 달성할 수 있을 것이다. 또한 성과를 요소별로 측정하는 것을 강조한다면 Kendall과 Knapp 그리고 다중영역통제모델 등이 유용하다. 하지만 중요한 것은 사회적 경제조직의 성과관리 및 성과측정 목적이 단순히 책임성을 강화하는 것 그리고 조직관리 감독을 강화하는 것에만 있지 않으며 조직역량강화를 통한 조직안정 및 발전과 성장을 지향하여야 한다는 점에 있다는 점이다. 성과측정에는 수많은 인적 물적 자원의 동원은 필수적이며 많은 시간과 노력을 필요로 하다는 점에서 성과측정이 반드시 조직안정 및 발전을 수반하여야 한다는 것은 지상명제라고 할 수 있다. 또한 Kendall과 Knapp(2000a, 2000b)이 강조한 바와 같이 성과는 조직사회자본의 구성요소를 반드시 포함하여야 하며 Bulls, Niven(2003, 2008)이나 지은구 외(2018, 2019)가 강조한 조직의 미션, 가치 그리고 비전과 성과의 요소는 반드시 인과적 관계하에서 분석되어야 한다.

종합하면, 사회적 경제조직의 성과는 반드시 사회적 기업가정신의 작용여부, 사회적 가치지향성의 작동 여부를 통해 조직사회자본을 향상시키는 조직 발전적 측면에서 측정되고 관리되어야 한다. 사회적 경제조직은 특성상 사회적 가치 지향적이며 신뢰, 협력, 협동을 중시하고 직원과 주민(또는 이용자)들과의 관계지향적인 특성을 가지고 있으며 유형의 생산물(일반 상품)을 포함하여 전문적이면서 무형의 서비스(상담 및 돌봄서비스 등)를 제공하는 경우도 존재함으로 기업의 성과를 측정하는 것이 매우 어려운 것이 사실이지만 성과가 관리되지 않으면 사회적 경제조직의 서비스전달과정의 상태나 문제점이나 개선사항 등을 파악하여 조직안정 및 발전을 위한 토대로 삼는 것이 불가능함으로 기존 성과측정모델들의 특성을 파악하고 기업책임성강화, 조직사회자본 증대 그리고 조직안정 및 발전 그리고 조직역량 강화를 위해 최선의 방안을 찾는 것이 중요하다.

제4장

사회적 경제조직 성과관리의 기초이론

Social Economy Organizations and Performance Management

본 장에서는 사회적 경제조직의 성과를 관리하고 측정하기 위한 다양한 이론적 틀에 대해 살펴본다. 특히, 기존의 전통적 정치경제이론들과 이에 영향을 받은 신공공관리(new public management, NPM)기법들이 가진 성과관리에 대한 논의의 한계를 극복하기 위하여 가장 대표적인 사회적 경제조직 성과관리에 적합한 이론들을 소개한다. 사회적 경제조직의 성과관리를 이해하고 성과의 개념 및 성과를 구성하는 다양한 영역과 구성요인 그리고 성과측정을 위한 측정요소들은 모두 사회적 경제조직의 작동을 설명해주는 이론적 틀에 기초하여야 하는데 이는 사회적 경제조직의 운동양식과 행동논리가 대부분 이론적 틀에 기초하여 해석되고 이해될 수 있기 때문이다.

제4장

사회적 경제조직 성과관리의 기초이론

제1절

사회적 경제조직 성과관리의 정치경제학

1. 정치경제학이론과 성과관리

기업 생존 및 기업이익을 위해 다양한 조직관리기법을 활용해온 영리기업들은 1990년대 품질중심관리론(total quality management, TQM)에 대한 한계를 벗어나 보다 확장된 품질 개념을 찾기 시작했다. 조직 성과관리는 조직의 생존 및 이익창출의 실현이 곧 조직이 창출하는 품질을 포함하는 다면적이고 포괄적 개념인 조직성과에 의해 결정된다는 신조직관리론에 기초한다고 할 수 있다. 영리기업에서 출발한 성과관리는 공공기업의 효과성을 개선하고 효율성을 증진시키는 조직관리기법인 신공공관리(New Public Management, NPM)와 접목하면서 2000년대부터는 공공기관에도 도입되기 시작하였다.

하지만 성과관리를 단지 기업적 차원에서 보지 말고 자본주의 시장경제 체제하에서 운영되는 자본주의국가의 조직관리론으로 확대해석하면 성과관리는 국가적 차원의 조직관리기법으로써 국가와 시장 사이의 관계 하에서 분석이 가능해진다. 즉, 성과관리는 출발점이 영리기업중심이지만 영리기업은 자본주의의 시장경제체제 하에서 움직이고 시장은 자본주의국가의 경제중심임으로 애초 성과관리를 설명해주는 이론은 국가와 시장의 관계를 설명해주는데 도움을 주는 정치경제론에서 출발하여야한다. 즉, 자본주의경제체제에서 시장(영리기업)이라는 제2부문과 정부라는 제1부문 그리고 자발적조직이 중심이 되는 제3부문 등의 모든 조직과 국가와의 관계는 단순히 경제적 논리나 시장의 논리로는 해석될 수 없으며 정치적 관계와의 상호관계속에서 이해되고 해석되어야 함을 의미한다.

본래 정치경제론(political economy theory)은 경제행동과 정치행동의 상호관계 즉, 국가나 정치 환경 그리고 시장과 같은 경제적 체제가 어떻게 상호간에 영향을 주고받는가를 연구하는 이론으로 특히 국가의 소득과 부의 분배 그리고 정부와 법과 제도와의 관계 하에서 생산과 거래를 연구하는 이론으로 알려져 있다(Alesina, 2007). 정치경제이론은 본래 18세기 국가의 경제 그리고 국가의 정치를 연구한다는 측면에서 정치경제론으로 명명되었다. 따라서 정치경제론은 국가의 경제현상을 설명하는데 있어 단지 경제에만 국한하지 않는다는 점을 특징으로 하며 정치경제론의 주요 이슈는 경제정책에 국가 또는 정부정책이 어떻게 영향을 미치는지에 대한 논의라고 할 수 있다(지은구, 2012). 하지만 정치경제론은 비경제적 목적과 관심을 가지고 자본주의 시장의 발전에 대항하는 조직적 측면에서의 사회적 저항이나 국가적 대응에도 관심을 갖는다. 폴라니(Polanyi)는 자본주의사회의 경제 및 사회조직에 대항하는 사회적 저항을 대항운동(counter movement)이라고 명명하였다. 노동 상품화의 발전과 그것에 반대하는 노동의 힘 사이의 상이한 경제적 사회적 논리는 사회적 갈등을 유발하며 이는 정치경제학의 핵심 연구영역이다(Beckert and Streeck, 2008). 즉, 정치경제론적 시각을 적용하면 기업의 성과관리는 시장이나 자본의 논리를 보존하는 이윤창출을 통한 조직관리적 방안이기는 하지만 사회적 가치의 실현 여부나 지역사회발전 그리고 직원들의 역량강화나 조직운영으로의 참여를 통한 민주적 의사결정 등의 노동과 사회의 논리를 강조하는 조직관리적 기법이기도 하다.

위와 같은 정치경제론의 영향은 두 가지 방향으로 조직 성과관리를 설명해준다. 첫째는 효율성을 강조하는 고전파 및 신고전파 경제이론에 영향을 받아 조직 성과관리를 설명해주는 공공선택이론이나 주인-대리인이론, 복지경제론, 오스트리안경제론(오스트리아학파) 등이 대표적이며 또 다른 한 부류는 공공선택이론이나 주인-대리인이론을 비판하면서 등장한 마르크스경제론, 신마르크스경제론, 조절이론 나아가 사회경제론이 대표적이다. 정치경제학의 제 이론들은 조직(공공 및 영리조직 그리고 사회적 경제조직을 포함하여)의 행동을 비판하고 이해하는데 도움을 준다. 특히 정치경제학이론들은 조직의 성과에 대한 개념뿐만 아니라 영리 및 공공조직이나 비영리조직 그리고 사회적 경제조직에 의해서 나타나는 성과수준과 성과측정방식이나 관리방식에도 영향을 미친다. 정치경제학이론들이 가지고 있는 특성과 성과관리에 대한 강조점들을 비교 분석하면 다음과 같다(지은구, 2012).

먼저, 대중들은 자신들에게 이익이 되는 것을 선택한다는 점을 강조하는 공공선택이론(public choice theory)은 영리조직과 공공조직은 분명한 성과의 차이가 있으며 이를 비교하여야 함을 강조한다. 특히 공공선택이론은 성과차이를 비교하기 위하여 성과측정지표를 비교잣대로 활용하여야함을 강조하며 조직성과관리의 중요성을 인정하고 있다. 이 경우 성과측정은 피할 수 없으며 공공선택이론은 민간부분, 즉, 영리조직이 주도하는 서비스나 재화의 시장을 통한 제공이 공공조직보다 우수함을 입증하는데 성과측정을 이용한다. 공공선택이론의 성과측정목적이 영리조직이 공공조직보다 우수하다는 우수성을 입증하는 것임으로 성과측정은 시장의 힘에 의해 줄어드는 공공조직의 빈약한 성과를 나타내는 점이라는 것을 반드시 기억하여야 한다.

주인-대리인이론(principal-agent theory)은 공공선택이론 보다 발전된 형태로써 영리조직의 효율성이 뛰어나다는 것을 전제로 국가(주인)가 제공하는 공공서비스나 사회서비스를 계약에 의해 민간조직(대리인, 영리 및 비영리조직)에서 제공하도록 허용하여야 함을 주장한다. 하지만 주인과 대리인 사이에는 기본적으로 정보비대칭이 존재함(주인보다 직접 서비스를 제공하는 대리인이 정보가 더 많음)으로 국가는 민간조직에 대한 관리와 통제를 강화해야 하고 이를 위해 성과관리를 활용한다는 점을 강조한다. 특히 명령(또는 통제)과 보상은 주인-대리인이론의 중심적인 성과관리의 가치이다. 공공선택이론과 주인-대리인이론은 민영화(나아가 시장화)에 대한 보수주의적 관점의 이론적 토대를 제공하였으며 조직단위에서 성과관리가 필요함을 이론적으로 강조한다는 특징이 있다. 특히 공공선택이론과 주인-대리인이론에서 성과관리의 목적은 결과중심의 경제적 효율성(이익 또는 편익)이 가장 중요한 가치이다.

개인의 만족 나아가 이익이나 복지가 집단 나아가 사회의 이익이나 복지를 향상시킨다는 복지경제학(welfare economics)[13]이론에 따르면 성과관리의 주된 목적은 역시 효율성이다. 즉, 복지경제학이론은 공공선택이론이나 주인-대리인이론의 연장선상에서 성과관리를 바라본다. 하지만 복지경제학이론은 공공선택이론이나 주인-대리인이론과는 달리 민영화를 강조하기보다는 민영화가 시장실패를 극복할 수는 없으므로 효율성이 낮은 공공조직의 성과관리를 통하여 시장실패를 극복하여야 한다는 점이 강조된다. 따라서 복지경제학이론에서 본다면 성과측정은 시장실패와 그에 대응하는 정부개입을 통한 수정의 정도를 입증하는 것이라고 할 수 있다. 따라서 복지경제학이론은 시장실패에 대한 이해 그리고 시장이 산출해내는 결과에 대한

13 복지경제학(welfare economics)은 우리나라에서 일본의 영향을 받아 후생경제학이라는 용어로 불리기도 한다.

분석을 강조하며 성과측정을 통해 시장은 규제되어야 함이 강조된다. 따라서 복지경제학이론의 성과측정목적은 시장에 대한 공공조직 개입의 정당성을 확보하는 것이라고 할 수 있다. 하지만 복지경제학이론은 시장실패에 대한 공공조직의 개입을 정당화하는 성과측정방법으로 비용(편익)혜택분석을 강조하다는 한계를 가진다. 이는 비용편익분석이 대표적인 경제적 효율성(투자대비 이윤창출의 정도)을 측정하는 분석방식이기 때문이다. 즉, 비용편익분석을 통하여 공공조직의 성과를 측정하여야 한다는 점에서 공공조직의 성과를 화폐적 분석방식만으로 제한함으로 성과를 편익으로 매우 좁게 바라보는 한계를 벗어나지 못하였다.

고전파 경제학자인 하이예크에 영향을 받은 오스트리안경제이론은 신고전파경제학의 핵심적 가치인 시장의 우수성을 입증하는 것을 강조하며 어떠한 정부개입이나 관리도 시장제공에 걸림돌이라고 주장한다. 특히, 오스트리안경제이론은 시장제공의 가장 결정적인 걸림돌은 독점체제임을 강조하여 정부조직은 시장에서 일어나는 독점을 관찰하고 감독하는 역할을 중심적으로 수행하여야 한다고 보았다. 따라서 오스트리안경제이론의 성과측정목적은 정부가 반독점정책을 얼마나 효과적이고 체계적으로 활용하는가를 관리하고 측정하는 것에 있다. 따라서 오스트리안경제이론의 성과관리 영역은 민간조직이라기 보다는 공공조직(특히, 공공조직의 독점화)으로 국한된다고 할 수 있다.

마르크스경제학이론은 국가적 차원에서의 성과관리란 바로 자본주의체제를 유지 및 관리하기 위하여 필요하며 자본축적구조를 정당화하기 위한 축적구조에 지나지 않는다고 강조한다. 따라서 마르크스경제학이론에 따르면 진정한 성과개선이란 자본주의체제의 붕괴를 의미하는데 이는 기존의 성과관리가 기업의 자본축적을 정당화하여 자본주의체제를 유지 관리하기 위한 축적구조에 지나지 않기 때문이다. 따라서 마르크스주의이론에 따르면 성과관리는 파괴되어야 하는 또 하나의 축적구조에 지나지 않는다. 결국 성과관리는 영리조직의 자본축적을 유지 및 확대하는 것이 성과관리의 목적이 됨으로 조직 단위적 측면에서의 성과관리는 의미가 없다고 할 수 있다.

신마르크스주의이론의 한 분파인 조절이론에 따르면 성과관리는 하나의 조절양식으로 축적제도의 변화에 따라 등장하였다고 한다. 즉, 후기포디즘사회의 축적제도에 맞는 조절양식으로써 조직에 대한 성과관리가 발전하였음을 강조한다. 조절이론은 마르크스이론과 같이 자본축적을 위한 관리방식으로 성과관리를 바라보지만 마르크스이론과는 달리 성과관리는 조직의 축적구조를 유지 관리하기 위해 필요한 국가의 조절행동방안임을 인정한다. 따라서 조절이론에 따르면, 공공조직이나 영리조직에서 축적구조에 대한 관리가 잘 유지되도록 하기 위하여 축적의 조절양식으로써 성과관리는 발전하게 되며 축적제도에 맞는 조절양식이 발전하지 못하는 경우 자본주의사회는 위기에 봉착하게 된다고 강조한다.

이상과 같이 정치경제학이론들의 성과관리에 대한 입장은 매우 다양하다고 할 수 있다. 아래의 표는 정치경제학이론들의 성과관리에 대한 입장을 성과의 개념, 성과관리의 목적 그리고 주된 성과관리의 주된 영역을 중심으로 비교 정리한 것이다.

<표 4-1> 정치경제학이론에 따른 성과관리의 입장 비교

	성과의 개념	성과관리목적	주된 성과관리영역
공공선택이론	시장을 통한 자원할당으로의 선택된 개입을 통하여 민간조직의 이익을 최대화하려는 노력	공공조직에 대한 민간조직의 우수성 입증: 조직 간의 경쟁 및 비교	민간 및 공공조직
복지경제학 이론	공공조직의 기능을 최적화하려는 노력	시장에 대한 공공조직 개입의 정당성 확보: 조직 간의 비교 및 효율성 입증	공공조직
주인-대리인 이론	정부조직의 민간조직에 대한 통제권강화	민간조직에 대한 통제 및 관리 감독 강화	민간조직

오스트리안 경제이론	시장독점에 대한 국가통제의 효과성	공공조직이 반독점정책을 얼마나 효과적이고 체계적으로 활용하는가를 입증	공공조직
마르크스 경제이론	노동자들의 기본권리를 형성하는 노동자들의 권리나 지배력	자본주의체제의 전복	자본주의체제
조절이론	자본축적에 상응하는 적절한 조절양식의 작동	공공조직에 의해서 수행되는 조절방식에 대한 점검 및 관리: 자본축적의 정당화	민간 및 공공조직

출처: 지은구, 2012. p 71, 표3-1에서 재수정

위에서 설명한 성과관리이론들은 성과에 대한 정의에서부터 성과측정 그리고 성과관리의 필요성을 매우 상이하게 해석한다는 것을 알 수 있다. 특히, 조직 성과관리에 대해 신고파경제학의 영향을 받는 이론들은 이익을 강화하기 위한 수단으로 성과관리를 바라보고 대부분 공공조직보다 민간조직이 우수함을 확인하기 위한 수단으로 성과관리를 활용한다. 공공조직의 우월성을 강조하기 위한 방편으로 성과관리를 강조한 복지경제학이론 역시 성과관리를 이익강화를 위한 수단으로 바라본다는 한계를 지닌다. 마르크스경제학에 영향을 받는 이론들은 성과관리 자체를 자본축적을 위한 수단으로 바라봄으로 성과관리를 지나치게 정치적으로 바라본다는 한계를 가진다.

결국, 민영화와 정부의 실패를 강조하는 것을 목적으로 하는 조직 성과관리는 지나치게 경제적 효율성만을 강조하고 있으며, 시장의 실패를 유지보완하는 것을 목적으로 하는 성과관리 역시 공공조직의 효율성을 강조하는 것을 성과관리의 핵심적 기능으로 이해하고 있다. 또한 민간(영리)조직의 효율성이 공공조직보다 우수함을 기본으로 하는 성과관리 역시 정부지출의 효율적 사용을 위한 방편으로 그리고 민간조직에 대한 통제권 강화에 대한 강조가 성과관리를 발전시킨다고 강조한다. 자본축적의 정당화를 위해 제

공되는 성과관리는 자본주의체제의 유지 발전이 성과관리의 핵심적 기능임을 강조하고 있다. 특히, 성과관리에 대한 해석의 상이함과 상관없이 공공조직이나 비영리조직에서 진행되고 있는 대부분의 성과관리 목적은 공공선택이론과 주인-대리인이론에 영향을 받은 경쟁력강화와 자본의 통제권 강화 그리고 이익창출이라고 할 수 있다.

공공선택이론 등 성과관리에 대한 제 이론들은 모두 조직성과관리를 지나치게 단순화하고 성과를 자본축적의 도구나 이익 또는 편익으로만 해석함으로 성과관리가 생산물이나 상품을 강조하게 되어 사람중심의 성과관리를 등한시함으로 조직성과관리의 역동성과 작동원리 그리고 성과에 대한 개념을 도출하고 설명하기에는 부족한 측면이 있다. 조직이 창출하는 성과의 본질은 무엇이며 성과는 어떻게 창출되고 개선될 수 있는지는 자본주의 사회와 경제를 구성하고 움직이는 모든 조직들에게 공통의 질문이다. 성과관리가 단순히 자본축적이나 경제적 이익 그리고 기업의 이익이 목적이 아니고 자본의 통제와 사회적 이익 그리고 국민의 이익이라고 한다면 이는 곧 성과관리에 대한 정치경제학적 패러다임의 교체를 의미한다고 할 수 있다.

2. 사회적 경제조직 성과관리의 정치경제학: 성과관리의 새로운 패러다임

성과관리는 조직에 대한 통제권과 경쟁력 강화 그리고 조직의 생산성이나 효율성만을 개선하기 위하여 수행하는 것이 아니며 자본축적을 원활히 하기 위하여 조직을 관리하는 자본축적의 정당화만을 위해 수행되는 것도 아니다. 성과관리가 단순히 이익창출, 이익관리 그리고 자본축적을 정당화하기 위해 제공되는 관리기법이라고 인식하는 것은 성과의 다양한 측면 또는 복합적 측면을 이해하지 못하는 데서 오는 오류라고 할 수 있다. 특히,

성과의 물질적 측면(화폐가치)만을 강조하여 성과의 개선이 생산성의 향상과 경제적 효율성을 가져다주는 것으로만 바라보는 공공선택이론과 복지경제학이론, 조직에 대한 통제나 감독을 위한 하나의 관리방안으로 성과관리를 바라보는 주인-대리인이론 그리고 성과관리의 기능만을 강조하여 성과관리를 자본축적을 정당화시키는 조절양식이나 조절도구로만 바라보는 마르크스주의경제학이론들은 모두 사회적 경제조직 나아가 공공조직이나 비영리조직의 성과가 가지고 있는 공공 및 사회 가치적 측면과 성과에 포함되는 복잡하고 다양한 영역을 이해하는데 한계를 가지고 있다. 또한 성과관리를 조직성장과 발전이라는 측면에서 해석하지 못하고 있으며 성과관리의 다면적이고 현실적인 측면을 반영하지 못한다는 한계 역시 지니고 있다. 특히, 위의 제 이론들은 대부분 조직 성과관리가 조직성장 및 지속가능성 나아가 지역사회발전과 사회안정 및 발전과 밀접한 연관을 갖는다는 점을 간과한다.

특히, 사회적 경제조직의 성과관리 및 성과측정에 대한 필요성 및 원리와 원칙에 대한 해석에 있어 기존 정치경제이론들은 한계를 가짐으로 사회적 경제조직의 활동과 운영의 원리 및 필요성을 설명해주는 또 다른 정치경제론이론을 찾아야 한다. 하나의 대안으로 자본의 사회적 통제가 강조되는 사회경제론은 사회적 경제조직에 성과측정에 대한 새로운 해석을 제공해 줄 수 있지만 만약 사회경제론만으로 조직 나아가 사회적 경제조직이 왜 성과를 관리하여야 하는지가 적절하게 설명되지 못한다고 한다면 새로운 이론적 틀을 찾아 적용하는 것 역시 필요하다. 사회적 경제조직은 시장에서 생존하기 위해 이윤창출이 필요하지만 이윤창출이 목적이 아니고 지역사회소외계층을 위한 일자리창출과 지역사회분배문제의 해결 등 다양한 사회적 목적 실현을 위해 설립된 조직이다. 즉, 사회적 경제조직의 운영원리는 이중적이다. 따라서 사회적 경제조직은 자본주의국가의 경제체제에서 생존하면서 지역주민의 사회배제 해결 및 생존 그리고 복지증진과 지역사회발전을 위해 정치와 경제를 결합하는 새로운 조직발전을 위한 성과관리의 이론적 틀을 구축하고 있어야 한다.

Grossi와 동료들(2017)에 따르면, 사회경제조직은 혼합조직(hybrid organization)으로 혼합조직의 성과관리 또는 성과관리시스템의 논리는 사회적(macro), 정치적(meso) 그리고 조직적(micro) 측면에서 분석되어야 함을 주장하였다. 사회경제조직이 성과관리의 사회적 측면은 곧 사회적 가치 창출을 위한 사회적 미션 성취의 중요성이 성과관리와 밀접한 연관이 있음을 의미하며 그리고 정치적 수준에서는 성과관리를 위한 제도나 법적 지원 마련 등이 사회경제조직의 안정적인 성과관리 및 시스템구축에 영향을 줄 수 있음을 의미한다. 성과관리의 정치경제학이 경제체제로써의 자본주의사회와 정치체계와의 역동적 관계를 성과관리를 위한 분석의 기초로 활용한다는 점에서 Grossi와 동료들의 견해는 의미가 있다.

조직의 지속가능성 및 성장과 발전의 측면에서 성과관리는 조직의 현재 성과를 점검하여 보다 개선된 조직성과를 기대하기 위한 조직관리 과정이다. 영리조직이든 비영리조직이든 또는 사회적 경제조직이든 성과는 단순히 경제적 효율성만으로 측정되는 것이 아니며 지역주민을 포함한 이용자의 욕구해결정도, 서비스품질, 기대한 목표달성의 여부, 서비스의 효과성, 서비스진행과정, 국민들의 만족여부, 유사조직 간 협력의 정도 및 협력관계 여부 그리고 지역주민들의 참여의 정도 등 매우 다양한 영역에서 측정되고 관리될 수 있다. 성과는 재화 및 서비스의 직접적 제공당사자인 조직적 차원에서 직원들과 소비당사자인 국민의 입장에서 측정되고 분석될 필요가 있다. 직원이나 관리자의 입장에서 보면 조직생산과정의 투입과 결과에 이르는 전 과정에서 직원 및 관리자(조직대표를 포함하여)의 정신이나 인식(예를 들어 소명감과 창의성 같은 기업가정신)이 결과에 중요한 영향을 미치는 성과요소 일 수 있고, 이러한 성과요소는 곧 이용자나 주역주민 나아가 지역사회의 변화에 영향을 주는 성과요소 일 수 있다. 또한 성과는 당연히 이용자나 소비자의 입장에서 보면, 기업의 활동이나 기업의 생산물이 그들에게 어떠한 영향을 주었는가를 측정한다. 조직원들을 대상으로 성과를 측정하는 것이 적당한 것인지 아니면 소비자나 이용자를 중심으로 성과를 측정하는 것이 적당한 것인지 또는 양측에서 모두 성과관리를 위해 성과를 측정하여야 하는 것인지는 성과에 대한 정의 및 성과를 구성하는 구성요소 그리고 성과측정을 위한 모델에 따라 달라질 수 있다.

특히, 사회적 경제조직의 경우 성과는 사회적 성과나 가치의 실현 여부(예를 들어, 실업이나 빈곤과 같은 사회문제해결, 지역사회의 개선정도, 지역주민들의 생활상의 변화나 향상 또는 개선의 정도)를 강조하여야 하고, 성과는 보다 지역사회 문제해결 중심적인 서비스로의 발전을 지향하여야 하며, 성과는 기업 및 기업직원들의 역량강화를 가져다 주어야하고, 성과는 조직구성원이나 조직 간의 조정과 협력 그리고 자원재분배를 강조하여야 한다. 이러한 측면에서 사회적 경제조직 성과관리의 핵심적인 가치는 경제적 가치나 효율성이라기보다는 사회적 가치나 집합주의, 협력과 형평성, 효과성이 보다 중요하다고 할 수 있다. 따라서 집합주의, 협력과 형평성, 효과성 등은 모두 사회적 경제조직의 성과를 구성하는 구성요소로 간주될 수 있다.

사회적 경제조직의 성과관리는 조직 간의 이익 비교나 자본축적의 정당화 또는 경쟁력강화 그리고 조직(원) 통제, 감시, 감독 및 업적평가만을 목적으로 하지 않고 자본의 사회화를 통한 지역주민들의 삶의 개선과 삶의 질의 향상을 위한 방안을 찾기 위해 조직성장과 발전의 차원에서 활용되고 적용되어야 한다. 특히, 성과측정 자료는 사회적 경제조직의 투입에서 결과에 이르는 조직행동 전반에 대한 진행과정을 나타내고, 조직에게 위기나 위험에 대한 경고사인을 주며, 사회적 경제조직의 조직목적이나 목표달성여부를 확인할 수 있도록 하는 하나의 지표이다. 따라서 성과지표의 분석을 통하여 사회적 경제조직의 현재의 성과를 파악하고 보다 나은 미래의 성과를 성취하려는 조직관리기법으로의 성과관리는 가장 현실적인 사회적 경제조직의 성과를 개선하여 보다 나은 서비스를 제공하고 보다 나은 지역사회를 만들고자 하는 조직관리모델이자 조직성장을 위한 도구로 활용될 수 있다.

사회적 경제조직이 성과를 개선하기 위해서는 성과관리를 위한 성과측정모델이 필요하다. 다시 말해 성과관리를 위해 성과는 측정되어야 하고 성과가 측정되기 위해서는 측정을 위한 모델 즉, 성과측정체계가 존재하여야 한다. 또한 사회적 경제조직의 성과측정을 위한 모델은 철저하게 사회적 경제조직의 조직관리 및 성과관리를 설명해 줄 수 있는 이론적 틀에 의해서 구성되어져야 한다. 즉, 사회적 경제조직의 조직관리 및 성과관리를 설명해 주는 이론적 틀에 따라서 사회적 경제조직의 운영 및 작동원리가 이해되어지고 이러한 운영 및 작동원리는 곧 조직의 성과를 창출해냄으로 조직관리 및 운영을 설명해주는 이론과 성과측정모델은 밀접한 연관을 가지고 있기 때문이다. 특히, 이론은 사회적 경제조직이 어떻게 운영되고, 왜 운영되어야 하며 어떠한 작동원리를 통해 운영되어져야 하고 더불어 사회적 경제조직의 성과는 무엇이며 어떻게 측정이 이루어져야 하는가를 설명해주는 지침과 같은 역할을 수행한다.

본 연구에서는 사회적 경제조직의 조직운영 및 관리의 원리 및 원칙 그리고 성과 및 성과관리의 원리를 설명해주는 이론으로 앞에서 제시된 정치경제이론들의 한계를 극복하기 위하여 사회경제론, 스튜어드십이론, 이해관계자이론, 거버넌스이론, 사회적 기업가정신론, 조직사회자본론, 지역공동체주의론 등을 새롭게 제시한다.

제2절

스튜어드십(stewardship)이론

1. 스튜어드십이론의 논리

스튜어드십이론은 조직관리자가 스튜어드와 같이 책임있는 관리자의 역할을 수행함을 강조하는 이론이다. 즉, 조직관리자로서 스튜어드의 역할과 책임이 강조되는 스튜어드십이론은 주인-대리인이론과 극명하게 대립되는 이론이다. 주인-대리인이론에서 대리인의 역할은 지배와 복종의 수직관계에서 관리와 감시의 대상으로 대리인으로의 주어진 역할만을 수행하는 수동적 인간이지만 스듀어드쉽이론에서 스튜어드는 자신의 이익보다는 조직의 이익과 조직에 봉사하며 조직의 목적과 조직의 사명에 최선을 다하는 능동적인 인간이다. 특히, 스튜어드십이론은 조직사명감(commitment)을 강조하고 공동체지향성을 중요한 가치로 삼음으로 사회적 경제조직과 깊은 연관이 있다. 사회적 경제조직을 운영하는 기업가(또는 관리자나 직원)의 활동이 개인적 이익을 추구하는 행동보다는 집단의 이익을 추구하고 협력과 신뢰를 바탕으로 행동하며 지역사회 및 지역주민에 대한 봉사 및 지역사회에 대한 이익의 환원을 고려하여야 한다는 논리는 스튜어드십이론에 기초한다.

스튜어드십이론에 따르면 조직의 최고관리자는 스튜어드로서 개인의 이익보다는 조직의 이익을 위해 최선을 다한다는 상황에 기초한다(Donaldson and Davis, 1989, 1991). 즉, 관리자인 스튜어드는 집합주의적 행동을 수행하는데 이는 스튜어드가 조직의 목적을 성취하는 것을 추구한다고 보기 때문이다. 따라서 스튜어드는 관리자 개인의 이익보다는 조직 전체의 이익을 위해서 과업을 수행한다고 볼 수 있다(지은구, 2016). 스튜어드십이론가들은 스튜어드가 왜 자기이익보다는 조직의 이익을 위해 노력하는가에 대한 설명을 조직에 대한 사명감에서 찾는다. 즉, 고용인들이 그들의 조직을 자발적으로 떠나지 않는 것은 고용인과 조직사이의 심리적 연관으로 정의되는 조직사명감(또는 조직몰입, organizational commitment) 때문이라고 설명한다.

스튜어드십이론의 기본 가정은 조직과 조직사이에 이루어지는 장기적인 계약관계가 신뢰, 신망, 집합적 목적, 관계지향적이고 상호호혜적인 개입에 기초한다는 점이다(Van Slyke, 2007). 따라서 주인-대리인이론과 같이 계약을 통해 서비스가 제공된다고 해도 스튜어드십이론은 계약관계가 상호신뢰와 상호호혜를 바탕으로 장기적으로 성과를 창출하도록 유도된다는 특징이 있다. 조직 간(주인과 스튜어드 간)의 계약관계에서 주인과 스튜어드 사이의 상호신뢰는 기본적인 이론 작동의 토대가 된다고 볼 수 있으며, 스튜어드는 계약의 목적을 성취하기 위해 자체 조직이 가질 수 있는 피해를 감수하며 조직목적 성취를 위한 주인이나 다른 조직과의 협력을 주요한 가치로 설정한다(지은구, 2016).

결국, 스튜어드십이론에 따르면 스튜어드는 단순히 대리인이 아니며 자기이익중심과 개인주의적 행동을 하기보다 친조직성향적이며, 집합적 행동을 수행한다(지은구, 2016). Davis와 동료들(1997)에 따르면. 스튜어드는 협조적 행동을 개인주의적 행동과 교환하거나 대체하지 않으며 심지어 스튜어드의 관심 또는 이익이 주인의 이익 또는 관심과 일치하지 않아도 스튜어드는 태만이나 의무불이행보다 협력과 조정에 더 많은 가치를 부여하는데 이는 스튜어드가 기본적으로 협조적 행동에서 더 큰 만족을 얻기 때문이라고 한다. 즉, 스튜어드의 행동이 협조적이고 집합적이라는 것은 스튜어드가 조직의 목적을 성취하기 위해 노력한다는 것을 의미한다. 또한 스튜어드는 조직목적 성취라는 친조직적 성향을 실현시키기 위한 기본적인 직무역량을 갖추도록 스스로 학습하고 자기 계발하는 주체라는 점을 전제한다. 따라서 직무역량은 스튜어드활동을 위한 기본전제라고 할 수 있다. 물론, 스튜어드도 개인적 욕구를 충족시키기 위한 갈망이 있을 수 있지만 주인-대리인이론의 대리인과는 달리 스튜어드는 개인의 욕구가 조직적 그리고 집합적 결과를 향해 일하는 것을 통해서 성취된다고 바라본다(Davis, Schoorman, amd Donaldson, 1997). 스튜어드는 친 조직적 행동을 통해서 얻는 만족이 개인적 행동을 통해서 얻은 만족보다 높다고 믿는다. 즉, 스튜어드의 이익과 동기만족은 조직과 소유주의 이익과 만족에 의해서 동기 부여받는다는 점이 강조된다. 결국, 스튜어드십이론의 논리는 명확하다. 즉, 친 조직적이고 친 사회적인 성향의 스튜어드가 조직목적(미션)의 성취 나아가 지역사회의 이익실현을 위해서 노력할 수 있다는 점이다.

2. 스튜어드십이론과 사회적 경제조직

스튜어드십이론을 사회적 경제조직에 적용하면 사회적 경제조직을 설립한 설립자나 운영자와 관리자 그리고 직원들은 모두 조직목적성취를 위해 헌신하는 스튜어드가 될 수 있다. 스튜어드로 구성된 사회적 경제조직은 자기 이익을 실현하기 위해 노력하기보다 조직이 설정한 목적(즉, 지역사회 문제개선, 지역사회발전 또는 지역주민의 상태 개선이나 지역사회의 생태개선 또는 안전성유지, 상호협력을 통한 관계개선 등과 같은 사회적 가치)을 성취하기 위해 노력한다. 따라서 사회적 경제조직의 이익창출도 중요하지만 이 보다는 설립목적이나 미션 또는 체결된 계약을 성취하기 위해 사회적 경제조직은 자체적으로 노력할 것이라는 점이 스튜어드십이론의 기본 전제가 된다. 스튜어드의 동기부여요인은 신뢰, 좋은 평판(또는 평판의 향상), 상호호혜, 선별과 자율성, 책임성, 직무만족, 조직목적 성취 등에 기초한다(Van Slyke, 2007), 따라서 스튜어드는 사회적 경제조직이 값싼 상품을 생산하거나 질 낮은 재화와 서비스를 제공하는 소규모 영세기업이 아니라 지역주민들이 필요로 하는 품질이 보증된 재화와 서비스를 생산하는 기업으로 지역사회주민들로 좋은 평판을 받을 수 있도록 노력하여야 하며 이를 통해 지역주민들과 신뢰를 구축하도록 하기 위해 노력하여야 한다. 또한 지역사회는 새로운 사회문제의 출현과 문제의 복잡화 등으로 더욱 불안전하고 불확실한 환경이므로 조직원들에 대한 신뢰와 역량강화 그리고 훈련이나 교육 등 자기개발을 통해서 지역주민들이 당면한 문제를 극복하고 해결할 수 있도록 도울 수 있어야 하며. 지역주민들과 함께 사회적 경제조직이 성취하려는 사회적 가치실현을 위해서 노력할 수 있다는 확신 및 공감대를 형성하도록 사회적 경제조직의 스튜어드들은 노력하여야 한다. 스튜어드십이론에 따르면, 조직사명감과 책임감, 공동체인식 등은 스튜어드의 기본적 행동의 특성을 설명해주는 요인으로 사회적 경제조직의 경우 스튜어드로서 조직의 관리자는 조직설립의 목적인 사회적 가치나 목적을 실현하는 것이 곧 조직사명감이자 책임감과 공동체성의 실현이고 이는 곧 지역사회의 발전과 지역사회에 대한 봉사를 근거로 설립된 사회적 경제조직이 목적 실현을 위해 지역사회에서 최선을 다하도록 하는 동기부여 요인이 된다(지은구, 2021).

3. 스튜어드십이론과 사회적 경제조직 성과관리

스튜어드십이론에 따르면 스튜어드는 사명감을 가지고 조직목적을 성취하기 노력한다. 사회적 경제조직은 이윤창출이 목적이 아니고 사회적 목적을 성취하기 위한 조직이다. 따라서 사회적 경제조직이 추구하는 설립 목적이나 조직이 성취하려는 목적은 이윤창출이라기보다는 지역사회의 발전과 같은 사회적 목적이므로 스튜어드십이론에 근거하면 조직 관리자들(스튜어드)은 사회적 경제조직이 성취하려는 조직목적을 성취하는 것을 최우선의 가치로 삼아 역량강화하며 스스로 노력하고 행동한다.

특히, 조직의 관리자인 스튜어드는 조직성과를 통해서 기업주가 아닌 이해관계자들 모두의 이익을 보호하고 최대화하며 이를 통해서 스튜어드의 만족은 최대화된다. 따라서 조직의 성과를 개선하는데 성공한 스튜어드는 일반적으로 대부분의 이해관계자들을 만족시키게 된다. 따라서 친 조직성향인 스튜어드는 개인의 만족이나 이익이 아닌 조직의 성과를 최대화하는 것에 동기를 부여받는다(Davis et al., 1997). 스튜어드십이론에 따르면, 스튜어드는 조직성과를 통해서 관련된 이해관계자의 재산을 최대화하기 위해 노력하게 되는데 이는 그렇게 함으로써 스튜어드의 만족 역시 최대화되기 때문이다. 따라서 스튜어드는 조직성과를 최대화하기 위해 노력하며 조직성과가 개선 또는 증진되면 이는 조직과 연관이 있는 이해관계자들의 이익 역시 증진되는 것이므로, 조직소유자를 포함한 이해관계자들은 스튜어드의 행동을 지지하고 따르게 된다.

스튜어드십이론에 따르면 스튜어드는 조직성과를 최대화하는 것에 의해 동기를 부여받는데, 여기서 조직성과는 영리기업 측면에서 본다면 이익이나 판매량, 조직혁신 등을 모두 포괄하는 의미로 이해될 수 있고 비영리조직 측면에서 본다면 서비스효과성이나 서비스품질 그리고 형평성 등을 포괄하는 의미로 이해될 수 있다. 또한 사회적 경제조직의 입장에서 본다면 경제적 가치의 창출과 사회소외계층을 위한 일자리창출 등과 같은 사회적 가치의 실현으로 이해할 수 있다. 따라서 스튜어드는 조직이 성취하려는 조직목적에 부합하는 역량을 발휘하는 행동을 통해서 조직의 성과를 개선하고 증진시키기 위해 노력함으로 주인-대리인이론의 대리인과 같이 자기이익을 추구하며, 위험을 회피하고 주인과의 목적불일치가 나타나는 행동 등을 최소화할 수 있다.

4. 스튜어드십이론과 사회적 경제조직의 성과측정요소

스튜어드십이론에 따르면 스튜어드로서 사회적 경제조직의 운영자(또는 관리자 및 직원들)은 모두 사회적 가치실현을 위해서 노력할 것이며 특히, 사회적 가치를 성취하기 위한 가치 지향적 사명감을 가지고 있다. 여기서 사명감은 개인이 아닌 집단이나 조직의 목적성취를 위한 사명감을 의미함으로 사회적 기업가 또는 직원들이 추구하는 직업정신으로써 스튜어드십이 강조하는 가치인 집단주의적 사명, 협력 및 공동체의식 그리고 지역사회에 대한 봉사 등은 모두 사회적 경제조직의 성과에 영향을 미치는 성과측정요소들이 된다.

특히, 친조직적 성향을 나타내는 조직에 대한 사명감(commitment, 소명감)은 몰입감으로도 해석되고 있으므로 조직에 대한 몰입감이나 직무에 대한 몰입감은 모두 기업적 측면에서 성과에 영향을 주는 중요 요소이고 이는 특히 투입부분과 결과부분을 연계하는 기업 활동 즉 과정영역에서 결과영역에 영향을 미치는 중요 성과관리 및 측정요소라고 할 수 있다. 직무에 대한 몰입감은 직무만족과 함께 직무태도를 구성하는 중요 요소임으로 몰입감이 높으면 직무에 대한 만족이 높다는 것을 의미하고 직무에 대한 만족이나 몰입감이 높으면 조직 활동에서 조직이 창출하는 성과를 향상시키는데 긍정적으로 작용한다는 점은 이미 많은 연구들에 의해서 입증되었다. 조직사명감과 함께 조직의 목적을 성취하는데 필요한 기본적인 직무역량 및 역량강화를 위한 노력은 스튜어드활동을 위한 기본 토대이므로 스튜어드십이론에 따른 성과측정요소로써 투입부분에서 스튜어드인 관리자(또는 직원)들의 기본 직무역량에 대한 측정이 반드시 이루어져한다.

스튜어드십이론 성과측정요소	집단주의, 조직사명감(친조직적 성향), 지역사회에 대한 봉사, 공동체의식, 협력, 신뢰, 직무역량

제3절
사회경제론

1. 사회경제론의 논리

사회적 경제조직 성과관리를 설명하는 가장 중요한 기초이론으로 제시될 수 있는 이론 중 하나가 사회경제론이다. 사회경제론은 시장중심의 전통적 경제이론과 공공서비스만으로는 사회배제 및 사회차별과 소외 등의 해결은 물론 지역사회의 발전을 담보할 수 없으므로 공공조직과 시장중심의 영리기업을 대신할 새로운 경제주체를 중심으로 지역사회를 발전시킬 수 있음을 강조하는 이론이다. 즉, 사회경제론은 전통적인 경제이론으로부터 벗어나 제3부문인 비영리조직의 가치와 사회적 경제조직의 경제적 생존력을 탐구한다. 사회경제는 제3부문이라고 알려진 비영리조직이나 사회적 경제조직 그리고 자선조직 등을 광범위한 정치경제의 상황으로 위치시키기 위한 시도로 등장하였다고 알려져 있다(Alex, 2008). 특히, 사회경제는 자본시장부분과 공공부분 사이에서 개인적 만족보다는 사회적 만족을 추구하며 자본주의사회가 해결할 수 없는 경제적 사회적 그리고 정치적 욕구를 해결하기 위하여 국가와 시장 그리고 시민사회 사이의 혼합형태로 등장하였다(Moulaert and Ailenei, 2005).

사회경제는 협력과 상호지지의 가치를 증진시킨 19세기 유토피아사회주의, 국가에 의한 개인의 흡수와 개인의 격리 사이의 싸움에서 중간적 위치를 차지하였던 기독교사회주의, 그리고 국가개입을 거절하고 자유주의 경제를 찬양하는 상호부조협회를 지지하였던 자유주의운동 등의 사상에 영향을 받았다고 알려져 있다(Defourny와 Develtere, 1997). 사회경제의 뿌리는 중세시대의 길드[14]에서 찾을 수 있으며 연대성을 기반으로 하는 자선 조직과 같은 현대적 형태의 사회경제는 19세기에 기원한다(Gueslin, 1987). 사회경제에 대한 관심이 다시 증가한 배경은 자본주의사회 전반에 영향을 미친 1980년대와 1990년대의 실업문제의 증가와 복지국가에 의한 사회적 보호의 약화 내지는 상실 현상을 들 수 있다. Mellor와 동료들(1988)은 노동자가 소유하는 협동조합과 같은 조직을 통해서 고용위기의 문제를 해결하기 위해 사회경제에 관한 관심이 증가하였음을 설명하였으며 Bouchard와 동료들(2007)은 공공재정의 위기 속에서 국가에 의해 무시된 국민들의 욕구를 해결하기 위해서 그리고 1990년대 부족한 국가서비스에 대한 대안을 찾는 과정에서 사회경제가 대안으로 재등장하였다고 강조한다. 프랑스에서는 사회경제의 한 부류인 연대경제(solidarity economy)가 개인주의적 이데올로기와 신보수주의적 원칙들에 대한 대항으로 부각되었다고 알려져 있다(Moulaert and Ailenei, 2005).

Defourny와 Develtere(1999)은 사회경제를 협동조합, 협회 그리고 상호부조조직 등과 같은 조직에 의해서 수행되는 모든 조직활동을 포함하는 것으로 정의하였으며, CNLAMCA(1980)는 사회경제를 회원들이 동등한 의무와 권리를 갖고 민주적으로 운영하는 그리고 이익의 분배와 특정 소유권을 실천하면서 조직 확장, 서비스개선 그리고 회원들과 지역사회를 위해 초과이윤을 사용하는 공공부분에는 속하지 않는 조직들의 집합체로 정의하였다(EESC(2012), p. 18-19에서 재인용). 가장 대표적인 사회경제를 실현하는 조직들로는 협동조합, 상호부조조직과 협회를 들 수 있다. Monźon Campos(1997)는 위와 같은 사회적 경제조직들은 전통적인 영리조직보다 더 안정적인 일자리를 만들어 냄으로써 경제적 안정을 위한 그리고 소득의

14 길드(장인협회)의 목적은 상호원조를 보장하고 부적절한 경쟁으로부터 회원들을 보호하는 것이었다.

재분배나 자원의 할당을 위한 효율적 도구로써 역할을 함을 입증하였다.

사회경제는 시장에 대한 적극적 개입을 통하여 지역사회의 발전을 추구함으로 시장으로의 참여를 통해 이익을 추구하지만 시장을 통한 이익의 분배는 상호호혜의 원칙하에 재분배하는 특징이 있다(Laville, 1994; Godbout, 2000). 특히 사회경제는 자본주의시장경제의 발달과 함께 자기이익중심의 시장경제가 지역에서 사회배제와 차별을 심화시킴으로 지역사회에서 배제된 집단과 개개인들의 삶이 더욱 어려워지고 있음에 주목하고 이를 극복하기 위한 대안으로써 사회경제단위들의 연대와 상호호혜, 공동체, 재분배, 그리고 사회봉사와 사회정의 등의 가치를 핵심적인 조직운영의 가치로 삼는다(Moulaert and Ailenei, 2005).

사회경제	• 시장중심의 전통적 경제이론으로부터 벗어나 제3부문인 비영리조직과 협동조합 그리고 사회적 경제조직 등과 같은 경제단위들이 연대와 상호호혜, 공동체, 재분배, 그리고 사회봉사와 사회정의 등의 가치를 핵심적인 조직운영의 가치로 삼아 사회를 발전시킬 수 있음을 강조하는 이론. • 시장에 대한 적극적 개입을 통하여 지역사회의 발전을 추구함으로 시장으로의 참여를 통해 이익을 추구하지만 시장을 통한 이익의 분배는 상호호혜의 원칙하에 재분배하는 특징이 있음.

종합하면, 사회경제의 논리는 시장자본주의하에서 지역사회에서 배제된 집단과 개개인들의 삶이 더욱 어려워지고 있으므로 이를 해결하기 위해 연대와 상호호혜, 공동체, 재분배, 그리고 사회봉사와 사회정의 등의 가치를 핵심적인 기초로 하여 사회적 만족을 추진하며 이를 성취하기 위한 경제주체로서 사회경제조직의 운영을 강조한다.

2. 사회경제론의 작동원리

Jenson(1998)은 사회경제가 사회정책과 경제정책을 잇는 연결다리의 역할을 한다고 주장하고 포용(inclusion)의 가장 중요한 영역이 사회경제임을 강조하였다. 결국, 사회배제를 구성하는 소득불평등과 빈곤 등의 경제적 배제를 극복하기 위한 정책적 대안이 곧 사회경제의 실현이 된다. 사회경제는 지역사회발전과 시장으로부터 배제되고 중심부로부터 벗어나는 외곽에 위치한 사람들 사이를 연결해준다. 이를 위해 사회경제는 경제와 사회적 행동 간의 사이를 연구한다. 특히, 사회경제는 어떻게 소비자행동이 사회적 규범이나 윤리 인본주의 철학 등에 영향을 받는가를 분석한다. 특히 사회경제는 사회경제적 문제들을 해결하려는 새로운 방안들을 찾기 위한 욕구와 그동안 민간영리부분과 공공부분에 위해 무시되었던 욕구를 만족시키기 위해 발전하였다. 사회경제는 지역사회를 포용적 사회로 만들고 번영하며 강력하고 유지될 수 있도록 하기 위해 영리를 추구하지 않는다는 목적을 해결책으로 활용한다(지은구, 2021). CWES(1990)그리고 Defourny와 Develtere(1999)에 따르면 특히 사회경제는 다음과 같은 작동원리 즉, 행동원칙을 포함하는 민간조직들로 구성된다.

> 첫째, 이익을 창출하는 것이 아니고 회원이나 지역사회주민들에게 봉사하는 조직 목표.
> 둘째, 자발적 관리
> 셋째, 민주적 의사결정과정
> 넷째, 소득의 분배에 있어 자본보다 개인과 노동자의 우위

EESC(2012)는 사회적 기업, 자발적 조직 그리고 비영리조직 등과 같이 사회경제를 구성하는 조직들이 갖는 공동의 원리를 다음과 같이 제시하였다.

첫째, 공공부분의 한 부분도 아니며 공공부분에 통제되지도 않는 민간영역의 조직이다.

둘째, 공식적으로 조직화된 법적 지위를 갖는 조직이다.

셋째, 스스로 그들의 모든 행동들을 조직화하고 통제하며 지배구조를 선택하거나 해고할 수도 있는 자발적 의사결정구조를 갖는 조직이다.

넷째, 참여에 대한 아무런 의무가 없는 가입이 자유로운 회원자유조직이다.

다섯째, 회원들 간에 초과이익이나 이윤의 분배는 조직 안에서의 회원들의 활동에 따라 이루어진다.

여섯째, 개인이나 가족 등의 욕구를 해결하기 위해 경제적 활동을 추구하는 조직이다. 따라서 사회경제조직들은 자본의 조직이 아니라 사람의 조직이다. 그들은 자본을 위해 일하지 않는다.

일곱째, 민주적 조직이다. 모든 결정은 민주적으로 그리고 참여에 의해서 이루어진다.

Lévesque과 Niance(2000)는 사회경제가 다음과 같은 5개 원칙이 포함되며 연대, 자율성, 시민의식에 기초하여 경제적 주도력을 갖는 체계 또는 조직으로 구성됨을 강조하였다.

첫째, 이익을 추구하기 보다는 지역사회와 회원들에 대한 일차적인 서비스

둘째, 자율적인 관리

셋째, 민주주의적 의사결정구조

넷째, 이익재분배, 자본보다는 작업, 그리고 사람에 대한 우선권

다섯째, 참여, 임파워먼트, 개인적 그리고 집합적 책임성의 원칙에 기초한 운영

실업이나 소득불평등 등과 같은 요인에 의해 나타나는 경제적 배제는 국민들을 고립시키고 약하게 하며 결국 동질성의 손실, 사회적 인식의 결여,

도덕적 고뇌와 같은 사회적 배제를 일으키게 함으로 불이익을 당하는 사람을 돕는 사회연대성 뿐만 아니라 민주적 의사결정과 같은 직접적 정치영역까지 포괄하는 사회경제의 개념은 지역사회통합을 위한 가장 강력한 체계이자 도구라고 할 수 있다. 결국, 사회경제는 사회적, 경제적으로 배제되어 있는 개인이나 집단구성원들을 포용하는 지역사회통합을 위한 경제적 행동이며 나아가 정치 사회적 행동이라고 할 수 있다(지은구, 2021). 위에서 제시된 원리들을 살펴보면 사회경제의 분명한 작동원리는 민주적이며 개인의 이익이나 만족을 위해 존재하지 않고 집단과 사회의 이익이나 만족을 강조한다는 점이라고 할 수 있다. 특히 사회경제는 주체적이며 능동적인 생산과 분배를 강조함으로써 욕구에 있는 사람들이 단순히 수동적으로 혜택을 받는 사람들이라고 보지 않으며 그들 스스로 그들의 운명을 함께 개척하는 성숙한 시민사회의 일원으로 바라본다.

3. 사회경제론과 사회적 경제조직 성과관리

전통적인 사회경제를 구성하는 협동조합이나 공제조합 그리고 상호부조조직과 비영리조직 등과 함께 사회적 기업은 사회경제를 구성하는 조직으로 2000년대 들어 많은 주목을 받았다. Borzaga와 Defourny(2004)에 따르면 사회적 기업의 개념은 사회경제에 기초한다. 이는 사회적 기업을 결정짓는 사회적 기준이 첫째, 지역사회에 대한 혜택, 둘째, 시민집단에 의한 주도, 셋째, 자본의 소유에 기초하지 않는 의사결정, 넷째, 활동에 구애받지 않는 참여, 그리고 이익이 조직구성원들과 지역사회에 환원되는 제한된 이익의 분배 등으로 이러한 기준은 사회경제의 원리에 어긋나지 않기 때문에 사회경제를 구성하는 가장 대표적인 조직으로 최근 사회적 기업이 강조된다고 할 수 있다. 특히, 이윤으로 대표되는 경제적 가치와 사회적 목적 실현이라는 사회적 가치를 동시에 추구하는 사회경제를 구성하는 조직으로서 대표적으로 사회적 기업 등이 포함된다. 이러한 측면에서 보면, 사회적 경제조직의 성과는 대체적으로 경제적 가치를 나타내는 경제적 성과와 사회적 가치를 나타내는 사회적 성과로 구분된다고 할 수 있다.

사회경제론의 작동원리는 앞에서 설명한 바와 같이 이윤창출보다는 지역사회와 회원(직원)에 대한 우선권, 자율적인 관리, 민주적 의사결정구조, 자본에 대한 이익분배보다는 직원을 포함한 지역사회 등에 대한 이익분배, 참여와 집합적 책임성 등으로 설명되고 있으므로 이러한 작동원리들은 사회적 기업과 같은 사회적 경제조직의 성과와 관련하여 다음과 같은 다양한 측면에서 영향을 미쳤다.

> 첫째, 사회경제론이 강조하는 민주적 의사결정은 직선적이고 독단적인 결정이 아닌 경영과 조직관리에 대해 직원들이 참여하고 양방향 의사소통하는 관리체계를 의미하며 이는 곧 사회적 경제조직의 유연하고 민주적인 조직관리체계 및 창의성이라는 측면에서 경제적 성과와 관련이 있다.
>
> 둘째, 사회경제론이 강조하는 지역사회혜택은 곧 사회적 경제조직의 지역사회 및 지역주민과의 협력 및 연계 그리고 참여라는 측면에서 사회적 성과와 관련이 있다.
>
> 셋째, 사회경제론은 집합적 연대 및 공동체의식을 강조하며 경쟁시장에 의해서 배제된 주민들의 상황을 개선하기 위한 실업 민빈곤문제개선에도 관심을 가지고 있고 이에 영향을 받아 사회적 경제조직 역시 상호부조와 같은 공동체의식을 강조하고 지역주민들의 참여 또는 저소득주민의 분배문제개선 등을 강조함으로 이러한 측면에서 사회경제론은 사회적 경제조직의 성과와 깊은 연관이 있다.

4. 사회경제론에 따른 사회적 경제조직 성과측정요소

사회경제론은 사회적 경제조직에서 직원 및 주민이 참여하는 민주적 의사결정을 강조함으로 민주적 의사결정구조의 작동여부는 사회적 경제조직 성과측정에 있어 중요한 측정영역이 된다. 또한 지역사회혜택으로 지역주민들을 위한 일자리창출여부 및 직원들에 대한 분배 등 역시 사회적 경제조직의 성과측정영역이 된다. 또한 사회경제론은 집합주의정신과 연대성 등을 강조하고 이에 영향을 받아 사회적 경제조직 역시 공동체지향성을 강조함으로 성과측정영역에서 집합주의나 연대성 역시 성과측정의 중요요소가 될 수 있다. 사회경제론은 특히 실업과 빈곤 등으로 인해 지역사회에서 배제되는 저소득층 주민들에 대한 분배문제를 강조하고 사회적 경제조직 역시 지역사회환원과 함께 분배문제를 극복하기 위한 저소득주민을 위한 일자리창출을 주요한 성과로 인정하고 있으므로 이 또한 성과측정요소가 될 수 있다. 결국, 사회경제론을 적용하여 사회적 경제조직에 적합한 성과측정요소들을 추출하면 다음과 같다.

사회경제론 성과측정요소	직원들에 대한 이익분배, 민주적 의사결정, 이익의 지역사회환원, 시민참여, 공동체의식, 저소득층 일자리창출

제4절

지역공동체주의론

1. 지역공동체주의론 논리

지역공동체주의(communitarianism)는 시장개인주의(market individualism)의 문제점에 대한 대안으로 등장하였다(지은구, 2021; Tam, 1998). 지역공동체주의론에 따르면 시장개인주의하에서 사회적 그리고 정치적 힘(power)은 급속하게 물질적 부의 명령체계 안으로 흡수되어가고 있으며, 시장개인주의는 경제적 불평등에 따른 양극화의 심화에 의해서 초래되는 지역사회주민의 삶의 해체를 정당화하기 위하여 물질적 부의 생산과 부를 통한 성장의 성취를 강조한다. 지역공동체주의론은 이러한 물질적 부의 생산과 소비를 강조하는 시도들이 개인에 대한 가치(개인주의 및 이기주의)와 부를 위한 단일한 명령체계인 권위주의를 이끈다고 경고한다. 따라서 현대 자본주의 시장경제하에서 개인주의와 권위주의가 필연적으로 시장의 기능에 대한 산물로써 유지되고 확대된다. 지역공동체주의 이러한 개인주의와 권위주의에 대한 도전으로 1980년대 후반 등장하였다(Marquand, 1988; Miller, 1990; Galston, 1991; Walzer, 1992; Boswell, 1994; Etzioni, 1995b; Barber, 1995).

개인주의 사고와 권위주의 실천에 대한 대응으로써 지역공동체주의는 지역이 개인주의의 부패효과를 극복하기 위해 그리고 권위주의에 대한 위협으로부터 모든 시민을 보호하기 위해 사회적으로 그리고 정치적으로 개발 또는 발전되어야 한다고 본다. 지역공동체주의를 통한 지역사회에서 생활하는 시민들의 삶의 욕구에 대한 중요성의 증대는 그 지역에 만연되어 있는 문제들에 대한 분석을 통해서 그리고 더 좋은 사회로 그리고 더 나은 사회로 변화시키기 위한 행동의 결여를 극복함으로써 그리고 개혁을 위한 구체적인 프로그램들을 통해서 확대된다고 지역공동체주의론자들은 강조한다(지은구 외, 2021).

지역공동체주의론들의 주된 공격대상은 자유경쟁시장이 낳은 개인주의와 이기주의적 사고이다. 지역공동체주의론자들은 자본주의 시장경제체제의 확대 강화가 인간을 그들 자신들이나 가족을 돌보기 위해 필요한 소득을 잃을 위험에 순응하게 만들어서 결국 미래에 대한 불안과 불확실한 보장이 인간들을 더욱 오랫동안 일하도록 하며 더 큰 스트레스를 받도록 하고 다른 사람의 번영이나 복지에 대해서 무관심하며, 가족해체와 그리고 자식들에 대한 무관심과 방임을 불러일으키는 원인으로 작동한다고 강조한다(Marquand, 1988; Selbourne, 1994). 따라서 지역공동체주의론자들은 지역사회가 민주적 상호행동을 통해서 공통의 가치를 추구하지 않는 이상 시장개인주의는 더욱 많은 사람들을 폭력과 각종 중독의 궁지로 몰고 가게 되며 시장개인주의 가치관은 모든 지역사회공통의 관심인 환경적 그리고 사회적 요인들을 무시하고 물질적 생산과 소비로써의 성장만을 강조하게 되고 그 결과 환경은 파괴되며 시장체계의 세계화로 인해 빈국들은 경제적으로 환경적으로 더욱 빈곤한 상태로 떨어지게 된다고 강조한다(Twine, 1994; Doyal and Gough, 1991).

개인주의와 권위주의를 극복하기 위한 대안으로써 지역공동체주의는 지역 삶의 발전과 유지에 관심을 기울인다. 이를 위해 지역공동체주의는 크게 세 가지의 원칙으로 상호-협조적 요구, 공통의 가치와 상호책임감, 그리고 힘의 관계의 개혁을 강조하였다. 지역공동체주의자들은 이러한 세 원칙을 지역사회에 적용함으로써 지역사회는 시장개인주의가 양산하는 배제지역사회(exclusive community)에서 모든 지역구성원들이 배제되지 않는 포용지역사회(inclusive community)로 나아갈 수 있음을 주장하였다. 포용지역사회에서는 소수 엘리트들에 의해서가 아니라 그리고 시장에 있는 개인들에 의해서가 아니라 공유되고 고지된 지역주민토론을 통해서 집합적 행동이 공통의 선을 위해 고려되어 진다. 한 사람의 관점이 다른 사람들의 관점을 지배하는 권위주의는 허용되지 않으며 주민 또는 시민들이 어떤 가치와 책임감을 공유하고 있는지를 심사숙고한다. 그리고 힘의 관계가 특정 인종, 민족, 계급, 사회경제적 집단, 성(gender)의 독점적 혜택을 위해 보호되거나 바뀌는 것이 아니라 모든 주민 또는 시민들이 공통의 가치를 추구하기 위해 집합적 힘을 사용하는데 있어 건설적인 부분으로 역할을 하는 상황에서 수정될 수 있다. 포용지역사회의 구성원들은 그들의 삶에 영향을 끼치는 집합적 과정으로의 참여를 통해 기존의 힘의 관계를 수정하게 된다. 따라서 지역사회구성원들의 의사가 전달되지 않는 배제지역사회라는 사고와 감정이 구성원들 사이에 상호 풍부해질 가능성이 사라지게 된다(Tam, 1998). 기본적으로 인간은 사랑의 경험을 발전시키고, 진실을 탐구하며, 정의를 수호하고, 그리고 진정한 성취를 위한 기회를 확대해 나가는 데 있어 다른 사람들과 함께 해야 하는데 오직 포용지역사회만이 지역사회로부터 인간이 필요한 것을 보장해 줄 수 있다고 지역공동체주의론자들은 강조한다(지은구, 2021).

포용지역사회를 만들기 위해서 시민들은 공동의 가치를 중시하고 공동의 가치를 공유하며 이 가치들이 의미하는 책임성을 수용하고, 공동의 선을 위해 힘의 관계가 변형되는 것을 지지하고, 광범위한 지역사회문제를 다루는데 있어 상호-협조적인 요구에 참여할 정도로 시민들이 발전해야 한다. 이러한 시민들의 발전은 교육을 통해서, 그들이 거주하는 지역사회를 위한 생산적인 일에 참여함으로써, 그리고 지역사회 공동의 가치를 위협하는 것으로부터 그들을 보호하는 것에서 시작된다(지은구 외, 2021).

2. 지역공동체주의론과 사회적 경제조직

지역공동체주의론에 입각하면, 사회경제조직은 지역공동체주의가 강조하는 사회통합 또는 포용적 지역사회를 만들기 위한 지랫대의 역할을 수행해 나가는 조직이다. 특히, 사회경제조직은 지역주민들이 추구하는 공동의 가치를 중시하고 공동의 가치를 공유하며 이 가치들이 성취될 수 있도록 노력하는 조직이다. 지역공동체주의 작동원리에 의해서 제시된 상호-협조적 요구나 공동의 가치와 상호책임감 그리고 시민참여는 곧 사회적 경제조직의 작동원리와도 일정 부분 합치한다. 즉, 사회적 경제조직은 시장개인주의에 매몰된 영리기업 중심의 시장에서 새로운 자원할당 및 교환의 부분으로 지역사회에 대한 책임감 및 공동체의식을 강조하고 주민들의 참여를 강조함으로 포용지역사회로 나아가도록 하는데 일부분 역할을 담당하게 된다.

3. 지역공동체주의론과 사회적 경제조직 성과관리

사회적 경제조직이 창출하는 성과는 지역공동체주의론이 강조하는 공동의 가치로써 포용, 공동체, 지역주민들의 삶의 질 개선 등의 실현여부로 입증될 수 있다. 즉, 사회적 경제조직이 추구하는 사회적 가치가 어느 정도 성취되었는가로 판단될 수 있다. 지역공동체주의론과 사회적 경제조직 성과와의 연관은 다음과 같다.

첫째, 지역공동체주의론과 사회경제조직이 강조하는 공동의 가치는 곧 지역사회공동체의식 나아가 조직이 성취하려는 사회적 가치와 맥락을 같이하며 이는 곧 조직의 성과로써 입증될 수 있으며 중요한 결과단계에서의 성과관리영역이다.

둘째, 지역공동체주의론의 주요 원칙인 상호 협조적 요구는 열린 사고와 주민의 다양한 의사가 존중되는 것을 의미함으로 사회적 경제조직의 운영원칙인 민주적 의사결정과 동일한 의미를 갖는다. 민주적 의사결정은 사회적 경제조직의 사회 및 경제적 성과에도 영향을 미칠 수 있는 투입 및 과정단계에서 중요한 성과관리의 영역이다.

셋째, 지역공동체주의론의 주요 원칙인 시민참여는 곧 시민들의 지역사회로의 참여나 지역조직으로의 참여 그리고 자원봉사나 자발적인 활동, 기부활동 등을 의미하고 이는 사회적 경제조직으로의 주민참여를 통한 조직운영의 지속가능성 및 조직성과에도 영향을 미치는 중요한 성과관리의 영역이다.

넷째, 지역공동체주의의 원칙인 상호책임감은 지역사회에 있는 모든 주민들이 공동의 가치를 추구하기 위해 서로 서로에게 책임감을 갖는 것을 강조하는 원칙으로 사회경제조직 역시 지역주민들과 성취하려는 공동의 가치 즉, 사회적 가치를 실현하기 위한 책임감을 가지고 있어야 함을 강조한다. 사회경제조직이 가지고 있어야 하는 책임감은 곧 조직대표나 직원들이 갖는 지역사회에 대한 인식이나 사회적 가치의 성취를 통해 사회적 성과를 창출하여야 한다는 인식, 그리고 이를 실현하기 위한 노력과 태도를 나타내며 이는 성과의 투입단계를 구성하는 중요한 성과관리의 영역이라고 할 수 있다.

4. 지역공동체주의론과 사회적 경제조직 성과측정요소

지역공동체주의론이 강조하는 상호-협조적 요구나 공동의 가치와 상호책임감 그리고 시민참여 등의 원리는 앞에서 살펴본 바와 같이 사회적 경제조직의 경제 및 사회적 성과와도 깊은 연관이 있다. 특히, 공동의 가치는 집합주의, 공동체의식이나 연대감 등과 연관이 있고 상호 협조적 요구는 민주적 의사결정과 연관이 있으며 참여는 시민들의 사회적 경제조직으로의 참여나 사회적 경제조직 직원들의 자원봉사참여 정도 등을 통해서 성과로 측정될 수 있다. 결국, 지역공동체주의론에 포함되는 성과측정요소들은 다음과 같다.

지역공동체주의론 성과측정요소	민주적 의사결정(상호협조관계 구축 여부), 공동의 가치, 상호 책임감, 시민의 참여(자원봉사참여)

제5절 이해관계자이론

1. 이해관계자이론의 논리

이해관계자이론(Stakeholder theory)은 조직이 조직관리 및 운영에 관련이 있는 모든 이해관계자들의 이익을 위해 노력하여야 함을 강조한다(지은구, 2021). 특히, 이해관계자이론은 조직관리를 위한 조직의 도덕과 가치를 나타내주는 이론으로 기업이 주주의 의견만 존중하고 주주에게만 혜택을 주는 관리기법만으로는 조직발전 및 조직안정을 기약할 수 없다는 것은 명확함으로 사회적 공헌이나 사회적 책임성을 강화하는 조직관리기법을 도입하여야 한다는 측면에서 발전하였다. Freeman(1984)은 이해관계자이론을 강조하면서 기업은 주주뿐만 아니라 모든 구성원들에게 관심을 가지고 관리를 하여야 한다는 것을 기본 전제로 해야 한다고 주장하였으며, 기업이나 조직의 목적은 곧 이해관계자들을 위한 가치나 성과를 창출하는 것이라고 제시하였다. 그에 따르면 이해관계자는 "조직목표 성취에 영향을 주는 또는 영향을 받는 집단이나 개인"을 나타낸다. Jonker와 Foster(2002)는 이해관계자가 중심이 되는 기업경영을 강조하면서 주주의 욕구는 다른 이해관계자의 욕구를 만족시키지 않고서는 충족될 수 없다고 제시하였다.

결국, 이해관계자이론은 일반기업들이 가지고 있는 소유자나 주주의 가치와 이익을 극대화하기 위하여 기업이 존재하고 운영된다는 생각에서 벗어나 기업은 기업 활동에 영향을 받는 소유주나 주주 이외의 다른 모든 집단, 기업내부의 직원과 소유자, 관리자 그리고 기업외부의 소비자와 자금제공자, 경쟁자, 정부, 지역사회주민 등을 포괄하여 그 이해관계를 충족시키기 위해 노력하여야 함을 강조한다. 따라서 이해관계자이론을 적용하면 영리조직을 포함한 모든 조직은 직원들과 소비자, 자금제공자, 노동조합, 정치집단, 경쟁자 그리고 지역사회, 정부 등과 같은 이해관계자들의 가치와 욕구를 충족시키기 위해 노력하는 것이 중요한 조직운영의 원리가 된다(지은구, 2016).

비영리조직이나 사회적 경제조직의 영역에서 이해관계자들은 서비스를 이용하는 이용자들과 조직활동에 적극적인 지지와 후원을 하는 후원자나 자원봉사자들이 포함된다는 특징이 있다. 지역주민이나 이용자 또는 소비자 이외에 비영리조직이나 사회적 경제조직 성과관리를 위한 전략수립에서 반드시 고려하여야 하는 이해관계자들은 직원, 서비스이용자, 지원봉사자를 포함하여 협력조직이나 파트너, 정부, 재정지원자 그리고 후원자, 경쟁자 등이 있다. 종합하면, 이해관계자이론의 논리는 영리기업을 포함하여 모든 조직은 조직 활동에 영향을 받는 소유주나 주주, 기업내부 직원 및 관리자 그리고 소비자와 자금제공자, 경쟁자, 정부, 지역사회주민 등을 포괄하여 이해관계자들의 가치와 욕구를 충족시키기 위해 노력한다는 점이다.

2. 이해관계자이론과 사회적 경제조직

이해관계자이론에 따르면 영리기업과 마찬가지로 사회적 경제조직은 다양한 이해관계자들의 참여가 중요하다(Laville & Nyssens, 2001). Campi와 동료들(2006)은 다양한 이해관계자들의 참여가 경영비용을 감소시킬 수 있다고 하였는데, 이는 이해관계자들의 참여가 경영자의 이기주의 행동을 통제하고 절제시킴으로 내부 조정에 필요한 비용을 줄이는 효과를 발생시킬 수 있기 때문이다. 그들은 이러한 효과가 사회적 경제조직의 경우에도 적용되며 이해관계자들의 참여는 사회적 경제조직의 위험을 줄이고 지속가능성을 높일 수 있다고 강조하였다. 이해관계자이론에 따르면 특히, 사회적 경제조직의 경우 조직의 유지가능성을 확보하고 장기적으로 성장하기 위해서는 경제적 가치와 사회적 가치의 창출이 필요한데, 이를 실현하기 위해 조직적 측면에서 이해관계자들의 욕구해결 및 이들의 요구를 균형 있게 반영할 수 있는 전략수립이 중요함을 알 수 있다. 결국, 사회적 경제조직은 중요한 이해관계자인 지역주민의 욕구를 해결하기 위해 조직적 측면에서 서비스개선을 위해 노력하여야 하며, 일반적으로 재정건전성이 취약함으로 자원봉사자나 다양한 이해관계자들을 효과적으로 참여시킴으로써 조직운영 활성화 및 재정적 취약성을 극복할 수 있다. 이해관계자이론에 의하면 사회적 경제조직의 경제적 가치와 사회적 가치의 성취를 위해 다양한 이해관계자의 참여는 필수적이며 이를 위한 기반으로 협력적 지배구조의 구축이 필요함을 알 수 있다(지은구, 2021).

3. 이해관계자이론과 사회적 경제조직 성과관리

이해관계자를 고려하는 이해관계자 중심 조직관리는 조직의 경제적 성과 및 사회적 성과의 창출에도 많은 영향을 줄 수 있다. 이해관계자중심관리는 기업에게 경제적 성과를 증대시키는 역할을 하며 사회적 경제조직이나 비영리조직에게는 사회적 성과를 개선하는 순기능의 역할을 한다. Berrone와 동료들(2007), Godfrey(2005), Hillman과 Keim(2001), Moore(2001), Ogden과 Watson(1999) 등은 이해관계자중심관리가 기업의 경제적 성과에 긍정적인 영향을 미쳤음을 입증하였으며 Barnett(2007), Bouckaert와 Vandenhove(1998), Carroll(1999), Rowley와 Berman(2000) 그리고 Waddock와 Graves(1997) 등은 이해관계자중심관리가 경제적 성과와 사회적 성과에 동시에 영향을 미침을 주장하였고 Kassinis와 Vafeas(2002)는 이해관계자의 압력이 조직의 사회적 성과를 위한 노력에 영향을 미침을 주장하였다(Laplume, et al., 2008).

또한 조직의 사회적 성과 이외에도 이해관계자중심관리가 조직의 사회적 정당성에 영향을 주고(Heugens, et. al.2002), 조직학습에 영향을 주며(Heugens, et. al.2002; Roome & Wijen, 2005), 조직혁신에도 영향을 주고(Harting, et. al., 2006), 조직에 대한 반감을 없애주고(Schneper & Guillen, 2004), 리더십에도 영향을 주는 것으로 나타났다(Schneider, 2002).

결국, 이해관련집단 또는 이해관계자는 조직성과에 직, 간접적인 영향을 미치는 중요한 요소이다. 예를 들어 조직이 제공하는 서비스를 제공받는 이용자의 욕구는 서비스제공 시 반드시 반영되어야 하며 지역사회주민들의 조직에 대한 압력이나 지원도 조직성과에 중요한 변수임에 틀림없다. 특히 비영리조직이나 사회적 경제조직의 경우 자금제공자나 기부자 그리고 후원자들 역시 조직성과에 중요한 영향을 미친다고 할 수 있으므로 조직은 성과를 개선하기 위한 성과측정 시 조직에 직간접적으로 영향을 미칠 수 있는 이해관계자들의 입장을 반드시 확인하는 것이 중요하다. 특히 자금제공자나 후원자, 기부자 등은 조직의 투입자원에 영향을 미치는 이해관계자이며 이용자나 지역사회주민 등은 조직의 결과물에 의해 영향을 받는 이해관계자라고 할 수 있다. 사회적 경제조직의 성과관리에 영향을 미치는 이해관계자들은 대체적으로 다음과 같이 구분될 수 있다(지은구, 2012).

- 지역사회주민
- 정부조직
- 일반기업
- 압력집단(또는 이익집단)
- 다른 사회서비스조직이나 비정부조직
- 서비스제공자
- 자원봉사자

이해관계자의 일상적인 역할은 다음과 같다.

- 서비스이용자 및 잠재적 이용자의 역할
- 기부자나 자금제공자의 역할
- 서비스공급자의 역할
- 자원봉사자의 역할
- 협력자의 역할
- 중개자의 역할
- 규제자의 역할

이해관계자들은 조직이 결과한 결과물을 사용하는 서비스이용자임과 동시에 이용한 서비스의 질이나 내용에 대해 다른 사람에게 전달하는 서비스공급자의 역할을 수행할 수 있으며 조직행동에 참여하는 자원봉사자로서의 역할을 할 수 있고 다른 조직이나 집단의 성원들과 협력을 할 수 있도록 하는 협력자의 역할을 수행하며 집단들 사이의 이해를 조정하는 중개자의 역할을 담당할 수 있고 조직이 준수하여야 하는 규제나 규칙을 잘 준수하고 있는지를 확인하거나 새로운 규제를 제시할 수 있는 규제자의 역할을 담당하기도 한다. 성과관리가 조직 통제에 초점이 맞추어져 있으면 이해관계자의 역할은 자금제공자와 규제자의 역할이 강화됨을 의미하며 성과관리가 조직학습에 목적이 맞추어져 있다면 이해관계자의 역할은 협력자와 조력자 그리고 중개자의 역할이 강화됨을 의미하기도 한다.

또한 사회적 경제조직의 성과를 관리하는데 있어 이해관계자 중 누구의 입장을 더욱 많이 대변하는가에 따라서 성과관리의 방향이 달라질 수 있음을 이해하는 것도 중요하다. 즉, 성과관리의 목적이 학습, 통제 그리고 책임성을 구현하는 것에 있다고 한다면 어떤 이해관계자의 영향력이 강한가에 따라서 성과관리의 목적은 영향을 받을 수 있다. 예를 들어 이해관계자 중 자금제공자의 역할이 강하다고 한다면 성과관리는 조직학습보다는 조직통제나 감독의 목적이 보다 강화될 것이며 서비스공급자의 역할이 강하다고 한다면 조직학습을 통한 성과개선이라는 목적이 더욱 강조될 것이다. 그리고 이용자의 역할이 강하다고 한다면 책임성강화의 역할이 보다 강화될 것이다. 아래의 그림은 이해관련집단의 역할구분에 따른 성과관리목적의 변화를 나타낸다(지은구, 2012).

<그림 4-1> 이해관계자의 역할구분에 따른 성과관리목적의 변화

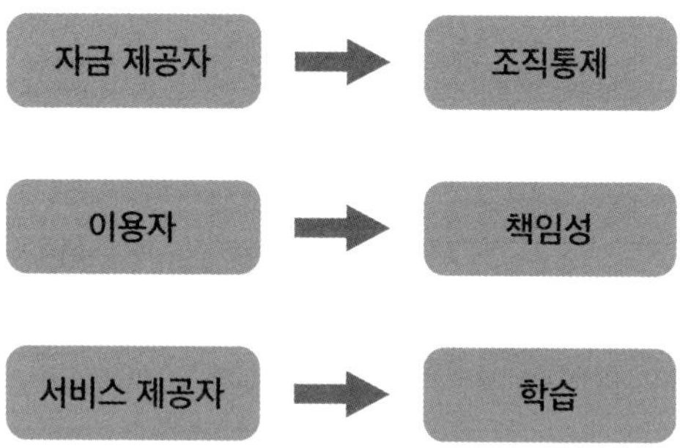

* 지은구(2012). p, 193, 그림8-5에서 재인용

따라서 성과관리의 단계에서 이해관계자는 누구이며 어떠한 역할을 담

당하고 있는가를 확인하는 것은 중요하다고 할 수 있다. 특히 이해관련집단들은 서비스이용자와 공급자의 역할을 동시에 수행할 수 있으므로 이용자들의 욕구에 부응하는 서비스를 개발하여 제공하고 서비스의 질을 보장함으로써 이용자들이 지속적으로 서비스를 이용하고 서비스를 다른 사람들에게도 소개할 수 있도록 하는 것 역시 조직성과개선에 중요한 요소임이 틀림없다.

4. 이해관계자이론과 사회적 경제조직의 성과측정요소

이해관계자이론과 사회적 경제조직 성과측정과의 관련성은 명확하다. 즉, 이해관계자는 누구이며 어떠한 역할을 담당하고 있는가를 확인하는 것이 성과관리 및 측정의 기본 요소임을 부인하기가 어렵다. 사회적 경제조직의 상품이나 서비스를 이용하는 소비자, 조직운영에 참여하는 지역주민 및 조직의 직원 그리고 다양한 전문적 지식 및 기술을 제공하는 자문위원이나 운영위원 그리고 자금을 제공하는 다양한 자금제공자와 자원봉사자 등 다양한 이해관계자들의 참여를 바탕으로 조직을 관리 및 운영하는 것은 사회적 경제조직의 운영원리인 지역주민참여와 깊은 연관이 있으며 지역사회환원과 지역주민참여증진이라는 사회적 경제조직의 사회적 성과와도 깊은 연관이 있다. 결론적으로 이해관계자이론은 사회적 경제조직의 성과의 측면에서 얼마나 다양한 지역사회일원이 참여하였는지를 통해서 확인하는 것이라고 할 수 있으며 나아가 사회적 경제조직이 얼마나 지역사회주민들을 조직운영 및 관리에 참여시키기 위해 노력하였는지 역시 중요한 성과라고 할 수 있다.

이해관계자이론 성과측정요소	• 다양한 이해관계자들의 참여 여부 • 다양한 이해관계자를 조직관리 및 운영에 참여시키기 위한 노력의 정도

제6절
거버넌스이론

1. 거버넌스이론의 논리

거버넌스(Governance)이론은 집합적 의사결정의 실행을 설명해주는 이론으로 거버넌스는 통치나 지배를 나타내며 규칙, 규범 그리고 행동이 구조화되고 유지되며 규제되는 방식을 나타낸다(Chhotray and Stoker, 2009). 따라서 거버넌스는 지배를 위한 구조 또는 도구 즉, 지배구조 또는 지배도구라고 이해할 수 있다. 거버넌스와 비슷한 용어인 통치(Government)는 법적인 그리고 공식적인 권위를 가진 사람들이 행위를 실행하고 권력(power)을 발휘할 때 발생하며, 거버넌스(Governance, 협치)는 공식적인 권위나 권력을 가지고 있지 않지만 공유된 목적을 가진 사람이나 조직들이 행위를 창조하고 실행할 때 발생한다(Rosenau, 1992; 지은구, 2021). 특히, Jun(2002)은 거버넌스가 시민의 개입을 통하여 사회재(social goods)나 공동재(common goods)를 개발하고, 시민의 자율성과 독립성을 강화하며, 정책결정에 있어 권력을 공유하는 것을 추구하는 특징을 가지고 있음 강조하였다.

Rosenau(1992)는 거버넌스를 '정부 외에 비공식적인 사회조직이 포함되고 정부의 통제권한이나 간섭에 의존하지 않고 사회조직의 자발적인 협력을 통하여 사회문제를 해결할 수 있는 능력'으로 보았으며 Jessop(2000)은 '거버넌스를 국가, 시장, 시민사회 등 상호의존적인 행위자들 간의 자율적이고 수평적인 복합조직'으로 보았다. Pierre와 Peters(2000)는 거버넌스를 '상이한 구조들이 상호 행동하는 역동적 과정'으로 묘사하였다. Rhodes와 동료들(1992)은 거버넌스가 '정부의 기능과 역할을 재고하면서 공공부문과 민간부문, 시민사회 등 다양한 주체들 간의 대등한 관계 속에서 공동체 이익을 조종하고, 조절해 나가는 상호 호혜적이고 조직적인 네트워크'를 의미한다고 하였다. 또한 Stoker(1997)도 거버넌스를 '상호의존성, 자원의 교환, 게임의 규칙과 국가로부터의 상당한 자율성을 특징으로 하는 자기조직적인 조직간 네트워크'로 정의하고 있으며, John(2001)은 이러한 거버넌스가 다양한 이해관계자들을 정책과정에 참여시켜 문제를 해결하고 책임을 지게 하는 공공의사결정의 한 형태라고 하였다. 거버넌스는 다양한 행위자들이나 조직이 있는 곳이나 또는 어떤 공식적인 통제시스템도 행위자들이나 조직사이에서의 관계를 좌우하지 못하는 곳에서 집합적 의사결정을 위한 규칙으로 정의될 수 있다(Chhotray and Stoker, 2009).

위와 같이 거버넌스는 "상이한 목적과 목표를 가진 다양한 행위주체들 사이에 협력과 응집력을 유지하는 것"과 관련이 있으므로 논의, 타협, 교섭 등이 중요한 거버넌스의 원칙으로 자리한다(Pierre, 2000). Villanueva(2015)에 따르면 거버넌스는 정부가 새로운 공공이슈를 기업이나 비영리조직 그리고 사회적 네트워크와의 파트너십을 통해 해결하기 위해 시작되었다고 알려져 있어 새로운 공공 거버넌스(new public governance, NPG)를 위한 수단이라고도 불린다(Osborne, 2010), 즉, 거버넌스는 새로운 사회적 조건이나 다양하고 복잡한 사회문제를 해결하는데 적합한 매우 효과적이며 응답적인 지배도구이다. 특히, 거버넌스는 정부 각 부처의 상이한 영역사이에서 top-down식 정책결정이 아니라 협조적 관계를 강조하며 비영리조직 등과 같은 비정부부분과 협력하여 공동 결정하는 관계를 의미한다. 따라서 거버넌스에서는 정책을 결정하고 정책을 실행함에 있어 수평적 관계와 문제해결 능력이 강조된다(Hajer van Tatenhove et al., 2004). 또한 거버넌스는 기존의 일방주의적 독점적 통치에서 벗어나 협력하여 함께 정책을 결정하고 실행하는 행동과정이 포함되므로 일방적 특정 집단에 의한 통치가 아니라 다양한 이익집단이나 조직이 협력하여 통치하는 것(협력적 거버넌스)이 강조된다(지은구, 2021).

협력거버넌스(collaborative governance)는 "하나 또는 2개 이상의 공공기관이 공식적이고 합의 지향적이며 심의적인 성격을 지닌, 공공정책을 집행하거나 공공프로그램이나 공공자산을 관리하는 목적을 지닌 집단적 의사결정과정에 비정부적 이해관계자들을 직접적으로 개입시키는 통치 장치"이다(Ansell and Gash, 2008). 결국 협력거버넌스는 협력을 통하여 다양한 문제를 해결하는 통치구조라고 할 수 있다. 이처럼 협력거버넌스는 정부와 민간의 상호존중 원리에 기초한 협력관리와 의사소통을 중요하게 본다. 협력거버넌스에서 협력(collaboration)은 자율적인 행위자들의 관계를 규정하는 규칙과 구조, 행위와 결정방식 등을 공동으로 창출하는 과정이며, 규범의 공유와 상호 수혜적인 상호작용을 포괄하는 과정을 의미 한다(Thomson, 2001; Kooiman, 2003). 결국 협력거버넌스란 개념은 거버넌스가 협력을 통하여 다양한 문제를 해결할 수 있음을 나타내는 것이며, 정부의 계층제적 통제 권한이나 간섭에 의존하지 않고 다양한 사회구성원들이 사회문제를 해결하는데 업무와 책임을 공유하는 방향으로 변화되고 있음을 의미한다고 할 수 있다(Kooiman, 1993).

종합하면, 거버넌스이론의 논리는 거버넌스가 사회적 목적을 성취하기 위하여 정부와 기업 그리고 비영리조직 등 모든 민-관조직들이 협력하는 즉, 정부와 사회가 함께하는 아주 기초적인 사회적 의사결정을 위한 틀이며 의사결정을 위한 과정이라는 점이라고 할 수 있다. 즉, 거버넌스이론에 따르면 새로운 문제에 적극적으로 대응하고 응답하기 위한 사회적 의사결정구조가 거버넌스이며 거버넌스는 협력이 강조됨으로 협력거버넌스에는 정부를 포함한 매우 다양한 조직이나 이해관련당사자들이 포함된다(지은구, 2021).

2. 거비넌스이론과 사회적 경제조직

사회적 경제조직은 조직원과 지역주민을 포함하여 다양한 지역사회의 이해관계자들이 적극 참여하여 협력을 통하여 시장에서의 유지가능성 및 지속가능성을 확보하여야 한다는 측면에서 여러 거버넌스 유형 중 협력거버넌스의 구축이 가장 적합하고 절실한 조직이다. 사회적 경제조직은 NGO나 비영리단체와 유사하게 시민사회의 자발적 형태로 생겨났다고 할 수 있으며, 본질적으로 거버넌스의 구조에 의해서 운영되고, 협력을 통하여 조직 및 조직의 서비스가 확산되고 발전한다(Huybrechts, 2010; Nakagawa & Laratta, 2010). 즉, 사회적 경제조직은 사회적 목적인 사회적 가치 창출을 주된 목적으로 하고 있으며, 정부와 기업, 시민사회의 협력적 파트너십을 통하여 빈곤, 보건, 의료, 노동, 교육 등의 다양한 사회서비스 활동을 수행하고 있다(McCray, 2009; Diochon, 2010). 이는 사회적 경제조직이 지역사회문제 해결의 주체로서 다양한 사회서비스를 제공하고 취약계층에게 고용을 창출하며 거버넌스 체계의 중요한 행위자로서 위치하고 있음을 잘 보여준다. 또한 사회적 경제조직이 정부, 기업, 시민사회를 네트워킹 하는 협력거버넌스 체계에서 활동할 수 있을 때에 더욱 성과를 나타낼 수 있다는 것을 보여 주는 것이다.

결국, 사회적 경제조직은 일자리 창출과 사회서비스의 안정적인 제공을 위해 정부와 기업, 시민사회가 상호작용하고 협력하여 사회문제를 해결하는 실체적 조직이라 할 수 있으므로 사회적 경제조직이 활성화되기 위해서는 거버넌스 체계에서 정부, 시민사회, 지역주민, 기업이 상호작용을 통한 협력거버넌스가 구축되어야 하며, 각 부문에 대한 요인들의 고려가 있어야 한다. 이는 곧 사회적 경제조직이 정부, 시장, 시민사회의 상호작용을 통한 협력체계가 구축되었을 때, 사회적 목적의 실현이 가능해 지고 수익창출을 통한 활성화가 이루어 질 수 있다는 것을 나타내준다(지은구, 2021).

사회적 경제조직이 추구하는 사회적 가치의 실현이나 복잡하고 다양화하는 사회문제나 공공의 문제해결을 위하여 거버넌스가 필요하다. 앞에서 John(2001)이 지적한 바와 같이 거버넌스는 다양한 이해관계자들의 참여와 협력, 상호작용에 의해 공동의 문제를 해결해 나가는 과정과 공동의사결정 형태임으로 다양한 이해관계자들의 참여를 바탕으로 하는 사회적 경제조직의 경우 이들을 중심으로 하는 공동의사결정의 추구는 곧 사회적 경제조직의 영속성과 지속가능성을 위한 필수적 조건이 된다. 또한 협력거버넌스는 기관 간 행위자들의 협력에 초점을 맞추고 사회문제 해결을 위한 공공부문과 민간부문에 상호협력을 위한 네트워크 구축이 필요함을 강조함으로 절대적으로 자원이 부족한 환경에서 사회적 경제조직의 설립목적을 성취하기 위해서는 거버넌스이론에 입각하여 조직 간의 협력적 상호행동 및 상호의존이 필요조건이 될 수 있다. 결국, 거버넌스이론에서 강조하는 공공의 문제를 해결하기 위한 다양한 이해관계자들의 참여와 상호작용, 다양한 주체들의 협력은 사회적 가치와 경제적 이익창출을 목적으로 하는 사회적 경제조직의 지속가능성과 성장을 위한 중요한 토대라고 할 수 있다(지은구, 2021).

거버넌스이론에 근거한 다양한 거버넌스들[15]이 연구자들에 의해서 제시되었는데 이중에서 협력거버넌스와 함께 사회적 경제조직과 연관이 있는 거버넌스는 기업거버넌스(corporate governance)이다(Mason, et al., 2007).

15 다양한 유형의 거버넌스로는 공공거버넌스, 민간거버넌스, 비영리거버넌스, 프로젝트거버넌스, 인터넷거버넌스, 협력거버넌스, 기업거버넌스, 참여거버넌스 등이 있다.

기업거버넌스는 기업이 설정한 목표, 목표를 성취하기 위한 수단 그리고 성과점검을 위한 구조를 제공하는 기업관리와 이사회, 주주 및 이해관계자들 사이의 관계로 정의되어 진다. 즉, 기업거버넌스는 이해관계자(주민, 소비자, 물품공급자, 직원), 주주 그리고 관리 그리고 이사회로 구성되며 이들이 거버넌스를 구성하여 사회적 경제조직을 운영 및 관리하는 것을 나타낸다(지은구, 2021).

3. 거버넌스이론과 사회적 경제조직 성과관리

거버넌스이론의 원리는 앞에서 설명한 바와 같이 독점적이고 위계적인 의사결정이 아닌 수평적이고 집합적인 의사결정을 강조한다. 특히, 협력거버넌스는 다양한 조직들이 상호간에 협력과 조정을 통하여 같이 결정하고 같은 책임을 지는 것을 강조한다. 따라서 사회적 경제조직이 강조하는 지역사회와 주민 및 직원에 대한 우선권, 자율적인 관리, 민주적 의사결정구조, 자본에 대한 이익분배보다는 직원을 포함한 지역사회 등에 대한 이익분배, 참여와 집합적 책임성 등은 모두 거버넌스이론과 연관이 있다. 거버넌스이론과 사회적 경제조직 성과관리 또는 사회적 경제조직이 창출하는 성과의 관계는 다음과 같다.

첫째, 거버넌스이론이 강조하는 집합적 의사결정은 직선적이고 독단적인 결정이 아닌 조직구성원들이 함께 참여하는 결정을 의미하며 이는 곧 사회적 경제조직의 가치인 지역사회문제해결을 위한 공동대응을 증진시킬 수 있음으로 사회적 경제조직이 창출하는 사회 및 경제적 성과와 관련이 있다.

둘째, 거버넌스이론이 강조하는 협력활동 및 조정은 곧 사회적 경제조직의 지역사회 및 지역주민과의 협력 및 연계 그리고 협력네트워크 활동을 통한 정보교류 및 자원개발 등을 통한 사회적 성과의 증진과 관련이 있다.

4. 거버넌스이론과 사회적 경제조직의 성과측정요소

거버넌스는 다양한 이해관계자들을 정책과정에 참여시켜 문제를 해결하고 책임을 지게 하는 의사결정의 한 형태이다. 특히, 협력거버넌스는 기관간 행위자들의 협력에 초점을 맞추고 사회문제 해결을 위한 공공부문과 민간부문의 상호협력을 위한 네트워크 구축이 필요함을 강조함으로 성과측정에서 거버넌스이론을 적용하면 조직성과를 측정함에 있어 협력네트워크활동의 정도가 가장 핵심적인 측정영역이 된다. 또한 거버넌스이론은 다양한 이해관계자들이 참여하는 민주적 의사결정을 강조함으로 다양한 이해관계자들이 참여하는 집합적 그리고 민주적 의사결정구조의 작동여부도 성과측정에 있어 중요한 측정영역이 된다. 결국, 거버넌스이론에 적합한 사회적 경제조직의 성과측정요소들은 다음과 같다.

거버넌스이론 성과측정요소	협력네트워크구조 건설여부, 다양한 이해관계자들의 참여, 집합적 의사결정구조 구축 및 운영, 지역사회 타 조직과의 협력 및 연계사업여부

제7절
조직사회자본론

1. 조직사회자본론의 논리[16]

사회자본론이 강조하는 신뢰, 공유된 비전, 상호호혜, 공동체의식 등과 같은 요소들이 사회경제와 지역사회발전에 보이지 않는 자본으로써 지대한 영향을 미칠 수 있음은 많은 연구들에 의해서 입증된 바 있다(Kay, 2005). 사회자본론을 조직적 차원에서 조직을 운영하는 보이지 않는 자본으로 적용하여 조직발전을 설명하는 이론이 조직사회자본론이다. 조직사회자본론은 조직 안의 구성원들에 의해서 구축된 사회자본이 조직의 발전 및 조직의 성과를 향상시킬 수 있음을 설명해주는 이론이다. 즉, 사회자본의 개념을 조직에 적용한 것이 조직사회자본(organizational social capital)이다. 조직사회자본은 조직퇴보 및 해체를 방지하고(Pennings. et, al., 1998), 네트워크구축의 기반이 되며(Walker, Kogut, & Shan, 1997), 기업 및 조직혁신을 주도하는 수단(Tsai & Ghosal, 1998)으로 묘사된다(손성철·정범구, 2010 재인용). 조직사회자본은 공동체의 집합적 행동, 신뢰, 협력의 토대로써 조직구성원에게 정확한 정보획득 통로, 작업을 위한 협력을 가능하게 하고(Ibrarra, 1995; Adler & Kwon, 2002), 조직성과와 조직행동의 효율성에

16 본 연구에서는 사회자본향상이 곧 사회적 경제조직인 사회적 기업이 창출하는 임팩트라는 기존 연구들(Evers, 2001; Bertotti, et al., 2012; Campbell and Sarcchetti, 2014; Defourney, et al., 2014)에 기반하여 사회자본론을 사회적 경제조직의 성과를 나타내주는 중요한 이론적 틀임을 인정하지만 조직이 창출하는 성과는 조직사회자본과 보다 밀접한 연관이 있음을 강조하는 연구들에 집중하여 조직성과에 직접적인 영향을 주는 조직사회자본을 중요한 사회적 경제조직 성과측정을 위한 이론적 틀로써 소개하도록 한다.

긍정적 영향을 주며, 조직구성원들의 적응, 창의성 및 학습지원 등 지적자본의 창출에 영향(Leana & Buren, 1999; Nahapiet & Ghoshal, 1998)을 미칠 수 있다고 알려져 있다.

Leana와 Buren(1999)은 조직사회자본을 '기업 안에서 사회적 관계의 특성을 반영하는 자원'으로 정의하고 조직사회자본이 조직 안에서 성공적인 집합적 행동을 촉진시키는 것에 의해서 그리고 가치를 창조하는 공유된 신념과 집합적 목적에 대한 구성원들의 수준을 통해서 나타나게 된다고 강조하였다. 이러한 견해를 따르면 조직사회자본은 조직과 조직구성원 모두에게 혜택을 가져다주는 자산이라고 할 수 있다. 조직사회자본은 조직 구성원들이 조직의 비전과 가치, 문화 등을 인지하고, 서로를 신뢰하고 협력·지원하는 가운데 조직성과를 극대화 할 수 있기 때문에 조직구성원간의 관계에 기초하여 정의될 수 있다. 조직사회자본은 관계의 교환을 통하여 조직의 역동성을 증진시키고 개인 간의 신뢰와 네트워크의 교환을 통해 형성되고 유지되는 조직 내 교환을 촉진하는 순환과정으로 나타난다. 조직간 신뢰에 의한 네트워크가 구축되어야 조직구성원의 능력을 발휘할 수 있고 또한 바람직한 조직문화와 참여·소통을 통해 조직의 새로운 역량과 능력이 증진되며 외부환경 변화에 대한 적응력이 길러지게 된다(추욱, 2010).

선행연구를 통해 나타난 학자들의 정의를 종합해보면, 조직사회자본은 조직구성원들이 조직의 규범과 문화 및 분위기 속에서 구성원 상호간 감정을 공유하고 소속감과 일체감을 느끼며, 협력적 활동을 수행함으로써 공동의 목표를 달성하는데 기반이 되는 중요한 무형적 자원이며, 관계성, 집단, 공동체, 협력 등에 초점을 맞추고 조직구성원이 존재하고 활동하는 과정과 결과를 설명하는 유용한 개념이다. 본 연구에서는 학자들의 견해를 종합하여, 사회적 기업의 조직사회자본이란 "조직구성원으로 하여금 공통된 목적을 보다 더 효과적으로 달성하기 위해 협력하고, 함께 행동할 수 있도록 해주는 조직구성원들 사이의 상호관계 속에 내재하고 있는 자본"이라 정의한다.

조직사회자본	• 조직구성원으로 하여금 공통된 목적을 보다 더 효과적으로 달성하기 위해 협력하고, 함께 행동할 수 있도록 해주는 조직구성원들 사이의 상호관계 속에 내재하고 있는 자본

조직사회자본의 구성요소는 일반적인 사회자본의 구성요소와 크게 다르지 않다. 연구자들마다 연구목적에 따라 달리 제시되고 있으나 대체로 신뢰, 규범, 네트워크를 연구에 활용하고 있다. 조직사회자본 구성요소에 대한 선행연구들을 살펴보고, 이에 기반하여 사회적 기업의 조직사회자본을 설명하는데 적합한 구성요소를 추출하고자 한다. 조직사회자본 구성요소에 대한 선행연구들을 종합하여 제시해보면 아래의 표와 같다.

<표 4-2> 조직사회자본의 구성요소

	연구자	측정대상	사회자본 구성요소
사회복지조직	김은희(2010)	사회복지사	신뢰, 규범, 네트워크
	문영주(2011)	사회복지사	네트워크 연결성, 비전설정 및 공유, 호혜적 규범, 신뢰 및 협력
	전기우, 윤광재(2011)	사회복지사	신뢰, 규범, 네트워크
	강종수(2012)	사회복지사	신뢰, 네트워크, 규범
병원조직	Farzianpour et al (2011)	병원직원	사회참여, 사회적 신뢰, 사회적지지, 사회적 네트워크 관계, 환경에 대한 인식
	Hsu et al(2011)	간호사	사회적 상호작용, 신뢰, 비전공유
	장금성, 김은아, 오숙희(2011)	간호사	신뢰와 협력, 공유된 가치 및 행동, 시민활동 참여, 호혜적 규범
학교조직	Leana & Pil (2006)	공립학교교사	정보공유, 신뢰, 비전공유

공공 조직	Andrews(2010)	공무원	협력과 연계, 부서 간 교차와 업무 상호교차, 신뢰수준 미션, 가치, 목표 공유
	박희봉, 강제상, 김상묵(2003)	공무원	신뢰, 규범, 네트워크
	추욱(2010)	공무원	조직신뢰, 조직규범, 네트워크, 커뮤니케이션, 조직문화
	염종호(2011)	공무원	일반신뢰, 사회네트워크, 참여수준
	문유석, 허용훈, 김형식(2008)	경찰공무원	신뢰, 규범, 네트워크
	김구, 한기민 (2011)	경찰공무원	신뢰, 협력적교환, 집단결속, 사회적지지(상사,동료지지), 조직공정성
기업 조직	Nahapiet & Ghoshal(1998)	기업직원	네트워크 연결성, 네트워크 배열, 전용할 수 있는 조직. 신뢰, 규범, 의무, 동일시 공유된 코드와 언어, 해석
	Tsai & Ghoshal (1988)	종합전자회사	사회적 상호작용, 신뢰, 비전공유
	김동헌, 김영재, 이영찬(2006)	기업직원	네트워크 연결성, 핵심가치 공유, 신뢰와 협력, 호혜적 규범, 단체참여 정도
	김상진(2006)	호텔직원	신뢰, 규범, 네트워크, 참여
기타	Leana & Van Buren (1999)		집합적 목표 및 행동 지향정도, 공유된 신뢰
	Oh, Labianca & Chung(2006)		정보, 정치적 자원, 상호신뢰, 정서적 지지

이와 같이 조직사회자본을 측정하기 위한 노력은 국내외 연구에서 많이 이루어졌고, 다수의 연구자에 의해 조직사회자본 구성요소로 신뢰, 규범, 가치 및 비전 공유, 정보공유, 협력, 네트워크, 참여가 많이 활용되고 있음을 알 수 있다. 정보공유와 협력에 대해서는 학자들마다 약간 다르게 제

시하고 있다. 일부 학자들은 정보공유와 협력을 독립된 요소로 본다(Leana & Pil, 2006; Oh, Labianca & Chung, 2006; 김구, 한기민, 2011). 이러한 경우 네트워크는 구성요소에 포함하고 있지 않음을 알 수 있다. 일부 학자들은 신뢰와 협력을 함께 묶어서 제시하기도 한다(김동헌, 김영재, 이영찬, 2006; 문영주, 2011; 장금성, 김은아, 오숙희, 2011). 또 일부 학자들은 정보공유와 협력을 네트워크를 구성하는 내용으로 보는 견해가 있다(Nahapiet & Ghoshal, 1998; 김상진, 2006; 문유석, 허용훈, 김형식, 2008; 박희봉, 강제상, 김상묵, 2003; 염종호, 2011; 이진만, 2013). 이처럼 조직사회자본을 구성하는 요소가 학자들마다 달리 제시되고 있으나 정보공유와 협력, 네트워크 간에는 상당한 관련성이 있어 보인다. 본 연구에서는 조직사회자본의 특성을 고려하여 협력을 정보공유와 네트워크를 포괄하는 중요한 조직사회자본구성요소로 제시한다. 마지막으로 사회자본을 구성하는 요소로 지적된 안전 역시 조직사회자본을 구성하는 요소로도 확대해서 적용할 수 있다. 이는 시설의 안전이 조직을 이용하는 이용자들에게 있어 조직을 신뢰하는 매우 중요한 요소이기 때문이다. 시설(각종 기계설비나 장비 등)을 활용하며 나타날 수 있는 각종 안전사고에 대한 철저한 대비와 관리는 결국 조직사회자본을 형성하는데 많은 영향을 미칠 수 있다.

따라서 본 연구에서는 사회적 경제조직의 조직사회자본 구성요소를 신뢰, 협력, 비전, 규범, 참여와 안전으로 규정하고 이에 대한 관리를 중요한 조직성과관리 구성요소로 제시한다. 아래의 그림은 조직사회자본구성요소를 나타낸다.

<그림 4-2> 조직사회자본 구성요소

종합하면, 조직사회자본의 논리는 조직이 설정한 미션 또는 가치나 성과를 성취하기 위해서는 조직적 차원에서 구성원들에게 영향을 미칠 수 있는 조직의 분위기 또는 자본이 필요하며 이는 곧 조직원들 사이에 형성되어 있는 신뢰나 공유된 비전, 협력과 조직규범 그리고 모든 구성원들에게 열려 있는 참여문화와 안전에 대한 인식 등의 요소라는 점을 강조한다. 조직사회자본은 이러한 요소들을 통해 구성원들이 공통된 목적을 보다 효과적으로 달성하기 위해 협력하고, 함께 행동할 수 있도록 하며 결국 조직이 성취하려는 가치나 성과를 개선하는 중요한 자원으로 기능하게 된다.

2. 조직사회자본론과 사회적 경제조직

사회자본은 사회구성원 사이의 공유된 가치, 사회적 행동을 위한 규정, 신뢰, 시민 책임의식에 대한 공동의 감정 등이 포함된 개념이고 집단들 사이에서 협력을 촉진시키는 공유된 비전, 가치 그리고 이해를 함께하는 네트워크 등으로 해석된다. 특히, 행위자들이 행동을 하여 모든 행위자들에게 혜택을 가져다주고 그것이 결국은 개인과 집합 그리고 지역사회구성원 모두에게 혜택으로 돌아간다는 것이 강조되는 집합적 사회자본의 개념은 공동체 및 연대감과 상호호혜를 강조하는 사회경제와 공유된 가치를 갖는다고 볼 수 있다.

연대감, 협력과 상호행동 그리고 신뢰를 강조하는 사회자본에 대한 인식의 정도가 높은 경우 비슷한 가치를 공유하는 사회경제에 대한 인식의 정도가 높을 수 있으며 사회경제에 대한 인식의 정도가 높으면 사회경제에 대한 참여의 정도 역시 높을 수 있고 이는 사회경제가 활성화되는 인식적 토대로 작동할 수 있다. 특히, 사회경제조직들이 지역주민들과 신뢰를 바탕으로 재화와 서비스를 교환하고 이익을 회원의 경제적 안정 그리고 나아가 지역사회문제 해결 및 지역사회 발전을 위해 사용된다는 상호호혜 및 재분배의 원칙 등은 사회경제의 활성화가 곧 사회자본을 향상시킴과 동시에 사회자본 향상이 곧 사회경제를 보다 활성화시킬 수 있다는 윈-윈 전략임을 의미한다.

3. 조직사회자본이론과 사회적 경제조직 성과관리

사회자본을 조직에 적용한 것이 조직사회자본이라는 개념이다. 조직은 목적을 성취하기 위한 일련의 행동들로 구성된 사회적 단위이므로 조직의 목적을 달성한다는 것 또는 목적성취를 위한 행동을 수행한다는 것은 조직의 존재 이유이다. 즉, 조직사회자본이 조직구성원으로 하여금 공통된 목적을 보다 더 효과적으로 달성하기 위해 협력하고, 함께 행동할 수 있도록 해주는 조직구성원들 사이의 상호관계 속에 내재하고 있는 자본을 의미함으로 조직사회자본은 조직구성원들의 상호행동을 규정하여 조직의 목적성취를 모든 행동에 영향을 미치게 된다.

성과관리와 성과측정 역시 사회적 경제조직에 근무하는 직원들의 행동에 근거하여 조직성과를 개선하는 것을 목적으로 함으로 신뢰에 바탕을 둔 상호협력적인 행동과 직원들 사이에 공유된 비전과 미션 그리고 규범은 조직을 올바른 길로 나아갈 수 있도록 인도하는 인도자의 역할을 수행한다. 따라서 사회적 경제조직 안에 형성되어 직원들의 행동 나아가 조직성과에 영향을 미치는 조직사회자본은 성과관리의 핵심적인 측정영역이 될 수밖에 없으며 이는 곧 조직사회자본 강화 및 증대 그리고 나아가 성과의 개선이라는 성과관리의 궁극적인 목적에 부합하게 된다.

4. 조직사회자본이론과 사회적 경제조직의 성과측정요소

조직사회자본은 조직구성원으로 하여금 공통된 목적을 보다 더 효과적으로 달성하기 위해 협력하고, 함께 행동할 수 있도록 해주는 조직구성원들 사이의 상호관계 속에 내재하고 있는 자본을 강조하는 이론으로 조직구성원들의 상호행동을 규정하여 조직의 목적성취를 모든 행동에 영향을 미침을 강조한다. 조직사회자본이라는 개념을 설명하는 구성요소로는 앞에서 제시한 바와 같이 신뢰, 안전, 참여, 규범, 협력, 비전(공유) 등이 있다. 이들 구성요소들은 사회적 경제조직 성과측정의 구성요소에 적용하여 보면 시설안전, 비전, 협력, 규범 등의 요소와 부합함을 알 수 있다. 따라서 조직사회자본이론에 따른 사회적 경제조직 성과측정요소는 아래와 같다.

조직사회자본이론 성과측정요소	협력, 비전(공유), 시설안전, 규범, 신뢰

특히, 직원들이 가지고 있는 신뢰에 대한 인식은 기업 활동 또는 작업 과정에서 발생할 수 있는 동료직원이나 직장상사와의 갈등 또는 이용자와의 갈등을 약화시키는 요인으로 작동할 수 있으며 협력 역시 기업 활동이라는 과정 안에서 직원간의 협력이나 다른 기관이나 다른 기관의 직원들과의 협력 등을 활성화시키는데 중요한 역할을 수행함으로 투입이나 결과부분보다 과정부분 즉, 기업 활동 부분에서 기업이 창출하는 성과에 영향을 미치는 중요 요소가 될 수 있다.

제8절 사회적 기업가정신론

1. 사회적 기업가정신론의 논리

사회적 기업가정신론(theory of social entrepreneurship)은 위험관리나 기회창출, 도전과 혁신을 강조하는 기업가정신을 바탕으로 사회적 미션을 성취하기 위한 사회적 기업가의 역량 및 행동을 설명하는 이론이다(지은구, 2021). 사회적 기업가정신론에서 사회적 기업가는 단순히 사회적 기업을 운영하는 운영자를 의미하는 것이 아니라 사회적 경제조직의 대표나 운영자를 포함하여 비영리조직과 영리조직에서 사회적 목적 및 사회적 가치를 성취하기 위해 활동하는 운영자나 관리자를 의미한다. 즉, 일반 영리기업에서 강조하는 기업가정신이 아니라 사회적 목적 실현 및 사회적 가치 창출을 위해 노력하는 조직운영자나 관리자의 사회적 기업가정신을 의미하며 사회적 목적이나 가치를 창출하기 위해 노력하는 관리자나 운영자는 모두 사회적 기업가에 포함될 수 있다.

사회적 기업가정신론에 따르면 사회적 기업가는 사회적 기업가정신에 입각하여 조직의 위기를 극복하고 변화에 적극 대응하며 끊임없는 혁신과 기회창출을 통하여 시장에서 이익을 창출하고 그 이익을 사회적 미션을 성취하기 위해 활용한다. 즉, 사회적 기업가 정신론에 따르면 사회적 기업가는 사회적 기업가정신을 바탕으로 사회적 미션의 성취나 사회적 가치창출을 위해 노력하는 기업가라고 할 수 있다. 따라서 사회적 기업가는 사회적 경제조직이 성취하려는 사회적 미션이나 사회적 및 경제적 가치창출을 위한 기본 직무역량을 갖추고 있어야 하며 이를 위해 역량을 강화하는 노력은 사회적 기업가의 기본임무가 될 수 있다(지은구, 2021).

사회적 기업가정신론이 등장한 원인은 시장의 불안정성, 즉, 시장의 실패와 사회구성원들의 시장으로부터의 지속적인 배제를 지적할 수 있다. 즉, 자본주의경제체제하에서 상업적 시장인 자유경쟁시장이 지불능력을 강조하고 공공재나 가치재(특히, 사회복지재화와 서비스)와 같은 사회적 욕구를 해결할 수 있는 재화를 적절히 창출하지 못하고 지속적으로 국민들을 시장으로부터 배제하여 시장의 실패가 발생하자 이를 극복하기 위한 대안으로 사회적 미션이나 사회적 가치를 창출하고 성취하기 위한 사회적 기업자정신론이 등장하였다. 자본주의시장은 사회적 가치를 창출하기 위해 작동하지 않으며 경제적으로 더 많은 이윤을 창출하는 상품을 개발하고 판매하는 것이 중요한 원리이지 사회적 개선이나 사회적 욕구를 개선하기 위한 서비스나 재화를 생산하는 것이 중요한 원리이자 관심이 아니다(Dees, 2001). 즉, 시장은 사회적 개선을 위한 일자리나 혜택 또는 재화와 서비스를 창출하지 않으며 지불할 능력이 없는 소비자는 배제함으로 사회적 개선이나 사회적 욕구 나아가 사회적 가치창출을 위해서는 이를 담보할 수 있는 새로운 대안 또는 전략이 필요하다(지은구, 2021). 경쟁시장에서 기업을 운영하는 기업가는 더 매력적이고 더 많은 이익을 만들어 낼 수 있는 상품을 개발하고 판매하기 위해 노력한다. 영리기업을 운영하는 기업가들의 논리는 단순하다. 즉, 시장에서 더 많은 이익을 창출하는 곳에 자원을 투자한다는 점이다. 이러한 경쟁시장에서 사회적 기업가정신론은 '사회적 기업가가 부(wealth)를 중요한 기준이라고 보지 않고 사회적 미션의 성취를 중요한 기준으로 삼으며, 부는 사회적 미션을 성취하기 위한 하나의 도구'로 인식하도록 한다는 점이다(지은구, 2021).

사회적 기업가정신을 이해하기 위해서는 먼저 기업가정신을 이해하여야 한다. 기업가정신은 통상 결과가 아니고 과정으로 이해되는 개념이며 기업가가 행동, 숙련, 기술, 과정, 도구 등을 다음의 목적으로 활용하는 것을 의미 한다; 기회인식, 위기관리, 혁신, 학습, 통제를 위한 열망, 네트워크건설역량(Dees, 1998; Perrini & Vurro, 2004). 따라서 기업가정신은 기업에게 닥쳐올 위기를 관리하고 기회를 인식하며 학습하고 기업혁신을 추진하는 행동이나 기술 등을 포함하는 기본 직무역량을 활용하는 과정이다. 반면, Mair와 Marti(2004)는 사회적 기업가정신을 '인간이 기본적 욕구를 해결하는 것을 통해 사회적 변화를 촉매하는 것을 목적으로 하는 기회를 찾고 조사하기 위해서 자원의 혁신적 활용과 조합을 구성하는 과정'이라고 정의하였다. Austin과 동료들(2006)은 사회적 기업가정신을 '비영리, 정부, 그리고 기업부분을 뛰어넘거나 또는 그 안에서 발생할 수 있는 혁신적인 사회적 가치 창출을 위한 행동'으로 정의하였으며 Zahra와 동료들(2009)은 사회적 기업가정신이 '새로운 기업을 창출하거나 혁신적인 방법으로 기존 조직을 관리하여 사회적 부를 향상시키기 위한 기회를 개발하고, 찾아내기 위해 취해지는 행동과 과정'이라고 강조하였다. 또한 Mort와 동료들(2003)은 사회적 기업가정신이 '행동 지향적이고, 위험을 감수하며, 혁신을 위해 정책결정하는 속성, 사회적 가치 창출을 위한 기회를 인식할 수 있는 능력, 도덕적 복잡성의 측면에서 행동과 목적의 통합, 그리고 사회적 미션을 성취하기 위한 표현을 포함하는 다면적인 구성개념'이라고 강조하였다. 학자들의 견해를 종합하면, 사회적기업가정신은 사회적 기업가가 완전한 직무에 대한 이해를 바탕으로 그들이 가지고 있는 직무역량을 최대화하기 위한 노력을 통해 사회적 미션을 성취하기 위한 다양한 노력을 기울이도록 하는 능력이라고 할 수 있다(지은구, 2021). Nicholls와 Cho(2006)은 사회적 기업가정신에서 추출될 수 있는 중요한 동의할 수 있는 개념들은 사회성, 혁신 그리고 시장지향성이라고 강조하였다. 사회적 기업가정신을 발휘하여야 하는 사회적 기업가는 변화대리인으로서 다음과 같은 역할을 수행한다(Dees, 1998; 2001).

첫째, 사회적 가치를 창출하고 수행하도록 하는 미션의 수용
둘째, 미션을 성취하기 위하여 새로운 기회를 추구하려는 인식
셋째, 끊임없는 혁신, 적응, 학습과정으로의 개입
넷째, 현재 있는 자원을 가지고 제한없는 담대한 행동
다섯째, 창출된 결과에 대한 그리고 지역주민들에 대한 책임성 표출

여기서 시장지향성이라는 개념은 사회적 경제조직을 운영하는 사회적 기업가가 영리, 비영리 그리고 공공영역에서 시장에 개입하여 이윤을 창출하지만 이윤창출 자체가 목적이 아니고 시장에서 생존 및 유지가능성을 확보하여 사회적 가치실현을 위해 노력한다는 의미가 내포되어 있다. 따라서 사회적 기업가정신은 단순히 영리기업들을 사회적 책임이나 사회적 양심을 갖는 기업으로 만드는 것이 아니며, 자발적 조직이나 비영리조직 그리고 공공조직 등의 사회적 부분을 더욱 시장에서 생존가능 하도록 영리기업같이 만드는 것도 아니다. 사회적 기업가 정신은 영리와 비영리부분 즉, 상업적 부분과 사회적 부분의 두 영역을 혼합하여 기업이 더욱 효과적이고 효율적이며 공평하게 사회적 가치를 창출하도록 하는 것이 강조된다(Kickul and Lyons, 2012). 따라서 사회적 기업가는 사회적 가치(성과) 뿐만 아니라 경제적 가치(성과)창출을 위한 노력을 동시에 수행하여야 한다(지은구, 2021).

종합하면, 사회적 기업가정신론은 사회적 미션을 성취하는 것을 목적으로 활동하는 사회적 기업가의 노력이나 행동을 나타내주는 개념으로 주주의 이익을 대변하는 상업적 기업가와는 달리 사회적 기업가는 다양한 이해관계자들의 이익을 대변하므로 경제적 가치의 창출 즉, 이익을 사회적 미션을 성취하기 위한 하나의 도구로 인식한다(Kickul and Lyons, 2012). 특히 사회적 기업가는 첫째, 사회적 가치의 창출 및 유지 둘째, 이해관계자를 포함하여 다양한 사회구성원들에게 성취된 결과(또는 영향력)가 있어야 한다는 높은 수준의 책임성, 셋째, 상업적 기업가에 비해 더욱 민주적이고, 참여적 의사결정과정유지(Perrini & Vurro, 2006), 넷째, 현상에 안주하지 않고 사회변화를 위한 기회를 인식하기 위해 더 좋은 자리를 확보하기 위한 노력(Mair & Noboa, 2003). 다섯째, 다양한 이해관계자들과 지지네트워크를 건설하는 능력 등이 필요함이 강조된다(Prabhu, 1999). 결국, 사회적 기업가는 사회적 미션과 이해관계자들에 대한 책임성을 중요한 행동원칙으로 삼으며 성과를 창출하기 위해 참여적 의사결정을 하고 네트워크건설을 통해 새로운 기회를 창출하는 등의 활동을 하는 행동을 수행하게 된다.

2. 사회적 기업가정신론과 사회경제조직

사회경제조직은 경제적 가치와 사회적 가치의 이중적 가치를 실현하기 위해 노력하는 조직임으로 이윤창출이라는 목적을 성취하기 위한 (상업적) 기업가정신과 함께 사회적 가치를 성취하도록 도움을 주는 사회적 기업가정신이 중요한 행동지침이 된다. 사회적 기업가정신론에 입각하여 사회경제조직을 운영하고 관리하는 것은 사회적 가치의 실현 예를 들어 지역의 소외주민들을 위한 일자리 제공과 이윤의 지역사회 환원여부 등 지역주민들의 고통을 경감하기 위한 노력의 정도 등의 성과창출에 연관이 있는 중요한 요소이다. 사회적 기업가는 사회경제조직이 창출하는 이윤이 지역사회의 소외계층과 지역주민을 포함하여 조직에 관여하는 모든 이해관계자들에게 영향을 미칠 수 있도록 노력한다. 결국, 사회경제조직을 운영하는 사회적 기업가정신으로 무장한 사회적 기업가들은 시장에서 조직의 생존가능성을 확대하고 이익을 확보하기 위해 조직혁신 및 조직의 위기와 갈등요소들을 관리하며 조직학습을 통해 조직성과를 창출하기 위해 노력한다. 사회적 기업가에게 조직혁신의 결과는 곧 조직의 성과증진 및 성과개선이며 조직 성과증진 및 성과개선은 곧 지역주민들에게 더 많은 이익의 할당을 포함하여, 지역사회주민들의 삶의 질 개선 및 지역문제해결과 지역사회발전을 의미한다(지은구, 2021).

3. 사회적 기업가정신론과 사회적 경제조직 성과관리

사회적 기업가는 시장의 참여를 통해 이윤을 창출하고 창출된 이윤을 사회적 가치를 성취하기 위해 활용하기 위해 노력하는 기업가이다. 특히, 사회적 기업가정신은 기업가정신과 달리 사회적 가치를 성취하기 하기 위한 과정과 노력으로 이해될 수 있다. 사회적 기업가는 사회적 경제조직이 창출하는 이윤이 지역사회의 소외계층과 지역주민을 포함하여 조직에 관여하는 모든 이해관계자들에게 영향을 미칠 수 있도록 노력하게 된다. 따라서 사회적 기업가정신에 입각하여 사회적 경제조직을 운영하는 사회적 기업가들은 시장에서 조직의 생존가능성을 확대하고 이익을 확보하기 위해 조직혁신 및 조직의 위기 및 갈등을 관리하며 조직학습을 통해 조직성과를 창출하기 위해 노력한다. 사회적 기업가에게 조직혁신의 결과는 곧 조직의 성과증진 및 성과개선이며 조직 성과증진 및 성과개선은 곧 지역주민들에게 더 많은 이익의 할당을 포함하여 지역사회의 개선을 의미한다. 즉, 사회적 기업가정신에 따르면 조직이 결과하는 성과는 이윤창출이라는 경제적 가치실현을 위한 경제적 성과도 있지만 지역사회문제 및 지역주민들이 갖는 고통의 경감 등 사회적 가치실현을 의미하는 사회적 성과도 존재한다.

결국 사회적 기업가정신론에 따르면 사회적 기업가는 화폐적 가치로 표현되는 경제적 성과뿐만 아니라 지역주민들의 욕구해결 및 고통경감 그리고 더 좋은 지역사회를 건설하기 위한 노력과 책임성 등을 포함하는 사회적 성과가 반드시 관리되고 측정되어야 한다.

4. 사회적 기업가정신론과 사회적 경제조직의 성과측정요소

사회적 기업가정신론에 대한 학자들의 선행연구들을 종합하면 사회적 기업가정신론에 입각한 조직성과측정요소는 사회적 기업가의 사회적 가치실현의 노력정도를 나타내는 사회적 가치지향성, 결과물로써의 사회적 및 경제적 성과, 사회적 기업가의 창의적 정신과 조직혁신의 노력 정도 그리고 지역사회에 대한 책임성 그리고 기본 직무역량 등이다. 또한 사회적 기업가정신론에서는 조직의 위기 및 갈등을 관리하는 것 역시 중요한 기업가의 역할로 강조하고 있으므로 사회적 경제조직 성과측정을 위한 조직 활동 요소 즉, 과정영역의 성과측정요소로 위기관리 및 조직에서 발생하는 각종 갈등에 대한 관리도 중요한 요소라고 할 수 있다. 사회적 기업가 정신에 입각한 결과부분의 사회적 성과는 매우 다양하며 가장 대표적인 사회적 성과로는 지역의 소외주민들을 위한 일자리제공과 이윤의 지역사회환원여부 등 지역주민들의 고통을 경감하기 위한 노력의 정도 등이 포함될 수 있다.

사회적 기업가정신론 성과측정요소	창의성, 혁신성, 책임성, 직무역량, 사회적 가치지향성, 사회적 성과, 위기 및 갈등관리

제9절

사회적 경제조직 성과관리 이론적 기초의 특성과 함의

1. 사회적 경제조직 성과관리이론 비교 분석

사회적 경제조직의 성과관리를 설명해주는 이론들을 비교·고찰하는 이유는 소개된 이론들이 사회적 경제조직의 성과의 개념 및 성과의 다면적 영역(dimension), 성과관리의 필요성 그리고 성과관리를 위해 측정하여야 하는 성과측정요소(components)들에 대한 기초적인 내용을 제시하기 때문이다. 본 연구에서는 사회적 경제의 성과개념 및 관리를 위한 성과측정요소관리가 반드시 이론적 배경 하에서 도출되어야 사회경제의 성과와 성과관리모형 및 측정도구가 내용적합성 및 객관성을 인정받을 수 있다는 점에 근거하여 제반 이론들을 비교·분석하였다. 특히 성과관리를 설명하는 기존이론들 특히, 공공선택이론, 복지경제학이론, 주인대리인이론, 오스트리안 경제이론, 조절이론 등이 모두 정치경제학적 시각에서 사회적 경제조직의 성과관리를 공공기관과 민간기관의 효율성강화(이익극대화나 자본축적의 정당성강화)나 주인인 공공기관이 대리인에 대한 통제적 성격을 강화하기 위한 관리방안으로 매우 협소하게 바라본다는 점을 설명하고 이를 극복하기 위해 사회적 경제조직의 성과관리에 적합한 새로운 이론들이 필요함을 제시하였다. 위에서 제시된 이론들을 종합정리하면 다음과 같은 특징이 나타난다.

첫째, 사회적 경제조직의 성과는 다면적 영역으로 구성된다. 특히, 경제적 성과(이익)과 함께 사회적 성과가 중요한 부분을 차지한다.

둘째, 이론들에 따라 사회적 경제조직이 창출하는 사회적 성과는 다양한 요소로 구성된다.

셋째, 사회적 경제조직들은 경제적 성과 및 사회적 성과를 개선 및 향상시키기 위하여 직원들의 직무역량강화, 위기관리, 미션과 비전의 공유, 공동체의식함양 등을 포함하여 투입 및 행동 단계에서 다양한 노력을 기울여야 함을 알 수 있다.

본 연구에서 소개된 사회적 경제조직 성과관리를 위한 기초이론들을 종합정리한 표는 다음과 같다.

<표 4-3> 성과관리이론들의 특성 비교

성과관리이론	성과 및 성과관리의 내용	성과측정요소
정치경제이론	• 공공선택이론: 성과는 효율성(공공이익창출). 민간조직 성과의 우수성 입증위해 성과관리 필요 • 복지경제론: 성과는 효율성. 공공기관의 성과를 최적화하기 위해 성과관리 필요 • 주인-대리인이론: 성과는 효율성 및 효과성. 정부의 민간기관에 대한 통제 및 관리를 위해 성과관리 필요 • 조절이론: 성과는 이익. 기업 또는 자본가의 자본축적을 위해 성과관리 필요	• 이익, 투입비용 대비 편익의 차이 등
스튜어드십이론	• 조직대표 또는 관리자(직원)는 조직 나아가 지역사회를 위해 봉사하는 봉사자 • 성과: 성과는 이익 이외에 조직미션 또는 조직목적성취 포함 • 성과관리: 조직이 설정한 목적이나 미션을 성취하기 위해 직원들의 협력과 소명감 그리고 역량강화요소들이 관리되면 성과는 향상됨	• 사명감(조직가치), 집합주의, 협력 및 신뢰, 공동체의식, 직무역량 등
지역공동체 주의론	• 개인의 이익만을 강조하는 시장개인주의를 극복하기 위해 조직은 지역주민의 공동이익을 강조 • 포용지역사회를 위해 시민들은 공동의 가치를 중시하고 공동의 가치를 공유하며 이 가치들이 의미하는 책임성을 수용하고, 공동의 선을 지지할 필요가 있음 • 성과: 성과는 경제적 성과와 함께 지역주민 공동의 이익실현 및 포용지역사회구현도 포함 • 성과관리: 공동체성 회복 및 지역사회배제를 극복하기 위해 필요	• 공동체의식, 사회봉사, 사회참여, 주민공동의 가치, 민주적 의사결정, 상호책임감(사회적 책임감) 등

사회경제론	• 공공조직과 시장중심의 영리기업을 대신할 새로운 경제주체(제3부문조직 특히 사회적 경제조직)를 중심으로 지역사회를 발전시킬 수 있음을 강조하며 개인적 만족이나 조직적 만족보다는 사회적 만족(이익)을 추구 • 성과는 이익창출을 통한 지역사회문제해결과 지역주민의 이익실현(성과의 이중적 특성 강조) • 성과관리: 지역사회발전 및 사회문제해결 등 사회적 가치실현을 위해 경제적 성과(이익)와 사회적 성과(사회적 가치 실현)는 관리되어야 함	• 이익의 지역사회환원 • 사회소외계층을 위한 일자리창출 • 민주적 의사결정 • 시민참여 • 공동체의식 등
이해관계자이론	• 조직은 특정 집단의 이익만을 위해 존재하는 것이 아니고 조직관리 및 운영에 관련이 있는 모든 이해관계자(직원, 지역주민, 소비자 등)들의 이익을 위해 존재 • 성과: 조직의 성과는 경제적 이익뿐만 아니라 모든 이해관계자들의 이익을 의미. 따라서 이해관계자들의 조직관리 참여나 이를 위한 노력들이 성과에 포함 • 성과관리: 조직목적을 성취하고 이해관계자들의 공동이익실현을 위해 조직은 이해관계자들의 참여가 보장되도록 관리되어야 함	• 이해관계자들의 참여 등
거버넌스이론	• 거버넌스는 집합적 의사결정을 위한 하나의 방식 • 거버넌스의 목적은 사회적 목적을 성취하기 위하여 정부와 기업 그리고 사회경제 및 비영리조직 등 모든 민-관조직들이 함께하는 사회적 의사결정을 위한 틀을 구축하는 것. 즉, 기업은 소유주의 점유물이 아니며 다양한 의사들이 집합적으로 공유되고 결정되어야 함 • 성과는 사회적 경제조직이 시장에서 유지가능성(이익창출)을 확보하기 위하여 협력거버넌스를 구축하고 이를 통해 조직이 설정한 목적을 성취하는 것 • 성과관리는 조직목적 또는 사회적 경제조직의 경제적 성과 및 사회적 성과의 성취를 위해 협력거버넌스를 구축 및 유지하고 관리하기 위해 필요	• (협력)거버넌스 구축, 이해관계자들의 참여, 집합적 의사결정, 조직연계 및 상호행동 등
조직사회자본론	• 조직구성원들에 의해서 구축된 조직사회자본이 조직의 발전 및 조직의 성과를 향상시킬 수 있음을 설명 • 성과: 성과는 조직이 추구하는 경제적 성과 및 사회적 성과로써 조직구성원들의 신뢰감, 비전공유, 가치, 규범, 협력등에 의해서 개선되고 향상됨 • 성과관리: 조직이 창출하는 성과는 신뢰, 협력, 비전, 규범, 참여와 안전 등 조직사회자본요소에 의해서 영향을 받음으로 이를 관리하는 것이 필요	• 협력, 비전, 신뢰, 규범과 안전 등

사회적기업가 정신론	• 위험관리나 기회창출, 도전과 혁신을 강조하는 기업가정신을 바탕으로 사회적 미션을 성취하기 위한 사회적 기업가의 역량 및 행동을 강조 • 사회적기업가정신은 사회적 목적 실현 및 사회적 가치 창출을 위해 노력하는 조직운영자나 관리자의 정신을 의미 • 상업적기업가가 창출하는 이익보다 사회적기업가가 창출하는 사회적 목적 또는 가치의 실현여부가 중요 • 성과: 사회적 경제조직이 창출하는 성과는 이익의 지역사회환원, 지역사회문제해결 등 • 성과관리: 이윤창출이라는 경제적 성과뿐만 아니라 지역사회문제 및 지역주민들이 갖는 고통의 경감 등 사회적 가치실현을 의미하는 사회적 성과를 향상시키기 위해 성과관리필요	• 창의성, 혁신성, 사회적 책임성, 사회적 가치지향성, 의기 및 갈등관리 직무역량 등

2. 사회적 경제조직 성과관리이론의 적용

사회적 경제조직의 성과 및 성과관리를 설명해주는 이론들은 첫째, 경쟁시장에서 사회적 경제조직이 생존하기 위해서는 무엇이 필요한지 그리고 둘째, 사회경제가 실현되면 사회적 경제조직은 생존할 수 있는지 등과 같은 질문에 대한 적절한 대답을 내놓아야 한다. 자본주의경제체제에서 시장경쟁은 피할 수 없으며 사회적 경제조직 역시 시장에서 생존하기 위해서는 조직목적이나 조직이 성취하려는 성과 그리고 이를 관리하기 위해 필요한 것들에 대한 보다 깊은 논리들이 필요하다.

1) 사회적 경제조직의 생존가능성

사회적 경제조직의 설립목적이나 사회적 가치 즉, 사회적 미션의 중요성을 차치하고 사회적 경제조직에게 있어 무엇보다도 가장 중요한 운영목적은 시장에서의 생존가능성이다. 아무리 사회적 경제조직이 지역사회를 위해 좋은 재화와 서비스를 창출하고 이윤을 지역사회에 환원하는 원리가 작동한다고 해도 시장에서 이윤이 창출되지 않아 생존가능성이 희박하다고 한다면 또는 배제가 일상화되어 있는 경쟁시장에서 착한 생산과 소비를 추구하는 사회경제가 실현되지 못하게 되면 사회적 경제조직은 시장에서 퇴출되고 발전가능성은 사라지게 된다. 자본주의 경제체제하에서 자원의 할당은 국가가 개입하지 않는 한 시장을 통해 이루어지므로 사회적 경제조직이 시장에서 활동하는 한 시장에서 생존가능성을 확보하는 것은 사회적 경제조직 성과관리의 핵심적 목적이 될 수 있다.

사회경제론에 근거한 사회경제생산방식에서 이익이 많이 창출되지는 않지만 국민들의 욕구충족을 위해 반드시 필요한 재화와 서비스를 생산 및 공급하는 것은 사회적 경제조직이 주주나 소유주에 대한 이익의 할당을 최소화할 수 있기 때문에 가능하다. 또한 이용자의 경제적 능력(지불능력)에 따른 재화나 서비스에 대한 유연한 가격정책을 통해 필요한 재화나 서비스가 가격 때문에 소비되지 않는 일이 발생되지 않도록 하는 것 역시 사회경제의 가격정책에 근거한 사회적 경제조직의 장점이다. 즉, 지불능력을 가지지 못한 저소득빈곤층에게 필요한 재화나 서비스를 무료 또는 아주 저렴한 가격에 공급하는 것은 이익창출을 목적으로 하는 일반기업에서는 불가능한 가격정책이다.

자원봉사자나 후원자(또는 후원기업)의 발굴 역시 이해관계자이론에 따르면 사회적 경제조직의 생존가능성을 확대시켜주는 중요한 요소이다. 사회적 경제조직의 사회적 미션에 대한 합의나 동의 또는 이에 대한 사회적 필요성이 강조되면 될수록 사회적 경제조직의 재화와 서비스에 대한 판매는 확대될 수 있으며 자원봉사자와 같은 이해관계자들의 조직참여는 곧 인건비와 같은 관리비용에 대한 절약과 절약비용을 지역사회환원으로 확대할 수 있음을 나타내줌으로 사회적 경제조직의 생존가능성은 확대될 수 있다.

조직원 간의 신뢰나 공동체의식이 강조되는 조직사회자본론이나 지역공동체주의론 역시 사회적 경제조직의 생존가능성에 영향을 주는 요소로써

강한 연대와 신뢰에 기반한 인력관리는 곧 생산성향상과 서비스품질에도 긍정적인 영향을 줄 수 있고 이는 곧 사회적 경제조직의 생존가능성에 긍정적인 요소로 작용할 수 있다. 거버넌스이론에 따른 조직간 협력활동 역시 사회적 경제조직이 타 조직으로부터 다양한 자원을 공유하고 활용하도록 함으로써 생존가능성에 긍정적인 요소로 작용할 수 있다. 특히 협력가버넌스는 다양한 이해관계자들의 참여, 집합적 의사결정구조 구축 및 운영 나아가 지역사회 타 조직과의 협력 및 연계사업을 위해서도 중요한 수단이자 도구로써 역할할 수 있으므로 조직운영 및 안정에도 도움이 될 수 있다.

또한 사회적기업가정신론에 입각하여 혁신적 사고와 창의성 및 도전정신으로 무장한 사회적 경제조직의 운영나 관리자는 민주적 의사소통의 활성화와 조직갈등요소를 지속적으로 확인하고 이를 극복하기 위해 노력함으로 조직의 안정성에 도움을 주고 나아가 모든 조직구성원들이 사회적 가치의 성취를 조직사명감으로 설정하고 이를 위해 노력할 수 있도록 관리함으로 사회적 경제조직의 생존 및 유지가능성은 더욱 확대될 수 있다. 봉사와 헌신 및 조직몰입 및 사명감을 강조하는 스튜어드로서 역할을 강조하는 스튜어드십이론 역시 사회적 경제조직의 운영자나 관리자를 비롯한 모든 직원들이 조직운영에 참여하고 조직의 이익을 위해 노력함으로써 사회적 경제조직이 시장에서 유지 생존가능하도록 도울 수 있다.

결국, 사회적 경제조직의 성과관리 및 성과측정의 필요성과 중요성을 설명하는 제반 이론들은 사회적 경제조직이 시장에서 생존 및 유지 가능하도록 다양한 조직활동 및 조직관리를 수행하는데 있어 이론적 기반을 제공한다는 측면에서 사회적 경제조직 생존가능성을 설명하는 중요한 이론으로 작동할 수 있음을 나타내준다.

2) 사회경제의 인식과 사회적 경제조직

사회적 경제조직은 사회경제를 실현하는 조직이다. 사회경제의 중요성과 필요성에 대한 국민들의 인식이 어느 정도 확고하고 정부가 제도적으로 사회경제를 지원하기 위해 노력한다면 시장에서 재화와 서비스의 경쟁력에 상관없이 사회적 경제조직의 유지가능성은 높아진다. 하지만 위와 같은 노력이 없다면 착한 시장과 착한 자본주의는 현실의 세계(시장경제체제)에서 존재하기 어려운 것이 사실이다. 따라서 국민들의 사회경제에 대한 인식의 폭과 정부의 적극적인 지원은 사회적 기업과 같은 사회적 경제조직의 생존에 직간접적인 영향을 미친다고 볼 수 있다. 시장에서의 생존은 곧 사회적 경제조직이 성과를 증진함으로써 확보될 수 있다. 조직이 성과를 관리하는 이유는 조직의 성과를 측정하여 이전의 성과와 지금의 성과를 비교하고 이에 대한 비교를 통해 보다 나은 성과를 가져오기 위하여 어떠한 노력을 기울여야 하는지에 대한 대답을 찾아 지역주민들에게, 나아가 이용자나 소비자들에게 보다 나은 재화와 서비스를 제공하고 이를 기반으로 축적된 이윤을 지역사회에 반환하여 보다 나은 지역사회를 만들기 위해서이다.

결국, 사회적 경제조직의 성과가 이윤창출이라는 경제적 가치로만 증대될 수 없음으로 지역주민, 정부나 비영리조직 등은 사회적 경제조직의 이윤창출행동에 도움을 주어야 한다. 경쟁시장에서 사회적 경제조직이 생존하고 유지되기 위해서는 우선적으로 사회경제론이 강조하는 사회경제가 실현되는 것이 필요하다.

사회경제론은 시장중심의 전통적 경제이론으로부터 벗어나 비영리조직과 협동조합 그리고 사회적 기업 등과 같은 사회경제단위들이 연대와 상호호혜, 공동체, 재분배, 그리고 사회봉사와 사회정의 등의 가치를 핵심적인 조직운영의 가치로 삼는다. 그리고 사회경제론은 자본의 사회화와 시장에 대한 적극적 개입을 통하여 지역사회의 발전을 추구함으로 시장으로의 참여를 통해 이익을 추구하지만 시장을 통한 이익의 분배는 상호호혜의 원칙하에 재분배하는 특징이 있다. 특히, 사회경제론은 시장중심의 전통적 경제이론으로는 사회배제 및 사회차별과 소외 등의 해결은 물론 지역사회의 발전을 담보할 수 없음을 강조한다. 따라서 사회경제론의 경제단위이자 조직주체로서 사회적 경제조직은 지역주민들이 지불능력이나 과도한 경쟁 등과 같은 이유로 시장으로부터 배제되지 않도록 상호호혜와 공동체의식 그리고 지역사회봉사에 대한 가치를 조직성과의 최우선 가치로 삼는 것을 허락한다. 따라서 이윤창출 및 축적이라는 경제적 가치를 사회적 가치실현의 하위조건으로 인식하고 시장에서 생존 가능한 범위 안에서 기업이윤을 재분배하여 지역사회발전을 추구한다. 결국, 사회경제론은 사회적 경제조직의 조직성과가 단지 화폐적 수량화(즉, 이윤)를 통해서 측정되기보다 사회적 가치의 실현을 위한 노력과 결과 중심으로 전환되는 것을 허락하였다. 이러한 사회경제론에 근거한 사회적 가치의 실현이라는 조직성과는 지역주민들에게 사회적 경제조직의 기업 활동에 대한 긍정적 인식 및 기업이 생산하는 재화와 서비스에 대한 구매의 필요성을 제공해준다. 이는 곧 사회적 경제조직이 시장에서 생존 가능하도록 해주는 강력한 지지대라고 할 수 있다.

지역공동체주의론 역시 조직간 협력과 목적 성취를 위한 공동행동과 이를 위한 공동체의식 및 연대성의 중요성을 강조함으로 시장의 불공평성을 극복할 수 있음을 강조한다. 이러한 지역공동체주의론이 제시한 중요한 조직관리 요소인 공동체지향성이 사회적 경제조직의 조직관리에 보다 발전된 형태로 적용할 수 있도록 도움을 준 이론은 거버넌스이론에서 제시한 협력거버넌스의 구축이다. 거버넌스이론은 사회적 경제조직의 성과증진 및 개선을 위하여 협력적 거버넌스의 중요성을 강조한다. 협력적 거버넌스를 구축하여 다양한 조직이나 지역주민들을 기업 운영에 참여시키고 협력적 활동을 추진하며 공동으로 의사를 결정하는 것은 곧 사회적 경제조직에서 생산하는 재화와 서비스 또는 기업운영 및 결정사항에 일부 관리자만이 아니라 다양한 의사를 가진 집단의 참여를 통해 보다 나은 조직운영과 서비스를 생산 및 제공할 수 있을 것이라는 확신 때문이다. 따라서 공동의 의사결정여부와 협력거버넌스가 활동할 수 있는 네트워크의 구축 및 활동 여부는 중요한 조직성과의 측정요소이다.

또한 사회적 경제조직은 일반기업에 비해 자기자본에 취약한 구조를 가지고 있으므로 자본의 힘에 의해 시장에서 퇴출되는 현상 즉, 수확체증의 법칙으로 퇴출되는 현상을 예방하고 극복하기 위해서는 지역주민들의 지지와 참여가 필요하고 정부의 지원과 비영리 및 영리조직과의 협력과 참여 또한 중요하다. 이해관계자이론은 단순히 소유자나 소유법인만이 사회적 경제조직을 운영하는 것이 아니라 지역주민들의 욕구 및 문제를 해결하고 인력 및 재정적 취약성 극복 및 다양한 정보의 확보를 위해 보다 많은 수의 이해관계자들이 조직운영에 참여하는 것을 강조하여 조직성과를 개선하기 위해 노력한다. 따라서 다양한 이해관계자들의 참여여부는 조직성과의 증진에 영향을 주는 중요한 요소이다.

조직에 대한 사명감을 강조하고 공동체지향성을 중요한 가치로 삼는 스튜어드십이론은 개인보다는 집단의 이익을 추구하고 협력과 신뢰를 바탕으로 행동하여 사회적 경제조직의 목적을 성취하는 것을 조직활동의 최우선과제로 삼는다. 따라서 스튜어드십이론에 따르면 관리자인 스튜어드는 지역사회문제나 지역사회발전을 중요한 설립목적으로 하는 사회적 경제조직의 가치를 실현하기 위하여 노력하며 조직성과를 통해서 기업주가 아닌 이해관계자들 모두의 이익을 보호하고 최대화하기 위해 노력한다. 결국, 스튜어드의 조직친화적이고 협력과 협동 및 공동체성을 강조하는 성격으로 사회적 경제조직이 추구하는 사회적 가치는 성과로서 실현될 수 있게 된다.

또한 사회적 기업자정신론은 환경에 대한 적극적인 대응과 조직변화 및 위험관리와 창의성 및 조직혁신에 대한 사회적 기업가의 책임의식을 강조한다. 즉, 조직에게 닥친 위험관리나 기회의 창출, 도전과 혁신을 강조하는 기업가정신을 바탕으로 사회적 미션을 성취하기 위한 사회적 기업가의 역할이나 행동이 강조되는 이론이다. 사회적 기업가가 사회적 기업가정신론에 입각하여 조직의 내·외부적 위험요인을 관리하고 창조성과 도전정신에 입각하여 어려움을 극복하며 시장에서 지속가능성을 확대한다면 조직의 성과는 증진되고 사회적 경제조직이 추구하는 성과인 경제적 성과를 포함하여 사회적 가치(또는 미션)의 실현은 성취될 수 있다.

마지막으로 조직사회자본론 역시 사회적 경제조직의 조직성과에 밀접한 영향을 미치는 이론이다. 즉, 조직사회자본론은 조직구성원들에 의해서 구성된 사회자본이 조직의 발전 및 조직의 성과를 향상시킬 수 있음을 설명해줌으로 직원들 사이의 신뢰를 바탕으로 조직을 운영하고 이를 바탕으로 나아가 지역주민들에게 신뢰할 수 있는 조직이미지를 확보하여 조직성과를 증진시킬 수 있음을 설명해준다. 특히, 신뢰를 기본으로 하는 조직사회자본은 집합적 행동과 협력의 토대로써 조직성과증진에 긍정적 영향을 주며, 성과증진의 토대가 되는 조직구성원들의 적응, 창의성 및 학습지원 등 지적자본의 창출에도 영향을 미칠 수 있으므로 조직구성원들이 창출하는 조직성과에 직간접적으로 영향을 준다고 할 수 있다.

결론적으로 사회적 경제조직은 조직의 성과를 창출하고 지속적으로 개선하기 위해서 또한 시장에서 지속가능성을 확보 및 확장하기 위해서 끊임없이 노력하여야 한다. 성과를 지속적으로 관리 및 개선하기 위해서 성과를 측정하는 것은 불가피함으로 사회적 경제조직이 창출할 수 있는 성과(경제적 성과와 사회적 성과)를 확인하고 이를 명확히 하여 측정할 수 있는 사회적 경제조직의 성과관리모델과 측정도구는 필수적이다.

3. 사회적 경제조직 성과관리 이론의 시사점과 성과측정요소

사회적 경제조직의 성과 및 성과관리의 필요성 및 성과관리를 위한 요소를 설명해주는 이론들이 가져다 주는 시사점은 다음과 같다.

먼저, 사회적 기업가정신론에서는 창의성, 혁신성, 책임성, 그리고 기본 직무역량과 사회적 가치지향성, 위기 및 갈등관리 등이 중요한 측정요소로 제시되었다. 이는 곧 사회적 기업가정신론에 입각하여 사회적 가치지향성을 중요한 측정요소로 활용하여야 하고 사회적 가치지향성이라는 영역에 혁신성이나 창의성 그리고 책임성과 사회적 가치 등의 요소가 포함되는 사회적 기업의 사회적 가치지향성 측정을 위한 측정도구를 개발 할 수 있어야 함을 의미한다. 또한 직원들의 직무역량의 정도와 조직의 위기관리나 갈등관리능력 등도 성과에 영향을 미치는 영향요인이므로 이에 대한 성과관리 및 측정도 필요함을 의미한다.

조직사회자본론에서는 협력, 비전, 시설안전, 규범, 신뢰 등이 성과측정요소로 지적되었음으로 협력과 신뢰를 포함하여 시설안전과 사회적 경제조직의 규범 등이 관리되어야 함을 알 수있다. 이를 위해 사회적 경제조직은 성과관리를 위하여 조직사회자본으로부터 도출된 측정요소들을 측정할 수 있는 사회자본측정도구를 개발하여 조직이 창출하는 조직사회자본의 정도를 관리할 필요가 있다. 스튜어드십이론에서는 사회적 경제조직의 성과를 관리하기 위한 요소로 집단주의, 조직사명감(친조직적 성향), 지역사회에 대한 봉사, 공동체의식, 협력, 신뢰 그리고 직무역량 등이 제시되었음으로 성과개선 및 관리를 위하여 조직사회자본 측정도구의 활용과 함께 조직사명감(조직미션 또는 조직가치)이나 집단주의 그리고 지역사회에 대한 봉사의 노력이나 정도 등을 관리할 수 있는 사회적 가치지향성 측정도구를 개발하여 이를 관리하는 것이 성과관리에 필요함을 알 수 있다.

거버넌스이론에서는 특히 성과개선 및 관리를 위하여 협력거버넌스의 중요성이 제시되었으므로 이를 관리하기 위한 측정도구로 협력네트워크구조 건설여부, 다양한 이해관계자들의 참여, 집합적 의사결정구조 구축 및 운영, 지역사회 타 조직과의 협력 및 연계사업여부 등이 포함되는 측정도구의 활용이 제시되었다. 따라서 협력거버넌스의 구현을 측정할 수 있는 협력거버넌스측정도구를 개발하여 지역조직과의 협력 및 네트워크운영여부, 집합적 의사결정여부 등의 성과요소를 측정하여 관리하는 것이 중요하다고 할 수 있다.

이해관계자론에서는 다양한 이해관계자들의 참여 여부와 다양한 이해관계자를 조직관리 및 운영에 참여시키기 위한 노력의 정도 등이 사회적 경제조직의 성과개선 및 향상을 위해 관리되어야 하는 성과측정요소로 제시되었다. 이 성과측정요소들은 거버넌스이론에 근거한 측정요소와 중복되는 경향이 있으므로 협력적 거버넌스의 구축노력이나 실현정도를 측정하는 성과측정도구에 다양한 이해관계자들의 참여 및 조직운영으로의 참여정도를 측정하는 요소를 삽입하여 성과관리를 위해 측정하는 것이 바람직한 것으로 보인다.

지역공동체주의론에서는 사회적 경제조직의 성과관리를 위한 요소로서 민주적 의사결정(상호협조관계 구축 여부), 공동의 가치, 상호책임감, 시민의 참여(자원봉사참여) 등이 중요한 측정요소로 추출되었다. 이러한 성과측정요소는 대부분 사회적 경제조직이 성취하려는 조직미션이나 가치를 반영하는 개념이고 위의 이론들에서 제시된 측정요소들(책임감, 참여, 협조 등)과 일정정도 중복됨을 알 수 있다. 따라서 지역공동체주의론에 입각하여 제시된 성과관리를 위한 측정요소들은 위에서 개발되는 측정도구에 반영되도록 하는 것이 바람직한 것으로 생각된다.

사회경제론에서는 사회적 경제조직의 성과를 관리하기 위한 관리요소로써 직원들에 대한 이익분배, 민주적 의사결정, 이익의 지역사회환원, 시민참여, 공동체의식, 저소득층 일자리창출 등이 도출되었다. 이들 성과관리요소들은 직원들의 인식으로부터 확보될 수 있는 자료와 기업이 산출하는 정량적 자료(일자리 창출 등)를 통해서도 측정될 수 있는 요소들이다. 특히 시민참여는 이해관계자론이나 지역공동체주의론 그리고 공동체의식 등은 사회적 기업가정신론에서 제시된 성과관리 측정요소와 중복된다. 따라서 사회적 경제조직이 실현하려는 사회경제실현여부를 측정하는 성과측정요소로는 직원들에 대한 이익분배, 이익의 지역사회환원 그리고 지역주민들이나 저소득층주민을 위한 일자리창출의 정도 등이 포함되는 측정도구를 개발하는 것이 바람직한 것으로 생각된다.

이상에서 설명한 성과관리를 설명해주는 이론에 기초한 사회적 경제조직 성과측정요소들을 그림으로 나타나면 아래와 같다.

<그림 4-3> 사회적 경제조직의 성과관리이론에 근거한 성과측정요소

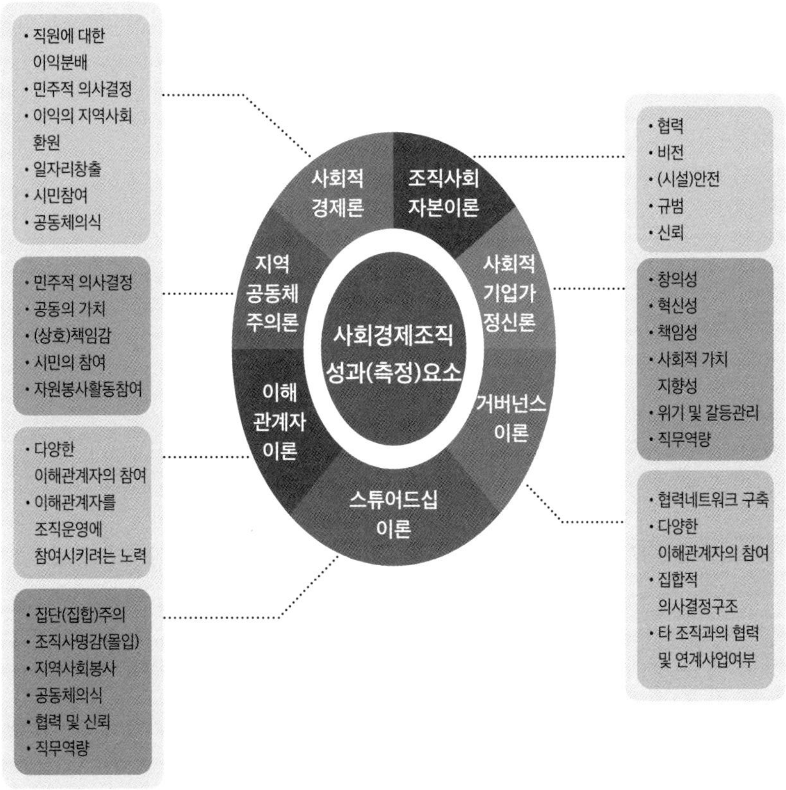

4. 한국의 사회적 경제조직과 성과관리(측정)요소

우리나라의 대표적인 사회적 경제조직인 사회적 기업, 자활기업, 마을기업 그리고 사회적 협동조합의 설립목적이나 운영원칙 등을 살펴보면 이들 조직들이 성취하려는 성과관리를 위한 중요한 관리요소들이 도출된다. 예를 들면 사회적기업육성법이나 정부가 제시하는 마을기업과 자활기업 운영원칙이나 각종 관련 지침 그리고 협동조합법 등은 이들 조직들의 설립목적 그리고 각종 원칙들이 제시되어 있다. 조직설립목적은 조직이 무엇을 추구하는지가 명확히 제시되어 있으며 운영원칙 등에는 어떻게 조직이 관리 및 운영되어야 하는지가 설명되어 있으므로 이들을 살펴보면 사회적 경제조직 성과개선 및 관리를 위한 요소들이 도출될 수 있다.

1) 사회적 기업 성과측정요소

사회적 경제조직의 가장 대표적인 유형은 사회적 기업이다. 물론 우리나라에는 마을기업이나 자활기업 그리고 사회적 협동조합 등이 존재하며 유럽국가나 북미국가 등과 같은 경우는 협동조합이나 비영리조직 등도 사회적 경제조직에 포함되지만 본 연구에서는 사회적 경제조직을 대표하는 가장 일반적 기업형태인 사회적 기업의 개념과 마을기업, 자활기업 및 사회적 협동조합의 개념정의 및 운영원칙 등에서 성과측정요소를 도출하도록 한다.

사회적 기업의 성과측정요소는 사회적 기업의 정의와 이에 따른 운영기준을 통해서도 도출될 수 있다. 특히, 사회적 기업의 정의는 사회적 기업의 작동과 행동을 잘 설명해주는 기본적 개념임으로 사회적 기업의 개념적 정의를 구성하는 구성요소를 통해서 사회적 기업의 성과를 측정하는 것도 가능하다. 이러한 근거는 사회적 기업의 개념적 정의가 곧 사회적 기업의 존재이유를 나타내주는 논리라는 점에 근거한다. 여기서는 위에서 지적된 사회적기업의 운영 및 작동원리를 설명해주는 이론으로부터 도출된 성과측정요소에 덧붙여 사회적 기업의 개념적 정의와 운영기준에서 도출될 수 있는 성과측정요소를 살펴보도록 한다.

사회적 기업의 정의와 이에 따른 기준을 대표적으로 설명해주는 것은 영국의 무역산업부와 사회적 기업에 대한 국제적 연구조직인 EMES가 제시한 정의와 기준이 있다. 영국 무역산업부(DTI, 2002)의 정의에 따른 기준과 1996년도에 설립된 사회적 경제조직 및 사회적 기업의 국제연구자집단인 EMES(EMES, International Research Network)가 제시한 기준은 사회적 기업을 설명해주는 구체적인 운영 및 관리의 원리이기도 하면서 동시에 사회적 기업을 설명해주는 대표적인 기준이 된다. 영국과 EMES가 제시한 기준은 사적 기업의 성과를 구성하는 구성요소라고 확대해석할 수 있으므로 두 기구가 제시한 기준에 따른 지표는 곧 사회적 기업의 운영 나아가 성과를 위한 기준일 수 있다.

■ 영국 무역산업부(DTI) 정의에 근거한 성과측정요소

먼저 영국 무역산업부가 정의한 사회적 기업은 '이윤이 주주나 소유자의 이익을 극대화시키는 것이 아니라 기업이나 지역사회에 재투자되는 기본적인 사회적 목적을 가진 기업'이다. 이러한 정의에 근거하면 사회적 기업을 특징짓는 기준은 첫째, 이윤이 창출되어야 함으로 시장지향성이 중요하고, 둘째, 지역사회에 대한 재투자와 같은 사회적 목적지향적이므로 사회적 가치지향성(사회적 목적)이 중요하며 그리고 세 번째 기준은 주주나 자본이 이익극대화 또는 자본의 통제나 소유가 아닌 이해관계자들의 통제와 참여에 기초하는 협치를 통한 사회적 소유권이다. 이러한 기준을 성과측정요소에 적용하면 다음과 같다.

▶ 시장(경제적 가치)지향성: 이윤창출을 통한 시장에서의 지속가능성을 나타내며 대표적인 측정지표로는 당해 연도 창출된 기업

이익 등이 있다.

▶ 사회적 가치지향성: 지역사회에 대한 재투자를 나타내며 대표적인 측정지표로는 직원들의 사회적 가치지향성에 대한 태도나 인식의 정도와 취약계층을 위해 창출된 일자리 수나 지역사회에 재투자된 반환금비율(예를 들어 사회적 투자수익률, SROI) 등이 있다.

▶ 사회적 소유권: 이해관계자들의 참여와 협치(거버넌스)의 정도 그리고 자본의 통제로부터의 자율성 등을 나타내며 대표적인 측정지표로는 이해관계당사자들의 참여의 정도와 협치의 수준에 대한 주관적 인식 또는 기업에 참여하는 이해관계자의 수나 의사결정과정과 기구에 대한 인식 등이 있다.

■ EMES가 제시한 기준에 근거한 성과측정요소

EMES(Defourny et al., 2014, pp, 26-27에서 재인용) 역시 사회적 기업의 운영 및 원리를 설명해주는 정의와 이를 위한 기준을 제시하였다. 이들이 제시한 기준 역시 사회적 기업의 성과를 측정하는 측정지표로 활용할 수 있다. EMES가 제시한 지표는 경제적 영역의 4개 지표와 사회적 영역의 5개 지표로 총 11개 지표이지만 구체적인 지표라기보다는 사회적 영역와 경제적 영역에서 사회적 기업의 성과를 측정하기 위한 기본적인 가이드라인이라고 할 수 있다. 여기서 경제적 영역은 경제적 성과로 그리고 사회적 영역은 사회적 성과로 이해할 수 있다. 구체적인 지표들을 살펴보면 아래와 같다.

<표 4-4> EMES가 제시한 기준에 근거한 성과측정요소

지표의 영역	지표	지표의 내용	측정 가능한 지표의 예
경제적 영역	• 지속적인 재화와 서비스의 판매 및 생산활동	• 산출된 생산량 및 판매량과 이익 등을 나타냄	• 생산량, 총 판매액, 수익률 등
	• 자율성	• 정부나 자금제공자가 아닌 기업의 구성원들에 의한 자율적 지배	• 자율적 지배를 나타내는 구성원들의 인식이나 생각
	• 경제적 위험수준	• 시장에서 활동하기 위해서는 적정 수준의 자금력이나 자원이 필요. 따라서 자금동원능력은 경제적 위험수준을 극복할 수 있는 지표	• 부채비율
	• 임금을 받는 직원의 수	• 임금을 받는 고용인들의 증가는 곧 기업의 성장 및 경제적 지속가능성을 의미	• 고용인 수
사회적 영역	• 지역사회 혜택에 대한 분명한 목적	• 지역사회나 사회소외계층 등에 대한 기여	• 취약계층 취업률 • 취약계층을 위해 창출된 일자리 수 • 지역사회반환비율(사회적 투자수익률) • 사회적 가치지향성
	• 주민 또는 주민집단의 주도력	• 지역사회 주민욕구나 의견의 반영	• 지역사회 또는 주민 욕구반영 여부
	• 자본소유권에 기초하지 않는 결정수립	• 자본의 통제를 벗어난 구성원들에 의한 의사결정	• 민주적 의사결정 여부
	• 다양한 집단의 참여	• 기업활동에 영향을 받는 다양한 이해관계자의 참여	• 참여한 이해관계자의 수
	• 제한된 이익분배	• 이익축적이나 최대화를 위한 행동에 대한 제한	• 이익반환비율 또는 지역사회반환비율

■ 우리나라 사회적기업육성법에 근거한 성과관리 측정요소

우리나라에서 2007년 제정된 "사회적기업육성법"과 "사회적기업육성법 시행령" 등에 기초하면 사회적 기업이 추구하는 기업 가치는 취약계층에게 사회적 일자리 창출, 사회서비스제공, 지역사회문제 및 지역사회공헌 그리고 사회통합과 지역주민들의 삶의 질 향상 등으로 구분되어 제시되어있다. 이러한 개념정의에 따라 사회적 기업은 일자리제공형, 사회서비스제공형, 지역사회공헌형 등으로 구분되어 설립운영 중임으로 가장 확실한 성과측정요소는 일자리창출 및 제공 그리고 지역사회공헌활동 등이다. 또한 사회적기업 인증요건으로 서비스 수혜자, 근로자 등 이해관계자가 참여하는 의사결정 구조를 갖출 것을 강조하고 있으므로 민주적 의사결정이나 이해관계자들의 참여 역시 중요한 성과측정요소가 된다. 덧붙여, 사회적 기업은 지속가능성이 중요함으로 안정적인 이익창출 역시 성과측정요소이므로 성과측정요소는 경제적 성과측정요소와 사회적 성과측정요소로 구분될 수 있다.

▶ 결론적으로 사회적 기업 성과측정요소는 사회경제론이나 사회적기업가정신론 등 제반 이론적 틀과 개념적 정의 및 이에 따른 기준에 근거하여 사회적 성과와 경제적 성과로 구분 될 수 있으며 각각의 성과영역을 구성하는 요소는 다음과 같이 정리될 수 있다.

<표 4-5> 관련법에 사회적 기업 성과관리를 위한 측정 요소 종합

사회적 기업의 성과	
경제적 성과와 측정요소	**사회적 성과와 측정요소**
• 연도별 판매량 또는 생산량이나 매출액 • 연도별 수익률이나 이익금 • 부채율 등	• 사회적 목적 실현을 위한 직원들의 인식이나 노력 또는 사회적 가치지향성의 정도 • 지역사회반환비율(또는 사회적 투자수익률, SROI) • 취약계층 취업률이나 저소득층에게 창출된 일자리 수 • 조직구성원 간 공동체의식, 협력이나 신뢰의 정도 등을 나타나는 조직사회자본 • 조직소명감이나 몰입도 • 참여하는 자원봉사자의 수와 연간 기부금액 수 • 민주적 의사결정구조나 협치의 정도 • 기업에 참여하는 이해관계자의 수 • 타 조직과의 연계 및 협력 사업 여부 등

2) 마을기업 성과관리 측정요소

마을기업이란 "지역주민이 각종 지역자원을 활용한 수익사업을 통해 공동의 지역문제를 해결하고, 소득 및 일자리를 창출하여 지역공동체 이익을 효과적으로 실현하기 위해 설립·운영하는 마을단위의 기업"으로 지역자원, 지역문제, 지역공동체이익 그리고 마을에 대한 기본 정의는 아래와 같다(지은구, 2021).

지역자원	지역에 존재하는 유·무형의 자연적·문화적·역사적 자산
지역문제	전체 주민의 생활의 질 향상을 위해 필요한 사항
지역공동체 이익	마을기업의 이익뿐만 아니라 지역사회 전체가 얻게 되는 편익의 총합
마을	지리적으로 타 지역과 구분되는 경계를 가지면서 지역 내부에 상호 관계나 정서적 공감대가 형성되어 있는 곳

마을기업을 설립하고 운영하기 위해서는 공동체성, 공공성, 기업성 그리고 지역성을 모두 만족하고 지속적으로 유지해야 한다. 각각의 내용은 아

래의 표와 같다(복지부, 2019).

<표 4-6> 마을기업의 운영원칙

공동체성	공동체가 주도하고 출자하여 기업을 발의하여야 하며, 기업 설립과 운영에 공동체가 참여하고 결정하여야 함
요건 1	마을기업의 모든 회원은 마을기업(법인)에 출자하는 것을 원칙으로 하고, 공동체 일원으로서 마을기업의 계획과 운영에 참여하여야 하며, 개인의 이익보다는 마을기업의 이익을 우선으로 하여야 함
요건 2	마을기업 회원(출자자)은 최소 5인 이상이어야 함
요건 3	마을기업의 회원 외에도 지역주민과 지역 내 이해당사자를 참여시키거나 의견 수렴을 적극 반영하고 지역순환경제 구축을 위해 노력해야 함
요건 4	마을기업은 사회계획 및 운영 방침을 민주적 절차에 의해 스스로 결정하여야 함
공공성	마을기업의 설립 목적이 지역의 문제를 해결하고, 지역 사회에 공헌하고 지역과 상생하여야 함
요건 1	마을기업은 마을과 지역사회 전체의 이익을 실현하고 상생하도록 노력하여야 하며, 지역의 일자리 및 소득 창출을 위해 노력하여야 함
요건 2	최대 출자자 1인의 지분은 30% 이하여야 하며, 특정 1인과 그 특수 관계인의 지분의 합이 50% 이하여야 함
요건 3	마을기업은 법인 전체를 지정하는 것을 원칙으로 함
요건 4	마을기업은 활동을 통해 마을공동체 활성화와 지역사회에 공헌하도록 노력하여야 하며, 사업계획서 상의 지역사회 공헌활동(또는 이에 상응하는 공헌)을 반드시 이행해야 함
요건 5	마을기업 명의로 특정 정당 또는 후보를 지지해서는 아니되며, 선거홍보에 마을기업명을 노출하거나, 마을기업 활동을 활용하면 안 됨
기업성	정부 보조금이 종료된 후에도 자립 운영할 수 있도록 안정적인 매출과 수익을 올릴 수 있는 구조가 되어야 함
요건 1	마을기업은 각종 사업을 통해 수익을 추구하는 경제조직이어야 함 - 단순히 공익을 추구하는 비영리 사회단체나 조직은 마을기업으로 부적합
요건 2	마을기업의 사업은 시장경쟁력이 있어야 함
요건 3	마을기업은 지속가능해야 함
요건 4	기업으로서 조직형태는 민법에 따른 법인, 상법에 따른 회사, 협동조합기본법에 따른 협동조합, 농어업 경영체법에 따른 영농조합 등 법인이어야 함

위와 같이 마을기업의 운영원칙 및 정의에 입각하여 성과측정요소를 도

출하면 사회적 기업과 동일한 요소들이 도출되는데 이를 제시하면 다음과 같다.

마을기업의 성과	
경제적 성과와 측정요소	**사회적 성과와 측정요소**
• 연도별 판매량 또는 생산량이나 매출액 • 연도별 수익률이나 이익금 • 부채율 등	• 지역사회문제해결정도 및 지역사회공헌활동여부 • 취약계층 취업률이나 저소득층에게 창출된 일자리 수 • 조직구성원 간 공동체의식, 협력이나 신뢰의 정도 등을 나타나는 조직사회자본 • 조직소명감이나 몰입도 • 기업에 참여하는 지역주민과 이해관계자의 수 • 민주적 의사결정구조나 협치의 정도

3) 사회적 협동조합 성과관리 측정요소

사회적 협동조합은 '지역주민들의 권익·복리 증진과 관련된 사업을 수행하거나 취약계층에게 사회서비스 또는 일자리를 제공하는 등 영리를 목적으로 하지 아니하는 협동조합'을 말한다(협동조합 기본법 제2조 제3호). 협동조합과 사회적 협동조합의 가장 큰 차이점은 협동조합이 이익을 추구하는 영리법인이라는 점이고 사회적 협동조합은 영리를 추구하지 않는 비영리법인이라는 점이다. 특히 사회적 협동조합은 사회취약계층의 사회복지의 증진이라는 사회적 가치를 지향한다는 점이다. 사회적 협동조합은 현행 협동조합기본법 제4장에 의거하면 다음과 같은 사업을 주된 사업으로 수행하여야 한다.

> 첫째, 지역(시·도의 관할 구역을 말하되, 실제 생활권이 둘 이상인 시·도에 걸쳐 있는 경우에는 그 생활권 전체를 말한다. 이하 이 호에서 같다) 사회의 재생, 지역경제의 활성화, 지역주민들의 권익·복리 증진 및 그 밖에 지역사회가 당면한 문제 해결

에 기여하는 사업
둘째, 대통령령으로 정하는 취약계층에 복지·의료·환경 등의 분야
에서 사회서비스를 제공하는 사업
셋째, 대통령령으로 정하는 취약계층에 일자리를 제공하는 사업
넷째, 국가·지방자치단체로부터 위탁받은 사업
다섯째, 그 밖에 공익증진에 이바지하는 사업

관련법에 기초한 사회적 협동조합의 정의 및 사업을 바탕으로 성과측정 요소를 도출하면 다음과 같다.

사회적 협동조합의 성과	
경제적 성과와 측정요소	사회적 성과와 측정요소
• 연도별 판매량 또는 생산량이나 매출액 • 연도별 수익률이나 이익금 • 부채율 등	• 지역사회문제해결정도 및 지역사회공헌활동여부 • 취약계층 취업률이나 저소득층에게 창출된 일자리 수 • 조직구성원 간 공동체의식, 협력이나 신뢰의 정도 등을 나타나는 조직사회자본 • 사회서비스제공 • 민주적 의사결정구조나 협치의 정도

4) 자활기업 성과관리 측정요소

자활기업은 국민기초생활보장제도의 시작과 함께 근로능력이 있는 자활빈곤층 주민들의 자활을 돕기 위하여 지역자활센터의 자활공동체사업으로 시작되었다(지은구, 2021).

자활기업 정의	• 2인 이상의 수급자 또는 저소득층이 상호 협력하여, 조합 또는 공동사업자의 형태로 탈빈곤을 위한 자활사업을 운영하는 업체 • 국민기초생활보장법에 의한 자활기업 요건을 갖추고 보장기관으로부터 인정을 받은 인정자활기업 • 국민기초생활보장법 개정에 따라 2012년 8월 2일부터 '자활공동체'를 '자활기업'으로 명칭을 변경하고, 설립 요건을 2인 이상의 사업자에서 1인 이상의 사업자로 완화

자활기업은 지역자활센터의 자활공동체사업에서 발전된 형태로 국민기초생활수급자 및 차상위계층의 빈곤층으로부터의 탈빈곤을 돕는 기업으로 주된 성과측정지표는 위의 정의를 살펴보면 소득창출, 탈빈곤이나 취약계층 일자리창출 등으로 도출된다.

자활기업의 성과	
경제적 성과와 측정요소	사회적 성과와 측정요소
• 연도별 판매량 또는 생산량이나 매출액 • 연도별 수익률이나 이익금 • 부채율 등	• 소득창출액 • 탈빈곤층 여부(수급으로부터 탈피) • 취약계층 일자리창출

※ 자활기업은 사회적 기업이나 사회적 협동조합 등으로의 발전적 전환 역시 중요한 기업 운영의 목적임으로 사회적 기업의 성과측정요소가 주된 측정요소일 수 있다.

5. 사회적 경제조직 성과관리측정요소와 성과와의 관계

사회적 경제조직의 성과는 사회적 경제조직의 이중적 성격으로 사회적 성과와 경제적 성과로 구분된다. 사회적 경제조직의 사회·경제적 성과의 영역과 성과구성요소는 사회적 경제조직에 대한 개념적 정의와 사회적 경제조직의 정의에 기초한 운영이나 관리를 위한 기준이나 원칙 등에 의해서 위에서 설명한 바와 같이 도출될 수 있다. 또한 사회적 경제조직의 성과관리 및 이를 위한 측정요소를 설명하는 이론인 스튜어드십이론, 조직사회자본론, 이해관계자론, 거버넌스이론, 사회적 경제론, 지역공동체주의론, 사회적 기업가정신론 등은 사회적 경제조직의 성과관리 및 측정을 위해 필요한 영역 및 다양한 요소들이 존재함을 확인시켜주었다. 위의 개념적 정의나 기준 그리고 이론들에서 제시된 창의성 및 혁신성과 위험관리, 직무역량, 다양한 이해관계자의 참여, 공동체인식, 사회적 가치지향성에 대한 태도, 협력네트워크 구축 및 직원 간 신뢰와 공동체의식, 집단적 의사결정 등은 사회적 경제조직의 성과인 경제적 성과와 사회적 성과에 지대한 영향을 줄 수 있는 요소임과 동시에 사회적 경제조직이 창출하는 중요한 성과요소들이다.

투입과 행동, 산출과 결과 등으로 조직이 구분되어 운영된다는 체계주의모델이나 이를 기본으로 하는 로직(근거)모델에 근거하면, 이론에 기초한 대부분의 성과측정요소들은 성과를 창출하고 개선하기 위한 투입이자 과정이다. 예를 들어 사회적 기업가정신론이 제시하는 성과관리 및 측정요소들(창의성이나 혁신성 그리고 직무역량 등)이 분명하게 사회적 경제조직이 창출하는 결과나 임팩트가 아니고 성과에 영향을 주는 투입이나 행동(과정)요소라는 점을 의미한다. 결국 사회적 경제조직의 성과는 투입과 과정 그리고 결과부분에 이르는 전 부분에 걸쳐 발생한다고 볼 수 있다.

성과는 단순하게 측정되지 않는다. 모든 기업의 성과는 매우 다면적인 성격을 내포한다. 영리기업의 경우 성과는 주로 결과부분에서 경제적 성과를 중심으로 비경제적 성과를 보완하여 측정되지만, 시장에서 사회적 목적을 실현하기 위해 작동하는 사회적 경제조직의 경우 성과는 영리기업에 비해 더욱 복잡하고 다면적인 성격을 가진다. 사회적 경제조직의 경우 단순히 시장의 가치(즉, 결과부분에서 창출되는 경제적 가치)를 성과라고 인식하게 되면 어떤 사회적 경제조직이 자본의 영향력이 막대한 자본주의 경쟁시장에서 지속적으로 이윤을 창출하면서 사업을 유지할 수 있겠는가? 만약 그렇다면 이는 곧 사회적 경제조직이 제3부문의 조직이라고 할 수 없고 제1부문에서 활동하는 영리조직이 된다.

사회적 경제조직은 사회적 경제에 대한 국민의 인식이 바뀌고 정부의 지원이 지속적으로 이루어지면 시장에서 더욱 생존 가능할 것이고 경쟁력상실로 인한 시장퇴출이라는 위험요인은 줄어들겠지만 사회적 경제에 대한 국민들의 인식이 사회적 경제조직이 시장에서 활동하기 유리한 조건으로 바뀔 때까지 무한정 기다릴 수는 없으며 정부의 지원 역시 무한정 유지 및 확대할 수 없는 것이 현실이므로 사회적 기업가는 역량을 강화하고 지속적으로 성과개선을 통해 국민들에게 다가가야 하며 이를 통해 시장에서 생존 가능하도록 스스로 노력하여야 한다. 이윤을 창출할 수 있을 정도의 자본력이 있으며 충분한 인력을 확보하고 사업을 진행하는 즉, 지속가능성이 충분한 사회적 경제조직은 매우 소수이며 대부분의 마을기업이나 사회적 기업과 같은 사회적 경제조직들은 열악한 자본력과 인력을 가진 소규모 영세기업이라고 할 수 있다. 물론 사회적 경제조직이 창출하는 경제적, 사회적 성과를 지속적으로 개선하고 유지하기 위해서 반드시 정부의 제도적이고 정책적인 지원이 필요하지만 또 한편 정부의 지원이 미약하더라도 시장의 모순과 시장의 차별을 시정하고 국민들이 시장으로부터 배제되지 않는 포용지역사회 및 건강한 시장을 건설하기 위해서 사회적 경제조직의 시장참여활동은 당연히 필요하고 활성화되어야 한다. 하지만 모든 사회적 경제조직이 지역사회에서 생존 가능한 것은 아님으로 보다 안정적이고 발전적인 기업환경을 만들기 위한 개별 기업 및 사회적 기업가들의 노력과 함께 이를 뒷받침할 수 있는 조직관리 및 성과관리방안을 갖추고 있어야 한다.

사회적 경제조직의 성공적 성과관리모델은 적용 가능한 관리모델의 개발을 기본으로 하여 측정 가능한 성과측정영역을 발굴하고 이를 측정할 수 있는 측정요소를 도출 또는 새롭게 개발하여 측정함으로써 가능하다. 기존에 이미 개발된 측정요소 및 측정도구를 포함하여 반드시 측정되어야 하는 성과측정요소 및 측정도구들은 스스로 개발되고 활용되어야 한다. 하지만 반드시 사회적 경제조직의 성과에 대한 정의 및 성과를 구성하는 성과요소 그리고 이를 측정하기 위한 성과측정요소들은 사회적 경제조직의 성과관리 및 성과측정을 설명해주는 이론에 근거하여 도출되어야 하여야 하며 성과를 구성하는 전 영역에서 도출되어야 하는데 이는 곧 사회적 경제조직의 환경과 역동논리가 성과 및 성과관리를 설명하는 이론적 토대에 의해서 설명되기 때문이다.

6. 사회적 경제조직의 올바른 성과관리를 위한 원칙과 방향

1) 올바른 성과관리 및 측정의 원칙

사회적 경제조직의 성과관리 및 성과측정방안(성과관리모형)을 도출하기 위해 이론적 배경에 대한 분석을 통해 성과관리에 대한 구체적인 내용이 확보된다면 성과관리 및 성과측정이 수행될 수 있는 성과관리모델 및 측정모델을 개발하게 되는데 한국형 사회적 경제조직을 위한 성과관리모형을 위해 반드시 숙고되어야 하는 기본적인 원칙이 필요하게 된다. 사회적 경제조직에게 보다 적합한 성과관리모형을 개발하기 위해서는 다음과 같은 원칙이 필요하다.

> 첫째, 소규모 사회적 경제조직에 적용가능하고 기업의 지속가능성 및 발전을 담보할 수 있는 성과관리모형이 필요하다.
>
> 둘째, 스스로 사회적 경제조직이 학습하며 직원들이 역량 강화될 수 있는 성과관리모형이 필요하다.
>
> 셋째, 사회적 경제조직 직원의 역량이나 능력을 고려한 성과관리 및 측정모형이 필요하다.
>
> 넷째, 성과관리모형에서 사회적 경제조직이 창출하는 사회적 효과성(영향력) 또는 사회적 가치의 성취여부가 반드시 관리되고 측정되어야 한다.
>
> 다섯째, 사회적 경제조직의 성과는 단순히 결과(산출포함)부분에서만 창출되지 않는다. 사회적 경제조직의 성과는 다면적이며 특히 결과부분 뿐만 아니라 인과요인에 대한 분석을 기본으로 투입과 과정 그리고 결과부분에서 동시에 성과를 창출한다. 따라서 성과의 다면성을 관리하고 측정하는 성과관리 및 측정모형이 필요하다.

결론적으로 보면, 사회적 경제조직의 성과관리모형은 위와 같은 원칙에 부합하도록 제시되고 개발되는 것이 필요하다.

2) 사회적 경제조직 성과관리모형의 올바른 방향

사회적 경제조직이 제공하는 재화와 서비스를 통해서 확보한 이윤은 기본적으로 인본주의적 가치와 삶의 질의 향상과 같은 사회적 가치를 성취하기 위해 기업에 재투자되거나 또는 지역사회에 반환되는 것으로 사회적 경제조직의 성과는 단순히 화폐적 가치로 측정되는 것이 불가능하다. 따라서 단순히 화폐적 가치를 강조하는 기업조직의 더 많은 이윤창출이나 생산성 향상과 같은 경제적 성과를 포함하여 사회적 가치창출을 위한 노력의 정도를 나타낼 수 있는 사회적 성과 역시 반드시 측정되어야 한다. 하지만 사회적 경제조직의 성과관리 및 측정이 어려운 것은 사회적 성과를 화폐나 수량적 방법으로 측정하고 관리한다는 것이 매우 어렵기 때문이다.

과정단계에서 갈등이나 위험관리와 창의성(혁신성) 그리고 직무역량 등을 강조하는 사회적기업가정신의 정도나 조직구성원들 사이에 내재된 신뢰와 협력을 위한 조직사회자본의 수준이나 정도 그리고 투입단계에서 미션 공유나 사회적 가치실현에 대한 인식 등은 사회적 경제조직의 성과에 분명 영향을 줄 것으로 예측할 수 있지만 이를 측정하여 관리하기 위해 무엇을 노력하여야 하는지를 찾아가는 것은 분명 어려운 과업이다. 이익창출을 위해 경제적 지속가능성을 강조하고, 동시에 전문적 기술과 인간과 인간사이의 관계 지향적이며 개별적 욕구의 해결을 강조하며 직원 간의 협력과 협조 그리고 정보공유 및 상호행동을 강조하는 사회적 경제조직의 특성에 맞는 성과관리모형은 경제적 가치 즉, 이윤이나 생산성 중심보다는 직원들의 참여, 전문가 사이의 협력과 조정, 직원 간의 그리고 직원과 소비자 및 지역주민 간의 상호신뢰, 다양한 이해관계자들의 참여와 집단적 의사결정을 위한 노력, 지역사회문제 해결 및 지역사회에 대한 환원과 같은 사회적 성과, 사회적기업가정신이나 사회적 가치를 실현시키기 위한 노력이나 인식을 나타내는 사회적가치지향성의 정도 등 다양한 요소에 의해서 측정되어야 한다.

결론적으로, 사회적 경제조직 성과관리모형의 바람직한 방향은 손쉽게 측정 가능한 경제적 성과 이외에 사회적 성과의 측정 가능성 여부 및 사회적 경제조직의 경제적 성과와 사회적 성과에 영향을 미치는 조직사회자본의 정도와 사회적기업가정신 등의 측정 여부에 달려있다고 할 수 있다. 즉, 사회적 성과가 무엇으로 구성되는지와 이를 어떻게 측정할 것인지 그리고 경제 및 사회적 성과에 영향을 미치는 사회적 기업가정신 및 조직사회자본의 정도는 어떠한지 등을 구체적으로 확인하게 되면 사회적 경제조직의 성과는 측정되고 관리되어 지속가능성 및 기업의 발전과 성장을 위해 무엇을 개선하여야 하는지를 확인할 수 있을 것이다.

<그림 4-4> 사회적 경제조직의 올바른 성과관리의 방향

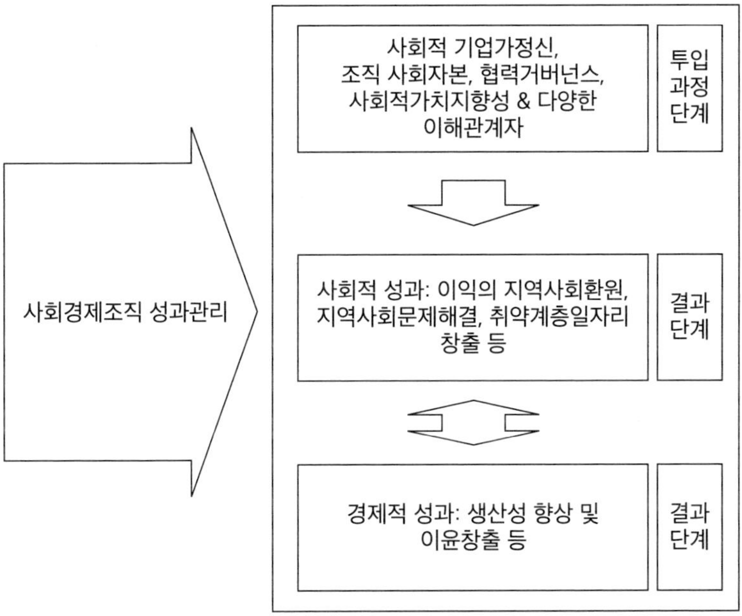

제5장

사회적 경제조직 성과관리모델 비교

Social Economy Organizations and Performance Managemen

사회적 경제조직의 성과관리 또는 성과측정을 위해 제시된 기존의 성과관리 및 측정모델들을 비교·구분하면 첫째, 영리조직의 성과관리모델을 수정하여 가장 대표적인 사회적 경제조직인 사회적 기업의 성과측정에 적용한 모델과 둘째, 비영리조직 성과측정모델을 사회적 경제조직 성과측정에 적용할 수 있는 모델 그리고 사회적 경제조직의 특성을 살려 자체적으로 여러 모델들의 특성을 혼합한 모델 등으로 구분할 수 있다. 본 장에서는 한국형 사회적 경제조직 성과관리모델을 개발하기 위한 전 단계로써 지금까지 연구자들에 의해서 제시된 사회적 경제조직 특히, 사회적 기업 성과관리 및 성과측정모델을 비교·분석한다.

제5장

사회적 경제조직 성과관리모델 비교

제1절 사회적 경제조직의 성과관리(측정)을 위해 수정된 BSC모델

1. BSC 성과관리모델: 사회적 기업 적용모델

사회적 경제조직을 대표하는 사회적 기업의 성과측정에 있어 BSC(Balanced scorecard)모델을 적용하여 성과관리 및 측정모델을 제시한 경우는 Somers(2005)와 Bull(2007) 그리고 Meadow와 Pike(2010)의 연구가 대표적이며 비영리조직의 성과측정모델로 개발되었지만 사회적 경제조직으로 적용 가능한 모델은 Niven(2003)에 의해 제시된 모델이 있다. 하지만 이들의 연구는 측정영역(성과측정관점)을 매우 다르게 제시하고 있다. 이들이 BSC모델을 사회적 경제조직인 사회적 기업(또는 비영리조직)의 성과측정모델로 적용한 이유는 BSC모델이 성과를 단순히 이윤을 넘어서 재정적 관점과 비재정적 관점으로 크게 이분화하여 성과를 측정하고 있기 때문이다. 특히, 사회적 경제조직인 사회적 기업은 경제적 가치인 이윤창출과 사회적 가치실현이라는 두 개의 목적을 성취하는 것이 중요하므로 이윤창출은 재정적 관점으로 그리고 사회적 목적 실현 여부는 비재정적 관점으로 구분하여 성과를 측정하는 것이 가능하기 때문인 것으로 생각된다. 하지만 이 모델들은 모두 왜 사회적 경제조직인 사회적 기업의 성과측정에 BSC모델을 적용하는 것이 가장 적합한지를 설명하고 있지 않으며 그리고 BSC모델의 단점을 극복하기 위한 대책을 제시하지 못하고 있고, 사회적 경제조직의 특성과 BSC모델과의 관계분석을 등한시하고 있다. 특히, 사회적 경제조직인 사회적 기업의 운영 및 역동성을 설명하는 이론적 특성을 모델에 적극 활용하고 있지 않다는 한계를 동시에 가지고 있다.

1) Somers의 성과관리모델

Somers(2005)는 영국의 신경제 재단(New Economic Foundation)의 사회적 기업 파트너십과 공동으로 사회적 기업을 대상으로 BSC를 시범 적용하였으며, BSC를 사회적 기업에 맞게 재구성할 필요성이 있다고 강조하였다. 그는 이를 위해 사회적 목표를 포함하고 재무적 관점을 넓혀 지속가능성에 중점을 두고 보다 광범위한 이해관계자를 고려하기 위해 고객관점을 확대하여야 한다고 주장하였다. Somers가 제시한 수정된 BSC모델을 구체적으로 살펴보면 재정적 관점을 사회적 기업의 특성을 고려하여 재정지속가능성관점으로 수정하였으며 이용자관점을 사회적 기업 이해관계자의 다중성을 고려하여 이해관계자 관점으로 수정하였고 이용자, 소비자, 고용인(직원), 지역사회, 공급자, 배급업자, 협력자 등이 이해관계자에 포함되는 것으로 설명하고 있다. 또한 학습과 성장관점은 자원관점으로 수정하였다. 자원관점에는 정보기술, 숙련된 기술, 네트워크가 포함된다. Somers(2005)의 사회적 기업 성과측정을 위한 수정된 BSC모델은 사회적 기업의 특성을 고려한 것으로 평가받을 수 있지만 각 관점의 성과측정지표를 구체적으로 제시하지는 못하였으며 재정지속가능성을 가장 우선적인 성과측정관점으로 제시하고 다른 세 개의 영역을 재정지속가능성과의 인과관계를 중심으로 제시하고 있다는 한계점을 가지고 있다. 특히 BSC모델이 측정영역으로 대기업에게 적합하고 높은 지식과 기술력을 가진 성과측정팀의 적극적 개입이 없이는 수행하기가 어렵다는 모델 자체의 한계점에 대한 대처방안을 제시하지는 못하였다.

결론적으로 Somers의 BSC모델은 보다 복잡한 경영구조를 필요로 하는 사회적 기업의 혼합적 특성을 반영하고 있으며, 이러한 특성이 재정지속가능성관점과 이용자관점에서 벗어나 다양한 이해관계자를 포함하는 이해관계자관점에서 가장 두드러지게 나타나고 있는데 이는 사회적 기업이 재정적인 지속가능성이 중요하고 보다 다양한 이해관계자들의 욕구에 반응하여야 한다는 측면에서 기존 BSC모델보다 진일보한 모델이라고 할 수 있다. 아래의 그림은 Somers의 BSC모델을 나타내준다.

<그림 5-1> Somers의 BSC모델

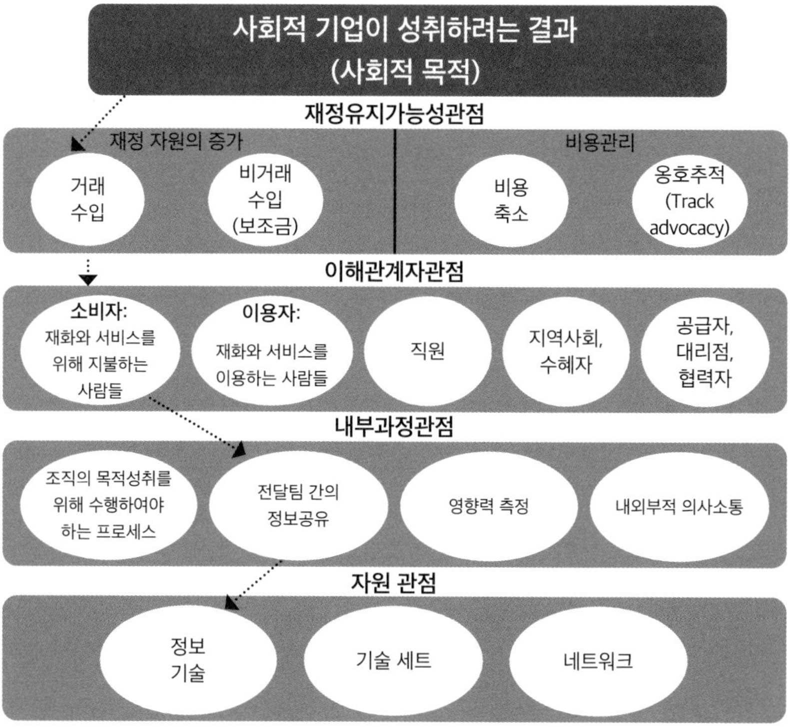

출처: Somers(2005). p, 48, 그림-4에서 재인용

위의 그림에서 보는 바와 같이 성취하려는 결과를 측정하는 성과측정의 흐름은 거래수입과 같은 재정유지가능성관점으로부터 시작하고 있다. 물론 사회적 기업은 사회적 가치나 사회적 목적의 성취를 위해 재정적 유지가능성이 반드시 확보되어야 한다. 시장에서 일정한 이익이 보장되는 재정적 유지가능성이 없다면 사회적 기업의 조직목적은 성취되는 것이 불가능하다. 이러한 이유로 Somers의 모델은 BSC모델에서 수정하여 기본적으로 재정적 관점을 강조하지만 시장에서의 지속가능성을 더욱 강조하는 사회적 기업에 맞게 재정적 관점이 재정유지가능성관점으로 수정되었다. 특히 재정유지가능성관점에서 국가나 비영리재단 등으로부터 오는 보조금수입을 재정원

천으로 인식하고 있다는 점과 비용관리적 측면에서 사회적 목적성취를 위한 다양한 옹호활동을 사회적 기업이 활용할 수 있는 자원이나 비용으로 인식하고 관리한다는 것 역시 지역주민이나 다른 조직들의 옹호활동이나 협력활동을 수행하는 사회적 기업에 부합한다. Somers의 모델을 현실 사회적 기업 사례에 적용하면 아래와 같다.

※ 사례적용

예를 들어 미혼모가정의 아동을 돌보는 돌봄서비스를 제공하는 사회적 기업인 A기관의 목적은 경제적 어려움 없이 미혼모들이 자신의 아이를 돌볼 수 있도록 돌봄서비스를 제공하여 미혼모가정이 지역사회에서 배제되지 않도록 하여 지역사회통합을 실현하는 것에 있다고 하자. A기관의 성과관리 및 측정모델로 Somers 모델을 적용하게 되면 다음과 같은 일련의 과정을 거치게 된다.

먼저 재정유지가능성관점에서 A기관의 목적은 미혼모가정의 아동들에게 돌봄서비스를 제공하여 미혼모가정이 지역사회에서 배제되지 않도록 하는 것이다(거래활동). 목적성취를 위하여 돌봄서비스 이용자들로부터 거래활동을 위한 비용을 지불받는다(거래비용).

두 번째로, 이해관계자관점에서 A기관은 이해관계자인 정부로부터 보조금을 받아서 일부 기관운영비로 충당하고 있으므로 A기관은 정부에 보조금이 조직 목적을 성취하기 위하여 적절하게 사용되었는지를 입증하여야 한다.

세 번째로, 내부과정관점에서, A기관은 조직활동(돌봄서비스제공)이 이용자인 미혼모가정의 지역사회통합을 성취하도록 영향력을 미치는데 있어 가장 최선의 활동을 하고 있음을 입증하여야 한다.

마지막으로, 자원관점에서 A기관은 돌보서비스를 제공하는 인력들이 최선의 돌봄서비스를 제공할 수 있도록 지속적인 돌봄교육과 기술(자원)을 제공하여야 한다.

위의 사례에서 보는 바와 같이 Somers의 모델은 사회적 경제조직인 사회적 기업 성과측정을 위해 재정유지가능성관점인 거래비용에 대한 입증으로부터 시작하여 단계별로 이해자관점을 입증하고 내부과정관점과 자원관점을 입증하기 위해 노력하여야 한다. 각 단계별 측정을 위한 지표나 자료는 기존 BSC모델과 마찬가지로 구체적으로 제시되지 않았으며 각 기업별로 적합한 지표나 자료를 수집하여 측정을 수행하게 된다.

2) Bull의 성과관리모델

유럽사회기금(European Social Fund)으로부터 재정지원을 받아 이루어진 Bull(2007)의 연구도 사회적 기업의 성과측정을 위해 활용될 수 있는 BSC수정모델이다. Bull의 사회적 기업 BSC 모델에서는 영리기업이 일반적으로 추구하고 있는 BSC 관점별 분류를 유사하게 사용하고 있지만 사회적기업이 성취하려고 하는 목적을 토대로 하여 고객을 나타내는 이해관계자 관점, 학습조직관점, 내부활동관점, 다중이익관점으로 구분하였다.

Bull(2007)의 연구는 BSC모델에 Kolb와 Fry(1975)의 조직적 학습순환을 적용하였다는 특징이 있다. 그는 성과측정영역에서 재정적 관점을 다중이익관점으로, 학습과 성장관점을 학습조직관점으로, 이용자관점을 이해관계자환경관점으로 그리고 내부기업과정관점을 내부활동관점으로 재조정하였다. 다중이익관점이란 사회적 기업의 특성을 고려하여 시장에서 이익최대화라는 재정적 관점을 사회적 기업이 이윤창출뿐만 아니라 사회적 그리고 환경적 혜택(사회적 그리고 환경적 목적달성)을 제공하여야 한다는 측면을 포함하여 확대한 개념이다. 학습조직관점은 훈련, 참여, 학습문화, 지도력과 같은 학습조직에 영향을 미치는 요인들을 포함한 개념이며 내적활동은 의사소통, 서비스 질, 서비스표준 등을 포함한 활동을 의미한다. 이해관계자환경관점은 Somers와 마찬가지로 기존의 이용자관점으로는 사회적 기업의 특성을 반영하지 못하므로 사회적 기업에 영향을 주고받는 이해관계자들을 모두 포함하는 개념이다. Bull의 모델은 Somers의 모델과 함께 진전된 사회적 기업측정의 BSC모델이라고 할 수 있다. 특히, BSC모델이 가지는 단점 중 하나인 직원들의 의사소통을 내부 활동으로 포함한 것이나 조직학습을 중요시 한 점 등은 평가할 만하다. 하지만 Bull 모델은 관점별 측정요소들이 아래의 그림에서 보는바와 같이 매우 복잡하게 구성되어 있고, 각 관점을 평가하는 평가지표의 객관적이고 구체적인 제시가 부족하다는 한계를 가지고 있으며 성과측정과정이 복잡함으로 특정 훈련된 집단에 의해서만 주도될 수 있고 일정정도 수준 이상의 직원을 보유한 조직에게만 적용가능하다는 단점을 지니고 있다.

Bull의 모델을 세부적으로 살펴보면 아래의 그림과 같은데, 각 분류를 둘러싼 성과의 관점을 다중이익(예산, 사회적 목적, 환경적 목적, 매트릭스, 사회적 회계, 지속가능성), 학습조직(훈련, 참여, 지식, 학습문화, 리더십, 지속적 개선), 이해 관계자 환경(이해관계자 집중, 시장인식, 브랜드, 프로모션, 자원 및 평가), 내부활동(내부구조, 커뮤니케이션, 내부 활동의 질, 유연성, 성과측정) 등의 네 영역으로 구분하여 제시하고 있다.

<그림 5-2> Bull의 사회적 기업 성과측정을 위해 수정된 BSC모델

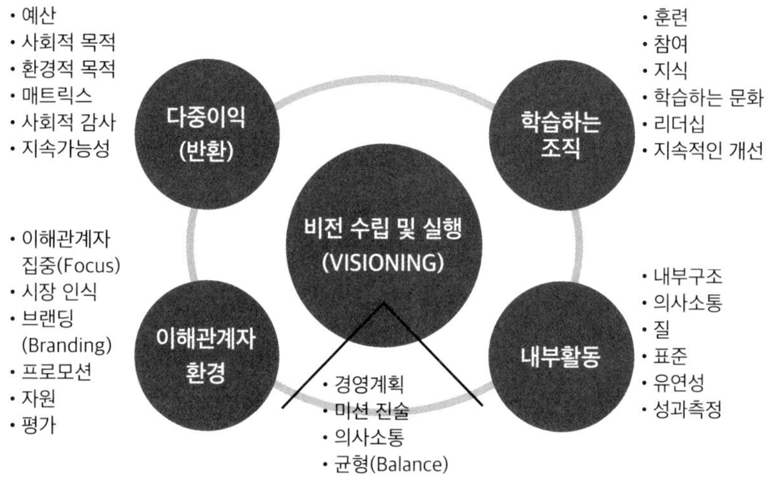

출처: Bull(2007), p, 54 그림-2에서 재인용

결론적으로, Bull의 모델은 사회적 기업의 성과측정을 수행하는 데 있어 다양한 이해관계자, 이익의 다양한 곳으로의 반환, 학습하는 조직 강조, 원활한 의사소통을 강조한다는 점 등이 장점인 모델이다. 특히, 사회적 경제조직인 사회적 기업의 특성을 반영하여 가장 우선적인 사회적 기업의 목적이 바로 비전수립 및 실행임을 강조한다. 특히, 다중이익관점은 사회적 기업의 성과가 경제적 이익창출 뿐만아니라 사회적 가치 및 환경적 가치를 모두

포함한다는 측면에서 기존의 재정적 관점을 사회적 기업의 특성을 고려하여 진일보한 관점이라고 볼 수 있다.

3) Meadow와 Pike의 성과관리모델

Meadow와 Pike(2010) 역시 기존 BSC모델을 사회적 경제조직인 사회적 기업에 적용하기 위한 수정된 모델을 제시하였다. 이들이 제시한 모델은 SROI모델을 BSC모델에 혼합한 혼합모델로서 이해관계자관점을 보다 강조하여 사회적 기업의 성과측정이 경영모델, 재정반환금 그리고 SROI(Social Return on Investment)와 조직발전 측면에서 측정된다고 강조하였다. 특히, 경영모델을 통해서 이들은 시간관점을 적용하였는데 기업경영의 시간은 현재의 기업상황과 중간기간(18개월 이내) 그리고 장기기간(3년 이내)을 위해 기획을 하고 행동과 전략을 설정하여야 함을 주장하였다. 이들이 제시한 성과측정영역에 사회적 투자 반환금(SROI)이 적용된다는 점은 사회적 가치 측면에서의 수량화된 가치를 측정하기 위한 방안을 찾기 위해 노력하였다는 것을 의미함으로 진일보한 모델이라고 할 수 있지만 여전히 조직발전에 대한 이론적 측면과 성과를 연계하여 설명하지는 못하고 있다는 한계를 갖는다. 아래의 그림은 Meadow와 Pike가 제시한 수정된 BSC 사회적 기업 성과측정모델의 틀을 나타낸다.

<그림 5-3> 수정된 BSC 사회적 기업 성과관리모델

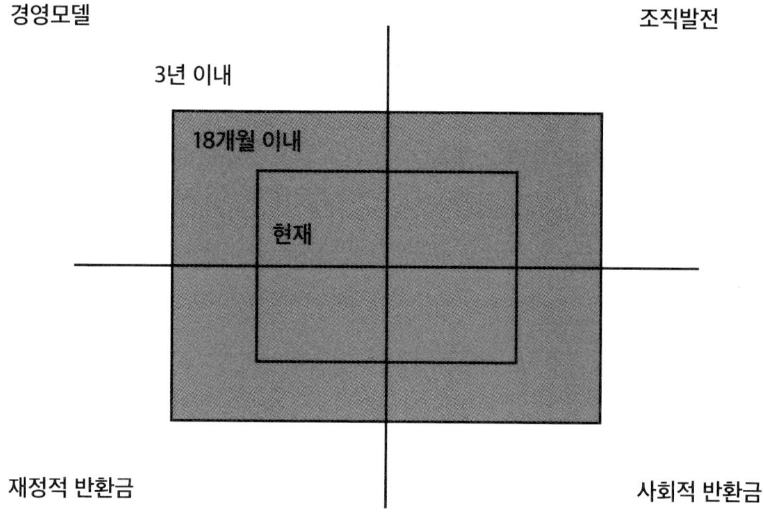

* Meadow와 Pike(2010). p. 136 그림-3에서 재인용

성과측정영역별로 살펴보면 우선 조직발전관점은 BSC모델이서 제시된 학습과 성장관점을 수정한 것으로 조직발전은 조직학습 및 성장 그리고 조직 및 직원들의 역량건설과 깊은 연관이 있음을 의미한다. 경영(모델)관점은 사회적 기업이 상품, 서비스, 시장을 고려한다는 것을 의미하며 정부보조금 등에 더 이상 의존하지 않고 독립적인 기금을 통해 지속가능성을 확보하기 위해서 중요한 관점으로 인식된다. 사회적 반환금은 사회적 기업에게 있어 중요한 관심이며 사회적 가치의 성취는 곧 사회적 반환금을 통해 이루어진다고 할 수 있다. 사회적 반환금은 또한 성과관리적 측면에서 사회적 영향력을 측정하는 것을 통해서 이루어진다. 재정적 반환금은 화폐적 가치로 나타나는 결과로써의 이익을 나타낸다(Meadow and Pike, 2010).

결론적으로 Meadow와 Pike 모델은 사회적 기업의 조직능력, 재정성과, 서비스성장 그리고 사회적 반환금으로써 사회적 가치를 증명하기 위한 증거를 제시하였다는 측면에서 사회적 기업의 성과측정을 위해 기존 BSC모델의 한계를 극복하는데 일조를 하였으며 사회적 기업 성과측정활용가능성을 높였다는 장점을 가지고 있다. 하지만 본 모델은 관점별로 성과를 측정하기 위해 활용될 수 있는 측정영역만을 제시하고 구체적으로 이 영역들을 어떻게 측정하여야 하는지에 대한 방안이나 측정도구 또는 지표를 제시하지는 못하였다는 한계를 가지며 또한 경영(모델)관점을 단기별로 제시하여 기획하고 행동과 전략을 수립하여야 한다는 점에서 역시 모든 사회적 기업(특히, 소규모기업)에 적용하는 것에 대해 현실적합성이 떨어진다는 한계도 지니고 있다.

2. BSC의 비영리조직 적용모델: Niven의 성과관리모델

Kaplan과 Norton(1992)이 제시한 영리조직 성과균형표(BSC)모델을 사회적 기업이 아닌 비영리조직의 성과관리 및 측정에 적용할 수 있도록 수정하여 제시한 모델이 2003년에 Niven이 제시한 모델이다. 하지만 Niven이 제시한 모델은 성과측정이 가장 중요한 가치로써 사회적 목적성취를 강조하였다는 점에서 사회적 가치지향성을 추구하는 사회적 경제조직의 성과측정모델에 적용할 수 있는 하나의 좌표를 제시할 수 있다는 점에서 본 연구에서 소개하도록 한다. Niven(2008)은 균형성과표(BSC)모델을 비영리조직의 성과측정모델로 제시하기 위하여 성과측정에 있어 조직의 가치와 비전 그리고 임무(미션)를 보다 강조하였으며 전략을 보다 구체적으로 제시하였다는 특징이 있다. 따라서 성과균형표(BSC)를 사회적 경제조직 성과관리에 적용하기 위해서는 Kaplan과 Norton(1992)이 제시한 기본 모델이 아닌 Niven(2008)이 제시한 모델이 더욱 적합할 수 있다.

Niven(2008)의 모델을 살펴보면 전략이라는 단어가 자주 사용된다. 사실 BSC는 전략적 성과관리를 위한 하나의 도구라고도 정의될 수 있으므로 전략적 관리체계가 BSC를 구성하는 구성요소중의 하나임을

Niven(2008)은 강조하였다. 전략이라는 용어가 자주 사용된다는 것은 BSC를 활용하기 위해서는 전략에 대한 이해가 필수적임을 의미한다. 또한 조직 미션이나 목적과 가치 그리고 비전을 수립한 후 BSC를 만들어서 성과를 측정하기 전의 전단계로 전략을 수립하는 것이 필수적임을 의미한다.

〈그림5-4〉는 Niven모델을 나타낸다.

<그림 5-4> Niven모델의 흐름

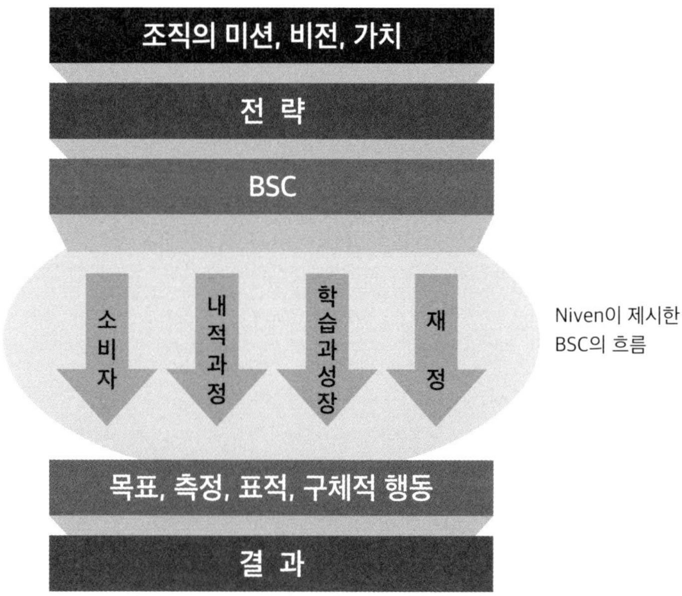

출처: Niven, 2008, p, 156, 그림8-1 참조

전략은 〈그림5-4〉에서 나타나는 바와 같이 BSC와 조직의 미션, 비전 그리고 가치를 연결하는 연결고리 역할임을 함을 알 수 있다. 전략은 조직을 미래로 인도하는 관리도구로써 높은 수준의 계획을 의미하기도 하며 기대된 결과를 성취하기 위해 취할 수 있는 구체적이고 세부적인 행동이라고도 할 수 있지만, Evans(2008)는 전략을 조직이 미션과 비전을 실현시키기 위해 취하여야 하는 방향을 설정한 광범위한 진술이라고 정의하였다. 또한

Niven(2008)은 전략을 조직이 미션을 추구하고 조직환경을 인식하기 위해 조직에 의해서 채택된 광범위한 우선권이라고 정의하였다. 여기서 광범위한 우선권이란 조직이 미션을 성취하기 위해 추구하여야 하는 여러 행동들을 의미한다. 전략은 미션, 가치나 비전을 어떻게 성취할 것 인지에 대한 구체적인 방법을 포함한다. 조직의 미션, 가치 그리고 비전이나 조직목적은 당위적으로 조직이 성취하여야 하는 것을 의미하지만 조직이 어떻게 비전이나 조직목적을 성취할 것인가는 전략을 수립하여 시행함으로써 이루어진다고 할 수 있다.

예를 들어 전략은 비전(또는 조직목적)을 성취하기 위해 조직구성원들이 어디에 힘을 쏟아야 하고 자원은 어디에 할당하여야 하는지 등에 대한 우선권을 제시한다고 할 수 있다. 따라서 전략은 조직성원들이 어떤 행동을 하여야 하는지, 중요한 결정은 어디에 기초하여야 하는지 나아가 조직임무나 목적을 성취하기 위해서 어디에 집중하여야 하는지 등을 나타냄으로 성과를 개선하는데 매우 중요하다고 할 수 있다.

특히 BSC를 수행하는데 있어 위에서 제시한 바와 같이 전략은 매우 중요한데 이는 BSC가 전략을 행동으로 전환시키는 하나의 도구이기 때문이다. 하지만 전략을 설정하는 것은 매우 어려운 과업임에 틀림없다. 특히 전략설정에는 지름길이나 최상의 옳은 방법이 존재하지 않는다. 전략을 설정하는데 있어 무엇보다도 중요한 것은 조직의 미션, 가치 그리고 비전을 확인하는 것이다. 조직미션(임무선언)은 조직목적과 같은 의미로써 조직설립의 이유를 나타낸다. 즉, 왜 우리조직이 존재하는가에 대한 근원적인 대답이 바로 조직미션(또는 조직목적)이 된다. 비전은 우리조직이 어디로 향하고 있는가를 의미한다. 그리고 가치[17]란 조직비전으로 향하는데 있어 모든 조

17 Evans(2008)는 가치를 조직구성원들을 인도하는 원칙이라는 용어와 함께 사용하였다.

직성원들의 행동을 규정하는 정책이나 태도들을 의미한다(Evans, 2008). 조직의 미션, 비전 그리고 가치를 이해하면 구체적인 전략을 설정하는 단계로 들어가게 된다.

위의 단계를 거쳐 전략이 설정되면 전략을 행동으로 전환시키는 즉, 전략을 행동과 연결시키고 행동의 결과를 얻을 수 있도록 하는 측정도구가 필요하게 되며 BSC는 이러한 전략과 측정도구를 연결하는 유용한 하나의 체계 또는 도구라고 할 수 있다. 따라서 BSC는 전략이 어떻게 설정되었는가에 따라 영향을 받을 수 있고 잘 구축된 BSC는 전략의 설정과 전략이 보다 구체적으로 분화되어 네 개의 관점에서 선택된 측정도구와 목표를 포함하고 있어야 한다고 볼 수 있다. 아래의 그림은 Niven모델의 전략과 네 개의 관점사이의 관계를 보다 구체적으로 나타낸다.

<그림 5-5> Niven모델의 기본 구성요소

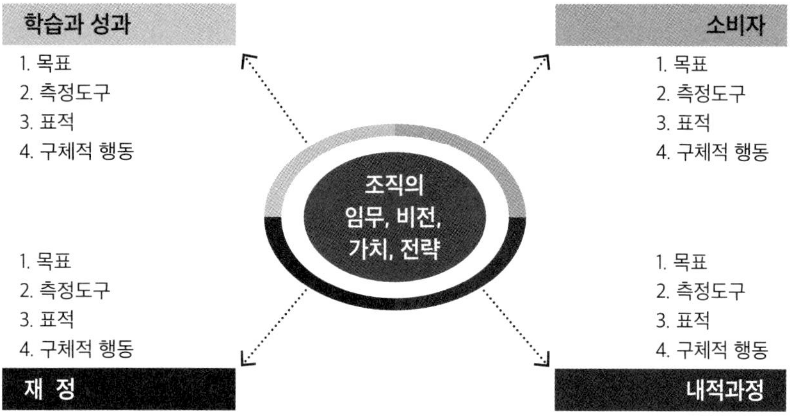

Niven모델은 위의 그림에서 보는 바와 같이 단순한 성과측정도구라기보다는 왜 측정하는지, 무엇을 측정할 것인지, 무엇을 가지고 측정할 것이지, 어떻게 측정할 것인지 등 측정이유와 측정대상, 측정방법 및 측정도구

등을 포함하는 성과관리체계라고 할 수 있다. Niven모델을 이용하여 성과를 측정하기 위해서는 먼저 조직이 설정한 미션, 비전 그리고 가치를 확인하고 이에 기반하여 성과를 측정하기 위한 전략을 설정하여야 한다. 성과측정영역은 재정관점을 중심으로 상호 연관된 4개의 관점에서 이루어진다. 하지만 Niven모델의 특징은 전통적인 BSC모델과 달리 재정관점이 우선시 되지 않고 다른 관점과 수평적 관계로 이해된다는 점이다. 즉, 조직비전과 미션 그리고 가치에 대한 전략적 숙고가 재정적 관점에 우선시 된다.

성과측정은 각각의 측정영역(4개의 관점을 의미)에서 성취하려는 전략적 목표(또는 성과목표)를 설정한 후 각각의 표적들과 측정도구들 그리고 구체적 행동(세부추진과제)들을 확인하는 과정으로 이루어진다. 각각의 측정영역에서 설정된 성과목표들은 사용 가능한 5개나 6개 정도의 측정도구를 활용하여 측정된다. 특히, 표적은 성과측정을 통해서 성취하려는 기대하는 결과를 의미하고 구체적 행동(또는 세부추진과제)은 표적을 성취하기 위한 구체적인 행동, 프로그램, 프로젝트 등을 의미한다.

3. 사회적 경제조직 성과관리를 위한 수정된 BSC모델의 장단점

Kapan과 Norton(1992)이 처음 제안하였던 초기 BSC는 하나의 성과측정체계라기 보다는 성과관리체계 안에서 성과를 측정하는 여러 방법 또는 도구들 중의 하나에 지나지 않았다고 할 수 있지만 수정을 거듭하면서 Niven모델에서 나타나는 바와 같이 조직 미션, 목적, 가치와 전략 그리고 인과관계분석 등의 요소가 다른 관점들보다 우선적으로 고려되고 이후 네 개의 관점을 중심으로 성과를 측정하는 성과측정모델(또는 체계)이 등장하였다. 이러한 지속적인 BSC모델의 변화·발전은 수정된 BSC모델의 사회적 기업 성과측정으로의 적용가능성을 높여 주었다고 평가할 수 있다. 현재 수정된 BSC모델은 미국과 영국을 중심으로 공공조직의 성과측정모델로도 활용되고 있다. 수정된 BSC모델의 장점과 단점을 살펴보면 아래와 같다.

<표 5-1> 사회적 경제조직(사회적 기업과 비영리조직) 성과관리를 위해 수정된 BSC모델 비교

관점	Somers모델	Bull 모델	Meadow와 Pike 모델	Niven 모델
다중수익	-거래수입 -거래외수익 (보조금) -비용절감 -트랙옹호	-지속가능성 추구 -예산지출 관리 -사회적 목표 명시 -환경적 목표 명시 -사회적 성과 및 비사회적 성과 매트릭스 -사회회계 및 환경회계	경영모델관점	재정관점
학습조직	-정보기술 -일련의 기술 -네트워크	-교육훈련 및 개발의지 -팀워크, 의사결정 참여 장려 -외부지식을 통한 학습 -창조적 학습문화 -리더십 -지속적 발전철학	조직발전관점	학습과 성장관점
이해관계자환경	-소비자 -사용자 -종업원 -지역사회 -공급자	-이해관계자 중시 -경쟁자 관찰 -시각적 정체성 및 이미지 홍보 -마케팅 지원 -마케팅 평가	사회적 반환금관점	소비자
내부활동	-내부프로세스 -정보공유 -효과측정 -내외부의사소통	-내부지원체계 -내부 의사소통 관리 -내부활동 품질관리 -경영시스템 -유연성 및 적응성	재정적 반환금 관점	내적(내부) 과정

1) 사회적 경제조직 성과관리 및 측정을 위해 적용된 BSC모델의 장점

BSC모델은 성과를 관리하고 이를 위해 성과를 측정함에 있어 비재무적 관점을 비롯하여 조직학습과 성장, 소비자 그리고 조직내부관점을 중요한 측정영역으로 한다는 점에서 그동안 경제적 가치 즉, 재정적 관점만을 측정하였던 조직성과측정영역에 새로운 바람을 불러일으킨 이후 비영리조직과 사회적 경제조직(특히, 사회적 기업)의 특성을 반영하여 성과측정을 위해 수정되어 적용되면서 확대되어왔다. 따라서 사회적 경제조직이나 비영리조직의 성과측정을 위해 그들의 특성들을 고려하여 개발된 모델들은 대부분 기존 BSC모델에서 수정된 모델들이다.

Somers(2005)나 Bull(2007)가 수정한 BSC모델은 재무적 관점을 나타내고 있는 사회적기업의 재정적 지속가능성에 대한 중요성을 BSC의 상위관점으로 제시하고 있다. 즉, Somers(2005)와 Bull(2007)의 BSC모델에서 재무적 관점이 사회적기업의 BSC모델에서는 수정되어 재정적 지속가능성의 차원으로 중요하게 언급하고 있다는 점이다(지은구, 2012). 또한 Meadow와 Pike(2010)가 사회적 기업에 적용하기 위해 제시한 수정된 BSC모델에서도 사회적 가치실현의 여부를 측정하기 위해 사회적 반환금을 강조한다는 측면에서 위의 두 모델들과 비슷한 관점을 유지한다.

BSC의 장점 중 하나가 조직성과의 측정을 재정적 측면을 중심으로 비재정적 측면의 가치를 모두 고려한다는 점이다. 물론 Kaplan과 Norton(1992)이 제시한 내부프로세스, 고객 그리고 학습과 성장관점들만이 비재정적 측면을 전적으로 대변한다고 할 수는 없지만 재정적 측면을 측정하는 측정도구를 조직성과측정의 한 영역으로만 인정한 점은 BSC의 큰 장점이라고 할 수 있다. 조직의 성과를 측정하는데 있어 재정적 측면을 나타내는 재정적 측정도구를 활용하면 돈의 흐름이나 양에 따른 조직의 성과를 결과중심으로 확인하는 것이 손쉬울 수 있다. 하지만 재정적 측면만을 통해 조직의 성과를 측정하는 것 보다 조직의 성과를 다른 부분에서도 측정하는 것은 조직의 실제적인 면을 이해하고 조직을 총체적으로 바라보는데 훨씬 용이할 수 있다. 사회적 경제조직의 성과를 측정함에 있어 재정적 측면만을 고려할 수 없는 구체적인 이유는 다음과 같다.

▶ 성과관리 및 측정에서 사회적 경제조직의 재정적 측면만을 고려할 수 없는 이유

첫째, 사회적 경제조직의 설립목적 또는 성취하려는 조직의 사회적 가치는 시장에서의 생존이 우선적인 가치가 아니다. 사회적 경제조직의 중심적인 가치는 넓게는 지역사회의 발전이나 지역사회문제의 해결, 기업활동을 통한 지역사회배제의 해결, 좁게는 일자리창출, 직원의 자기개발이나 역량강화, 직원들 간의 관계, 이용자 및 지역주민과의 관계개선, 조직혁신이나 변화를 향한 조직문화 등 다양할 수 있다.

둘째, 사회적 경제조직은 직원들의 역량강화를 통한 능력향상과 지역사회발전을 동시에 추구한다. 재정적 측면만을 측정한 성과측정 결과만 가지고 사회적 경제조직의 활동을 예단할 수 없다. 화폐적 가치를 통한 측정은 지난해의 조직성과에 대한 재정적 측면의 평가가 가능하도록 하지만 사회적 경제조직은 직원역량강화를 통한 조직효과성이나 조직사명감의 실현이 중요하다.

셋째, 사회적 경제조직의 시장생존가능성(유지가능성)은 다른 영리기업과의 경쟁을 통한 이익창출을 통해서 확보된다고 보기 어렵다. 자본의 힘이 지배하는 시장이라고 해도 영리기업과 경쟁이 가능한 영역 즉, 영리기업의 시장진입가능성이 낮은 영역 또는 영리기업의 이익창출이 제한적인 영역 그리고 인간봉사영역과 같이 인간관계를 기본적인 가치로 하는 영역 그리고 타 기관과의 경쟁보다는 협력과 조정이 가능한 영역 등에서 사회적 경제조직은 충분히 생존가능하다. 이러한 생존가능성 영역에서 재정적 측면의 가치만을 측정하는 측정도구로는 사회적 경제조직과 타 조직 간의 협력활동이나 상호행동을 통한 조직목적성취 등의 측면을 측정하기가 어렵다. 단순히 이윤창출이 아니고 특정한 임무를 성취하여야 하는 사회적 경제조직의 경우 주어진 조직목적을 성취하기 위해 다른 기관과의 협력을 절대적으로 필요로 하며 직원들 간의 신뢰감과 직원들의 사명감, 사회적 가치 성취를 위한 기본적인 의지나 태도(사회적가치지향성), 그리고 창의성이나 혁신성과 같은 사회적기업가정신 등은 재정적 측면만을 측정하는 측정도구로는 측정자체가 불가능함을 의미한다.

2) 사회적 경제조직 성과관리를 위해 적용된 BSC모델의 한계

BSC는 재정적 관점의 측정뿐만 아니라 비재정적 측면의 관점을 측정하여 조직 전반의 성과를 측정한다는 점에서 기존 성과측정이 지나치게 재정적 측면의 효율성만을 강조하여 왔다는 한계를 극복하는데 많은 영향을 미쳤다. 하지만 여전히 재정적 관점을 중심으로 다른 세 관점과의 상호연관성 및 인과성을 제시한다는 측면에서 재정적 효율성이 역시 가장 중요한 성과측정영역임을 부인할 수 없다(지은구, 2012). 재정적 관점을 중심으로 성과가 측정된다는 한계 이외에도 BSC가 여전히 사회적 경제조직이 유용하게 활용할 수 있는 성과측정도구 또는 모델인가에 대해서는 많은 한계가 존재한다. 사회적 경제조직 성과관리의 틀로써 BSC 성과관리모델들이 가지고 있는 중요한 한계점들을 지적하면 다음과 같다.

첫째, 일반적으로 BSC모델은 성과측정영역을 재정관점, 고객관점, 내

부프로세스관점 그리고 학습과 성장관점의 네 영역으로 구분하며, 수정된 BSC도 대체적으로 이러한 관점을 유지하고 있지만 성과측정의 영역이 반드시 네 개의 영역으로만 구분될 수 있는 것은 아니다. 예를 들어, 성과관리를 위한 성과측정영역이 6개, 7개 또는 9개의 영역으로 구분될 수는 없는가? 왜 4개의 영역에서만 성과가 측정되어야 하는가에 대한 의문이 존재한다. 예를 들어 조직성과를 측정하는 품질관리를 위한 유럽재단(EFQM, European Foundation for Quality Management)모델에서는 성과측정영역을 지도력, 인적관리, 정책 및 전략, 자원, 소비자만족, 주민만족, 사회적 임팩트 그리고 경영결과 등의 9개 영역에서 측정될 수 있음을 강조한다(Talbot, 2010). 특히, 사회적 경제조직의 성과는 영리조직 성과와는 상이한 측면을 포함하는 영역이며 사회적 가치지향성 뿐만 아니라 사회적 기업가정신실현 등 사회적 경제조직의 다중하고 복잡한 성과측면을 네 개의 측면으로 단순화하기는 어렵다. 즉, 사회적 경제조직 BSC모델은 사회적 경제조직의 성과가 가지고 있는 다양한 측면을 반영하지 못한다고 할 수 있다.

둘째, BSC성과측정영역인 재정관점, 고객관점, 내부프로세스관점 그리고 학습과 성장관점 중에서 사회적 경제조직을 위해 수정된 대부분의 BSC 모델에서는 재정적 관점이 가장 중요한 영역이다. 하지만 사회적 경제조직의 성과가 가장 우선적으로 재정적 측면에서 이윤창출인가에 대해서는 이론의 여지가 있다. 사회적 경제조직의 경우 이해관계자나 조직학습이나 성장 또는 내부프로세스활동이 재정적 측면보다 훨씬 중요한 성과영역일 수 있다는 측면에서 성과측정영역 간 상대적 중요도는 반드시 증명되어야 한다.

셋째, 누가 BSC모델을 이용한 성과측정을 수행하기 위하여 전략적 성과관리체계의 틀을 구성할 수 있는가? BSC가 강조하는 전략적 성과관리는 전략을 네 개의 영역에서 측정가능한 측정도구로 전환시키는 것이 핵심이다. 따라서 조직성과와 연관한 전략을 네 개의 관점에서 설정하는 것이 중요하다. 또한 전략은 조직의 미션, 가치 그리고 비전과 분명한 연관이 있어야 한다. 따라서 조직이 설정한 조직 미션, 가치 그리고 비전을 고려한 전략을 설정하고 그 전략을 네 개의 관점으로 구분한 후 각각의 관점에서 그에 상응하는 측정도구(또는 측정지표)를 찾아 측정하여야 한다. 결론적으로 수정된 BSC모델을 성과측정에 적용하기 위해서는 조직 전반에 대한 완전한 이해력을 가지고 있으면서 성과관리나 측정에 대한 경험과 해박한 지식을 가지고 있는 조직운영자 내지는 성과관리전담인력이나 부서 등이 필요하다. 따라서 BSC를 수행할 수 있는 적합한 인력이나 조직지도부가 없다면 BSC의 활용은 어렵다는 측면에서 특별히 인력이나 재정적 측면에서 성과관리전담인원이나 팀을 구성할 수 없는 규모가 작은 사회적 경제조직에서의 활용은 거의 불가능에 가깝다고 할 수 있다.

넷째, 각각의 관점에서 설정된 측정도구나 지표가 그 관점들을 측정할 수 있는 가장 객관적이고 적합한 측정도구나 지표인가에 대한 질문은 BSC가 가지고 있는 가장 중요한 약점이다. 즉, BSC의 특성상 측정도구(또는 측정지표)는 관리자나 측정을 주도하는 직원들에 의해 선택되어 질수도 있고 선택되어지지 않을 수도 있다. 각 관점에서 선택된 측정도구가 가장 적합한 측정도구라고 한다면 측정결과에 대한 신뢰는 높을 수 있지만 그렇지 않을 경우 성과측정결과에 대한 신뢰는 낮을 수밖에 없게 된다. 또한 측정도구나 지표의 객관적 타당도가 검증되지 않는다면 BSC모델을 적용한 기업 간 성과의 상대적 비교는 어렵게 된다.

다섯째, 위의 두 번째 한계와 관련하여, 재정적 관점, 고객관점, 내부프로세스관점 그리고 학습과 성장관점과의 연관성 특히 각 관점사이의 인과관계를 재정적 관점을 중심으로 파악하는 것은 손쉬운 작업이라고 할 수 없다. 특히 관점들 사이의 연관성을 고려하여 전략지도를 그리는 것은 현실적으로 매우 어려운 작업이라고 할 수 있다. 모든 관점이 반드시 재정과 연관이 있는 것은 아니다.

여섯째, BSC성과관리모델은 조직 내에서 성과관리에 대한 지식과 기술,

경험 그리고 지도력을 가진 특정 집단이나 부서에 의해서 주도되는 것이 바람직한 모델로서 조직 전 직원의 참여 나아가 조직의 프로그램이나 서비스의 참여자나 이용자 또는 잠재적 이용자집단과 같은 이해관련집단의 성과측정과정으로의 참여 나아가 참여를 통한 역량강화는 현실적으로 불가능한 모델이라고 할 수 있다. 결국, BSC는 조직구성원과 이용자중심 성과측정모델이 아니고 재정을 중심으로 조직성과를 측정함으로 이용자 개개인들의 서비스에 대한 영향력을 확인하고 지역사회에 대한 변화를 추적하는 사회적 경제조직 성과측정으로의 적용은 한계가 있을 수 있다.

4. BSC모델과 사회적 경제조직 성과관리의 함의

위에서 제시된 수정된 BSC모델들은 사회적 경제조직이나 비영리조직의 성과관리를 위한 성과측정모델 중 선택할 수 있는 하나의 성과측정모델이라고 할 수 있으며 나아가 전략적 성과관리를 위한 하나의 성과측정모델이라고 할 수 있다. 성과관리는 성과를 측정하여야 가능하며 측정은 체계적으로 이루어져야 함으로 체계적으로 그리고 전략적으로 성과를 측정하기 위한 하나의 측정모델이 바로 BSC모델이다. 즉, BSC모델은 성과측정을 보다 체계적으로 수행하기 위한 모델임을 의미한다. 위의 Bulls나 Somers 그리고 Niven모델 등에서 나타나는 바와 같이 성과측정의 모든 영역이 전략과 연관되어 있으므로 BSC모델은 특히 성과측정을 위해 측정전략을 설정하는 것을 강조한다는 것을 알 수 있다. 특히, 사회적 경제조직의 목적이나 임무의 성취여부를 확인할 수 있는 전략을 설정하고 설정된 전략에 맞는 목표(예를 들어 전략적 목표)를 수립하여 목표성취여부를 측정하는 것이 BSC모델 성과측정의 전체적인 그림이라고 할 수 있다. 결국, 간략하게 말한다면 사회적 경제조직의 BSC모델은 기업이 설립한 미션이나 조직설립목적에 부합하는 전략을 설정하고 설정된 전략의 성취여부를 네 영역에서 측정하기 위해 다양한 측정도구를 활용한다. 일반적으로 BSC모델에서는 각각의 영역에서 설정된 전략적 성과목표의 실현 여부를 5개에서 6개 정도의 측정도구(measure)를 이용하여 측정하며 프로그램이나 프로젝트보다는 주로 상층관리자가 조직 전반의 성과를 측정하는데 적합한 틀로 알려져 있다. 특히, 사회적 경제조직의 성과측정모델로 제시된 수정된 모델들은 대부분 사회적 기업의 가치 또는 사회적 경제조직의 미션, 비전과 전략과의 관계를 중심으로 모델별로 수정된 상이한 네 개의 관점에서 측정지표를 설정하여 조직성과를 측정한다.

하지만 대부분의 BSC모델들은 성과측정이 사회적 경제조직 전반에 대한 완전한 정보를 가지고 있는 조직상층부나 BSC모델 적용에 전문성을 가진 전문가집단의 개입을 통해서 이루어져야함으로 성과측정이 직원들의 의사소통활성화나 직원학습을 통한 역량강화와 조직발전을 도모하는데 한계를 지니고 있으며 또한 조직의 재정적 측면과 비재정적 측면의 인과관계를 재정적 측면을 중심으로 분석함으로 재정적 책임성이 보다 강조되는 한계를 갖는다.

BSC모델이 사회적 경제조직의 성과관리 및 측정모델로 보다 적합한 틀을 제공하기 위해서는 첫째, 성과가 측정되는 영역 또는 관점이 반드시 네 개의 영역일 필요가 없음으로 사회적 경제조직의 특성에 맞게 재조정되어야 할 것이며 둘째, 각각의 관점에 맞는 객관적인 측정지표들이 보다 분명하게 제시되어야 할 것이고 셋째, 각 관점별로 측정된 결과가 객관적으로 인정받을 수 있도록 측정점수의 기준이나 표준 그리고 비영리조직의 특성에 맞는 관점별 점수배정 등이 제시되어야 하고 넷째, 측정영역 또는 관점별로 상대적 중요도가 반드시 고려되어 성과측정에 적용되어야 할 필요가 있다. 하지만 이러한 수정이 이루어졌다고 해도 다중수익이건 사회적 반환금이건 재정적 측면을 다른 관점이나 측정영역에 영향력을 주는 가장 중요한 독립변수로 상정하는 BSC모델의 기본 한계는 벗어날 수가 없다.

제2절
사회적 회계와 감사(social accounting and auditing, SAA)모델

1. 사회적 회계와 감사모델의 배경

사회적 회계는 규범적 용어이며 재정적 측면의 회계를 뛰어넘어 조직과 사회 사이의 상호행동에 보다 많은 초점을 두는 조직관리 기법이다. 사회적 회계는 1970년대 처음 등장하여 학자들이나 기업회계를 담당하는 단체와 조직들에 의해서 퍼져나가다 1981년 Freer Spreckley가 "사회적 감사-협조적 작업을 위한 관리도구(Social Audit: a management tool for co-operative working)"라는 책을 통해 소개되면서 사회적 경제조직 특히, 사회적 기업의 사회적·환경적 임팩트를 측정하는 관리체계로 자리 잡게 되었다. 사실, 사회적 회계는 또한 사회적 책임성이나 사회적 감사 등으로도 불린다(Gibbon and Dey, 2011; Gray, Owen and Maunders, 1987)[18]. 물론 사회적 감사나 사회적 회계 등의 용어들이 구체적인 의미는 다르다. 구체적으로 보면 사회적 감사는 사회적 회계의 과정에 들어있는 성과측정을 위한 도구라고 할 수 있다. 하지만 Spreckley(2009)는 사회적 감사를 진행하는

18 본 연구에서는 사회적 책임성을 위한 접근방법으로 사회적 회계를 이해하며 사회적 감사와 사회적 회계를 조직의 성과를 측정하는 측정도구로 지칭한다.

네 단계 중 네 번째 단계에서 사회적 회계가 포함됨을 제시하여 사회적 회계가 사회적 감사를 위하 측정도구로 인식하였다. 결국, 사회적 회계와 사회적 감사는 각자 성과를 측정하는 측정도구로써 동일하게 구분되기도 하며 사회적 회계가 사회적 감사를 위한 측정도구 또는 사회적 감사가 사회적 회계를 위한 측정도구로 구분하여 사용되기도 한다. 이런 양면성은 곧 사회적 회계와 감사(SAA)라는 용어를 동시에 사용하는 측정모델 등장의 기반이 된다. 따라서 사회적 회계와 사회적 감사는 여전히 발전하는 개념임과 동시에 조직의 성과를 측정하는 측정방안이나 방법이라고 할 수 있다. 특히 사회적 회계는 기업의 사회적 책임성에 대해 응답하는 방식으로부터 발전되었으며 사회적·경제적·환경적 성과에 대한 자료를 수집하고 이를 분석하여 결과를 지역사회와 지역주민 및 이해관계자들과 공유하는 것이며 사회적 감사는 사회적 회계의 결과를 이관계자들이 조직의 내·외부적 관점으로 감사하는 과정을 나타내는 것으로 이해할 수 있다.

사회적 회계는 사회 안에서 특정집단에 대한 조직의 경제적 활동이 사회적·환경적 효과를 동시에 수반하는 것을 나타내는 용어이다(Gray et al., 1987). 사회적 회계는 특히 기업책임성(corporate accountability)과 깊은 연관이 있는데 Crowder(2000)은 '사회적 회계가 기업의 사회와 관련이 있는 행동을 확인하기 위한 기업의 활동을 보고하는 그리고 기업의 사회적 성과를 측정하는 적절한 측정도구와 기법을 보고하는 하나의 접근방법'이라고 제시하였다. 즉, 사회적 회계는 기업의 사회적 성과에 대해 측정하고 보고하기 위한 하나의 방안이자 체계라고 할 수 있다. Pearce(2001)은 사회적 회계를 "사회적 성과를 설명할 수 있는, 성과에 영향을 미치는 행동계획들을 보고하는, 이해관계자들에게 책임이 있는 그리고 지역사회에 성과의 영향력을 이해하도록 하는 하나의 틀"이라고 정의하였다. 또한 Mook와 Richmond(2003)은 사회적 회계를 이해관계자가 회계진술을 통해 분석한 지역사회와 이해관계자들에 대한 조직효과의 체계적 분석방법이라고 정의하였다.

반면, 사회적 감사는 사회적 회계를 측정하고 확인하기 위한 관리적 방안이자 성과관리를 위한 측정도구라고 할 수 있다. 사회적 감사는 주로 기업이 설정한 미션이나 목표의 성취여부에 대한 기업활동의 진전 과정이나 상태 그리고 성과 등에 대한 구체적인 설명이나 진술 등을 나타내며 주로 질적인 접근방법을 활용하는 측정도구이다. Nicholls(2009)가 제시한 '개선된 사회적 감사'는 Zadek(1998)의 사회적 책임성(social accountability)에 기초한다. 이는 사회적 회계나 사회적 감사가 모두 기업의 사회적 책임성을 확인하는 도구로써 이용되기 때문이다. 굳이 구분하지만 사회적 회계를 통해 기업의 성과를 측정하기 위해서 사회적 감사라는 측정도구를 활용함으로 사회적 회계라는 절차를 진행하는데 있어 성과에 대한 자체적이고 독립적인 감사를 나타내는 사회적 감사가 반드시 필요하다.

따라서 사회적 회계는 기업의 사회적 책임성(corporate social accountability. CSR)과 같은 맥락에서 이해될 수 있으며 비영리조직이나 자선조직 그리고 사회적 경제조직과 같은 경우는 조직의 경제활동에 수반되는 사회적 환경적 효과를 나타내는 비경제적 보고서로 이해된다. 또한 사회적 회계는 조직의 사회적 효과와 환경적 효과를 측정한다는 측면에서 지역주민이나 이용자들이 속한 지역사회에 기초한 모니터링(community based monitoring, CBM)과도 연관이 있다. 따라서 전통적인 기업 활동 측정방식인 재정적 회계를 뛰어넘는 사회적 회계는 다음과 같은 특징이 있다.

> 첫째, 경제적 서류에만 의존하지 않는다.
> 둘째, 재정적 용어들로만 표현되지 않는다.
> 셋째, 소유자나 주주가 아닌 다양한 이해관계자들에 대한 책임이 있다.
> 넷째, 측정의 목적은 이익창출과 같은 재정적 성공에 대한 보고서를 뛰어넘는다.

넷째, 재정적 가치와 사회적 가치의 균형 유지를 통해 조직의 지속 가능성을 제고할 수 있다.

영리기업이든 비영리기업이든 또는 사회적 기업과 같은 사회적 경제조직이든 모든 조직들은 조직활동을 하며 조직활동은 경제적인 영향뿐만 아니라 비경제적이 영향 즉, 사회에 대한 영향으로 사회적 영향력을 창출함으로 기업의 활동이 경제적인 성과로만 측정되는 것은 기업 활동이 일부만 측정되는 것으로 조직성과를 대변하지 못한다는 것이 사회적 회계의 핵심적 논리이다. 따라서 사회적 회계는 기본적으로 경제학의 개념인 외부효과와 사회복지경제학의 용어인 복지외부효과(welfare externality)와 밀접한 연관이 있다.

경제학에서 외부효과는 주로 부정적인 외부효과로써 상품에 들어가는 비용을 기업이나 자본가가 아닌 국민이나 정부가 대신 지불하는 것을 나타낸다. 예를 들어 몰래 강으로 흘러들어가는 공장폐수에 따른 오염의 환경적 효과를 치유하기 위한 비용을 공장의 소유자가 아닌 제3자가 대신 지불하는 것을 설명하는 경제적 용어이다. 복지외부효과는 장미효과나 긍정적 외부효과라고도 불리며 주인이 장미나무를 사서 자기집 울타리를 대신해 심은 것에 대해 지역주민들이 지나가면서 장미꽃과 향기를 맡으며 같이 즐거워하는 효과를 나타낸다. 즉, 직접적으로 비용을 지출하지 않았지만 남이 지불한 비용에 비용을 지불하지 않은 다른 사람들이 함께 비용에 대한 혜택을 받는 것으로 국가가 지불한 복지서비스를 통해 장애인이 혜택을 받았지만 그 혜택이 직접적 당사자인 장애인을 비롯하여 그 가족과 다른 장애인이나 가족 그리고 지역사회 주민들에게도 영향을 주어 전체 주민복지에 대한 인식이 증대하는 것을 복지외부효과라고 한다(지은구, 2003).

사회적 회계와 긍정적 외부효과 또는 복지외부효과와의 관련성은 사회적 회계가 곧 사회 안에서 특정집단에 대한 조직의 경제적 행동이 사회적·

환경적 효과 또는 임팩트를 나타내는 것을 나타내는 용어이기 때문이다. 사회적 회계는 사회적 기업과 같은 조직이 시장에서 이윤을 창출하는 행동을 하지만 동시에 조직의 이윤창출을 위한 행동이 사회에서 사회적·환경적으로 긍정적인 효과를 가져다줌을 설명해주는 논리이기도 하다.

사회적 회계는 사회적 책임성에 기초하므로 조직의 사회적 가치실현이나 사회적 목적의 성취를 증대하고 활성하며 지원하기 위한 목적으로 활용되는 방법이라고 할 수 있다. 이러한 측면에서 Gray와 동료들(1996)은 사회적 회계가 기업책임성을 위한 체계로써 기업의 자원과 자원의 활용이 사회에 어떻게 영향을 주는지 그리고 어떠한 영향을 주는지에 대한 정보를 제공한다고 강조하였다. 따라서 사회의 측면에서 보면 사회적 회계는 다음과 같은 장점을 가진다.

첫째, 지역주민들을 포함한 지역사회를 향한 사회적 가치지향성 유지
둘째, 조직관리 전반에 대해 이해관계자들에게 정보를 제공함으로서 이해관계자들의 권리증진 및 민주적 의사결정 증진
셋째, 조직 활동의 투명성 증진
넷째, 조직의 사회적 책임성강화로 인한 지역사회공동체의식 함양 및 사회자본 증대

사회적 회계와 감사모델의 기초적인 개념을 보다 구체적으로 이해하기 위해 사회적 회계와 사회적 감사를 살펴보기로 한다.

2. 사회적 회계

사회적 회계는 1981년 사회적 감사를 통한 사회적 기업의 사회적, 환경

적 그리고 재정적 성과를 측정하는 보고서로 처음 등장하여 기업의 성과관리와 성과측정을 통한 조직관리기법으로 인정받은 성과관리기법이라고 할 수 있다. 사회적 회계를 통하여 사회적 기업을 포함한 사회적 경제조직들은 그들이 설정한 조직미션이나 목표의 성취여부를 측정하고 확인하게 된다. 따라서 사회적 회계는 성과관리적 측면에서 그동안 기업들이 재정적 성과만을 관리하고 측정하는 방안에서 벗어나 사회적 영향력을 포함한 조직의 성과를 다면적인 측면에서 관리하고 측정하는데 도움을 주었다고 할 수 있다. 이런 조직성과관리적 측면에서 본다면 사회적 회계는 조직의 미션 및 목표 성취를 촉진시키고 지원해주는 확실한 조직 성과관리도구임에 틀림없다. Gray(2000)와 Crowder(2000) 등은 조직관리적 측면에서 사회적 회계가 가져다 준 혜택이 첫째, 결정수립을 돕는 증진된 정보, 둘째, 향상된 조직관리 이미지와 홍보(PR), 셋째, 사회적 책임성의 확인, 넷째, 시장개발의 기회 확인, 다섯째, 더욱 정확한 재화와 서비스의 비용계산, 여섯째, 조직 정당성의 유지라고 제시하였다.

사회적 회계는 기본적으로 사회적 감사나 공청회 등의 방법을 활용함으로 주로 화폐가치 중심의 성과를 측정한다기보다 자체보고서에 비화폐적으로 표현되는 사회적 가치를 중심으로 성과를 측정한다는 특징이 있다. 따라서 사회적 회계는 양적방법과 질적방법을 혼합한 혼합방식을 통해서 조직의 성과를 측정한다.

사회적 회계	• 조직의 미션 및 목표 성취를 촉진시키고 지원해주는 확실한 조직 성과관리기법 • 조직의 재정 및 사회적 영향력을 측정하고 관리하는 체계 • 양적방법과 질적방법을 혼합한 혼합방식을 통해서 조직의 성과 측정 • 사회적 성과를 설명할 수 있는, 성과에 영향을 미치는 행동계획들을 보고하는, 이해관계자들에게 책임이 있는 그리고 지역사회에 성과의 영향력을 이해하도록 하는 하나의 틀

3. 사회적 감사

1) 사회적 감사란?

사회적 감사(social audit)는 하나의 측정도구이다 즉, 성과를 측정하는 성과측정도구이다. 특히, 사회적 감사는 사회적 목적성취와 연관하여 조직의 성과를 측정하기 위한 독립적인 평가도구이다. 또한 사회적 감사는 사회적 책임성을 확인하고 측정하기 위한 하나의 수단이자 도구이다. 즉, 사회적 감사는 사회적 책임성이나 사회적 회계를 측정하고 확인하기 위한 관리적 방안이자 성과관리를 위한 측정도구라고 할 수 있다. 사회적 감사는 주로 기업이 설정한 미션이나 목표의 성취여부에 대한 기업활동의 진전 과정이나 상태 그리고 성과 등에 대한 구체적인 설명이나 진술 등을 나타내며 주로 질적인 접근방법을 활용하는 측정도구라는 특징이 있다(Nicholls, 2009).

일반적으로 감사는 재무용어로써 '회계에 대한 공식적인 조사'라고 할 수 있지만 사회적 감사는 '최종 결과 그리고 성취된 사회적 목표와 협치 진술(governance statement)에 대한 공식적 조사'이다(Spreckley, 2008). Center for Good Governance(2005)는 사회적 감사를 조직이 경제적이고 사회적인 운영의 내·외적 결과를 모니터링하고 비재정적 활동들을 측정하고 관리하고 계획하기 위한 하나의 도구라고 제시하였으며 또한 조직이 공유된 비전과 목표를 어느 정도 성취하였는지를 측정하는 방식이고 사회, 경제 그리고 환경적 혜택을 입증하고 사정하도록 도와주는 과정이라고 제시하고 최종적으로 사회적 감사를 "이해관계자의 관점에서 체계적이고 규칙적인 모니터링을 통해서 조직의 비재정적 목표의 영향력을 사정하는 방법이자 도구"이라고 정의하였다. 결국, 사회적 감사는 조직과 관련된 다양한 이해관계자들에 의해 수행되는 사회적 영향력 즉, 사회적 성과를 측정하기 위한 측정도구라고 할 수 있으므로 이해관계자관점에서 분석되는 사회적 경제조직 성과관리 측정도구라고 할 수 있다.

사회적 감사	• 사회적 회계 및 사회적 책임성을 측정하고 확인하기 위한 관리적 방안이자 성과관리를 위한 측정도구 • 기업이 설정한 미션이나 목표의 성취여부에 대한 기업활동의 진전 과정이나 상태 그리고 성과 등에 대한 구체적인 설명이나 진술 등을 나타내며 주로 질적인 접근방법을 활용하는 측정도구 • 최종 결과 그리고 성취된 사회적 목표와 협치 진술(governance statement)에 대한 공식적 조사 • 이해관계자의 관점에서 체계적이고 규칙적인 모니터링을 통해서 조직의 비재정적 목표의 영향력을 사정하는 방법이자 도구

사회적 감사는 다양한 기능을 가지고 있는데 이들 기능들을 제시하면 다음과 같다(Center for Good Governance, 2005).

첫째, 사회적 감사는 조직성과의 사회적 영향력 및 사회적 가치지향성을 측정하고 모니터링할 수 있다.
둘째, 전략을 설정하는데 있어 사회에 응답적이고 책임있는 방식으로 관리전략을 설정할 수 있다.
셋째, 사회적 감사는 사회적 성과를 개선하기 위한 방법에 대해 학습함으로 조직학습을 촉진시킬 수 있다.
넷째, 지역주민, 조직 그리고 지역사회에 대한 사회적 영향력을 포함하여 조직의 전략적 관리를 촉진시킬 수 있다.
다섯째, 사회적 감사는 지역사회, 지역주민 그리고 공공조직이나 민간조직들에게 조직의 자원할당에 관한 정보를 제공해준다.

2) 사회적 감사의 등장배경

사회적 감사가 등장한 배경은 사회적 회계와 마찬가지로 조직(특히, 사회적 기업과 같은 사회적 경제조직의 성과를 측정하는 것이 재정적 측면의 측정도구만으로는 불가능하기 때문이라는 점이다. 즉, 사회적 목적을 성취하기 위한 조직의 노력과 활동 그리고 결과는 재정적 가치를 측정하는 도구로는 측정하는 것이 어려움으로 이에 대한 대책으로써 사회적 성과를 성취하기 위한 조직의 노력이나 결과를 측정하기 위한 측정도구로써 사회적 감사가 등장하였다고 할 수 있다.

역사적으로 보면 사회적 감사라는 용어를 가장 먼저 사용한 학자는 Charles Medawar로서 그는 1972년 의약정책과 약품안전성문제 그리고 정부와 기업 그리고 전문가 사이의 책임성과 관련하여 사회적 감사라는 개념을 사용하였는데 그 당시에 사회적 감사를 그는 정책결정가가들이 관련된 사람들에게 이해를 구하고 동의를 구하는 민주적 원칙이라고 생각하였다. 이후 사회적 감사는 사회에 대한 기업의 기여를 보고하고 기업의 활동에 대해 사람들로부터 피드백을 받기 위한 도구로써 기업에 전파가 되었으며 1970년대 중반 영국을 포함한 유럽에서 사회적 감사는 기업이나 공장이 문을 닫거나 이주를 하는 경우에 기업이나 공장의 직무와 지역사회와 환경에 대한 영향을 평가하는 방법으로 활용되어 사회적 감사가 곧 정부, 노동조합, 공장이나 기업의 경제적 중요성이 아닌 사회적 중요성을 평가하는 방법으로 이해되었다. 그리고 일부 비정부조직(NGO)에서 사회적 감사는 사회에 대한 그들의 영향력과 국민들의 욕구를 반영하는지 아닌지를 확인하고 이해하기 위한 수단으로 활용되기도 하였다. 1980년대 사회적 감사는 조직에 의해서 수행된 프로그램이나 활동들에 대한 자체적인 평가 도구로써 활용되었으며 1990년 후반에는 사회적 기업으로까지 확대되었다(Center for Good Governance, 2005). 결국, 일반적인 재무감사를 가지고는 조직의 사회에 대한 영향력을 사정하고 평가하는 것이 불가능함으로 사회적 감사가 등장하였고 발전하였다고 볼 수 있다.

3) 사회적 감사의 원칙과 기준

사회적 감사는 지적한 바와 같이 지속적으로 성과를 개선하고 향상시키기 위한 관리방안이자 도구이다. 사회적 감사를 활용하기 위해 가장 우선적으로 확인할 수 있는 기본 개념은 사회적 감사가 민주성과 참여라는 두 중심축에 의해서 이루어지는 조직의 성과관리방안이자 도구라는 점이다. Center for Good Governance(2005)는 아래와 같이 사회적 감사의 구체적인 원칙을 제시하였다.

첫째, 다중적 관점: 사회적 감사는 조직에 관여한 이용자와 직원들을 비롯하여 지역주민 등 다양한 시각을 가진 이해관계자들이 참여하여야 한다.
둘째, 포괄성: 사회적 감사는 조직행동과 성과의 모든 영역에 대한 보고를 포함한다.
셋째, 참여성: 사회적 감사는 이해관계자들이 비전을 공유하고 참여를 고취시키도록 하는 것이 중요하다.
넷째, 다양한 방향성: 이해관계자들은 다양한 측면에서 상호간에 정보를 공유하고 피드백을 제공한다.
다섯째, 규칙성: 규칙적으로 사회적 감사를 시행함으로써 사회적 감사가 조직행동에 자연스럽게 스며들도록 한다.
일곱째, 상대적 비교성: 사회적 감사는 조직의 성과를 측정하는 도구로써 조직의 성과를 매년 측정하여 비교함으로써 성과개선을 위한 노력의 여부를 확인할 수 있으며 비슷한 규모의 조직과의 비교를 통해서 조직의 성과달성을 위한 노력이나 행동을 비교할 수 있다.
여덟째, 입증성: 사회적 감사 보고서는 조직이익과 무관한 그리고 경험있는 사람들에 의해서 입증되어야 한다.
아홉째, 공개성: 사회적 감사보고서는 책임성과 투명성의 측면에서 지역사회와 이해관계자들에게 공개되어야 한다.

또한 Spreckley(2008)는 사회적 감사를 수행하기 위해 지켜야 하는 기준을 다음과 같이 제시하였다.

1. 계획되고 실제적인 측정	목표는 계획되어야 하며 지표들이 설정되고 결과는 측정되어야 한다. 그리고 이러한 측정은 증거를 통해서 입증되어야 한다.

2. 외부 이해관계자의 개입	외부의 이해관계자들이 다양한 유형의 대화를 통해서 사회적 감사에 활동적으로 개입하여야 한다.
3. 조직 내부적 사정	내부의 이해관계자들이 조직구조와 조직의 운영을 검토하기 위해 개입하여야 한다.
4. 열린 과정과 문서화	사회적 감사의 과정은 문서화되어야 하고 이해관계자들에게 접근하기 쉽고 이해하기 쉽게 공개되어야 하며 보관되어야 한다.

사회적 감사는 조직에서 경제적 이익이라는 화폐가치로 수량화된 재무적 성과만을 측정하는 성과측정 및 성과관리의 단편적인 측정오류를 수정하여 비재무적 측면에 대한 성과 즉, 조직의 사회적 가치실현을 위한 노력의 정도를 측정하는 것을 목적으로 발전된 측정도구임으로 기본적인 가치는 효율성이 아닌 형평성에 기초한다. 또한 이용자 뿐만아니라 지역사회에 대한 영향력을 중요시함으로 국민들의 번영과 돌봄이라는 가치 역시 사회적 감사의 중요한 가치이며 이해관계자들의 참여는 곧 신뢰를 바탕으로 함으로 신뢰와 투명한 활동 및 보고를 강조함으로 투명성 역시 중요한 가치이다. 또한 사회적 감사는 사회적 책임성에 대한 강조를 통해 등장하였음으로 사회적 책임성 역시 중요한 가치이고 다양한 이해관계자들이 사회적 감사에 포함된다는 측면에서 포용 역시 중요한 가치이다. 결국, 사회적 감사의 내면에 흐르는 주요한 보편적 가치는 바로 참여, 신뢰, 투명성, 사회적 책임성, 형평성, 돌봄과 국민들의 번영, 포용 등이라고 할 수 있다.

사회적 감사의 보편적 가치	참여, 신뢰, 투명성, 사회적 책임성, 형평성, 돌봄과 국민들의 번영, 포용

아래의 그림은 사회적 감사의 보편적 가치와 원칙과의 관계를 나타낸다.

<그림 5-6> 사회적 감사의 보편적 가치와 원칙과의 관계

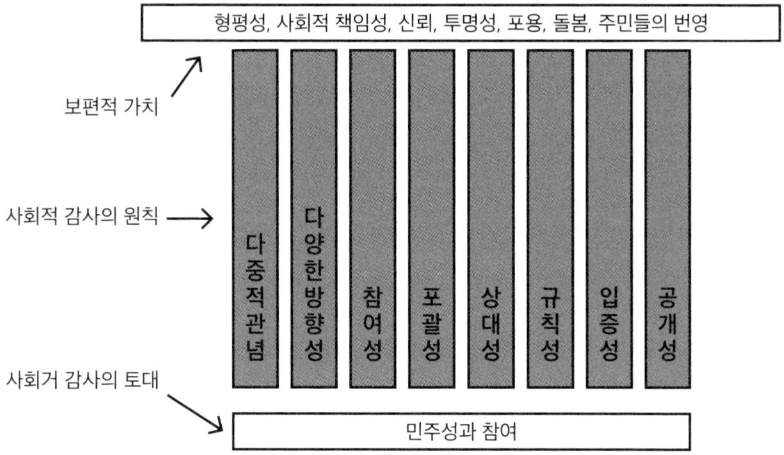

4) 사회적 감사의 과정

사회적 감사는 협치진술, 이해관계자의 외적 관점, 조직내적관점, 사회적 회계와 입증이 순환적으로 이루어지는 과정이다(Spreckley, 2008). 이들 과정들을 살펴보면 다음과 같다.

<표 5-2> 사회적 감사 과정의 내용

협치 진술 (governance statement)	사회적 감사의 첫 과정인 협치 진술은 조직의 미션이나 목적 가치와 원칙 그리고 상업적 운영원리 등을 명확히 하는 과정을 의미한다. 사회적 감사를 시작하기 위해서 조직의 미션과 가치와 운영원리 및 원칙 그리고 성취하려는 목적(사회적 및 경제적)을 명확히 하는 것은 가장 중요한 사회적 감사의 과정이다. 협치 진술의 과정은 따라서 조직의 가치나 미션 그리고 운영원칙이나 운영목적과 관련된 자료들을 검토하는 것으로부터 시작한다. 검토 후 감사기간과 무엇을 감사할지를 결정하고 진술된 내용들을 측정할 측정도구들을 확인한다.
외적 관점과 이해관계자	이 과정은 이해관계자와 조직의 관계를 조사하고 조직의 사회적, 환경적 그리고 경제적 환경을 확인하는 과정이다. 이해관계자들은 조직의 실제 활동이 협치 진술에 근거하여 이루어지고 있는지를 확인하기 위하여 SWOT분석이나 지도그리기, 프로파일링 등 각종 사정방법 및 분석기법을 활용하게 된다.

내적관점과 조직	내적관점과 조직의 과정은 조직구조와 조직직원과 이사회, 자원봉사자 그리고 어떻게 조직이 운영되는지 등을 면밀히 조사하는 과정을 나타낸다. 직무규정에 서술된 직무에 따른 직원들의 역할과 과업에 대한 분석과 협치 진술과 직원들의 역할과 과업이 일치하는가에 대한 확인 그리고 현재 실천과정에서의 약점과 장점 그리고 조직발전을 위한 새로운 영역들과 목표 등이 확인된다.
사회적 회계와 진위확인 (입증)	이 과정에서는 이 전까지의 세 과정에서 지적된 것들 검토하면서 다음 감사를 계획하며 가장 우선적으로 하여야 하는 것들을 확인한다. 그리고 조직달성도나 조직이 성취한 결과에 대해 분석하고 협치 진술과의 일치성을 확인한다. 성취되지 않은 목표들이 분석되고 제대로 일이 진행되었는지 스스로 점검목록(quality assurance check)을 통하여 점검하며 사회적 감사보고서가 이해관계자들에게 보고된다.

이들 사회적 과정을 그림으로 나타내면 아래와 같다.

<그림 5-7> 사회적 감사의 과정

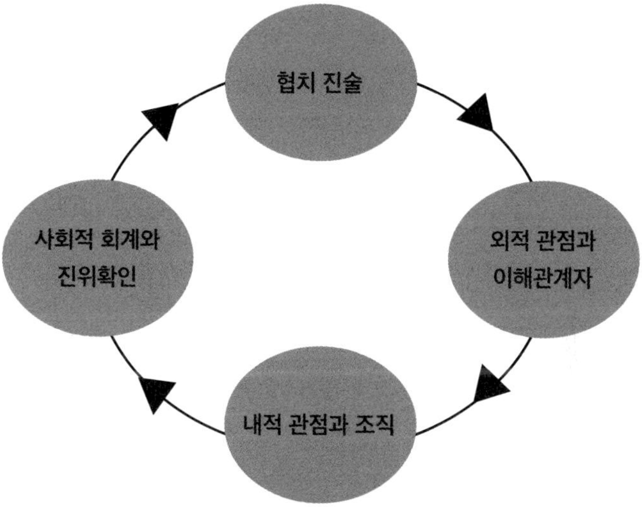

출처: Spreckley, 2008. p, 8에서 재인용

5) 사회적 감사 보고서

사회적 감사는 주로 이해관계자들에 의해서 이루어진 대화와 인터뷰 그리고 진술에 기초한 질적 자료와 각종 회계보고서 등에 대한 분석을 기초

로 작성된 보고서를 통해서 이루어진다. 다양한 영역에서 활동하는 이해관계자들의 참여를 통해 조직 내·외부활동에 대한 내용확인과 분석 그리고 사회적 회계의 질적 자료와 각종 지표중심의 양적자료에 대한 진위확인과정을 거치면서 이해관계자들은 조직의 성과 특히 비재무적 관점의 사회적 가치지향성의 성취 노력 여부 등을 반영하는 사회적 성과에 대한 진술을 포함하는 최종 사회적 감사보고서가 작성된다.

4. 사회적 회계와 감사모델의 적용

사회적 회계라는 용어보다는 사회적 회계와 감사(social accounting and auditing, SAA)라는 용어를 사용한 Pearce와 Kay는 SAA 방법을 통해 조직의 사회적 임팩트를 측정하는 것을 강조하였다. 즉, 2000년대 후반 사회적 회계는 사회적 회계와 감사라는 용어로 더 많이 알려지게 되었다. 이는 사회적 감사가 사회적 회계의 과정에 필요한 비재무적 사회적 성과를 측정하는 측정도구로써 활용되면서 그 중요도가 강조되었기 때문이라고 할 수 있다. SAA모델은 Social Audit Network(SAN)모델 또는 스코틀랜드에서는 스코티시모델(Scottish model)이라고도 불리는데 이는 Pearce와 Kay가 2005년 Social Audit Network이라는 단체에서 '사회적 회계와 감사 메뉴얼'을 발표한 이후임으로 정확하게 말하면 SAN모델은 SAA모델이라고 할 수 있다. Pearce와 Kay(2005)는 사회적 회계와 감사를 "사회적 경제에서 움직이는 사회적 기업과 같은 사회적 경제조직의 성과를 관리하고 사정하기 위한 도구와 과정을 가진 사회적 회계의 틀"이라고 정의하였다. 결국 사회적 회계와 감사(SAA)를 실행하는 목적은 조직의 가치를 입중하고 조직의 성과를 개선하는 것이라고 할 수 있으며 보다 구체적으로는 이해관계자들이 개입하여 책임성을 설정한 후 지역사회와 이용자들에 대한 조직의 영향력을 이해할 수 있도록 돕는 과정이라고 할 수 있다. 여기서 책임성이란 조직이 설정한 목적이나 비전에 대한 책임성 즉, 조직의 사회적 책임성을 의미한다고 볼 수 있다.

Pearce와 Kay가 2005년 제시한 사회적 회계와 감사모델(SAA model)에 따르면 사회적 회계와 감사는 다음과 같은 3단계를 적용하는 것이다(Pearce and Kay, 2005). 아래의 표에서 알 수 있듯 전체적으로 사회적 감사는 사회적 회계의 절차 안에 포함되어 있다.

<표 5-3> 사회적 회계와 감사(SAA)의 3단계

준비	사회적 회계와 감사에 대해 이해하기 우리 조직은 이미 무엇을 하였는가? 조직의 소명감 누가 일을 하는가에 관해 명확히 하고 관리하기 자원과 그것을 지불하는 것을 확인하기 결정하기
1단계: 기획 사회적, 경제적, 환경적 기획	미션, 가치, 조직의 목표, 행동, 이해관계자, 핵심이해관계자 확인
2단계: 회계 사회적, 경제적, 환경적 회계	측정범위를 관리하고 결정하기 지표에 대해 동의하기 양적, 질적 자료 수집하기 환경적, 사회적, 경제적 영향력 보고하기 사회적 회계 기획하기 사회적 회계 기획 수행하기
3단계: 보고와 감사 사회적, 경제적, 환경적 보고와 감사	사회적 회계항목 선발하기 사회적 감사 위원 선발 사회적 감사위원 모임 사회적 감사 진술 사회적 회계항목 활용하기 발표

출처: Gibbon and Dey(2011). p, 69. 그림-1에서 재인용

사회적 감사네트워크에서 제시된 SAA모델의 원칙은 다음과 같다(Zappla and Lyons, 2009).

첫째, 목적의 명확화: 조직은 왜 사회적 회계의 과정을 취하는지에 대한 이유가 명확하여야 한다.

둘째, 범위: 조직은 사회적 회계에 포함되어야 하는 것들에 대해 동의하기에 앞서 조직의 가치와 목표 그리고 이해관계자들을 인지하고 명확히 하여야 하다.

셋째, 이해관계자 개입: 사회적 회계는 조직에 영향을 미칠 수 있는 다양한 이해관계자들의 견해를 반영하여야 한다.

넷째, 구체성(materiality): 조직은 사회적 회계보고에 무엇이 반드시 포함되어야 하는지 결정하여야 하는데 이는 이해관계자가 조직의 영향력이나 성과에 대한 결론을 이끌어낼 수 있도록 돕는다.

다섯째, 비교성: 조직은 적절한 표적, 기준 등을 활용하여 영향력과 성과를 비교할 수 있어야 한다.

여섯째, 투명성: 조직은 결과가 정확하고 신뢰할 있는지를 설명하여야 한다.

일곱째, 입증: 사회적 회계의 보고서는 사회적 감사팀이나 패널에 의해서 입증되어야 한다.

여덟째, 내재성: 조직은 사회적 회계와 감사의 과정이 조직의 실천에 항시 자리 잡을 수 있도록 하여야 한다.

5. 사회적 회계와 감사 성과관리모델의 장단점

일반영리기업의 사회적 임팩트를 측정하기 위해 개발되고 이후 사회적 경제조직인 사회적 기업의 다면적인 성과를 측정하기 위해 제시된 사회적 회계와 감사모델의 장단점을 분석하는 것은 의미가 있다. 사회적 회계와 감사의 장단점은 사회적 회계와 사회적 감사가 각기 갖는 장점과 단점이 모두 포함된다. 사회적 회계와 감사는 양적 자료로써 각종 통계자료들을 활용하고 부족한 증거는 질적 자료를 통해 보완함으로써 사회적 성과의 실현 및 성취정도는 다른 성과측정모델보다 명확하게 드러날 수 있다는 점은 가장 중요한 장점이라고 할 수 있다. 보다 구체적인 사회적 회계와 감사의 장점들은 아래와 같다.

첫째, 증진된 기업의 투명성과 책임성(Gond and Herrbach, 2006).
둘째, 성과측정과정에서의 조직 및 직원들의 학습능력고양(Gond and Herbach, 2006).
셋째, 조직(성과)관리 시스템의 내재화(Pay, 2001; Thomson and Bebbington, 2005; Zadek and Raynard, 2002).
넷째, 이해관계자 진술의 체계적인 향상(Pay, 2001; Thomson and Bebbington, 2005; Zadek and Raynard, 2002).
다섯째, 조직의 비전, 사회적 목적 및 사회적 가치의 성취를 위한 노력의 입증.

사회적 회계와 감사의 단점들을 지적하면 아래와 같다.

첫째, 사회적 회계와 감사의 단점은 자료의 한계에서부터 온다. 즉, 사회적 감사는 이해관계자들의 진술에 근거함으로 이해관계자들의 주관적 인식이 조직성과결과에 영향을 미칠 수 있는 여지를 남겨두게 된다. 또한 사회적 회계 역시 사회적 가치 및 사회적 성과를 측정함에 있어 양적 자료 및 질적 자료를 수집하고 분석하기 위해 노력하지만 경제적 가치와 같이 사회적 가치가 객관적으로 수량화되고 측정되기가 어렵다는 점은 중요한 한계점이다.
둘째, 사회적 회계와 감사는 조직의 성과를 주로 결과물 즉, 산출(output), 결과(outcome) 그리고 임팩트로 한정하여 측정함으로 조직성과를 투입(자원의 유입)과 조직활동 그리고 결과와 임팩트의 과정으로 바라보는 통합적이고 다면적인 측면을 무시한다는 한계를 갖는다. 예를 들어 자원의 유입단계에서 직원들의 사회적 가치실현을 위한 소명감이나 의식의 정도는 조직의 성과에 중요한 영향을 미치는 요인이 될 수 있다.

제3절

사회적 회계와 지속가능성 성과관리모델

1. 지속가능성이란?

사회적 회계와 지속가능성 모델은 사회적 회계(social accounting)의 개념을 활용하여 조직의 지속가능성을 보다 강조한다는 특징이 있다. 사회적 회계와 지속가능성 모델을 통하여 사회적 회계의 기본적 내용을 중심으로 Darby와 Jenkins(2006)는 사회적 경제조직인 사회적 기업의 지속가능성이라는 성과에 초점을 맞추어 지속가능성을 측정하는 측정지표를 제시하였다. 그들이 제시한 성과측정지표는 특히 사회적 기업의 지속가능성을 강조하는 측정지표로써 그들은 지속가능성이 사회적 기업의 성과를 결정짓는 중요한 영역이라고 생각하여 지속가능성 성과(sustainability performance)라는 용어를 사용하였다. 특히, 그들은 재정이라는 용어보다 사회적 회계(social accounting)라는 용어를 사용하였는데 사회적 회계는 '지역사회에 대한 임팩트와 주요 이해관계자들에 대한 임팩트를 모두 포함하는 것'으로 사회적 성과에 대한 회계를 의미한다. 사회적 회계는 다음과 같은 요소들을 포함한다.

첫째, 진술된 목표에 대한 성과보고
둘째, 지역사회에 대한 영향력 사정
셋째, 성취하려는 목표와 가치에 대한 이해관계자들의 관점
넷째, 환경적 성과에 대한 보고
다섯째, 어떻게 동등한 기회가 보장되는지에 대한 보고
여섯째, 서비스 품질과 절차적 기준의 부합여부에 대한 보고

2. 사회적 회계와 지속가능성 모델의 성과측정영역

사회적 회계와 지속가능성 모델이 제시한 측정영역은 8개의 영역으로 나누어지는데 각 영역에서 적합한 지표가 설정되어 성과가 측정된다. 측정영역은 첫째, 경제적 영향력(임팩트) 영역 둘째, 기술과 훈련 영역 셋째, 고용기회 영역 넷째, 지역사회 영역 다섯째, 재사용과 재활용 영역, 여섯째, 교육과 인식력 향상 영역 일곱째, 능력건설 영역 여덟째, 기업관리 증진 영역 등이다. 이들은 각각의 측정영역에 맞는 측정지표에 대한 예를 제시하였다. 이들이 제시한 성과측정영역과 지표의 예는 특정 사회적 기업(Newport Wastesavers 라는 사회적 기업)에 적합한 측정지표임으로(특히, 재사용과 재활용 영역) 이들이 제시한 성과측정지표를 전체 사회적 경제조직에 적용하기 위해서는 각각의 기업에 맞는 조정이 필수적이라는 한계를 가지고 있다. 특히 이들은 측정영역을 제시하면서 왜 이 8개의 영역이 성과측정영역이어야 하는지에 대한 구체적인 설명을 하고 있지 않으며 측정단계를 제시하지 않고 논리적으로 성과측정영역을 구분하지는 않았다는 한계를 가진다. 사회적 회계와 지속가능성 모델에서 성과측정지표는 주로 사회적 회계에서 강조된 바와 같이 양적 지표와 질적 지표를 혼합하여 활용한다.

제4절
SIMPLE모델

1. SIMPLE모델이란?

SIMPLE모델은 McLoughlin, Kaminski 그리고 Sodagar(2009)이 제시한 사회적 기업 성과관리 및 측정모델임으로 유형이 다른 사회적 경제조직으로도 적용 가능한 모델이다. McLoughlin, Kaminski 그리고 Sodagar(2009)의 사회적 기업 성과관리 및 측정모델은 사회적 기업의 사회적 임팩트(social impact)를 측정하는 모델로서 SIMPLE모델로 알려져 있다. SIMPLE모델의 SIMPLE은 Social Impact for local economies에서 왔다. SIMPLE모델은 사회적 기업의 사회적 임팩트를 성과로 보며 측정을 5단계로 구분하여 제시하였고 특히 로직모델을 적용하였다는 특징이 있다. 이들은 사회적 임팩트라는 성과가 구체적으로 재정적 성과, 경제적 성과, 사회적 성과 그리고 환경적 성과로 구성된다고 보았다. 재정적 성과는 이익창출을, 경제적 성과는 고용창출이나 지역경제 활성화 등을, 사회적 성과는 사회적 목적성취의 성과를 그리고 환경적 성과는 환경적 목적 성취의 성과를 의미한다. 이들이 제시한 영향력 측정 5단계는 첫째, 범위단계 둘째, 그리는 단계 셋째, 경로단계 넷째, 말하는 단계 다섯째, 새겨두는 단계이다. 이를 그림으로 나타내면 아래와 같다.

<그림 5-8> 측정의 5단계

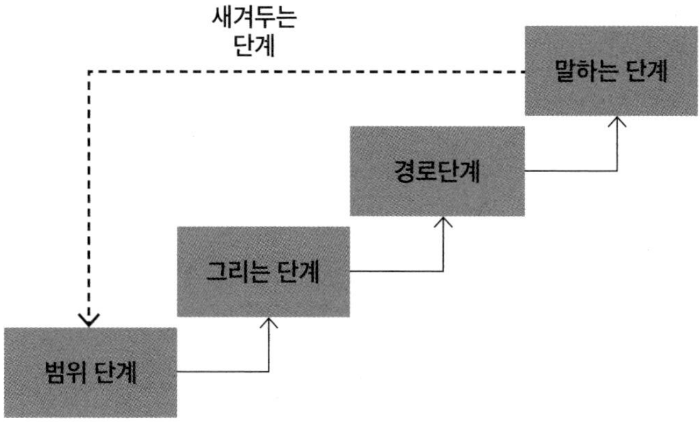

출처: McLoughlin, Kaminski & Sodagar(2009). p, 160 그림-1에서 재인용

가장 우선적으로 범위단계는 기업이 임팩트를 행사하는데 영향을 미치는 요인을 확인하는 것으로써 첫째, 조직의 임무선언(미션)이나 가치, 둘째, 조직을 둘러싼 경제적 환경이나 정책상황, 법률적인 틀이나 기술적 상황과 같은 외부추진세력, 셋째, 의사결정구조, 협력관계, 재화와 서비스를 제공하는 기술, 조직문화나 재정 등과 같은 조직적 상황으로써의 내부추진세력 그리고 넷째, 기업의 운영이나 결과와 연관이 있는 이해관계자 등에 대한 확인 등이 포함된다. 그리는 단계는 측정을 위한 임팩트를 확인하는 단계로써 성과측정이 가능한 임팩트 영역을 재정, 경제, 사회 그리고 환경에 대한 임팩트로 구분하며 경로단계는 측정도구와 측정체계를 발전시키는 단계로써 측정지표를 설정하고 측정이 효과적으로 시행될 수 있도록 정부수집체계를 확립하는 것들을 포함한다. 말하는 단계는 기업의 임팩트에 대한 측정결과를 보고하는 단계를 의미하고 마지막으로 새겨두는 단계는 경로단계에서 추출된 내용을 조직성과개선을 위해 변화시키고 수정하려고 노력하는 단계를 나타낸다. SIMPLE모델의 측정 5단계의 전체 과정을 그림으로 나타내면 아래와 같다.

<그림 5-9> SIMPLE모델

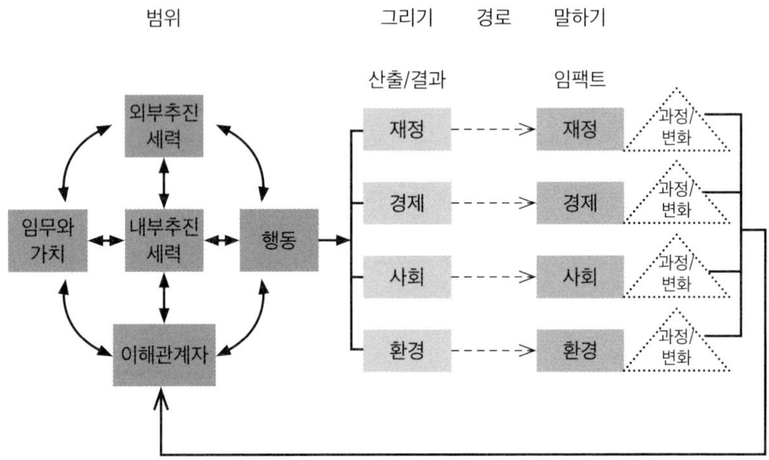

출처: McLoughlin, Kaminski & Sodagar(2009). p, 161 그림-2에서 재인용

2. SIMPLE모델의 사회적 임팩트와 성과측정

위의 그림을 보면 나타나는 바와 같이 행동, 산출, 결과 그리고 임팩트로 이어지는 측정과정은 로직모델을 적용하였음을 알 수 있으며 조직의 가치와 미션을 확인하고 성과측정을 위한 내부추진세력과 외부추진세력 그리고 이해관계자를 확인하여 행동으로 이행하며 행동은 재정적, 경제적, 사회적 그리고 환경적 산출과 결과 그리고 나아가 영향력을 가져온다는 것이 SIMPLE모델의 핵심 내용이라고 할 수 있다. SIMPLE모델은 이미 살펴본 바와 같이 성과를 4개의 영향력으로 구분하며 총칭하여 사회적 임팩트라고 부르고 있다는 것을 알 수 있으며 BSC모델과는 달리 로직모델을 적용하여 단계적 성과측정을 강조하고 있고 로직모델에서 강조하는 인과관계분석을 중심 분석틀로 하고 있다는 점에서 BSC모델을 적용한 두 성과측정모델보다 진일보한 모델로 평가할 수 있다. 하지만 현실적으로 사회적 경제조직의

결과(outcome)에서 나아가 임팩트까지 측정한다는 것은 매우 어려울 수 있다는 한계 그리고 구체적이고 객관적인 측정지표를 제시하지 못하고 있다는 점, 마지막으로 투입영역에서 임무(미션)와 가치에 대한 보다 구체적인 측정요소의 제시가 부족하다는 점 역시 한계로 지적될 수 있다.

제5절 다중영역통제모델

1. 다중영역통제모델이란?

Bagnoli와 Megali(2011)가 제시한 사회적 기업 성과관리 및 측정모델은 다중영역통제모델이라고 불린다. Bagnoli와 Megali는 사회적 기업의 성과가 첫째, 경제적·재정적 성과 둘째, 사회적 효과성 셋째, 조직정당성과 법과 임무선언(미션)과의 적합성확인 등의 차원에서 측정 가능함을 제시하였는데 특히, 사회적 효과성을 사회적 목적 실현 여부를 측정하는 성과측정영역으로 제시하였다는 특징이 있다. 이들이 강조하는 사회적 효과성은 수행되어진 작업의 양과 질 그리고 이러한 작업의 양이나 질이 수혜자와 지역사회에 끼친 임팩트(impact)를 의미한다. 따라서 사회적 효과성은 사회적 임팩트와 비슷한 개념임을 알 수 있다. 특히, 사회적 효과성 측정은 결국 이러한 양과 질 그리고 임팩트를 확인하고 측정하는 것이라고 할 수 있다. 아래의 그림은 다중영역통제모델을 나타낸 것이다.

<그림 5-10> 다중영역통제모델의 성과측정

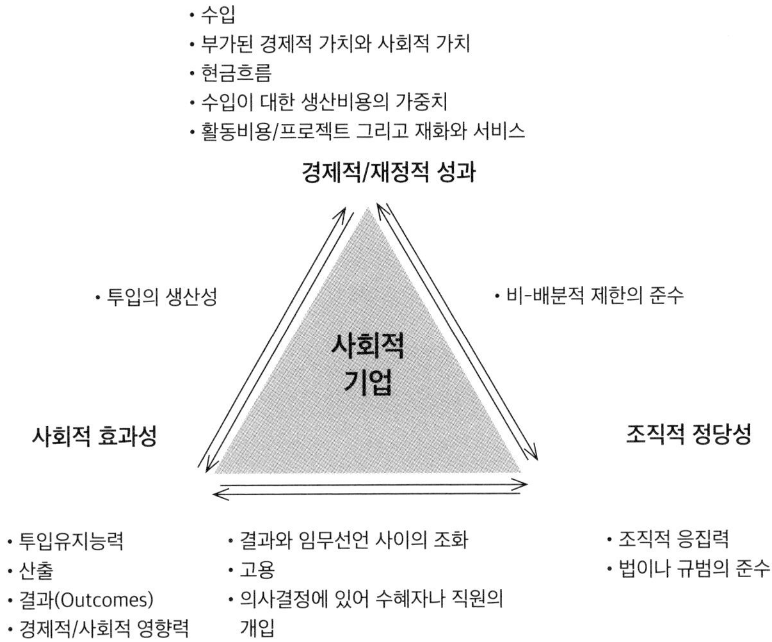

출처: Bagnoli와 Megali(2011). p, 161 그림-1에서 재인용

2. 다중영역통제모델과 사회적 경제조직 성과관리

다중측정영역모델은 조직의 미션과 결과와의 관계를 사회적 효과성과 조직의 정당성 차원에서 분석하며 조직의 성과를 조직정당성, 사회적 효과성 그리고 경제적·재정적 성과라는 측면에서 측정함과 동시에 경제적/사회적 성과와 사회적 효과성 사이에서 투입의 생산성(제공된 서비스에 들어가 노동비용)을 측정하고 조직의 정당성과 경제적/재정적 성과 사이에서 비-배분적 제한의 준수여부 등을 측정하여 성과를 관리한다. 특히 Bagnoli와 Megali는 사회적 효과성을 측정하는 요소로써 투입, 산출, 결과와 임팩트

를 강조하고 있지만 McLoughlin, Kaminski 그리고 Sodagar의 측정모델과는 달리 측정단계를 제시하지는 않는 성과를 구성하는 구성요소를 측정하는 성질별 측정을 강조하고 있다. Bagnoli와 Megali모델의 또 다른 특징은 성과를 구성하는 세 번째 영역인 조직정당성영역이다. 그들은 조작정당성을 추구하는 미션을 성취하는 활동을 위한 응집력으로 보고 있다. 사회적 경제조직이 성취하려는 사회적 목적이나 사회적 가치는 통상 조직비전이나 미션에 잘 나타나 있고 미션을 성취하기 위한 행동들은 곧 사회적 가치실현을 위한 행동이므로 이는 사회적 성과의 중요부분을 차지한다고 볼 수 있다. 하지만 다중측정영역모델은 조직의 정당성을 성과측정요소로 설정하였지만 이에 대한 객관적인 측정요소를 구체적으로 제시하지는 않고 있다는 한계를 갖는다. 하지만 이들의 연구는 사회적 효과성과 조직정당성을 사회적 성과로 인식할 수 있다는 근거를 제시하였다는 점에서 사회적 경제조직 성과관리 및 측정모델로서 의의가 있다.

제6절 사회적 투자 수익률(SROI)모델

1. SROI 모델이란?

사회적 경제조직 성과측정의 또 다른 연구는 사회적 투자수익률(social return on investment, SROI)모델을 사회적 기업에 적용한 연구이다. SROI는 사회적 기업의 임팩트와 결과(outcome)를 측정하는 성과측정도구(모델)로서 사회적 가치를 임팩트와 결과중심으로 측정하는데 있어 화폐적 가치를 통해 수량화될 수 있는 것만 측정한다는 특징이 있다(Millar and Hall, 2012). SROI는 기본적으로 사회적 기업의 가치를 사회적 가치, 경제적 가치 그리고 환경적 가치로 구분하여 이 가치들을 측정하는 측정도구(Bull, 2007; Ryan and Lyne, 2008)로써 개발되었지만 주로 측정하기가 상대적으로 어려운 사회적 가치를 측정하는데 활용된다. 특히 사회, 경제 그리고 환경적 가치를 재정적 가치 즉, 화폐적 가치로 전환하여 측정하기 위해 SROI는 재정적 대리변수(financial proxies)를 활용한다는 특징이 있다. 사회적 기업이 창출하는 모든 가치를 화폐가치로 수량화하여 측정한다는 측면에서 SROI모델은 화폐가치를 비교하는 비용편익분석이 기본 토대가 된다. SROI[19]는 화폐가치로 전환하지 못하는 가치(예를 들어 지역사회 문제 등과 같은 사회적 성과나 사회적 가치의 실현)인 경우는 재정적 대리변수를 활용하여 측정함으로 사회적 성과나 사회적 임팩트가 수량화된 가치인 화폐가치로 측정된다는 특징이 있다.

SROI모델은 성과라는 용어보다는 가치(사회적 가치와 경제적 가치)라는 용어를 사용하는데 이는 경제적 가치를 화폐적 가치로 측정하고 사회적 가치도 화폐적 가치로 전환하여 측정하는 것을 강조하기 때문이다. 본래 사회적 가치를 측정한다는 것은 정확히 표현하면 성취하려는 사회적 가치의 실현 정도를 측정하는 것을 의미한다. 예를 들어 사회적 경제조직이 성취하려는 사회적 가치가 연대감 또는 국민복지라고 한다면 연대감 향상의 정도 또는 국민복지증진의 정도를 화폐적 가치로 수량화하여 측정하는 것이 SROI측정의 핵심이다. 하지만 연대감 향상이나 국민복지증진의 정도를 화폐적 가치로 전환하여 표현하는 재정적 대리변수를 찾는 것은 어려운 것이

---

19 SROI는 대체적으로 사회적 성과라는 용어보다는 화폐적 가치 즉, 경제적 가치와 대비되는 용어로 사회적 가치라는 용어를 사용하고 있다. SROI에서 강조하는 가치는 주로 화폐화할 수 있는 가치를 나타냄으로 사회적 가치 역시 화폐적(경제적) 가치로 전환하는 것을 의미한다.

현실이므로 SROI모델이 측정하는 사회적 가치는 현실적으로 실현된 사회적 가치의 일부분만을 측정하는 것과 같다.

SROI의 기본 개념은 비용편익분석에 기초함으로 비용편익분석의 한계점은 그대로 SROI측정도구의 한계점이라고 할 수 있다. 즉, SROI는 편익(또는 혜택)의 현재 순가치를 투자의 현재 순가치로 나누어 나타낸 값으로 표현된다(Emerson and Twersky, 1996). 따라서 SROI의 비율이 3:1이라고 한다면 1을 투자했을 때 사회적 성과는 3을 결과함을 의미한다. 따라서 수량화된 성과로 전환될 수 없는 혜택은 사회적 성과로 표현될 수 없게 된다. 즉, 자아존중감의 향상이나 노인의 사기증진, 행복감의 개선이나 생활만족도의 향상 등과 같은 혜택 또는 사회적 성과는 수량화된 화폐적 가치로 나타내기가 어려움으로 SROI를 통해서 성과를 측정하는 것이 어렵다는 점을 의미한다. 사회적 경제조직의 사회적 가치의 실현정도를 측정함에 있어 SROI를 활용한 가장 대표적인 연구로는 Miller와 Hall(2013), Rotheroe와 Richards(2008), Ryan과 Lyne(2008), Peattie와 Morley(2008), 그리고 Nicholls(2007)등의 연구가 있다.

- **SROI공식: 사회적 성과/가치를 수량화된 화폐적 가치로 측정하는 SROI공식은 아래와 같다.**

$$SROI = \frac{혜택의순현재가치}{투자의순현재가치}$$

SROI(social return on investment)은 한국에서 사회적 투자수익률[20]로 번역되어 사용되지만 정확한 의미는 투자에 대한(또는 투자가 창출하

20 SROI는 사회적 투자수익금으로도 번역된다.

는) 사회적 반환금비율을 나타낸다. 사회적 반환금은 혜택으로써 정확한 의미는 사회적 가치를 화폐가치로 나타내는 것이다. 즉, 사회적 반환금은 곧 실현된 사회적 가치(혜택)를 화폐가치로 나타낸다. 투자는 재정적 투자를 의미함으로 화폐가치로 나타내는 것이 쉽지만 혜택은 사회적 가치의 실현을 화폐가치로 나타내는 것을 의미함으로 혜택이 화폐가치로 전환되지 못하는 경우 사회적 반환금을 통한 사회적 가치의 실현은 측정할 수 없는 약점을 지닌다. 사회적 가치가 화폐화되어 표시되는 사회적 반환금비율이 위에서 지적한대로 만약 3:1을 나타낸다면 투자가 1원이었지만 사회적 가치는 3원을 전달(또는 창출이나 제공)하였다는 것을 나타낸다. 따라서 투자대비 사회적 가치비율이 높으면 그만큼 사회적 효율성이 증대하였음을 나타내준다.

사회적 경제조직 성과관리를 위한 SROI모델 적용의 가장 핵심은 재정적 대리변수의 활용이다. 즉, 결과를 지표화하고 지표를 화폐가치로 나타내어야만 SROI분석이 가능하다. 이는 곧 화폐적 가치로 수량화 할 수 없는 가치는 측정대상에서 제외됨을 나타낸다. 즉, 예상할 수 있는 사회적 가치라고 해도 화폐가치를 나타내는 재정적 대리변수를 찾지 못하면 그 가치는 측정하는 것이 불가능하다. 아래의 예는 정신건강프로그램에서 활용할 수 있는 재정적 대리변수의 예를 나타내준다.

<표 5-4> 재정적 대리변수의 예

이해관계자	결과	지표	측정 가능한 재정적 대리변수
정신건강문제를 가진 사람	정신건강문제의 개선	사회화하는데 들어간 시간의 양	단체나 클럽가입에 들어간 월 또는 연회비
		새로운 레저행동에 참여한 정도	레저에 들어간 비용(월 또는 년)
		정신건강서비스 이용 수준	상담서비스의 비용(월 또는 년)

위의 예에서 보는 바와 같이 결과를 화폐가치로 전환하여 측정할 수 있는 것만 측정하는 것이 SROI분석모델의 특징이기도 하지만 한계이기도 하다. 예를 들어 정신건강문제를 가진 사람이 정신건강개선사업에 들어가 사업참여를 통해서 정신문제가 개선되는 것이 중요한 사업의 임팩트이지만 임팩트는 이외에도 자존심 향상, 자기효능감 향상, 우울증 개선, 그리고 가족관계 개선이나 가족통합감 향상 나아가 삶의 질 개선이나 행복감 개선 등 매우 다양하게 나타날 수 있지만 이러한 사업의 임팩트는 직접적으로 화폐가치로 전환할 수 없음으로 사회적 가치로 측정이 불가능하다.

사회적 투자 수익률(SROI) 모델의 특징	• 사회적 기업이 창출하는 사회적 가치를 사회적 반환금으로 측정 • 특히, 사회적 가치를 화폐적 가치로 측정 • 직접적으로 화폐가치로 측정할 수 없는 경우는 재정적 대리변수를 활용하여 측정

2. SROI 모델의 원칙

SROI분석모델은 REDF(Roberts Enterprise Development Fund)에 의해서 2000년 투자에 대한 사회적 반환금을 계산하기 위해 제시된 이후 사회, 경제, 환경적 가치를 측정하는 측정모델로서 사회적 기업을 포함한 사회적 경제조직과 비영리조직 등에 확산되었다. SROI Network(2012)이 제시한 SROI모델을 적용하는데 있어 고려하여야 하는 원칙은 다음과 같다.

<표 5-5> SROI 모델의 원칙

원칙	내용
1. 이해관계자를 포함시킨다.	이해관계자는 행동의 결과로써 변화를 경험하는 조직이나 사람을 의미한다(결과가 곧 변화라는 의미). SROI모델의 첫 번째 원칙은 이해관계자들에게 무엇이 측정되고 어떻게 측정될 것이며 사회적 가치가 어떻게 측정 가능하게 가치화되었는지에 대해 알려주어야 한다는 점이다.

2. 변화가 무엇인지를 이해한다.	어떻게 변화가 만들어지는지 확인하고 이 변화를 수집된 증거를 통해서 평가하고 변화의 긍정적인 면과 부정적인 면을 인식하며 의도한 변화인지 또는 의도하지 않은 결과인지 역시 인지하여야 한다. 변화는 행동의 결과이고 결과는 사회적, 경제적 그리고 환경적 결과를 의미하며 이해관계자들에게 이러한 결과에 대해 증거를 제시하기 위하여 결과는 반드시 측정되어야만 한다.
3. 가치화한다. (화폐화원칙)	결과(특히, 사회적 가치)의 가치가 인식되고 측정될 수 있도록 재정적 대리변수를 사용한다. 실질적으로 많은 결과는 결과로 인식되지도 않으며 시장가치로 측정될 수 없는 경우가 많음으로 이를 극복하기 위하여 재정적 대리변수를 활용하여 가치를 측정하도록 한다.
4. 사실만 포함시킨다.	결과를 설명하는 정보를 수집함에 있어서 이해관계자들이 영향력에 대해 쉽게 이해할 수 있는 진실되고 사실에 근거한 증거와 정보만을 수집하도록 하여야 한다. 행동에 대한 특정 정보가 누락되거나 배제된다면 행동에 관한 결정을 하는데 있어 서로 다른 결정을 내리기가 쉽다. 특정 행동이 미치는 영향력 또는 결과를 가져다준다는 것을 입증하기 위해 다양한 증거와 정보를 수집함에 있어 사실과 다른 증거가 수집된다면 당연히 그에 대한 이해관계자들의 결정이나 판단은 상이하게 나타나게 된다. 사실에 근거한 정확한 증거의 활용은 측정과정과 결과에 대해 외부로부터 정당성을 부여받는다는 점에서도 중요하다.
5. 과잉사정을 하지 않는다.	가치는 정확하게 조직이 창조한 가치만을 사정한다. 조직이나 직원들의 행동에 의해서 야기된 변화만을 사정하여야 하며 조직행동이 수반하지 않은 변화나 결과를 사정하지 않는다.
6. 투명하게 한다.	SROI분석은 정확하고 정직하여야 하며 이해관계자들과 논의되어야하고 그들에게 보고되어야 한다. 이러한 투명성의 원칙은 정보를 취합하는 방법이나 각종 지표나 자료들 그리고 결과가 이해관계자들에게 보고되어야 함을 나타낸다.
7. 결과를 입증한다.	SROI분석은 조직이나 직원들의 행동에 의해서 창출된 것의 가치에 대해 알 수 있는 기회를 제공해준다. 하지만 가치가 재정적 대리변수를 통해 화폐가치로 나타남으로 화폐로 표현되는 가치라는 주관성은 피할 수 없는 한계이다. 따라서 이해관계자들에게 SROI분석결과가 합리적인지 아닌지를 입증할 수 있는 독립적인 입증방안이 필요하다.

3. SROI 측정단계

SROI모델을 활용한 성과측정단계는 일반적으로 6단계의 과정을 거치는 것으로 알려져 있다. SROI Network(2012)이 제시한 SROI 분석을 위한 6단계의 과정은 다음과 같다.

<표 5-6> SROI 측정단계

단계	내용
1단계	핵심 이해관계자를 확인하고 범위를 설정하기 = SROI분석이 포함할 수 있는 분석범위를 설정하고 누가 분석과정에 개입할 것이며 어떻게 개입할 것인지를 확인한다.
2단계	결과그리기 = 행동에 따른 영향력에 대해 그림을 그린다. = 투입요소를 확인한다. = 투입요소를 화폐가치화한다. = 투입요소를 명확히 한다. = 결과를 서술한다. • 투입과 산출 그리고 결과의 관계를 나타내주는 변화이론이나 영향력지도를 그리기 위하여 이해관계자들이 관여하여야 한다.
3단계	결과의 증거를 확인하고 화폐가치로 전환하기 = 결과지표 개발하기 = 결과에 대한 자료 수집하기 = 결과가 얼마나 지속되는지 확인하기 = 결과에 대해 화폐가치를 부여하기 • 3단계는 결과가 발생했는지 아닌지를 나타내는 자료를 찾고 결과를 가치화하는 것을 포함한다.
4단계	임팩트 설정하기 = 행동하지 않았는데도 발생한 결과의 측정(deadweight)과 얼마나 많은 결과가 다른 결과를 가져다주었는지 확인(displacement) = 다른 조직이나 사람에 의해서 야기된 결과의 사정(attribution) = 결과가 시간이 지나면서 악화되는 상태(drop-off) 확인 • 결과에 대한 증거를 수집하고 화폐가치로 전환하며 다른 요인에 의해서 결과가 영향을 받은 경우 그 요소를 제거한다.
5단계	SROI 계산하기 = 미래에 성취될 모든 결과의 가치를 예측(2년 사업이면 2년 3년 사업이면 3년의 가치를 모두 예측) = 순현재가치 계산 = 사회적 반환비율계산 = 민감성분석: SROI 비율이 계산되고 나면 이전 단계에서 비율계산을 위해 활용한 재정적 대비변수나 투입단계에서의 비재정적 변수의 화폐가치 그리고 deadweight, attribution, drop-off의 계산이 정확한지 확인하는 것이 필요하며 또한 결과의 수량 등의 확인도 필요하다. = 변제(payback)기간: 사회적 반환가치가 투자를 초월하는 시점. 즉, 변제기간이 짧으면 그만큼 사회적 반환금이 투자금을 앞서게 됨으로 결과를 빨리 만들어 내는 것을 나타낸다. 변제기간이 길면 결과를 만들어 내는 기간도 길고 결과를 만들어 내는 자금도 오랜 기간 필요하게 된다. • 5단계는 모든 혜택을 합산하고 부정적인 요인을 삭제하고 투자에 대한 결과를 비교하는 과정을 포함한다. 또한 5단계에서는 계산된 결과의 민감성도 확인한다.

6단계	보고하고 활용하고 새겨두기 = 이해관계자들에게 보고하기 = 결과를 활용하기 = 보증(입증)하기 • 마지막 단계에서는 발견점들을 이해관계자들과 공유하는 것을 포함하여 이해관계자들에게 발견점들에 대해 대처하고 그리고 좋은 결과를 새겨두며 보고서를 입증하는 것들이 포함된다. SROI분석이 정확하게 이루어졌음을 입증하기 위해서 보고서는 원칙이 정확하게 지켜졌는지 그리고 자료와 정보가 정확한 것인지 등을 입증하는 작업이 필요하다.

출처: SROI Network(2012)을 기초로 작성

4. SROI를 이용한 성과측정요소의 예

SROI는 이미 설명한 바와 같이 비용편익분석에서 수정되어 발전된 모델로서 사회적 임팩트를 재정적 가치(경제적 가치)로 전환하여 양적방법으로 성과를 측정한다. 신경제 재단(New Economics Foundation, NEF, 2006)이 개발한 직업훈련을 제공하는 사회적 기업에서 SROI를 활용한 투입과 행동, 산출과 결과 그리고 임팩트까지의 성과측정요소를 Ridley-Duff과 Bull(2011)은 아래와 같이 수정하여 제시하였다.

〈표 5-7〉 직업훈련서비스를 제공하는 사회적 기업 SROI 성과측정요소의 예

투입	행동	산출	결과	임팩트
• 서비스계약 • 보조금 • 판매수입 • 자원봉사시간	• 훈련 • 직무배치 • 과업	• 훈련에 참석한 사람의 수 • 자격을 획득한 사람의 수	• 학습된 직무기술 • 학습된 연성기술 • 번영, 개인적 사회적 발전 • 생활만족 • 증가한 소득 • 복지혜택 의존도 감소 • 재수감 및 범죄율 감소	• 임팩트를 측정하기 위해 발생된 일들을 제외하기 • 미션을 성취하는데 있어 위해 어떤 것들이 임팩트를 마쳤는지 확인하기

출처: Ridley-Duff and Bull(2011). p, 140 그림4-1에서 재인용

위의 예에서 성과측정의 핵심은 바로 결과부분의 지표들 중 화폐가치로 수량화 할 수 없는 지표들의 재정적 대리변수를 찾아내어 화폐가치로 전환하는 것이라고 할 수 있다.

5. SROI와 비용편익(혜택)분석(cost-benefit analysis)과의 비교

비용(투입)대비 혜택을 수량화된 화폐가치로 측정한다는 측면에서 SROI는 비용-혜택분석(또는 비용편익분석, cost-benefit analysis)과 동일한 논리를 가지고 있다. 단지 차이점은 비용혜택분석에서 혜택은 조직이 창출한 모든 경제적 이익(경제적 가치)만을 혜택으로 보지만 SROI에서의 혜택은 사회적 가치창출 또는 사회적 성과를 수량화된 화폐가치를 나타낸다는 점이다. 따라서 SROI가 화폐가치로 전환하지 못하는 사회적 가치나 성과는 측정하지 못한다는 한계는 본질적인 한계라고 볼 수 있다. 또한 SROI는 비용혜택분석과 마찬가지로 동일한 효율성을 강조하지만 차이점은 비용-혜택분석에서 효율성은 비용대비 이익의 효율성을 의미하는 것이고 SROI는 비용대비 사회적 효율성을 나타낸다는 점에서 차이가 있다. 사회적 효율성은 "비용 또는 투자에 대비하여 발생한 화폐적 가치로 표현되는 사회적 가치실현의 정도"를 나타낸 개념이다.

사회적 효율성	비용 또는 투자에 대비하여 발생한 화폐적 가치로 표현되는 사회적 성과 또는 사회적 가치실현의 정도

SROI와 비용-혜택분석의 차이점으로 지적될 수 있는 또 다른 사안은 SROI가 비용혜택분석과 달리 사회적 기업이나 사회적 경제조직과 같이 사회적 가치를 측정함으로 이해관계자들이 많이 참여하는 제3부문 조직의 성

과측정에 더 적합하다는 점이다(Arvidson et al., 2010). 조직이 발생시킨 결과(outcomes)에 대해 투자대비 사회적 반환비율로 가치를 측정하게 되면 조직의 사회적 가치창출을 위한 노력과 행동이 평가되므로 현재의 사회적 성과를 포함하여 미래의 사회적 성과에 대한 예측이 가능하다는 점은 SROI의 장점이라고 할 수 있다.

6. SROI분석모델과 사회적 회계와 감사모델과의 비교

SROI와 사회적 회계와 감사는 모두 조직의 사회적 목적 또는 사회적 가치의 실현정도를 측정하는 측정방식이면서 동시에 성과를 측정하는 측정체계임으로 두 모델은 공통적으로 사회적 경제조직 성과관리를 위한 체계로 활용될 수 있다. 특히, 두 성과측정모델은 모두 비영리조직과 사회적 경제조직인 사회적 기업 그리고 영리기업에도 활용되고 있다는 공통점이 있다. 하지만 이와 같은 유사점에도 불구하고 SROI와 사회적 회계는 기본적인 측정방법의 논리에서부터 구체적인 지표활용에 있어 상이한 접근방식을 취한다. 그 차이점을 살펴보면 아래와 같다.

첫째, SROI분석은 주로 화폐가치로 표현된 지표를 활용함으로 양적방법의 접근방법을 활용하지만 사회적 회계는 주로 인터뷰나 진술 등으로 작성된 보고서 등과 같은 질적방법의 측정방식을 주로 활용함으로 보다 주관적인 측정방식을 취한다. 따라서 사회적 회계와 감사는 사회적 투자반환비율이나 재정적 대리변수 등을 활용하지 않는다.

둘째, SROI분석은 결과 중심적이다. SROI는 비용편익분석과 마찬가지로 투입대비 결과 즉, 주로 행동의 결과(outcome)나 임팩트를 측정하는 것에 초점을 둔다. 하지만 사회적 회계와 감사는 단순히 결과만을 측정하지 않으며 사회적 가치를 성취하기 위해 진술된 모든 노력과 행동들을 포함한다.

셋째, SROI분석은 조직행동의 직접적 임팩트만을 측정하기 위해 노력한다. 즉. 조직행동에 따른 이용자나 소비자 그리고 직원들과 같은 조직 내부적 이해관계자의 입장은 고려되지만 지역주민이나 지역사회에 대한 긍정적 외부효과를 나타내는 조직 외부적 관점은 상대적으로 등한시한다. 반면 사회적 회계와 감사는 조직 내, 외부적 관점의 시각에서 조직행동과 노력을 동시에 측정하기 위해 노력한다.

7. SROI모델의 단점

SROI를 활용한 성과측정은 사회적 가치를 중심으로 성과를 측정하므로 사회적 목적을 성취하기 위해 설립된 사회적 기업과 같은 사회적 경제조직들의 사회적 가치지향적인 활동에 대한 측정이 가능하다는 점에서 장점을 지니고 있지만 가치를 측정함에 있어 재정적 대리변수를 활용하므로 다음과 같은 한계점 역시 공존하고 있다. 사회적 경제조직 성과관리를 위해 SROI모델을 적용하는 경우 나타나는 문제점을 지적하면 아래와 같다.

첫째, 사회적 성과의 화폐적 가치로 전환에 있어 나타나는 문제점: 사회적 기업을 포함하여 사회적 경제조직들이 성취하려는 사회적 성과는 매우 다면적인 성격을 갖는다. 사회적 경제조직이 지역주민이나 지역사회에 미치는 사회적 임팩트는 화폐가치로 측정 가능한 사회적 성과일수도 있지만 당장 실현가능하지 않거나 추상적인 성과나 가치일 경우 화폐가치로 전환하는 것이 어려운 것이 현실이다. 사회자본의 개선, 자존감의 향상, 주민생활만족도의 향상, 가족통합의 증대나 삶의 질의 개선이나 행복감의 증대 등과 같은 사회적 경제조직의 사회적 임팩트는 직접적 효과이면서 수량화하여 측정은 가능하여도 화폐가치로 측정한다는 것은 불가능하다. 따라서 사회적 가치가 화폐적 가치로 측정 가능한 측면에서만 SROI는 성과측정도구로 활용할 수 있음은 가장 결정적인 한계라고 할 수 있다. Sheridan(2011)은 SROI의 문제점으로 자기존경심이나 자기 확신과 같은 화폐적 가치로 표현되기가 어려운 연성결과(soft outcome)를 측정하는 것이 어렵다는 점을 지적하였으며 Ligane과 Olsen(2004) 그리고 Thomas(2004) 등은 개인의 주관적 생각이나 가치판단을 SROI를 활용하여 측정하기 어렵다는 문제점을 지적하였다. 이는 사회적 경제조직이 제공하는 서비스의 영향력 정도에 대한 개인적 수준에서의 영향력이나 사회적 수준에서의 영향력을 SROI로 측정하는 것이 어렵다는 것을 의미한다.

둘째, 비용과 시간이 많이 걸리고 전문적 기술이 필요하다는 문제점: SROI는 재정적 성과와 사회적 그리고 환경적 성과를 화폐적 가치로 전환하여야 함으로 이를 위해서는 많은 시간과 비용 그리고 전문적인 지식과 기술을 필요로 한다. 따라서 규모가 일정 정도 이상이 되지 않는 대규모 사회적 기업이나 사회적 경제조직이 아니고서는 SROI를 활용하여 성과를 측정하는 것은 어렵다고 할 수 있다(Gair, 2009; New Philanthropy Capital, 2010). 따라서 SROI를 활용하는 조직은 비영리조직으로 병원이나 일정 정도 규모를 갖춘 건강서비스나 사회적 돌봄 서비스를 제공하는 조직이 가장 적합한 조직으로 알려져 있다.

셋째, 성과를 주로 결과와 영향력(임팩트)을 중심으로 측정한다는 문제점: SROI는 사회적 가치를 측정 가능한 화폐적 가치로 측정함으로 경제적 가치로 치중된 일반기업 성과측정모델에서 한층 발전된 그리고 사회적 기업 성과측정에 보다 적합한 성과측정모델이라고 할 수 있지만 성과를 결과와 영향력을 중심으로 측정한다는 단점을 갖는다. 성과는 조직운영 전반에서 발생하는 것이며 이는 성과가 단순히 결과나 영향력으로만 치우치면 안된다는 점을 나타내준다. 성과가 조직 전반에서 발생한다는 것은 성과가 투입과 행동 산출과 결과 그리고 영향력 등의 모든 단계를 통하여 발생할 수 있으므로 이러한 단계적 속성에 대한 측정 역시 매우 중요하다는 점을 의미하는 것이다.

넷째, 조직이 가치창출 또는 목적성취를 위해 노력하는 과정이 고려되지 않는다는 문제점: 특히, 사회적 경제조직이 창출한 결과나 임팩트를 화폐가치로 전환하는 것이 어렵다는 기본적인 한계와 더불어 자원의 투입단계에서 자원봉사자들의 노력 역시 화폐가치로 전환하는 것이 어렵다는 점도 SROI모델의 한계라고 할 수 있다(Arvidson et al., 2013). 임금을 받지 않는 자원봉사자들의 노력은 지식이나 기술의 활용과 함께 시간과 열정 등 수량화된 재정적 대리변수나 화폐가치로 전환하는 것이 상대적으로 어렵다. 임금으로 측정하든 아니면 자원봉사자를 활용하지 않았을 때 들어가는 비용을 기회비용으로 환산하여 측정하든 사회적 기업과 같은 사회적 경제조직들과 비영리조직들은 일반 기업과 달리 상당한 수의 자원봉사자들의 도움으로 조직이 운영되는 경우가 많은데 이들의 노력을 정확하게 화폐가치로 측정한다는 겻은 현실적으로 불가능하다.

결론적으로 SROI모델 사회적 경제조직의 성과를 측정하는 모델로 활용하기 위해서는 극복하여야 하는 많은 한계점이 있음을 알 수 있다. 가장 결정적인 문제점은 사회적 경제조직의 조직활동 투입단계에서 모든 투입자원을 현금가치로 측정할 수 없으며 결과나 조직이 창출한 임팩트나 사회적 가치 역시 화폐가치로 측정하는 것이 어렵다는 점이라고 할 수 있다. SROI모델의 특징은 경제적 가치와 사회적 가치를 측정함에 있어 수량화할 수 있는 사회적 가치를 화폐가치로 표현한다는 것이다. 따라서 사회적 가치를 측정함에 있어 SROI모델의 한계는 비용-편익분석과 마찬가지로 명확하다고 할 수 있다.

제7절

혼합가치회계 성과관리모델

1. 혼합가치회계모델의 특성

혼합가치회계(Blended Value Accounting, BVA)모델은 Nicholls(2009)가 제시하였으며 영국의 사회적 경제조직인 사회적 기업 성과를 측정함에 있어 재정적 산출과 사회적 산출 그리고 사회적 임팩트를 혼합하여 측정한다는 특징을 갖는다. 혼합가치회계모델에서 재정적 산출은 경제적 가치를 나타내며 사회적 산출과 임팩트는 사회적 가치를 나타낸다. 사실 혼합된 가치라는 용어는 Emerson(2003)이 제시한 개념으로 Emerson은 모든 조직에 의해서 창출된 재정적 산출과 사회적 산출 그리고 임팩트의 혼합으로 혼합된 가치를 개념화하였다. 혼합가치회계모델의 논리는 모든 조직이 재정적·사회적 가치를 창출한다는 점과 이 두 가치가 상호간에 서로 연관이 되어 있다는 점이다. 사회적 기업의 성과를 측정함에 있어 혼합가치회계모델은 성과측정영역에 재무감사보고서에 대한 사정, SROI, 사회적 기업 협치의 수준, 핵심 목표의 성취정도를 나타내는 사회적 감사(social audit)의 영역을 포함하여 성과를 측정한다는 특징이 있다. 결국 혼합가치모델은 사회적 감사와 SROI를 혼합하여 조직성과를 측정한다는 것이 가장 주된 특징이라고 할 수 있다. 즉, 혼합가치회계모델은 SROI가 가진 한계를 사회적 회계와 감사를 통해서 극복하기 위한 모델이다.

혼합가치회계모델에 따르면 재정적 산출은 주로 양적 측정으로 그리고 사회적 가치는 질적 측정으로 이루어진다. 즉, 혼합가치모델의 특성은 사회적 감사와 SROI를 중심축으로 하여 경제적 성과와 사회적 성과를 양적방법과 질적방법을 혼합하여 균형있게 측정하려고 하는 시도로 발전하였다고 할 수 있다. Emerson(2003)의 논리를 비추어보면 혼합가치회계모델은 양적인 재정적 가치와 질적인 사회적 가치의 보고서를 통해 조직의 가치를 측정하는 측정모델이 된다. 따라서 본 모델은 조직의 산출과 결과 그리고 영향력을 전체주의적 관점 즉, 양적방법과 질적 방법을 혼합한 방법을 통해 사회적 설명과 재정적 설명을 균형있게 담은 사회적 영향력 보고서를 도출한다는 점이 특징이다.

2. 재정적 가치와 사회적 가치

혼합가치모델은 재정적 가치(경제적 가치)와 사회적 가치를 측정하기 위하여 양적 방법과 질적 방법을 혼합하여 자료를 수집한다. 즉, 재정적 가치는 경제적 이익창출을 나타나며 주로 화폐적 가치와 같은 수량화된 가치를 중심으로 양적으로 측정하며 사회적 가치는 화폐가치로 창출하기가 어려움으로 주로 인터뷰나 각종 보고서 등을 토대로 수집된 문장이나 대화 등을 해석하는 질적 방법을 통하여 자료를 분석한다는 특징이 있다. 따라서 양적 자료를 바탕으로 하는 실증주의와 질적 자료를 바탕으로 하는 해석주의는 혼합가치모델의 기본 이론적 토대라고 할 수 있다. 아래의 그림은 혼합가치회계모델 성과측정의 틀을 나타낸다.

<그림 5-11> 혼합가치회계모델의 틀

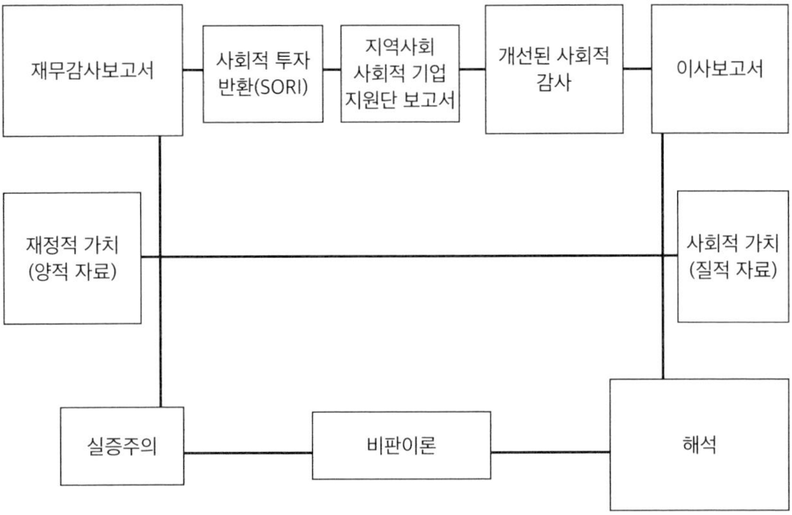

출처: Nicholls, 2009. p. 765, 그림-1에서 재인용

위의 그림에서 보는바와 같이 혼합가치모델의 이론적 틀은 양적 자료를 분석하기 위한 실증주의와 조직관리 및 통제메커니즘을 만들기 위한 비판주의 그리고 조직실천가와 이해관계자 사이에서 대화 및 논의를 해석하는 해석주의에 입각해 있다. 따라서 각종 수량화된 재무보고서와 사회적 투자에 대한 반환비율(SROI) 그리고 이해관계자들에 의해서 작성되는 사회적 감사보고서 그리고 지역사회의 사회적 기업 지원단에서 작성한 기업보고서(양적 자료와 질적 자료를 혼용한 보고서) 등의 자료를 통해 사회적 기업의 성과가 측정되고 보고된다.

3. 혼합가치회계모델과 사회적 경제조직 성과관리

혼합가치회계모델을 적용하여 사회적 경제조직의 성과를 측정하여 관리하기 위해서는 정성평가(질적자료)를 기초로 하는 측정방식에 익숙하여야 한다. 이는 혼합가치모델이 경제적 가치는 실증주의에 기초함으로 수량화된 지표인 정량지표로 측정하지만 사회적 가치는 보고서에 담겨 있는 주로 해석을 필요로 하는 단어나 문장으로 구성되는 정성(질적)지표로 측정하기 때문이다. 질적 방법과 양적 방법을 모두 활용하여 수집된 자료를 통한 측정이므로 측정의 결과는 보다 객관화할 수 있지만 질적 방법을 통한 자료는 해석에 있어 어려움이 동반될 가능성이 존재한다. 혼합가치회계모델의 장단점을 보다 구체적으로 살펴보면 아래와 같다

4. 혼합가치회계모델의 장단점

혼합가치회계모델은 사회적 감사를 사회적 가치를 측정하는 기본 도구로 사용한다는 점에서 수량화된 화폐적 가치 중심의 성과를 측정하는 오류를 수정하기 위하여 노력하였다는 특징이 있다. 또한 실증주의와 비판이론 그리고 해석이론 등 논리적 측면을 강화하여 측정요소와의 연관성을 제시하였다는 점은 기존 모델들이 가지고 있는 논리적 취약성을 일정 정도 극복하기 위하여 노력하였음을 나타내준다. 혼합가치회계모델의 가장 큰 장점은 양적 자료와 질적 자료의 혼합된 방식을 활용한 조직성과의 측정이라는 점이다.

하지만 사회적 성과를 질적 수준의 자료를 중심으로 측정한다는 한계와 사회적 성과를 특정한 측정도구없이 사회적 감사를 활용하여 측정한다는 점은 사회적 가치 중심의 성과를 측정하는데 있어 매우 취약한 측면이라

고 할 수 있다. 즉, 사회적 회계에서 발달된 혼합가치회계는 사회적 경제조직의 사회적 가치를 측정함에 있어 새로운 가능성을 제시하였지만 질적 방법으로 측정하는 사회적 가치에 대한 구체적인 측정도구를 제시하지 못하는 한계를 가지고 있다. 양적 자료로 사회적 투자반환비율(SROI)을 강조하는 것 역시 수집된 양적 자료의 한계를 나타내준다. 이는 SROI가 갖는 한계점이 그대로 본 모델에도 적용됨을 의미하는 것이다. 또한 혼합가치회계모델은 일정 정도 규모 이상의 조직이 아니고서는 혼합가치회계모델에서 제시하는 각종 보고서를 작성하고 분석하여 성과를 측정하는 것은 현실적으로 어려움으로 규모가 작은 사회적 경제조직의 성과관리모델로는 적합하지 않은 측면이 있다.

제8절 로직(논리)모델

1. 로직모델

로직모델은 투입부터 과정, 산출, 결과(나아가 결과부분의 임팩트)를 프로그램목적과 목표와의 연관성을 중심으로 인과관계적 측면에서 논리적으로 살펴봄으로써 논리모델 즉, 로직모델이라는 명칭을 얻게 되었다. 로직모델은 결과를 결과(outcome)와 임팩트(impact)로 구분하고 결과를 단기, 중기 그리고 장기결과 등으로 세분화하기도 한다. 일반적으로 로직모델은 어떻게 프로그램이 참여자들에게 임팩트를 가져다주었는가? 어떻게 참여자들이 프로그램에서 혜택을 성취하는가? 또는 어떻게 프로그램이 실제적으로 운영되는가를 이해할 수 있도록 설명해주는 변화를 강조하는 인과관계에 근거한 틀이다. 특히, 로직모델은 어떻게 변화가 이루어졌는지, 어떻게 영향력을 행사하였는지에 대해 체계주의적 관점에서 설명하는 분석틀이자 평가 틀이다(지은구, 2012; 지은구 외, 2018).

여기서 체계는 조직이나 프로그램을 하나의 체계(system)로 보고 투입과 행동 산출과 결과 그리고 결과가 가져다주는 임팩트까지의 전 과정을 체계적으로 분류하고 분석한다는 것을 의미한다. 따라서 로직모델은 조직적 측면에서 조직성과관리를 위한 체계로 활용할 수 있다. 결국, 로직모델은 변화가 어떻게 이루어졌는지를 분석하고, 결과가 가져다주는 임팩트를 분석하며, 그리고 투입부터 임팩트까지의 인과관계를 분석하는 매우 논리적인 모델이라고 할 수 있다. 로직모델은 처음 프로그램의 개발과 평가영역에서 발달하여 2000년대 이후에는 공공조직과 비영리조직의 성과를 측정하는 측정체계이자 성과관리를 위한 관리모델로까지 발전하였다. 로직모델의 가장 큰 장점은 조직이 프로그램의 설계와 인생주기적 관점에서 성과측정 및 평가를 내재화하여 상시 측정할 수 있도록 하는데 도움을 준다는 점이다(지은구 외, 2018).

로직모델에서 투입요소는 조직이 재화와 서비스를 생산하는데 필요한 자원을 의미하며 인적자원과 물적 자원이 모두 포함되고 행동요소는 서비스생산을 위해 필요한 운영과정(활동)을 나타내고 산출요소는 투입과 산출을 통해 만들어진 또는 제공된 서비스의 양이나 생산의 양을 나타내며 결과는 산출된 서비스가 이용자에게 영향을 주는 관계로써 임팩트나 변화를 나타내고 이용자의 상태, 지위, 조건 등의 변화(특히 생활상의 변화)를 중심으로 측정이 이루어진다. 성과측정이 투입부터 결과까지 단계별로 이루어짐으로 로직모델은 단계별 성과관리모델이라고도 불린다(지은구, 2010).

2. 확대된 로직모델

로직모델이 단위사업이나 프로그램의 성과관리를 위해 개발된 모델이라고 한다면 확대된 로직모델은 조직단위의 성과를 관리하고 측정하기 위해 Callow-Heusser, Chapman과 Torres(2005). Frechtling(2007), 그리고 지은구(2012) 등이 제시한 모델이다. 위에서 지적한 바와 같이, 성과를 측정하는 데 있어 기본적인 로직모델은 프로그램이론에 영향을 받아 인과관계분석 및 프로그램이나 서비스의 임팩트에 대한 분석을 강조한다는 특징이 있다. 하지만 확대된 로직모델은 해결하려고 하는 사회문제의 분석을 중심으로 투입, 행동, 산출 그리고 결과 사이의 인과관계를 분석한다. 따라서 확대된 로직모델은 조직 전반의 성과를 체계적으로 분석할 수 있다는 장점을 가지고 있다고 볼 수 있다. 확대된 로직모델은 조직변화환경과 결과를 보다 강조함으로 지역주민이나 이용자들에 대한 변화의 정도나 변화요인 등을 보다 구체적으로 강조한다(Frenchtling, 2007; Stupak and Leitner, 2001).

결국, 사회적 경제조직의 성과관리 및 성과측정체계로 주로 활용될 수 있는 로직모델은 기본적인 로직모델에서 발전된 확대된 로직모델이다. 기본적 로직모델은 프로그램이론에 기초하여 프로그램의 성과(performance) 즉, 프로그램의 전체 과정에 대한 성과를 손쉽게 파악할 수 있게 도와주지만 프로그램이나 프로젝트 나아가 조직이 해결하려는 문제에 대한 분석이나 프로그램과 이용자들에게 영향을 줄 수 있는 제반 조건이나 상황에 대한 분석을 하지 않으므로 성과의 제 측면과 변화내용의 인과관계를 완전하게 이해하는데 어려움이 있었다. 하지만 확대된 로직모델은 조직이 성취할 것이라고 기대하는 사회적 혜택과 조직의 제반 조건이나 상황, 그리고 조직이 목적과 목표를 달성하기 위해 채택한 전략 및 전술을 고려한다(Callow-Heusser, Chapman, and Torres, 2005). Frechtling(2007)은 로직모델에

두 요소를 첨가한 확대된 로직모델을 강조하였다. 그녀에 따르면 두 요소는 상황(context)과 임팩트(impact)이다. 상황은 조직개입이 일어나는 환경의 중요한 특징을 설명하며, 결과물이 일반화되리라 기대되는 상황을 정의내리거나 범위를 정하는데 도움이 된다. 또한 상황은 환경의 사회적, 문화적, 정치적 측면들을 제기하기도 하며, 인종, 성별, 사회경제적 지위와 같은 인구 통계적 요인들은 상황 하에서 고려되는 변수들 중의 하나이다. 인종적, 민족적, 종교적, 경제적 구성과 같은 지역사회 요인이나 정치적 요인 또한 상황에 포함된다.

임팩트는 조직개입을 통한 하나의 체계, 지역사회, 혹은 조직 안에서 발생하는 의도된 혹은 의도되지 않은 변화라고 할 수 있다(Kellogg Foundation, 2000). 따라서 확대된 로직모델은 조직이 실행되는 특정한 조건인 상황과 조직이 이용자를 뛰어넘어 지역사회나 또는 더 큰 체계에 미치는 효과인 사회적 임팩트에 대한 설명을 포함한다. 즉, 결과부분에서 임팩트는 재화나 서비스를 직접 제공받은 개인적 차원에서의 변화에서 나아가 지역사회에 나타나는 변화를 포함하는 개념으로 간접적이거나 부수적인 변화나 효과를 포함한다.

확대된 로직모델은 단순히 결과(outcome)만을 측정하는 모델이 아니기 때문에 조직이 어떻게 작동하고 어떻게 그리고 왜 이런 결과를 창출하는가에 대한 전체 조직 활동의 흐름을 이해하고 성과를 측정하는데 도움을 준다. McLaughlin과 Jordan(1999)은 로직모델을 적용하여 조직성과를 측정하는 단계를 제시하여 로직모델이 단순한 결과물을 증정하는 측정도구가 아닌 성과측정체계임을 강조하였다. 그들에 따르면 로직모델을 통한 성과측정은 다음과 같은 과정을 거친다.

1단계: 관련된 정보의 수집
2단계: 해결하려고 하는 문제와 정황의 확인

3단계: 로직모델의 요소확인(투입, 행동, 산출, 결과 요소확인)
4단계: 로직모델의 모델작성: 흐름도나 일람표(diagram)의 작성
5단계: 이해관련당사자들과 로직모델 검증

위의 측정단계에서 무엇보다도 중요한 단계는 투입, 행동, 산출, 그리고 결과를 구성하고 있는 각각의 구성요소들(측정요소)을 확인하는 것이다. 만약 구성요소들을 확인하지 못한다면 기본적으로 측정은 이루어질 수 없게 된다. 하지만 위의 단계에서 제시된 바와 같이 조직에 참여하는 참가들(이용자, 서비스구매자, 지역주민 등)에게 영향을 미치는 사회, 경제적 인구통계적 상황을 확인하여 측정에 반영하며 특히 참여자들에게 영향을 미치는 사회문제분석을 통하여 원인과 결과에 대한 연관성을 찾는 것은 확대된 로직모델이 기본적 로직모델에서 보다 발달된 유형의 성과측정체계로 발전하였음을 나타내주는 것이라고 할 수 있다(지은구 외, 2018).

특히 확대된 로직모델은 조직구성원과 이용자가 함께 협력하여 성과를 측정할 수 있는 모델이다. 즉, 조직구성원들은 이용자가 필요로 하는 것을 확인하고(사회문제분석과 욕구사정을 통해서) 프로그램을 위해 필요한 자원, 행동, 산출, 결과를 설정하여 측정한다. 로직모델은 이용자가 욕구하는 것, 필요한 자원, 행동, 산출, 결과와 관련된 자료가 수집된다는 장점이 있다. 특히 로직모델은 결과를 즉각적 결과, 중간결과, 장기결과로 세분화하여 살펴봄으로써 투입이나 과정보다는 결과부분에 대한 측정을 보다 강조한다.

확대된 로직모델의 특징은 조직이 성취하려는 목적을 해결하려는 사회문제분석과 연관하여 분석하며 조직의 구성요소에 대한 분석을 통해 성과를 측정한다는 것이고, 각각 요소에 영향을 주는 외부환경을 고려하여 측정한다는 것이다. 아래의 그림은 확대된 로직모델에 따른 성과측정을 나타낸다(지은구 외, 2018).

<그림 5-12> 확대된 로직모델에 따른 성과측정

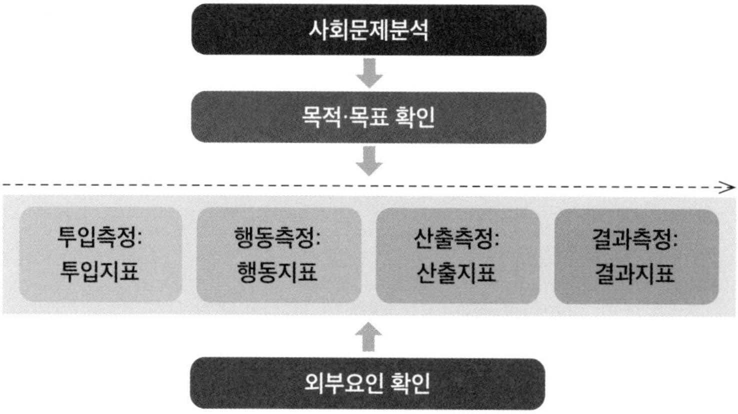

출처: 지은구 외. 2018. p, 52, 그림 3-1에서 재인용

3. 로직모델의 적용과 사회적 경제조직 성과측정

앞에서 살펴본바와 같이 로직모델을 적용하게 되면 요소별 인과관계와 프로그램이론 등에 기초하여 사회적 경제조직의 성과(performance) 즉, 기업운영 전체 과정에 대한 성과를 쉽게 파악하고 측정할 수 있게 된다. 로직모델은 단순히 결과(outcome)만을 측정하는 모델이 아니기 때문에 기업이 어떻게 운영되고 어떻게 그리고 왜 결과를 창출하는가에 대한 조직전반의 성과를 측정하는데 도움을 준다. 로직모델은 일반적으로 프로그램의 개발과 평가를 위해 개발되고 활용되고 있으므로 사회적 기업의 성과를 관리하기 위한 성과측정모델로의 적용은 BSC모델이나 SROI 그리고 SAA 모델 등에 비해 활발하지 않았다고 할 수 있다. 예를 들어 기존의 연구들을 살펴보면 로직모델을 적용한 사회적 기업 성과측정모델보다는 로직모델에서 수정된 성과측정모델들이 더 많이 눈에 뛴다.

특히, 사회적 경제조직의 성과를 측정하는 데 있어 로직모델은 비영리조직이나 사회적 경제조직이 해결하려고 하는 지역사회문제나 지역사회이슈에 대한 분석을 중심으로 기업이 성취하려는 미션과 투입, 행동, 산출 그리고 결과와 임팩트 사이의 관계를 분석한다. 즉, 로직모델은 주어진 기업의 환경이나 조건, 자원 또는 상황에 대한 분석을 중심으로 투입 등의 요소들에 대한 인과관계분석을 중심으로 기업이 어떻게 작동하는가에 대한 논리를 제공하는 것이 중심축이라고 할 수 있다. 사회적 경제조직 성과관리를 위한 측정은 로직모델에 있어 다음과 같은 질문을 통해 가능하다.

- 로직모델에서 확인된 각각의 요소들은 정확하게 자기 위치에 놓여 있는가? 기대된 산출과 결과 그리고 영향력은 정확히 이해되고 측정되었는가? 수행될 행동요소는 정확히 설계되었는가? 계획된 단계에서 활용할 모든 자원(인적자원이나 비용 등 모든 자원)들이 확인되었는가?
- 로직모델에서 확인된 인과관계는 계획된 대로 발생하였는가? 성과는 합리적인 과정을 통해서 도달하였는가? 의도하지 않은 혜택이나 결과 그리고 비용은 무엇인가?
- 결과에 영향을 준 다른 전제(또는 가정이나 원인)들은 존재하지 않았는가?
- 기업의 재화(상품)나 서비스를 기대했던 이용자 또는 지역주민에게 정확하게 제공되었는가? 그리고 주민이나 이용자들은 기업이 제공한 서비스나 상품의 질에 만족하였는가?

임성은 외(2018)은 사회적 경제조직 성과관리를 위한 성과측정에 있어 로직모델을 적용하는 것을 제안하며 아래와 같은 사회적 경제조직 성과측정 로직모델을 제시하였다. 이들이 제시한 모델은 지역사회문제분석이나 조직환경에 대한 분석이 제외되어 있으므로 확대된 로직모델이 아니고 기본모델을 수정한 모델에 더 가깝지만 로직모델을 적용한 사회적 경제조직의 성과관리모델에 대한 기본 구상이라는 점에 의의가 있다.

<그림 5-13> 사회적 경제조직 성과관리 논리모델

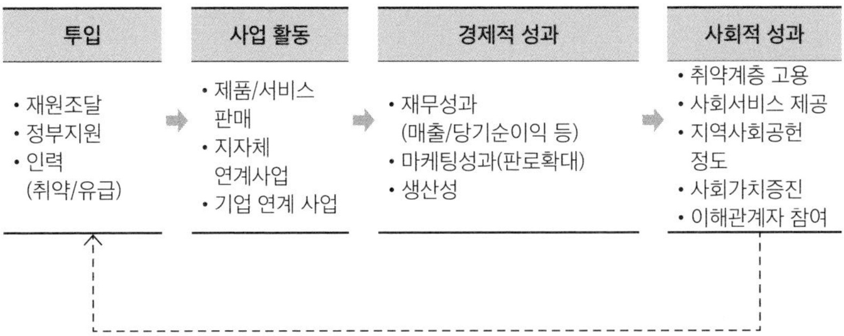

출처: 임성은 외(2018). p, 141 그림5-3에서 재인용

우리나라의 사회적 경제조직의 유형은 다양하며 대부분 지역사회에서 지역사회문제해결과 같은 사회적 가치를 성취함을 조직목적으로 설정하고 있다. 따라서 로직모델을 우리나라 사회적 경제조직의 성과측정모델로 적용하기 위해서는 사회적 경제조직의 유형 및 특성에 맞는 모델개발이 반드시 이루어져야 함은 당연하다.

4. 로직모델의 장점 및 단점

1) 로직모델의 장점

사회적 경제조직의 성과를 측정하는데 있어 활용할 수 있는 확대된 로직모델의 장점은 다음과 같이 정리될 수 있다.

첫째, 로직모델을 통하여 사회적 경제조직 개선의 영역과 지역사회 문제점들을 기업이 설정한 미션 성취를 위한 활동 전 과정을 구성하는 구성요인들을 중심으로 파악할 수 있으므로 보다 개선된 성과를 성취하는 것이 용이하다.

둘째, 체계주의이론 및 프로그램이론에 근거하여 조직성과를 측정함으로 성과측정이 단계적이고 계획적으로 수행될 수 있다.

셋째, 전체 직원들이 자료수집 및 전체 성과측정에 참여할 수 있으므로 성과개선을 위한 의사소통활성화에 도움이 된다.

넷째, 로직모델은 조직성과를 조직이 성취하려는 미션이나 조직목적에 대해 투입과 조직 활동 그리고 산출과 결과요인들 사이의 인과관계분석과 결과에 대한 영향력분석을 포함하여 측정함으로 투입영역에서 사회적 가치지향성이나 직원의 미션 수행의지 그리고 결과영역에서 이용자나 지역사회에 미친 임팩트 사이의 관계를 명확히 확인할 수 있다.

결론적으로, 로직모델은 사회적 경제조직에서 제공된 재화나 서비스에 의해서 나타나는 임팩트나 이용자들의 변화를 조직미션과 기업의 설립목적이나 지역사회문제 등과 연관하여 투입부터 단계적 방식으로 결과와 나아가 임팩트에 이르기까지 측정요소를 설정하여 측정함으로 사회적 경제조직과 같은 사회적 목적을 가진 기업의 다면적 성과를 측정하는데 보다 적합한 모델이라고 할 수 있다.

2) 로직모델의 한계

위와 같은 장점에도 불구하고 사회적 경제조직의 성과측정에 로직모델을 적용하는 것은 한계를 내포하고 있다. 로직모델의 단점으로 지적될 수 있는 것들은 다음과 같다(지은구 외, 2018).

첫째, 로직모델은 결과 또는 변화를 강조하는 측정모델로서 다른 요소들보다도 결과변수를 측정하는 것이 더욱 중요하다. 하지만 모든 사회적 경제조직 활동의 결과를 측정한다는 것이 현실적으로 제한적이라고 할 수 있다. 즉, 결과를 측정하는 것이 용이한 경우도 있고 결과를 측정하는 것이 현실적으로 매우 어려운 경우도 있다. 이는 로직모델에서 결과를 측정하는 것이 주로 정량적 결과를 측정하는 것으로 한정된다는 것을 의미하며 결과를 측정하는 측정도구는 수량화된 측정도구로 제한된다는 것을 의미한다. 즉, 결과나 임팩트에 대한 측정에서 수량화하여 측정할 수 없는 결과나 임팩트는 측정하기가 어렵다.

둘째, 결과물중심의 성과측정이 강조됨으로 단기, 중기, 장기결과에 대한 수량화된 자료를 중심으로 하는 양적 측정이 강조되어 기업의 실질적인 운영과정(행동)에 대한 측정은 등한시 될 수 있다. 특히, 투입과 과정 그리고 산출과 결과를 모두 측정 가능한 지표로 만드는 것은 상당한 지식과 기술을 필요로 한다.

셋째, 사회적 경제조직에 영향을 미치는 조직 내·외적인 조건이나 상황을 고려하여야 함으로 시간과 노력이 필요하다.

넷째, 로직모델을 적용하는 경우 조직의 목적과 목표를 정확하게 이해하고 단계별 성과의 구성요인을 정확하게 분류할 줄 아는 숙련된 지식을 갖춘 관리자가 필요하다. 조직관리적 측면에서 성과관리를 위해 로직모델을 적용하는 경우 조직 및 조직자원과 환경에 대해 명확한 지식과 이해를 가진 직원에 의해서만 수행되어야 한다.

다섯째, 로직모델은 투입부터 결과와 임팩트요인을 분석하는데 있어 선형적인 방식 즉, “만약 ...을 한다면, 그러면 ....이 될 것이다”라는 투입과 행동, 결과 그리고 임팩트까지의 단계적인 방식으로 조직성과를 측정함으로 조직성과의 복잡성이나 다면성, 상호연관성 등을 측정하는데 한계가 있을 수 있다.

여섯째, 사회적 경제조직의 크기나 인력구조 그리고 예산이나 유형(시장진입형 등) 등에 따라 투입부터 결과와 영향력에 이르기까지 매우 상이한 측정지표가 활용될 가능성이 있으므로 모든 사회적 경제조직을 일률적으로 보편화하여 상대적 비교를 하는 것이 부적절할 수 있다. 즉, 사회적 경제조직의 성과측정을 위해 활용될 지표의 보편성과 객관성이 결여될 가능성이 높다.

결론적으로, 로직모델은 사회적 경제조직에서 제공된 재화나 서비스에 의해서 나타나는 임팩트나 이용자들의 변화를 강조함으로 조직의 성과를 주로 결과나 임팩트 중심으로 그리고 측정할 수 있는 측정변수나 측정요인만을 중심으로 측정한다는 한계를 가지고 있는 성과측정모델이다. 특히, 성과측정이 기업설립목적(및 지역사회문제) 그리고 투입과 결과까지의 연관성하에서 단계적으로 이루어지도록 논리적으로 설계되어 있고 조직에 영향을 미치는 조직 내·외적 상황을 모두 고려하여야 한다는 측면에서 상당한 수준의 지식과 경험을 가지지 않으면 활용하기가 어려운 모델이라고 결론지을 수 있다. 하지만 위와 같은 한계에도 불구하고, 로직모델은 해결하려는 사회문제에 대한 분석과 사회적 경제조직이 성취하려는 비전이나 목적과 목표를 확인하고, 이를 바탕으로 성취하려는 성과와 실제 성취한 성과 사이의 차이를 줄이는 성과개선노력을 수행함으로 단순히 성과의 정도를 측정하는 도구에서 성과를 관리하는 관리방식으로써 사회적 경제조직의 성과측정을 보다 체계적이고 적용 가능할 수 있도록 인도하는 성과관리 및 측정모델이라고 할 수 있다.

제9절
통합적·단계적 성과관리모델

1. 통합적·단계적 성과관리모델의 틀

Brueckner, Wise 그리고 Marika(2016)가 사회적 경제조직인 사회적기업에 적용한 단계적 성과관리 및 측정 모델은 전체주의적 관점을 적용한 측정모델로 알려져 있다. 전체주의적 관점이라는 것은 평가의 체계주의적 관점을 적용하여 투입과 행동, 산출, 결과 그리고 서비스의 임팩트 등의 단계를 하나의 성과로 묶어서 성과를 측정한다는 것을 의미한다. 즉, 성과를 전체 과정에 확인하여 측정하는 것을 나타낸다. Brueckner, Wise 그리고 Marika가 사회적 기업의 성과측정에 적용한 성과를 전체 과정에서 단계별로 측정하는 단계적 성과관리모델은 Lee와 Nowell(2014)의 비영리조직성과관리모델에 근거한다.

Lee와 Nowell(2014)는 1990년에서 2012년 사이에 이루어진 비영리조직 성과측정에 대한 선행연구를 분석하여 비영리조직성과를 측정하는 성과관리모델을 재분류하여 제시하였다. 이들이 제시한 모델은 체계주의적 모델과 로직모델에 기초하여 있으며 단계적으로 성과를 측정하는 측정모델이다. 이들은 비영리조직 성과측정요소로 총 7개의 요소를 제시하였는데 그 요소들은 투입, 조직능력, 산출, 행동과 환경적 변화를 나타내는 결과와 클라이언트와 소비자만족을 나타내는 결과, 공공가치 그리고 조직간 네트워크와 조직의 정당성 등이다. 이들은 성과측정 7단계의 요소를 설정하여 비영리조직의 성과를 측정하는 측정모형을 제시하였고 Brueckner, Wise 그리고 Marika(2016)는 이 모델을 사회적 기업의 성과측정에 적용하였다. Lee와 Nowell은 그들이 제시한 성과측정의 틀을 통합적 성과측정 틀이라고 지칭하지만 통합적이면서 동시에 단계적인 요소들에 대한 측정을 강조함으로 본 연구에서는 비영리조직 성과측정을 위한 통합적·단계적 성과관리체계 또는 틀이라고 지칭하도록 한다

투입은 조직의 행동을 지지하고 재정적 안전성을 적절하게 유지할 수 있도록 조직이 어떻게 자원을 활용하고 획득하는가를 의미하는 것이고 조직능력(organizational capacity)은 조직이 서비스를 전달하기 위해 필요한 인적·구조적 특성을 나타내며 산출은 자원과조직의 능력을 통해서 제공되는 재화나 서비스이고 결과는 서비스를 제공받을 수 있는 표적집단이나 서비스이용자들에 영향을 주는 행동적·환경적 결과와 이용자 또는 소비자들의 만족을 나타내는 결과를 나타낸다. 공공가치는 행복이나 번영, 사회자본

또는 사회포용 등으로 측정되는 지역사회가치의 창출을 나타낸다. 그리고 네트워크와 시설의 정당성은 조직의 이해관계자들 사이의 관계에 대한 관리와 협력파트너십을 유지할 수 있도록 하는 조직의 능력을 의미한다. 성과측정에 단계적 요소를 적용한 통합적·단계적 성과측정모델은 성과측정의 7개 영역들에 대한 전체주의적 관점에서 성과를 측정함으로 7개 단계들이 성과개선이나 성과증진을 위해 상호간에 유기적 관계를 유지할 수 있다는 논리 즉, 성과측정과 측정요소들 간의 상호유기적인 관계적 측면을 강조하였다는 점에서 장점이라고 할 수 있지만 성과의 범위가 측정하기에는 지나치게 광범위하다는 단점 역시 내포하고 있다. 아래의 그림은 통합적·단계적 성과측정의 틀을 나타내준다.

<그림 5-14> 통합적·단계적 성과관리의 틀

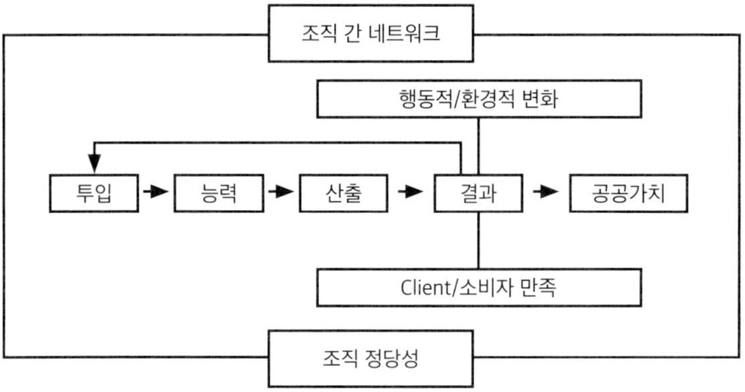

출처: Lee와 Nowell(2014). p. 304 그림-1에서 재인용

위의 Lee와 Nowell(2014)이 선행연구들을 종합한 후 비교·정리하여 제시한 성과측정요소들을 차례로 살펴보면 아래와 같다.

<표 5-8> 통합적·단계적 성과관리모델의 구체적인 내용

성과영역과 선행연구	정의	성과측정/기준
투입	필요한 자원(재정적/비재정적)을 확보하는 비영리조직의 능력 그리고 자원을 조직의 지속가능성, 성장과 회복력을 성취하기 위해 효율적으로 활용하는 능력	• 매 년 수입의 증가 • 수입원천의 당양화 • 순수 잉여재정보유액 • 인적 자원(직원, 자원봉사자 등)을 확보하고 관리하는 능력 • 재정지원자(후원자나 정부 등)와의 관계
조직 능력	프로그램과 서비스를 제공하도록 조직의 능력을 촉진시키는 인적, 조직 구조적 요소들	• 직원만족도 • 직원 동기부여, 능력, 근속 등의 정도 • 직원교육/상담 • 조직운영능력에 대한 직원과 상층지도부의 관점 • 비용, 시간, 질과 같은 조직운영과정에서의 성과 • 정보시스템의 능력
산출	• 조직이 제공하는 상품과 서비스의 질, 양, 범위 등의 구체성 • 조직미션과 성취를 직접적으로 연결하는 조직의 목표와 행동	• 제공된 서비스의 빈도와 시간 • 정확한 시간의 서비스제공 • 서비스와 연관된 구체적인 목표들의 성취 • 서비스에 참석한 참여자의 수 • 이용자에 대한 응대시간 • 제공된 서비스의 질(시설의 환경이나 접근성, 예의나 시기적절함 등)
결과: 행동적 환경적 변화	• 프로그램이 영향을 주려고 한 조건이나 표적 집단의 상태 • 조직활동을 통해서 성취된 혜택과 차이점에 대한 강조	• 개선된 지적 능력이나 기술 • 향상된 조건이나 상태(참여자들의 사회적 상태, 참여자들의 경제적 조건이나 건강상태) • 수정된 행동이나 태도(나쁜 행동의 발생건수, 새로운 행동의 유지나 원하는 행동의 발생건수)
결과: 이용자만족	비영리조직이 제공하려고 의도한 대상자들의 욕구에 대해 조직이 만족시키고 충족시키는 정도	• 시장점유율 • 이용자만족 • 이용자보존(유지) • 새로운 이용자의 확보

공공가치의 성취	조직이 사회와 지역에서 창출하려고 희망했던 가치와 영향력	• 삶의 질, 번영, 행복 • 사회자본의 창출, 사회통합과 사회포용 • 안전과 보장 • 사회배제와 박탈에 대한 대응과 질 • 민주주의와 시민개입의 증진 • 시민개입과 민주화 • 정치적 옹호 • 개인적 표현
조직 간 네트워크와 조직정당성	• 다른 조직과의 긍정적인 관계 • 법의 준수 및 최선의 실천을 행한다는 지역사회와 서비스 영역에서의 명성	• 재정지원자와의 관계 및 재정다양성 • 이해관계자와 재정지원자의 만족 • 성공적 협력과 파트너십을 위한 활동과 사례 • 다른 시민사회조직과의 신뢰성 • 법의 준수 • 진술된 미션과 활동의 일치 • 대중매체서의 조직이미지 • 권위자, 규제자, 정당성부여자와의 관계의 힘

* Lee와 Nowell(2014). p. 302 표-1에서 재인용

2. 성과측정요소의 내용

1) 투입

투입은 비영리조직 그리고 사회적 경제조직이 공통적으로 갖는 자금이나 자원의 부족을 극복하기 위해 필요한 요소들을 나타낸다. 따라서 어떻게 투입이 확보되고 활용되는가를 측정하는 것이 투입단계에서의 가장 핵심적인 측정영역이 되며 자원의 확보와 활용 그리고 지출이 투입단계에서 성과측정의 핵심적인 측정요소라고 할 수 있다. 자원의 확보와 활용은 돈, 시설품, 장비, 인력, 훈련 그리고 프로그램과 서비스의 준비 등 조직목표를 성취하기 위해 필요한 자원의 수준을 측정하는 것이 투입단계의 측정요소가 되며 지출은 산출과 대비하여 지출의 정도를 효율성의 측면에서 측정하는 것이 강조된다.

2) 조직능력(조직 내부능력)

조직능력은 조직의 내부능력을 의미한다. 사회적 경제조직 성과측정에서 조직능력(organizational capacity)을 측정한다는 것은 투입을 통해서 산출과 결과를 효과적으로 만들어 내는 조직의 내부 능력을 측정하는 것으로써 투입이 조직의 능력을 통해서 산출 나아가 결과를 만들어 내는 것을 나타낸다. 곧 조직능력은 조직의 활동이나 조직행동과 비슷한 의미를 내포한다. 따라서 조직능력은 투입과 산출 그리고 결과와도 밀접한 연관이 있는데 이는 자원 확보와 활용 그리고 지출에 대한 조직활동이 없으면 산출이나 결과는 창출되지 않기 때문이다. 결국, 조직능력의 측정이라 함은 사회적 경제조직이 효과적으로 조직미션을 성취하기 위하여 자원을 활용하는 조직구조나 조직내부의 과정(내적 과정)을 얼마나 잘 구축하고 있는가를 측정하는 것이라고 할 수 있다. Kaplan(2001)에 따르면 조직능력은 서비스나 프로그램을 전달하기 위해 필요한 능력을 발전시키고, 필요한 혁신을 수용하며, 욕구를 해결하기 위해 프로그램을 수정하고 확장시키는 것들을 포함한다. 따라서 그의 견해에 따르면, 조직능력은 조직활동과 조직성과에 영향을 주는 학습과 수용 그리고 혁신의 과정을 전제한다고 할 수 있다. 조직능력은 조직의 성과를 창출하는 조직구조, 혁신과 변화를 주도하는 조직관리능력과 함께 조직구성원들의 능력을 의미하기도 한다. 따라서 조직능력에 측정하는 지표로는 조직활동의 핵심적 요소로써 직원교육 및 상담, 직무만족이나 태도 또는 직원만족도 그리고 조직혁신을 위한 직원들과 조직 상층부들의 태도나 관점 등이 포함된다.

Lee와 Nowell(2014)은 조직능력을 첫째, 조직운영을 합리화하기 위해 운영비를 줄이고 적절한 서비스를 이용자들에게 전달하기 위한 조직의 내부 과정(internal process)을 개선하기 위한 노력이라는 관점에서, 둘째, 학습과 혁신과 성장을 위해 조직능력을 강화시켜 조직성과를 개선시킨다는 관점에서 그리고 셋째, 조직관리와 프로그램능력을 통해 이루어질 것이라고 강조하였다. 조직혁신은 새로운 상품이나 서비스를 개발하고 지속적으로 서비스나 상품의 질을 향상시키는 것을 포함하며 프로그램능력이란 프로그램이 얼마나 잘 설계되고 작동되는지 그리고 프로그램이 직원들과 관리자 그리고 이용자들에게 어떻게 인식되고 잘 작동되는지에 대한 평가를 포함한다. 즉, 성과를 향상시키기 위해서 조직은 어떻게 조직의 관리능력과 프로그램능력이 성취하려는 결과를 만들어내는지를 이해하여야 하는 것이 중요하다(Sowa et al., 2004).

3) 산출

산출은 제공되는 상품과 서비스의 양을 나타낸다. 따라서 사회적 경제조직에서 산출은 제공된 서비스의 양(quantity)이나 제공된 재화의 양을 나타내며 조직미션을 성취하기 위한 직접적 행동의 산출물이며 조작활동을 수단으로 해서 나타난 수량화할 수 있는 서비스와 재화를 나타낸다. 조직활동의 산물로써 서비스를 제공받은 사람들의 수나 제공된 서비스의 수 등은 모두 수량화되어 나타나는 산출의 예이다. 효율성과 생산성은 화폐가치로 투입과 산출을 비교·측정하는 기준이다.

4-1) 행동 및 환경적 변화를 나타내는 결과

Lee와 Nowell(2014)는 결과를 크게 이원화하여 제시하였다. 먼저, 행동적·환경적 변화를 타나내는 결과는 이용자들의 태도, 기능, 감정, 상태 등의 변화를 포함하여 조직 활동의 직접적 결과물로써의 조직활동이나 프로그램에 참여한 이용자들의 변화를 나타낸다. 사실 결과(outcome)는 사회적 경제조직의 사업측면에서 본다면 “변화시키려고 하는 사회적 조건이나 표적집단(target population)의 상태”로써 정의된다(Rossi et al., 2004). 기업 활동을 통한 이용자에 대한 직접적인 변화와 기업이 개선하려고 하는 또는 사회문제에 대한 대응으로써 사회조건의 변화는 곧 사회적 기업이 좁게는 직접적으로 이용자와 넓게는 지역사회의 환경이나 조건에 영향을 미쳐 변화를 가져온다는 것을 의미한다.

4-2) 클라이언트와 소비자만족을 나타내는 결과

클라이언트와 소비자만족이라는 결과는 곧 서비스나 프로그램을 이용한 이용자들이나 소비자들의 만족의 정도를 측정하는 것을 나타낸다. 만족도는 통상 투입부터 결과까지의 전 과정에서 이용자들이 인식하는 프로그램 전반에 대한 만족의 정도를 나타내며 기업 활동이나 재화나 서비스가 무엇인가 이용자들에게 영향력이나 변화를 가져왔다고 한다면 만족도는 높을 수 있으므로 결과의 한 요소이자 측정요소가 된다. 만족도는 장소에 대한 만족, 접근성에 대한 만족, 장비의 만족, 직원의 태도에 대한 만족나 산출로써 제공된 재화와 서비스에 대한 만족도 등 매우 다양한 항목들로 구성됨으로 매우 다면적인 결과측정을 위한 요소가 될 수 있다.

5) 공공가치(의 실현)

공공의 가치 또는 공공가치의 성취 내지는 실현은 사회적 경제조직의 설립목적이나 비전이나 미션 등에 내재되어 있는 중요한 사회적 경제조직 설립 및 운영의 기본적 철학 내지는 윤리적 토대이다. 공공성은 민간영리조직과 사회적 경제조직을 구별하는 가장 중요한 가치이며 비영리조직을 포함한 공공조직과 마찬가지로 사회적 기업과 같은 사회적 경제조직은 개인의 이익이나 조직의 이익을 위해서가 아니라 지역주민의 안정 등 공공의 이익을 위해 노력함으로 조직성과에 있어서 공공가치의 실현 정도는 매우 중요한 조직성과구성요소가 된다. 특히 결과부분에서 조직의 노력이 공공가치실현을 통해 구현되었는지를 확인하는 것은 중요한 측정영역이 된다. Moore(2003)는 영리기업이 이익극대화라는 가치실현을 위해 노력한다면 사회적 기업은 사회를 위해 공공가치의 실현을 위해 노력한다는 점을 강조하였다. 이는 곧 사회적 기업이 지역사회에 기초한 결과 및 사회를 위한 혜택을 강조한다는 점을 의미해준다. 사회적 경제조직에게 있어 공공의 가치는 곧 사회적 가치와 동일한 의미이므로 사회적 경제조직은 모든 조직활동을 위한 비전이나 미션성취가 곧 사회적 가치의 실현 여부이고 이는 사회적 가치실현 여부가 곧 사회적 경제조직 성과를 구성하는 중요한 요소가 됨을 나타내준다.

Hill과 Sullivan(2006)은 공공가치를 측정하기 위한 구성요소로써 첫째, 삶의 질, 번영, 그리고 행복, 둘째, 사회자본, 사회통합, 그리고 사회포용, 셋째, 안전과 보장, 넷째, 평등, 박탈해소 그리고 사회배제, 다섯째, 민주주의 증진과 시민개입을 제시하였으며 Moulton과 Eckerd(2012)는 공공가치의 영역을 서비스전달, 옹호, 혁신, 개인적 표현, 사회자본 창출, 시민개입 등으로 제시하였다. 결국, 사회적 경제조직이 창출하는 결과는 개인적인 변화를 가져다주는 결과를 포함하여 지역사회의 변화를 가져다주는 결과가 모두 포함된다고 할 수 있다.

6) 조직간 네트워크와 조직의 정당성

네트워크와 정당성은 사회적 경제조직의 성과를 측정하기 위한 마지막 영역이다. 사회적 경제조직은 성과를 창출하고 개선하기 위하여 다른 이해관계자들이나 조직과의 상호관계를 이어나가야하며 이 관계적 네트워크 안에서 신뢰와 우수성이라는 평판을 확보하여야 한다. 즉, 정보의 교류와 상호협력을 기반으로 하는 네트워크 그리고 조직이나 또는 조직이 제공하는 서비스나 프로그램은 우수하고 진실하며 신뢰가 간다는 조직의 정당성을 확보하는 것은 조직이 창출하는 중요한 성과 측정영역이다. 또한 네트워크와 정당성 확보는 조직활동을 위한 자원을 확보하고 활용하며, 조직능력을 발전시키고, 이용자와 지역사회를 위한 가치창출을 위해 매우 중요한 영역이라고 할 수 있다. 사회적 경제조직이 미션성취를 위해 앞으로 나아가는

데 있어 같은 목적을 가진 그리고 활용한 자원을 가진 조직들과의 협력과 파트너십은 매우 중요한 토대이다(Moore, 2003). 또한 사회적 기업의 대중 및 지역사회로부터의 신뢰 그리고 대중매체로부터의 좋은 평판은 조직발전 및 조직의 지속가능성을 위한 나아가 조직성과의 개선을 위해 매우 중요한 영역이다. Talbot(2008)는 시장이 제공하지 않는 집합적 행동을 수행하고 정부와 국민들부터 자금을 증액하기 위해서는 정당성을 확보하는 것이 중요함을 강조하였다.

3. 통합적·단계적 성과측정모델의 장단점

측정요소를 투입에서 결과부분의 효과인 임팩트까지의 전 단계에서 측정할 수 있도록 성과측정을 위한 기준까지 제시하였다는 점은 본 모델의 가장 큰 장점이라고 할 수 있다. 특히 공공가치 또는 사회적 가치실현을 위한 노력을 성과측정의 중요한 영역으로 설정하였다는 점은 통합적·단계적 성과측정모델의 또 하나의 장점이라고 볼 수 있다. 하지만 사회적 경제조직의 성과측정에 있어 통합적·단계적 성과측정모델의 적용은 다른 모델들과 같이 여러 한계점들을 내포하고 있는데 이를 지적하면 아래와 같다.

첫째, 통합적·단계적 성과측정모델의 가장 중요한 오류 또는 한계는 성과측정요소를 7개의 요소로 제시한 것에 대한 논리적 근거를 제시하지 않았다는 점이다. 즉, 투입, 조직능력, 산출, 행동과 환경적 변화를 나타내는 결과와 클라이언트와 소비자 만족을 나타내는 결과, 공공가치 그리고 조직간 네트워크와 조직의 정당성 등의 측정요소들의 제시가 기존 연구들을 종합하여 비교분석하여 도출한 것에 지나지 않는다는 점이다. 성과측정요소들이 도출된 이론적 근거나 요소들 사이의 논리적 연관성이 제시되지 못하였다는 것은 본 모델의 가장 취약한 부분이다.

둘째, 투입단계에서 조직원들의 사회적 가치지향성을 성취하기 위한 소명감이나 미션성취를 위한 공유된 비전이나 노력의 정도 등의 측정이 고려되지 않고 있다. 즉, 투입의 중요한 기준으로써 자금과 자원의 부족을 극복하기 위한 요소들로만 한정하여 제시하였다는 점은 투입을 매우 좁은 시각으로 보는 한계라고 할 수 있다.

셋째, 제시된 7개의 측정단계에서 성과측정을 위해 필요한 구체적인 측정지표나 측정도구들에 대한 제시가 부족하다는 점이다. 이는 통합적·단계적 성과측정체계의 완성도를 낮추는 것이라고 할 수 있다.

4. 통합적·단계적 성과측정과 성과관리

통합적·단계적 성과측정모델은 비영리조직 나아가 사회적 기업과 같은 사회적 경제조직의 성과측정모델로 적용하여 활용할 수 있는 성과측정모델이다. 조직의 성과를 투입과 임팩트까지의 전체과정에서 도출된다고 바라보며 특히 임팩트를 이용자 및 지역사회에 대한 영향력으로 넓게 바라본다는 점은 성과의 다면적이고 복합적인 측면에 대한 올바른 적용이라고 할 수 있다. 특히, 영리기업의 재무적 성과의 범위를 벗어나는 사회적 경제조직의 비재무적 성과 특히 공공가치의 실현이나 사회적 가치의 실현의 정도를 측정한다는 것은 1990년대 이후 조직의 성과관리적 영역에서 매우 중요한 과제이었으며 이러한 과제를 해결하기 위한 노력의 일환으로 공공가치의 성취정도를 측정하기 위한 시도로 통합적·단계적 성과측정모델이 등장하였다. 비재무적 성과를 포함한 사회적 경제조직 성과의 다면적인 측면을 포함하고 있다는 측면에서 본 모델은 사회적 경제조직 그리고 비영리조직성과측정을 위한 보다 진전된 체계라고 할 수 있다.

제10절
공공가치 성과표모델

1. 공공가치 성과표모델

공공가치 성과표(public value scorecard, PVS)모델은 정확히 표현하자면 넓은 의미에서 비영리조직이나 공공조직의 성과를 측정하여 관리하는 모델로서 제안되었고 좁은 의미에서 사회적 경제조직으로는 적용되지 않은 모델이다. 공공가치 성과표는 Moore가 2003년 균형성과표(BSC)모델을 비영리조직성과측정을 위한 모델로 수정·보완하여 제시하면서 등장하였다. 사실 큰 틀은 BSC모델에서 착안하였지만 구체적인 측정 요소 및 내용은 BSC모델과는 상이함으로 수정된 BSC모델이라고 하기에는 무리가 있어 새롭게 제시된 비영리조직성과관리모델이라고 할 수 있다. 사실 비영리조직의 성과측정을 위한 모델들이 사회적 시업과 같은 사회적 경제조직에 적합한 성과측정모델이라고는 할 수 없다. 이는 비영리조직과 사회적 경제조직이 상호 간에 사회적 목적을 실현한다(사회적 가치지향적 성격)는 측면에서는 같은 방향성을 갖지만 비영리조직은 경제적 이익을 추구하지 않는 반면 사회적 경제조직은 시장에서 타조직이나 상품 및 서비스와의 경쟁을 통해서 조직운영을 위한 운영자금 및 이익을 확보하여야 함으로 추구하는 방향성이 상이하다는 이유 때문이다. 즉, 사회적 경제조직과 비영리조직은 제3부문의 자원할당기구이면서 사회적 가치를 지향한다는 점에서 유사함도 있지만 시장개입이나 이윤추구방식에서 상이성을 동시에 가지고 있으므로 비영리조직을 위해 개발되고 적용되고 있는 성과관리모델을 사회적 경제조직에 적용하기 위해서는 성과관리모델이 사회적 경제조직의 다중적인 조직목적에 부합하여야 함은 필수적인 조건이다.

공공가치성과표는 비영리조직의 성과가 화폐가치로 수량화될 수 없는 비재무적 성과를 많은 부분 포함하고 있으며 이를 측정하지 않으면 비영리조직의 성과는 완전히 이해될 수 없다는 점을 강조하며 비영리조직의 비재무적 성과 특히, 사회적 목적 내지는 사회적 가치 성취를 위한 노력과 그에 따른 임팩트를 측정하기 위해 시도되었다. 공공가치성과표는 비영리조직의 성과를 구성하는 구성요소, 즉, 성과측정요소를 사회적 미션, 운영능력 그리고 정당성과 지원으로 삼분하여 측정하는데 운영능력에 재무적 특성을 고려한 효율성이나 생산성지표들이 다수 포함됨으로 경제적 운영능력이나 생산지속가능성이 중요한 사회적 경제조직으로도 적용할 수 있다고 판단되어 BSC모델과 비교·분석하여 제시하도록 한다.

2. 공공가치성과표의 특성

공공가치 성과표모델의 가장 핵심적인 논리는 조직이 성장하고 발전하기 위해서 이윤창출이나 시장확대를 위한 경쟁전략을 활용하지 않고 공공가치전략(pubic value strategy)을 활용한다는 것이다. 공공가치성과표에서 공공가치는 사회적 미션을 의미한다. 따라서 사회적 미션의 성취가 곧, 공공가치의 실현이라고 해석할 수 있다. 따라서 공공가치성과표를 활용한 조직성과측정에서 가장 핵심적인 요소는 바로 사회적 미션의 성취 여부를 어떻게 측정하는가에 있다. Moore(2003)는 공공가치 성과표모델의 성과측정요소로 사회적 미션, 운영능력 그리고 정당성과 지원을 제안하였다(아래의 그림 참조). 각각의 요소들은 다음과 같은 내용을 갖는다.

<그림 5-15> 공공가치성과표모델의 구성요소

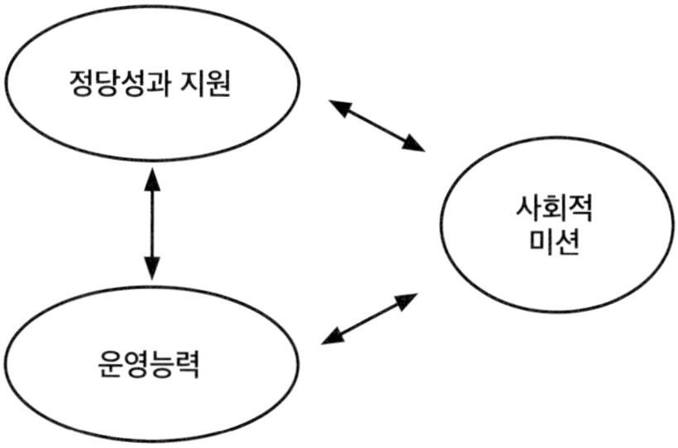

출처: Moore(2003). p, 21. 그림-1에서 재인용

■ 사회적 미션

영리조직과 달리 사회적 경제조직이나 비영리조직 그리고 공공조직의 특성은 이윤창출을 조직생존전략으로 설정하지 않는다는 점이다. 사회적 경제조직이나 영리를 추구하지 않는 비영리조직은 건강한 지역사회를 유지 및 건설하기 위해, 지역사회의 조건을 개선하기 위해 노력하며, 사회에서 소외되거나 배제된 또는 차별받는 개인, 가족 또는 집단 등의 사회적 포용을 위해 노력하는 사회적 목적을 조직운영의 가장 핵심적인 가치로 설정하여 이를 성취하기 위해 노력하는 조직이다. 특히 사회적 미션성취를 위한 조직의 노력 및 결과는 화폐적 가치로 수량화하여 설명하기가 어려움으로 조직의 활동으로 지역사회 조건변화나 이용자나 이용자가족 그리고 나아가 지역사회주민들이 변화를 위해 전략을 설정하고 전략을 실행하기 위해 조직을 성공적으로 관리하는 것이 중요하다. 사회적 미션을 성취하기 위해서는 조직의 사회적 가치실현을 위한 운영능력이 필수적이며 재정지원자나 자원봉사자들과 같이 다양한 이해관계자들로부터의 지원과 조직의 활동에 대한 정당성을 부여받는 것 역시 중요하다.

■ 정당성과 지원

만약 사회적 경제조직이나 비영리조직이 영리조직과 같은 조직이라고 한다면 정당성과 지원을 위한 행동은 필요하지 않고 소비자를 위한 관점이 중요할 수 있다. 하지만 사회적 경제조직과 비영리조직은 다양한 이해관계자들의 지원없이는 운영되기 어려운 조직의 특성을 가진다. 조직목적에 동의하여 조직을 후원하는 후원자와 정부와 재단을 포함한 자금제공자 그리고 조직운영에 도움을 주는 자원봉사자들이나 지역주민과 이용자들로 부터의 지원과 지지가 없다면 사회적 경제조직이나 비영리조직의 목적성취를 위한 활동은 불가능하다. 사회적 경제조직과 비영리조직은 후원자나 정부 등과 같은 자금제공자들로부터 확보된 자금과 자원봉사자들을 활용하여 사회적 가치를 성취하기 위해 노력한다. 후원자과 자금제공자들은 비영리조직의 사회적 가치를 성취하기 위한 활동을 통해 지원을 계속할 것인지 또는 지원을 중단할 것인지를 결정한다.

사회적 경제조직은 영리조직과 달리 경제적 가치의 실현인 이윤의 할당이 아니라 사회적 가치의 실현인 사회적 미션성취의 노력여부에 따라 지원의 지속여부 및 증액이 결정된다고 할 수 있으며 정당성 역시 확보될 수 있다. 사회적 경제조직의 정당성은 조직이 이용자들이나 이용자가족을 포함하여 더불어 함께 살기 좋으며 건강한 지역사회를 위해 재화와 서비스를 제공하고, 이용자들이나 지역사회의 조건을 변화시키기 위해 노력한다는 사회적 정당성에 기인한다.

■ 운영능력

운영능력은 사회적 가치나 미션을 성취하기 위한 조직의 능력을 의미한다(Moore, 2003). 사회적 경제조직은 사회적 결과 또는 사회적 임팩트를 성취할 수 있는 운영능력을 필요로 한다. 운영능력은 직원들과 같은 내부적 운영능력을 포함하여 사회적 목적 성취를 위한 타조직과의 협력이나 파트너십과 같은 외부적 운영능력 역시 필요하다. 내부적 운영능력을 강화하기 위해서 직원들의 역량과 사기는 중요하며 자원봉사자들의 활용 역시 중요한 역할을 한다. 사회적 경제조직은 조직이 가지고 있는 모든 자원을 충분히 활용할 수 있어야 하며 타조직과도 충분한 협력관계를 통해 공동의 목적을 성취하기 위해 노력하여야 한다.

사회적 경제조직은 조직이 가지고 있는 자원을 목적성취를 위해 적절하게 활용하여야 하며 투입을 산출과 이용자들이 원하는 결과로 만들어 낼 수 있는 기술이나 지식을 필요로 한다. 운영능력은 따라서 투입을 과정과 활동을 통해 산출과 결과로 만들어 내는 능력이라고 할 수 있다. 산출은 생산성이나 효율성을 통해 측정가능하며 사회적 가치실현의 여부를 나타내는 결과부분은 사회적 영향력 측정도구들을 통해서 측정이 이루어질 수 있다. 비영리조직은 특히 재정이 제한적으로 대부분 정부나 후원자들로 유입됨으로 재정적 측면에서 어려움으로 인하여 비용의 낭비나 남용 등을 극복하기 위한 비용지출에 있어 정확한 회계를 필요로 한다. 특히, 비영리조직은 특히 현금, 현물 특히 서비스를 제공하는 수단으로 프로그램을 활용한다. 기획된 프로그램을 통하여 서비스를 제공하고 이를 통하여 이용자들의 변화와 사회적 임팩트를 성취하기 위해 노력한다. 운영능력은 조직혁신을 위한 노력과 학습을 통해 향상될 수 있다. 사회적 경제조직과 비영리조직은 어떻게 산출이 향상되고 효과성이 개선되며 사회적 영향력이 증진되는지에 대한 지속적인 학습과 새로운 사회문제를 극복하고 지역사회의 인구통계적 변화를 포함한 정치, 경제적 조건의 변화에 능동적으로 대처하기 위하여 지속적인 조직 혁신을 추구하여야 한다. 이래의 그림은 사회적 가치를 성취하기 위한 비영리조직의 투입과 산출 그리고 이용자들의 만족과 이용자의 변화를 나타내는 결과와의 관계를 나타내준다.

<그림 5-16> 비영리조직 투입과 결과와의 관계

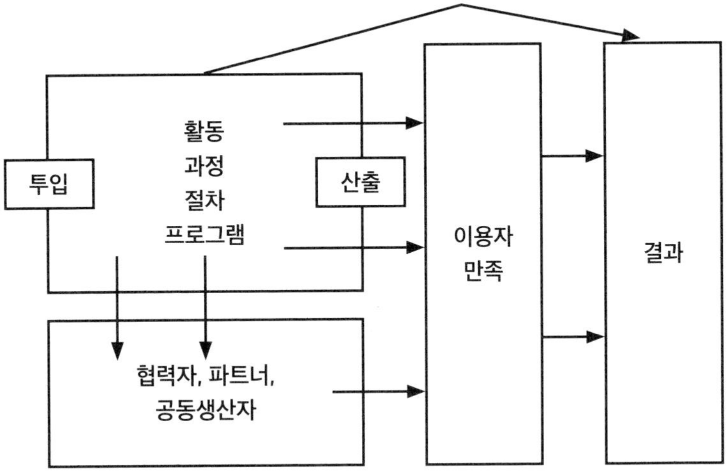

출처: Moore(2003). p, 24. 그림-2에서 재인용

3. 공공가치성과표(PVS)와 균형성과표(BSC)와의 비교

BSC성과측정모델은 잘 알려져 있듯이 영리기업의 성과를 재무적 측면으로만 측정하는 것이 한계가 있다는 점에서 성과를 재무적 성과와 비재무적 성과로 구분하여 측정하는 모델로서 Kaplan과 Norton에 의해서 제시되어 활용되고 있는 성과측정체계이다. BSC모델은 성과측정요소를 재정적 관점, 소비자관점, 운영관점 그리고 학습과 성장관점으로 구분하여 측정한다. 특히, 재정적 관점은 이 네 관점 중에서 가장 상위에 위치하는데 이는 영리조직에게 있어 가정 핵심적인 조직목적은 이익창출에 있기 때문이다. 따라서 재정적 관점을 제외한 모든 관점들은 모두 조직 이윤창출이라는 재정적 목적을 성취하는데 부수적인 역할을 한다고 볼 수 있다. 소비자관점은 재무적 관점에 이어 두 번째 위치하는데 이는 소비자들의 (영리)조직(상품이나 서비스)에 대한 충성도가 높을수록 이윤창출이 가능하고 또한 재무적 성과를

유지하기 위해서 소비자들의 열망을 충족시키는 것이 중요한 전략이기 때문이다. 운영관점과 학습과 성장관점은 세 번째와 네 번째에 각각 위치하는데 조직은 재화와 서비스를 제공하고 화폐가치를 통해 이윤을 창출하여야 하므로 운영관점이 중요하고, 비용을 줄이고 질을 향상시키는 방식을 찾아야 하고, 마케팅과 전략적 기획을 통해 새로운 재화와 서비스를 꾸준히 개발하여야 함으로 학습과 성장관점이 중요하다.

하지만, 균형성과표(BSC)모델은 사회적 가치달성이나 사회적 목적성취를 조직 미션의 핵심적인 가치로 조직성과의 가장 최상층에 위치한 것으로 바라보지 않고 비재무적 성과가 조직이윤창출을 위한 부차적인 성과측정요소만 이해된다는 점에서 분명한 한계를 가지고 있다. 반면, 공공가치성과표모델은 균형성과표모델과는 달리 사회적 미션성취를 위한 노력과 행동을 조직성과의 가장 핵심적인 요인으로 다루고 있으며 화폐가치로 수량화될 수 없는 조직의 사회적 임팩트를 측정하기 위해 다양한 대안을 제시한다는 점에서 분명한 성과측정의 차이점을 나타내 준다.

4. 공공가치성과표의 장단점

공공가치성과표모델을 적용하여 성과측정을 하기 위해 Moore가 제시한 측정요소는 사회적 미션을 중심으로 하여 운영능력과 정당성과 지원요소들이다. 이들 요소별 측정내용들을 보면 먼저 사회적 미션영역을 측정하기 위한 측정내용으로는 조직미션과 비전을 가장 핵심적인 요소로 설정하였으며 목적을 성취하기 위해 설정한 전략적 목적, 그리고 성취하기 위해 설정한 전략적 목적과 조직행동(활동), 산출과 결과 사이의 연계, 그리고 결과의 범위와 결과를 창출하기 위한 산출과 행동들을 제시되어 있다.

성과를 구성하는 구성요소인 운영능력영역에서 조직의 활동을 나타내는 요소들을 측정요소들로 제시하였는데 가장 대표적인 것이 직원들이 사기와 능력 그리고 직원발전을 포함시켰다는 점이며 특이한 점은 파트너의 사기와 능력 그리고 발전을 측정요소로 동일하게 제시하였다는 점이다. 이는 곧 파트너와의 협력과 상호지원이 조직성과개선을 위해 중요한 요소라는 점을 강조하는 것이다. 또한 재무적 특성을 측정하는 효율성이나 생산성을 포함시킨 것도 비재무적 성과만을 측정하지 않음으로써 조직 전반의 활동에 대한 측정을 한다는 점을 강조하는 것임을 나타낸다. 또한 운영능력에서 조직학습과 혁신을 위한 노력도 측정한다는 점은 조직성과측정이 단순히 측정을 위한 측정이 아닌 측정을 통해서 조직이 학습하고 성장하며 혁신을 한다는 점을 강조하는 것이라고 할 수 있다. 특히 운영능력을 측정하는 구체적인 측정요소로써 생산성과 효율성을 포함하여 제시한 점은 기업이윤창출을 위한 노력 여부에 따라 조직운영의 지속가능성에 영향을 받는 사회적 기업으로의 적용가능성을 높였다는 점에서 의의가 있다.

마지막으로 지원과 정당성의 영역에서는 재정지원자와의 관계와 재정기부자들의 다양성, 자원봉사자들의 역할과 관계, 대중으로부터의 정당성과 투명성 그리고 대중매체로부터의 평판과 시민사회행동가로서의 신뢰성 등을 측정요소로 설정하여 조직의 정당성을 지역주민과 대중매체로부터 확보하기 위한 노력이나 활동을 중심으로 측정하며 지원의 영역에서는 재정지원자와 자원봉사자들과의 관계와 재정지원자들이 얼마나 다양한지 등을 측정한다.

하지만 Moore는 성과측정을 위해 요소별로 측정하여야 하는 내용들을 정리하여 제시하였지만 구체적인 지표의 설정을 제시하지는 않았다. 또한 결과영역에서 서비스를 제공받는 지역주민이나 이용자들의 변화에 대한 측정요소가 설정되지 않은 점을 성과측정의 큰 한계라고 볼 수 있다. 아래의 그림은 공공성과표의 성과측정영역별 요소들을 나타내준다.

<그림 5-17> 공공가치성과표의 성과측정요소별 측정내용

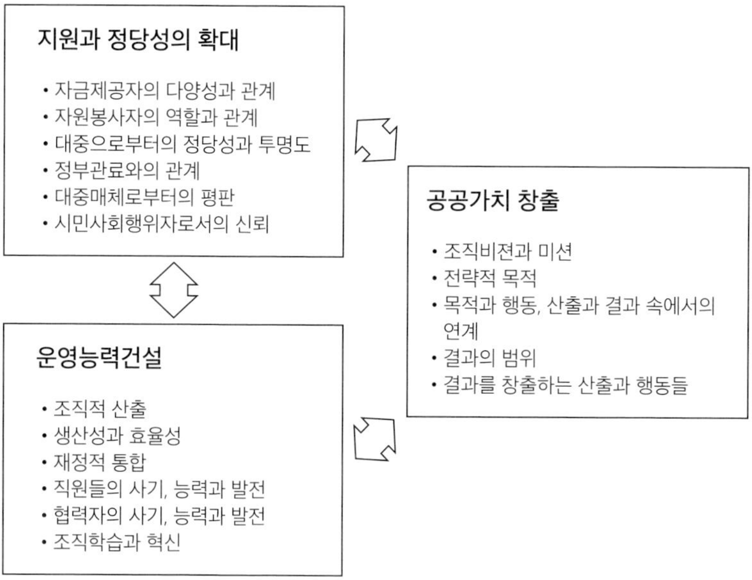

* Moore(2003). p, 23. 그림-3에서 재인용

결론적으로 공공가치 성과표모델은 투입부분과 행동부분 그리고 산출부분을 체계적으로 분류하여 투입과 산출부분의 연계를 중심으로 사회적 미션을 성취하기 위한 노력 등을 투입부분에서 측정하며 협력자와의 관계 및 자원봉사자들의 노력 등을 측정하고 운영능력부분인 조직행동의 부분에서는 산출을 중심으로 재무적 성과를 측정하며 더불어 조직학습과 혁신을 위한 노력 등을 포함하여 기존의 균형성과표(BSC)보다는 비영리조직이나 공공조직 나아가 사회적 기업을 포함하는 사회적 경제조직 성과측정을 위한 모델로의 적용가능성을 넓혔다는 점에서 활용가치가 분명한 성과측정 모델이라고 할 수 있다. 하지만 결과부분에서 이용자와 기족 그리고 지역주민과 지역사회에 대한 임팩트와 변화 그리고 산출영역에서 제공되는 재화나 서비스의 품질에 대한 측정이 결여되어 있다는 점은 분명한 한계로 지적될 수 있다.

5. 공공가치성과표와 사회적 경제조직 성과관리

공공가치 성과표모델은 재무적 성과를 측정하는 성과측정의 한계를 뛰어넘는다고 인정받는 균형성과표(BSC)모델의 한계를 명확히 뛰어넘는 성과관리모델이다. 특히 비영리조직이나 공공조직으로의 적용가능성을 사회적 미션성취를 위한 노력과 전략적 목적을 중심으로 성과를 측정한다는 측면에서 사회적 가치를 중요한 성과로 규정하는 사회적 기업과 같은 사회적 경제조직으로의 적용가능성이 높은 모델이다. 하지만 활용가능성을 높이기 위해서는 보다 구체적인 측정도구 및 항목을 설정하여야 할 것이며 재화와 서비스에 대한 이용자들의 임팩트와 변화를 성과로 측정하기 위한 방안 역시 고려되어야 할 것이다.

제11절 자기주도성 성과관리모델(SOPM 모델)

1. 자기주도성 성과관리모델

지은구는 2018년에 비영리조직(특히, 사회복지관)의 성과를 관리하기 위한 새로운 성과관리모델을 제시하고 이를 자기주도성(self-oriented) 성과관리모델로 명명하였다(지은구 외, 2018). 그가 제시한 성과관리모델은 비영리조직에 적용 가능하도록 설계되었지만 앞에서 설명한 공공가치 성과표모델이나 확대된 로직모델과 같이 사회적 목적의 실현 및 사회적 가치창출을 강조하는 사회적 경제조직의 성과관리를 위해서도 적용 가능함으로 본 절에서 소개하기로 한다.

2. 비영리조직 성과관리모델

1) 비영리조직 성과관리의 영역

지은구 외(2018)는 성과측정을 통한 조직성과개선을 담보할 수 있는 비영리조직 특히, 사회복지관 성과측정모델을 개발 제시하였다. 구체적으로는 그가 제시한 모델은 성과관리가 조직사회자본을 강화하고 조직을 발전시키며 조직구성원들이 학습을 통해 조직학습능력이 강화되도록 하는 자기주도성 성과관리모델(self-oriented performance management model, SOPMM)이다. 지은구 외는 비영리조직의 성과가 가치, 과정 그리고 결과의 차원으로 구성되어 있다고 보았다. 그들에 따르면 가치는 조직의 비전 및 미션을 성취하기 위한 가치지향적인 노력(사회적 가치지향성)을 포함하며 체계주의적 관점에서 본다면 투입영역을 전환한 개념이고, 과정은 조직의 비전을 성취하기 위한 의식적인 행동과업으로 조직 관리요소인 재무관리, 인력관리, 이용자관리, 프로그램관리, 갈등관리, 시설관리 등이 포함된 개념이다. 마지막으로 결과영역은 산출과 결과(outcomes)와 영향력을 포함하는 영역으로 비전과 미션의 달성 및 성취 즉, 이용자, 조직 나아가 지역사회주민을 포함하여 지역사회의 변화를 다루는 영역임을 강조하였다. 아래의 그림은 그들이 제시한 비영리조직 성과관리의 세 영역을 나타낸다.

<그림 5-18> 비영리조직 성과관리의 영역

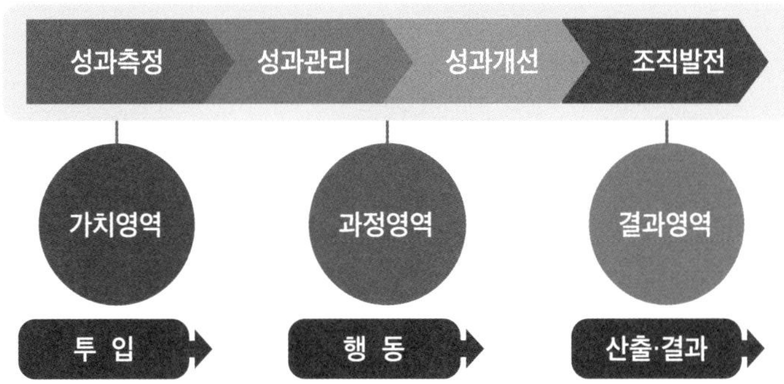

출처: 지은구(2012)의 p. 18의 내용을 그림으로 재구성

2) 성과관리 영역별 구성요소

지은구 외(2018)는 성과관리의 관리구성요소를 성과관리를 설명해주는 조직사회자본이론, 조직발전이론 그리고 조직학습이론에 근거하여 도출하였는데 각각의 이론과 조직관리 구성요소의 관계를 표로 나타내면 아래와 같다.

<표 5-9> 성과관리이론과 비영리조직 성과관리 관리구성요소

이론적 배경	비영리조직(사회복지지관) 성과관리의 관리구성요소
조직사회자본이론	신뢰, 비전, 규범, 협력, 참여, (시설)안전
조직발전이론	혁신, 변화, 갈등, 지도력, 조직구조, 지역사회(환경), 효과, 평가
학습조직이론	인력, 지역사회, 품질, 이용자, 정보문서, 재무

조직사회자본은 조직구성원으로 하여금 공통된 목적을 보다 더 효과적으로 달성하기 위해 협력하고, 함께 행동할 수 있도록 해주는 조직구성원들 사이의 상호관계 속에 내재하고 있는 자본을 강조하는 이론임으로 조직 구성원들의 상호행동을 규정하여 조직의 목적성취를 모든 행동에 영향을 미친다. 따라서 조직사회자본이라는 개념을 설명하는 구성요소로는 앞에서 제

시한 바와 같이 신뢰, 안전, 참여, 규범, 협력, 비전, 안전 등이 있다. 이들 구성요소들을 사회복지관 성과관리의 관리구성요소에 적용하여 보면 시설안전관리, 비전관리, 협력관리, 규범관리 등이 조직사회자본이론에 영향을 받은 성과관리구성요소임을 알 수 있다.

조직발전이론은 지도력, 조직구조, 전략적 계획, 의사소통, 조직 갈등, 협력과 신뢰 등의 증진, 개선이나 해결 그리고 조직효과성 증대 등을 통해 조직을 변화시키고 발전시키는 것을 목적으로 하는 이론이다. 따라서 사회복지관 성과관리의 주요관리요소로써 가치영역의 비전관리, 협력관리, 신뢰관리요소를 포함하여 과정영역의 조직관리, 갈등관리, 지역사회관리, 혁신관리 등과 그리고 결과영역에서 효과관리, 품질관리 그리고 평가관리요소들은 모두 조직발전이론에 따른 사회복지관 성과관리요소라고 할 수 있다.

학습조직이론은 조직이 조직구성원들의 학습을 촉진시켜서 끊임없이 변화하고 발전하는 것을 강조하는 이론으로 시스템사고, 개인적 숙련, 정신모델, 공유된 비전 그리고 팀 학습과 같은 5개의 주요 특성으로 한다. 따라서 성과측정을 위한 다양한 지식과 기술 그리고 성과측정과정으로의 직원개입은 직원들의 학습능력을 향상시키며 성과측정을 통해 얻어진 정보나 자료들은 조직학습의 좋은 원료로써 작동함이 강조된다. 결국, 학습조직이론의 주요 특성 중 하나인 공유된 비전이나 개인적 숙련, 팀 학습 등의 요소들은 바로 학습조직이론에 따른 성과관리요소가 될 수 있다. 따라서 사회복지관 성과관리 요소로 비전관리와 규범관리, 팀 학습과 자기계발 등을 포함하는 인력관리, 이용자들에 대한 빠른 응답과 불만처리 등은 이용자관리, 서비스 질 개선은 품질관리 그리고 지역사회에 대한 체계적이고 과학적인 분석은 곧 지역사회관리를 나타내고 문서관리와 회계는 조직학습에 기본임으로 문서관리와 재무관리 역시 학습조직이론에 적합한 사회복지관 관리구성요소라고 할 수 있다.

결론적으로 SOPM모델에서 사회복지관 성과는 가치영역, 과정영역 그리고 결과영역으로 구성되며 각각의 영역에는 다양한 관리요소들이 포함되는데 가치영역을 구성하는 성과관리요소는 신뢰관리, 규범관리, 비전관리로 이루어지고, 과정영역은 인력관리, 프로그램관리, 시설안전관리, 재무관리, 혁신관리, 지역사회관리, 자원개발관리, 갈등관리, 이용자관리, 협력관리, 조직관리 등 총 12개 요소로 이루어진다고 제시하였다. 그리고 결과관리는 평가관리, 효과관리 그리고 품질관리요소로 구성됨을 제시하였다(지은구 외, 2018).

종합하면, 사회복지관 성과관리는 세 개의 영역에 총 18개의 관리요소로 구성되며 18개의 관리요소가 적절히 기능하게 된다면 사회복지관의 성과는 개선되며 직원들의 역량은 강화되고 나아가 조직은 발전된다고 전제할 수 있다. 아래의 그림은 사회복지관 성과관리의 세 영역과 18개의 영역별 관리요소를 그림으로 나타낸 것이다. 신뢰, 규범 그리고 비전관리는 가치영역에 속하며 인력관리를 포함한 12개의 관리요소는 과정영역에 속하고 평가, 효과 그리고 품질관리는 결과영역에 속하는 관리요소이다.

3) 비영리조직 성과관리 모델(SOPMM)의 특징

SOPMM(자기주도성 성과관리모델)의 특징은 조직을 가치실현을 위한 행동을 수행하는 사회적 단위로 보아 가치영역을 투입단계에서 가장 중요한 성과관리영역으로 상정하였다는 점이며 특히, 성과관리의 전 요소가 대부분 이론적 배경에 근거하며 현실 복지관을 둘러싼 환경적 요소에 대한 분석에 의해 도출되었다는 점이라고 할 수 있다.

결론적으로 비영리조직인 사회복지관의 성과관리 모델의 핵심은 성과를 가치영역, 과정영역 그리고 결과영역으로 구성되는 개념으로 설정하고 가치영역의 성과를 관리하기 위한 관리요소 신뢰관리, 규범관리, 비전관리를 그리고 과정영역의 성과를 관리하기 위한 구성요소로 총 12개의 구성요소 즉, 협력관리요소, 프로그램관리요소, 정보문서관리요소, 인력관리요소, 이용자관리요소, 재무관리요소, 갈등관리요소, 시설안전관리요소, 혁신관리요소, 조직관리요소, 자원개발관리요소 그리고 지역사회관리요소로 설정하며 마지막으로 결과영역은 품질관리요소 효과관리요소 그리고 평가관리요소로 설정한다는 점이다. 단계적 성과관리영역으로 구분하면 투입은 가치영역으로 행동은 과정영역으로 그리고 산출 및 결과는 결과영역으로 구분된다. 또한 요소별 성과관리를 적용하면 총 18개의 관리요소가 포함되는 성과관리모델임을 알 수 있다. 이들이 개발한 비영리조직 성과관리모델을 간단히 그림으로 나타내면 아래와 같다.

<그림 5-19> 자기주도성 성과관리 모델(SOPMM)

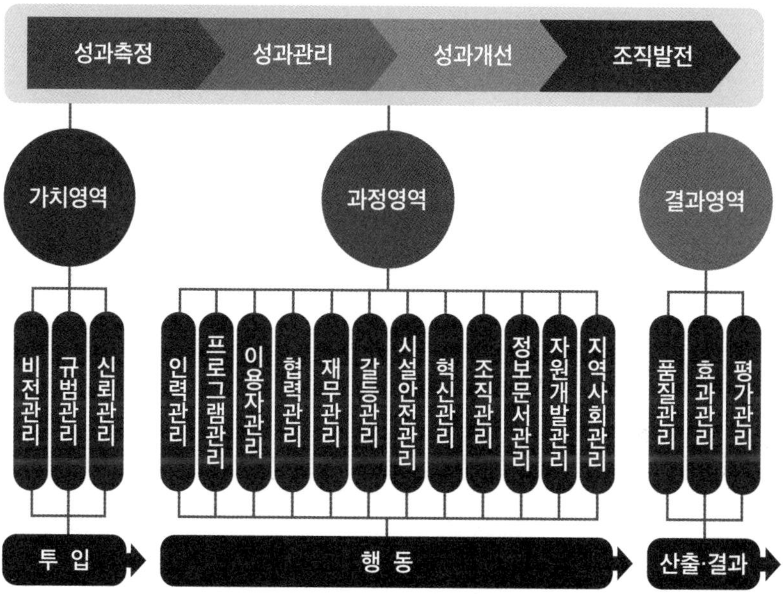

출처: 지은구 외(2018)의 p. 143에서 재인용

4) SOPM모델의 성과관리 영역과 구성요소 및 측정요소별 내용

아래의 표는 SOPM모델에 따른 성과관리영역(가치, 과정 그리고 결과)

별 총 18개의 관리요소와 관리요소별 측정이 이루어져야 하는 구체적인 측정내용을 나타낸다. 지은구 외(2018)가 제시한 아래와 같은 최종 모델은 선행연구 및 문헌조사를 통해 기본 모델을 개발한 후 수차례에 걸친 학계전문가 및 현장전문가들을 대상으로 하는 집단 및 개별심층면접을 통하여 내용을 수정하여 내용타당도가 입증된 모델이다.

(1) 가치영역

성과관리영역	성과관리 영역별 관리요소	성과관리를 위한 성과측정요소별 내용
가치영역	비전관리	기관의 비전
		기관의 미션
		관장을 포함한 직원들의 비전 및 미션의 공유
		관장의 리더십
		관장의 업무수행능력, 전문성
		관장의 조직운영 철학
	규범관리	기관 윤리경영규정
		기관 윤리헌장 또는 윤리강령
		직원 윤리기준이나 지침, 직원별 윤리행동실천계획서
	신뢰관리	기관에 대한 신뢰
		지도자에 대한 신뢰(직원)
		직원들 간의 신뢰
		이용자의 직원에 대한 신뢰
		프로그램(사업)에 대한 신뢰

(2) 과정영역

성과관리영역	성과관리 영역별 관리요소	성과관리요소별 내용
과정영역	인력관리	직원채용 및 보상(보수 및 보상체계), 직원복지
		담당 업무의 양/담당 업무의 질/직원업무분담의 적절성
		교육 및 직무훈련
		직무태도관리: 직무몰입, 이·퇴직률, 직무만족
		노무관리, 직원고충처리
		슈퍼비전
	프로그램관리	사업계획서 작성(사업목적 및 목표, 제공되는 서비스)의 적절성 및 전문성
		프로그램모니터링 계획 및 시행 /프로그램평가계획
		사업운영(서비스전달), 대상자관리(선정 및 모집)의 적절성
		사업 참여인력 관리(강사, 자원봉사자 등)
	이용자관리	이용자욕구, 이용자불만
		이용자권리 및 비밀보장, 자기결정권
		이용자정보관리
		이용자참여, 사례관리
과정영역	협력관리	공동사업추진계획/파트너십, 협약서/협의체 참여
		직원의 결정구조 참여보장, 직원 간 권한위임구조
		지역사회참여(지역행사 및 지역모임 지역의 각종 위원회)
		타 기관과의 협력: 복지부, 시군구, 주민센터, 보건소, 지역사회복지협의체, 비영리 사회복지 시설 및 단체
	재무관리	법인 및 시설 재무회계규칙
		예산 및 결산, 감사
		수입과 지출, 계약 및 물품관리, 세무관리
		물품관리
	갈등관리	이용자들 간의 갈등처리
		직원과 이용자 간의 갈등처리
		직원들 사이의 갈등 처리
		지자체 또는 법인과의 갈등처리
	시설/안전관리	이용자안전 및 직원안전/보험
		내 외부 공간/편의시설, 위생시설, 주방시설, 안내시설, 각종 안전시설의 안전검사
		장비 및 비품 구입, 유지 및 처리의 적절성

과정영역	혁신관리	조직진단, 변화계획 또는 혁신계획(전략적 계획, 중장기 발전계획), 조직 환경의 변화 분석(SWOT분석)
		서비스전달체계 적절성
		부서의 업무 및 인력 적합성
	조직관리	운영위원회
		이사회, 자문위원회
		비공식적 자발적 조직(각종 모임)
		조직부서화(팀, 부서, 과 등 조직구조)의 적절성
	정보문서관리	정보시스템관리
		정보의 생산과 관리
		문서작성 및 처리
	정보문서관리	모금 및 후원자개발 계획 및 확보노력
		자원봉사자관리(신규모집 및 교육 등)
		지역주민참여, 홍보 및 마케팅
	지역사회관리	지역사회변화 및 주민의 욕구변화 분석
		지역사회문제분석(인구 통계적 변화 등)분석

(3) 결과영역

성과관리영역	성과관리 영역별 관리요소	성과관리요소별 내용
결과영역	품질관리	서비스품질관리: 권리성, 확신성, 공감성, 접근성, 유형성, 신뢰성, 응답성, 협력성 등 8개 영역
		이용자의 서비스만족관리
	효과관리	프로그램효과
		이용자효과
		지역사회(및 지역주민) 효과
	평가관리	기관(사회복지시설) 평가관리
		프로그램(사업별) 평가관리
		직원평가관리

5) SOPM모델의 적용을 위한 성과측정도구(척도)

지은구 외가 2018년 개발하여 제시한 자기주도성 성과관리모델은 실질적으로 비영리조직인 사회복지관들이 성과를 측정하여 관리 및 개선할 수 있도록 개발된 관리모델로서 지은구 외(2019)는 위의 SOPM모델이 적용되어 측정 가능하도록 하기 위한 측정도구(척도)를 개발하여 제시하였다[21]. 이들이 제시한 측정도구는 성과를 단계별 그리고 요소별로 구분하여 투입부분에서 비전관리척도 등 3개 척도를 포함하여 과정부분의 인적자원관리척도 등 12개 척도 그리고 결과부분의 서비스품질, 효과 그리고 평가관리 척도 등 총 18개의 측정도구(척도)로써 직원들과 이용자들을 대상으로 조직성과에 대한 인식 정도를 통해 성과를 측정하도록 설계되어 있다는 특징이 있다.

하지만 이들이 제시한 성과모델은 일정 규모 이상의 조직에게는 적용 가능하지만 기업규모가 적은 사회적 경제조직의 경우는 적용하기 어렵다는 한계를 갖으며 이용자에게 질문하는 경우를 제외하고 대부분의 측정항목들이 직원들의 주관적 인식에 의해서 점수가 주어짐으로 직원들에 대한 사전교육이나 사전통제 등이 성과에 영향을 미칠 수 있다는 한계를 동시에 갖는다.

21 개발된 구체적인 척도에 대한 내용은 “지은구 외. 2019. 사회복지관 성과관리 척도집. 학지사”를 참조할 것

제12절

Kendall과 Knapp의 성과관리모델

1. Kendall과 Knapp의 모델

Kendall과 Knapp이 제시한 성과관리모델 역시 사회적 경제조직으로 적용이 가능한 모델이다. Kendall과 Knapp(2000a, 2000b)은 제3부문, 자발적 조직, 또는 비영리조직의 성과측정을 위한 성과측정영역과 측정지표를 제시하였는데 그들의 모델은 Poister(2003)나 Martin과 Kettner(2010)와 마찬가지로 성과측정을 성과를 구성하는 요소를 중심으로 측정하는 요소별 성과측정모델에 속한다. 즉, 조직이 제공하는 서비스나 재화의 임팩트를 중심으로 성과개선의 정도를 직접 측정하는 직접적 측정방식이라고 할 수 있다. 그들은 비영리조직의 성과는 크게 8영역에서 측정된다고 주장하였는데 그 영역들은 첫째, 경제, 둘째, 효율성, 셋째, 효과성, 넷째, 형평성, 다섯째, 참여, 여섯째, 지지, 일곱째, 혁신, 여덟째, 선택/다원주의 등이다. 그들은 성과측정의 이 8개의 영역에서 성과를 측정할 수 있는 성과지표를 제시하였으며, 특히 성과는 복지생산의 과정을 통해서 측정됨을 강조하였다. 그들은 복지생산을 강조한다는 측면에서 성과측정방법을 복지생산 틀(the frame of welfare approach) 또는 복지생산접근(the production of welfare approach)이라고 불렀다. Kendall과 Knapp모델을 그림으로 나타내면 아래와 같다.

<그림 5-20> Kendall과 Knapp의 복지생산 성과관리모델

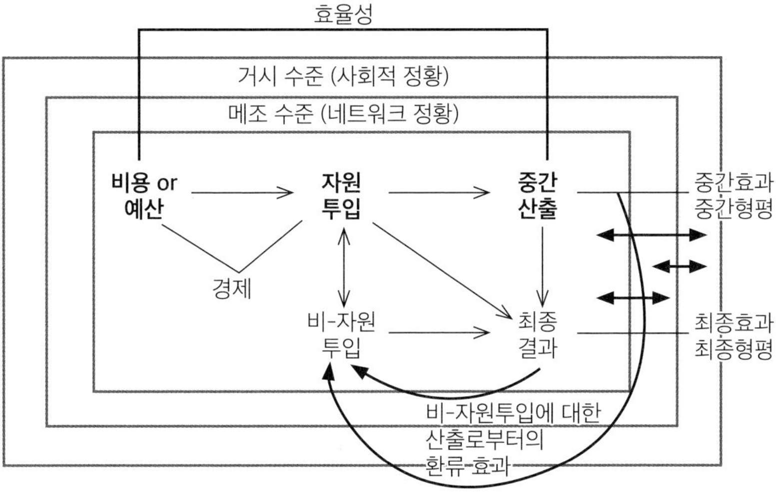

출처: Kendall과 Knapp(2000a), p 119에서 수정

위의 모델을 보면 제3부문 조직 특히, 비영리조직의 성과는 크게 재정적 측면과 비재정적 측면으로 나누어지고 투입, 산출 그리고 결과를 중심으로 성과를 측정함을 알 수 있으며 특히 비영리조직의 성과는 연결망과 사회적 정황이나 상황에 의해서 영향을 받는다는 것을 전제하였음을 알 수 있다. 복지생산접근을 구성하는 모델에서 제시된 요인들을 살펴보면 아래와 같다(지은구, 2012).

- 자원투입: 직원, 자원봉사자, 회원, 자산 등
- 비용: 자원투입을 구매하기 위해 사용된 조직의 예산, 자원투입의 비용 그리고 기회비용의 인식 등
- 비-자원 투입(non-resource inputs): 수량화된 가격을 가지지 않는 또는 시장가치로 환원 될 수 없는 결과 성취에 대한 영향력. 예를 들어 결과에 영향을 미치는 상황적 환경, 상황적 환경을 만들어 내는 직원들의 태도, 의견 또는 이데올로기
- 중간산출 또는 결과(intermediate output/outcome): 제공된 서

비스산출의 규모나 양, 일반적으로 서비스 질 영역

- 최종결과(outcome): 복지생산물이나 서비스의 제공에 따른 변화 또는 외부효과에 따른 변화뿐만 아니라 복지생산을 만드는 생산적 활동에 따른 삶의 질이나 태도의 변화 등

Kendall과 Knapp이 제시한 성과관리를 위한 성과측정의 8개의 영역과 지표는 아래의 표와 같다(Davis and Knapp, 1981; Knapp, 1984; Kendall and Knapp, 2000a, 2000b).

<표 5-10> 성과측정의 영역과 지표

성과측정영역	지표	성과측정영역	지표
경제	투입자원들 지출 평균비용	형평성	재분배 정책의 지속성 서비스표적 혜택/부담비율 접근성 절차적 형평
효과성 (서비스제공)	최종 결과 이용자만족 산출의 양(규모) 산출의 질	참여	회원/자원봉사자 (신뢰적인)태도
선택/다원주의 (pluralism)	집중 다양성	지지(advocacy)	지지 자원 투입 지지 중간 산출
효율성	중간 산출의 효율성 최종 결과의 효율성	혁신(innovation)	보고된 혁신사례들 장애물 그리고 기회

각각의 성과영역을 설명하면 다음과 같다.

첫째, 경제: 경제에는 이용자집단이나 조직의 활동과 연관이 있는 시장가치로 측정할 수 있는 비용이나 지출 등이 포함된다.

둘째, 효과성: 효과성에는 중간산출과 중간결과인 제공된 서비스나 생산물의 양이나 규모 그리고 그들의 질이 포함되며 최종결과인 서비스 이용자에 대한 실제적인 영향력이 포함된다.

셋째, 선택/다원주의: 선택과 다양성 또는 다원주의는 선택을 증진시킬 수 있는 조직의 능력과 효과성 영역의 변수들을 나타낸다. 따라서 선택지표는 생산물이나 서비스의 시장집중지수와 재화나 서비스의 품질 영역에서 측정 가능한 선택의 다양성과 연관이 있다.

넷째, 효율성: 효율성은 최종 결과와 중간 산출과 연관이 있는 영역이다. 특히 효율성은 기술적 효율성, 가격효율성, 산출혼합 효율성, 수직적 표적 효율성 그리고 수평적 표적효율성으로 측정된다.[22]

다섯째, 형평성: 형평성은 서비스의 효과나 혜택과 연관이 있으며 공평이나 정의를 나타낸다. 절차적 형평은 조직이 민주적 협치구조를 가지고 있는지 또는 가난한 사람들에 더 적은 이용료를 받고 있는지 또는 이용자들이 많이 있는 곳에 조직이 위치하고 있는지 등을 포함한다.

여섯째, 참여: 참여는 사회적 자본을 측정하는 영역이다. 참여는 다음과 같은 기본 가정에 근거한다. 첫째, 더 많은 회원과 자원봉사자 또는 더 많은 자원봉시시간 등은 더 많은 참여를 의미한다. 둘째, 더 많은 참여는 더 큰 신뢰를 의미한다. 셋째, 조직에 대한 더 큰 신뢰는 더 나은 사회적, 경제적, 심리적, 정치적 결과를 의미한다.

일곱째, 지지: 시민으로부터의 또는 정치가나 정부로부터의 지지는 참여, 형평성, 효율성, 최종 결과 등에 영향을 주는 주요한 영역이다.

여덟째, 혁신: 혁신은 과거와의 불연속성을 나타낸다. 혁신은 사회적 자본 또는 효율성과 형성을 개선하며 최종 결과와 중가 산출에 영향을 준다.

---

22 기술적 효율성: 주어진 투입으로 중간 산출이나 최종 결과를 최대화하는 생산을 나타낸다.
가격효율성: 주어진 지출로 최대의 산출과 최대의 결과를 얻는 것을 나타낸다.
산출혼합효율성: 조직의 다양한 산출과 결과에 부합되어 나타나는 상이한 가치를 의미한다. 즉, 산출혼합효율성은 산출/결과혼합이 주어진 예산이나 자원으로부터 수정될 때 성취된다.
수직적 표적 효율성: 표적 인구가 서비스를 제공받는 것을 나타낸다.
수평적 표적 효율성: 욕구에 있는 사람들이 서비스를 제공받는 것을 나타낸다.

2. Kendall과 Knapp모델의 특징

Kendall과 Knapp은 그들의 성과측정모델에서 다른 모델과는 달리 복지의 경제적 입장을 고려하여 복지를 하나의 재화나 서비스로 보는 복지생산접근(the production of welfare approach)방법을 적용하였다. 그들이 복지의 생산적 측면을 강조하는 이유는 비영리조직을 통해서 제공되는 복지생산물이 비영리조직의 활동을 통해 만들어지는 것이고 이 생산물이 실제 국민들에게 영향을 가져다주어 국민들의 삶의 질 개선 내지는 지역사회가 더 좋은 사회로 변화된다는 믿음에 기초한다. 그들에 의하면 복지생산물은 사회적 정황과의 상호행동에 영향을 받으며 인간관계에 대한 신뢰에도 영향을 준다. 특히 그들은 재정적 측면뿐만 아니라 비재정 측면의 성과 역시 측정되는 것이 중요하다고 생각하였는데 이는 비영리조직은 화폐적 가치로 환원될 수 없는 가치를 창출하며 매우 복잡하고 역동적인 상황에 있으며 기대하지 않은 결과를 만들어내기 때문이라고 한다. 복지생산접근에 따르면 시장과 정부의 실패가 정보비대칭, 거래비용, 신뢰나 연결망(네트워크)의 부재 등을 가져다줌으로 비영리조직의 성과에는 신뢰와 참여가 강조되는 사회자본의 요소도 포함되어야 함이 강조된다.

3. Kendall과 Knapp모델의 사회적 경제조직 성과관리로의 적용

Kendall과 Knapp모델은 제3부문 조직의 성과가 매우 복잡하고 역동적임을 인정하여 성과를 다양한 부분에서 측정하여 관리한다는 점이 특징이다. 특히 체계주의이론에 따라 성과측정과정을 투입과 산출 그리고 결과를 중심으로 구분하고 각 요소별로 성과측정을 시도하였다. 하지만 Kendall과 Knapp의 성과측정모델은 이용자만족과 품질을 구분하고 특히 사회자본을 측정할 수 있는 참여의 영역과 비영리조직의 특성을 고려하여 지지 및 조직 혁신을 위한 시도 등을 성과측정에 포함시킴으로써 성과를 구성하는 관리요소를 비영리조직이 추구하는 사회적 가치실현의 정도가 간접적으로나마 측정이 가능하도록 하였다는 점에서 비영리조직 성과측정의 매우 효과적인 측정모델이 될 수 있음을 제시한다고 볼 수 있다. 특히 민영화에 따른 복지다원주의(또는 복지혼합)의 효과를 측정할 수 있도록 성과영역에 선택과 다원주의를 포함시켰다는 점 역시 큰 장점으로 지적될 수 있다. 하지만 Kendall과 Knapp의 모델은 성과측정 영역의 요소별 성과측정지표의 선정이 상대적으로 쉬운 영역과 지지나 참여와 같이 상대적으로 어려운 영역에 대한 고려, 수량화하기 어려운 비재정적 투입문제, 그리고 중간 산출과 결과 그리고 최종 산출과 결과의 측정이 상대적으로 애매하다는 점 등은 이 모델이 가지는 성과측정의 약점이라고 볼 수 있다.

Kendall과 Knapp모델 즉, 복지생산접근모델은 사회적 가치를 성과로 측정한다는 방식에서 그리고 효율성과 효과성 그리고 참여와 혁신성과 지지, 선택 등을 성과측정요소로 선정하여 성과를 측정한다는 측면에서 사회적 경제조직의 성과측정모델로 활용될 수 있다. 즉, Kendall과 Knapp모델은 성과측정요소로 사회적 경제조직이 추구하는 가치지향성을 경제적 가치와 사회적 가치 그리고 이해관계자들의 참여와 민주적 의사결정 등이 포함될 수 있도록 확장하였으므로 사회적 경제조직이 추구하는 목적지향성에 부합한다는 특징이 있다.

제13절

PMS(performance measurement system)모델

1. PMS 모델 개요

성과측정체계(performance measurement system)는 행동(조직행동)의 효과성과 효율성을 수량화하기 위해 사용되는 메트릭스의 세트 또는 집합체라고 정의될 수 있다(Neely et al, 2002). 성과측정체계가 가장 먼저 도입된 영역은 영리기업의 성과측정을 위해서이며 점차적으로 비영리 및 사회경제조직의 성과측정모델로 발전되었다. 특히, 성과측정체계모델 즉, PMS모델은 체계적 관점(체계주의 이론)과 로직모델을 적용하여 사회적 경제조직 특히, 사회적 기업의 특성에 맞게 성과를 측정하는 모델로 Arena와 동료들(2015)에 의해 제시되었으며 상황모델(contingency model)에 기초한다. Arena와 동료들은 자신들이 개발한 모델을 "일반적(general)" PMS 모델이라고 지칭하였다. 이들이 일반적이라는 표현을 사용한 이유는 Ebrahim과 Rangan(2010) 등이 제시한 PMS 모델과 구별하여 본인들이 개발한 모델이 사회경제조직의 성과측정에 적합한 일반적인 모델임을 강조하기 위함이다. PMS모델은 사회적 기업 성과의 다면성 그리고 사회적 기업의 성과를 측정하는 것이 어려운 점 등을 고려하여 성과를 다면적 성격의 개념으로 정의하고 이를 측정하기 위해 적합한 지표를 투입, 행동, 산출, 결과 그리고 임팩트 영역에서 단계적으로 설정하여 측정한다는 특징이 있다. 즉, PMS모델은 성과를 단계적으로 측정하는 단계적 측정모델이라고 할 수 있다. 단계별로 측정요소를 설정하지만 성과를 효율성, 효과성 그리고 임팩트로 구성된 요소로 정의하여 이를 측정함으로 요소별 측정모델의 특징도 동시에 갖는 모델이라고 할 수 있다.

Arena와 동료들(2015)이 제시한 성과측정체계모델(PMS모델)은 사회적 기업의 사회적 가치실현을 위한 노력의 결과를 사회적 가치창조물로 이해하며 재정적 결과물(이익)과 사회적 가치 창조물로써의 임팩트효과를 지역사회에 대한 산출의 장기적 효과로 이해하여 측정한다. 하지만 PMS모델은 사회적 기업 전반에 공통적으로 적용할 수 있는 구체적인 성과측정도구 및 지표를 개발하여 제시하였다기보다는 기업이 보유한 문건중심으로 지표를 설정한다는 한계를 가지고 있다.

2. PMS모델의 특징

Arena와 동료들의 PMS모델은 Ebrahim과 Rangan(2010)의 모델을 사회적 기업의 특성에 맞게 재단(수정)한 모델로서 사회적 기업의 성과는 투입, 산출 그리고 결과요소로 이루어지며 성과를 구성하는 영역은 효율성, 효과성(관리 효과성과 사회적 효과성) 그리고 임팩트임을 제시하고 각각의 영역에 적합한 지표를 찾아 성과를 측정하도록 설계되어 있다.

성과의 투입은 특정 행동을 수행하는데 사용되어지는 자원의 양을 의미하며 성과의 산출은 변형과정을 거친 결과물(results)을 의미하고 성과의 결과(outcome)는 중요한 변화를 유지하고 변화의 원인을 일으키는 측정할 수 있는 외부환경(조직외부의 이용자나 지역사회문제 등과 같은)에 대한 산출의 장기적인 임팩트를 나타낸다. 결과에 대한 해석을 보면 PMS모델은 결과를 임팩트 또는 변화와 같은 의미로 이해하고 있음을 알 수 있다. 성과의 (측정)영역으로 효율성은 투입대비 산출의 비율을 나타내며 효과성은 산출의 특성을 나타내고 관리 효과성과 사회적 효과성으로 구분되며 임팩트는 결과를 측정하는 측정도구로써 지역사회에 대한 산출의 장기적인 효과를 의미한다(Keystone, 2008). 임팩트는 사회적 기업이 활동하는 지역사회에서 지식, 기술, 지위, 생활조건, 가치측면에서 발생하는 혜택이나 변화를 의미함으로 매우 중요한 성과영역이라고 할 수 있다. 관리 효과성은 사회적 기업의 전략적 계획에 설정된 관리적 목표(성취하려는 경영목표)를 달성하는 정도(목표대비 달성의 정도)를 나타내며 사회적 효과성은 재화와 서비스의 생산을 통해 지역사회가 가지고 있는 욕구를 해결하기 위한 사회적 기업의 능력을 의미한다. 특히 사회적 효과성은 이용자, 지역사회주민 등의 이해관계자와 사회적 기업과의 관계를 고려한다는 특징이 있다.

투입요소는 자원가치(resource value)로써 사회적 기업이 설정한 미션과 일치하는 재화와 서비스를 생산하기 위해 사용되는 자원을 의미하며 상품가치는 사회적 기업으로부터 기대된 사회적 가치와 일관성을 유지하기 위해 생산된 산출을 나타낸다. 결과가치는 욕구를 해결하기 위해 생산된 재화와 서비스의 임팩트(혜택이나 변화)를 나타낸다(Arena et al. 2015). 아래의 그림은 PMS모델의 기본 틀을 나타낸다.

<그림 5-21> PMS모델의 기본 틀

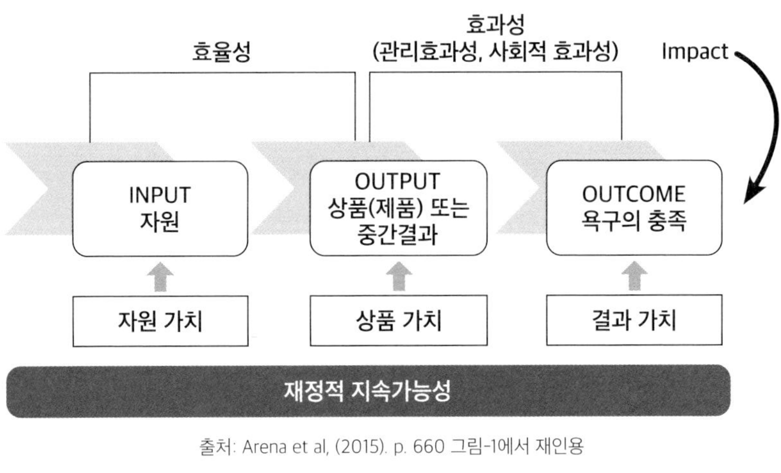

출처: Arena et al, (2015). p. 660 그림-1에서 재인용

3. PMS모델의 사회적 경제조직 성과관리로의 적용

PMS모델을 적용하여 사회적 경제조직의 성과를 측정하기 위해서는 준비단계, 인터뷰단계, 등 총 6단계를 거치게 된다(Arena et al. 2015).

- 준비단계: 사회적 경제조직 관리자는 연차보고서, 조직도, 예산, 회계보고서 등 사용가능한 문서와 내부기록들을 준비하는 단계
- 인터뷰단계(이해관계자들의 정보 욕구를 정의하는 단계): 사회적 경제조직이 이미 생성하여 다양한 이해관계자에게 전달한 다양한 형태의 보고서 분석과 다양한 내부 및 외부 이해관계자 범주의 주요 대표자와의 반구조화된 인터뷰를 기반으로 다양한 이해관계자의 정보 요구 사항을 정의하는 단계
- 협의단계: 재정적 지속가능성, 일관성, 임팩트, 효과성, 효율성의 측면에서 이해관계자들의 정보 욕구에 가장 일치하는 성과영역을 식별하는 단계
- PMS 구축단계: 일련의 지표들이 정의되는 단계. 즉, 이해관계자들이 필요로 하는 정보 욕구와 일치하는 지표들의 집합체를 구축하는 단계. 지표들은 정량지표와 정성지표가 모두 포함될 수 있지만 수량화된 지표를 수집하는 것이 바람직하다.
- 피드백 수집단계: 사회적 경제조직의 이해관계자들에게 제시된 의견과 피드백이 수집되는 단계
- PMS 재정비단계: 수집된 의견에 기초하여, 지표들이 더욱 구체적으로 재정비되는 단계

※ PMS모델 적용사례

PMS모델을 실제 사회경제조직의 성과측정을 위해 적용한 사례에서 제시된 성과의 영역과 영역별 지표들을 살펴보면 아래와 같다. 아래의 선(Sun)회사는 북부 이탈리아에서 활동하는 사회적 기업으로 회원은 약 2,500명 정도이고 직원은 22명이 일하고 있다. 선(Sun)회사의 주 종목은 에너지 생산 및 분배, 통신, 식수 분석 등이다. 선(Sun)회사는 PMS모델을 적

용하여 성과를 측정하기 위하여 위의 6단계를 거쳐 성과의 영역을 투입부터 임팩트에 이르기까지 관리자를 포함하여 다양한 이해관계자들과의 면접과 기업이 보유한 자료를 중심으로 자료를 수집하여 아래와 같이 총 38개의 지표세트를 구성한 후 성과를 측정하였다.

<표 5-11> 선(Sun)회사의 최종 PMS

성과영역			지표내용
1. 재정적 지속가능성		1	투자수익
		2	총 수익
		3	판매수익
		4	자본비용
		5	사회자본의 증가비율
2. 효율성		1	에너지 생산비용/총 kWh 판매
		2	통신부문 운영비용/이용자 수
		3	유지관리 비용
		4	수력발전 터빈 효율
		5	태양광 패널 효율
3. 관리 효과성		1	회원 수/지역 가족수
		2	회원 증가율
		3	서비스 요청과 문제해결 사이의 평균 시간
		4	서비스 중단 횟수
		5	오작동 신호
		6	민원건수
4. 사회적 효과성	개입	1	참여인원
		2	전년대비 사회적 기반의 증가(%)
		3	지역사회를 위한 이니셔티브의 수
	투명성	1	청구서 확인요청건수
		2	공개적으로 이용가능한 문서의 양과 질
	공평성	1	유형별, 계약별 등으로 나눈 직원의 수
		2	쉽게 접근하기 어려운 지역의 신규가입자의 수

5. 사회적 임팩트		1	직원의 비율(%, 직원 중 지역 시민의 수)
		2	연간 CO2 절감
		3	현지 공급업체/총 공급업체
		4	인터넷에 연결된 가족의 수/지역가족의 수
		5	순이익에서 현지 협회나 단체에 지불한 기여금
6. 일관성	자원가치	1	인프라 실제비용
		2	직접 인건비
		3	현지 인력
		4	자금구성
	상품가치	1	소스별 연간 총 생산 kWh
		2	6.6 km LAN
		3	업종별 회원들의 요구사항 충족율 상향 6.7%
	결과가치	1	연간 예비 배럴 오일
		2	멤버십 청구사 6.9% 할인
		3	LAN에 연결된 회원 수의 증가

출처: Arena et al, (2015). p. 667 표-4에서 재인용

성과를 다면적 영역으로 구성되어 있음을 제시하고 단계적으로 투입부터 임팩트까지 성과측정지표를 선정하여 성과를 측정하는 PMS모델을 적용하면 이해관계자들과 기업이 보유한 문건 중심으로 성과지표들을 구성하는 것이 중심된 과업이다. 따라서 사회경제조직의 특성 또는 성격에 따라 보편적인 성과지표가 적용되는 것이 아니라 기업에 맞는 지표들이 선정되고 수집됨으로 사회경제조직의 개별적 성격에 맞는 성과측정 및 성과관리가 용이할 수 있다는 장점이 있다. 하지만 PMS모델을 적용하여 성과를 측정하기 위해서는 준비단계부터 분석단계까지 PMS모델을 잘 아는 전문가의 도움이 필요하며, 손쉽게 활용할 수 있는 객관적이고 보편타당한 측정도구를 활용하지 않고 기업이 보유한 문건과 이해관계자들과의 인터뷰를 통한 질적 자료만으로 성과를 측정한다는 것은 한계라고 할 수 있다. 특히 사회경제조직 대표나 직원들의 사회적 가치를 성취하기 위한 인식이나 사고 태도나 행동의 변화를 측정하기 위

한 측정도구와 이용자들의 인식이나 태도 또는 생활상의 변화나 삶의 변화 그리고 지역사회의 변화를 임팩트로 지표화하여 측정하지 않으며 이를 측정하기 위하여 객관적인 측정도구를 활용하지도 않는 점 역시 한계라고 할 수 있다.

제14절
한국사회적기업진흥원모델 (SVI, Social Value Index 모델)

1. 한국사회적기업진흥원모델의 기본적 틀

한국사회적기업진흥원은 사회적 기업의 성과측정모델을 개발하기 위한 연구를 진행하여(대표적으로 문철우 외, 2013; 2014, 이준우 외, 2012, 2015, 한국사회적기업진흥원, 2016) 선행연구와 문헌조사를 바탕으로 사회적 기업의 성과관리모델 및 측정도구(측정지표)를 개발하여 제시하였다. 한국사회적기업진흥원은 특히, 사회적 기업의 성과가 사회적 가치와 경제적 가치 그리고 혁신(성)으로 구성되는 개념으로 보았다(한국사회적기업진흥원, 2016). 한국사회적기업진흥원모델의 사회적 가치에는 조직의 미션, 사업활동, 조직운용 측면이 포함되고, 경제적 가치에는 고용성과를 포함한 재정성과 측면을 포함하였다. 또한, 혁신성에는 기업운용 및 제품의 혁신(성) 등을 포함한 정성평가지표가 포함된다.

한국사회적기업진흥원모델이 사회적 기업의 성과를 측정함에 있어 반드시 고려해야할 성과의 구성요소로 제시한 사회적 기업의 혁신, 사회적 가치,

경제적 가치의 세부사항을 요약해 제시하면 아래의 표와 같다. 전체적으로 지표는 여섯 개의 대항목을 측정하기 위해 아홉 가지의 세부항목으로 구성된 사회적 가치, 두 개의 대 항목을 측정하기 위한 네 가지의 세부항목으로 구성된 경제적 가치, 그리고 한 개의 세부항목으로 구성된 혁신으로 구성되어 있다.

사회적 가치와 경제적 가치의 세부지표들을 확인해보면, 정량·정성 측정항목으로 구성되며 사회적 기업의 내외적 활동요소를 모두 포함하고자 하였다. 더불어 사회적 가치 및 혁신을 측정하는 정성지표의 경우, 과정과 결과를 모두 포함하도록 했다. 뿐만 아니라, 한국사회적기업진흥원에서 수행되었던 기존 연구결과들을 적극 활용하기 위해 거의 대부분의 세부항목 질문을 기존연구에서 제안한 내용들로 구성했다. 지표에 포함된 개별항목을 구체적으로 확인해보면 다음과 같다.

<표 5-12> 한국사회적기업진흥원의 성과측정요소별 항목과 출처

영역	대항목	연번	세부항목	정량/정성	출처
사회적 가치	사회적 미션의 관리	1	사회적 가치 명시적 선언유무	정량	문철우(2014)
		2	사회적성과 평가체계	정량	문철우(2014)
	운영의 민주성	3	근로자와 사외이사 결정기구 참여비율	정량	이준우(2015)
	근로자 지향성 (운영의 민주성과 합)	4	근로자 시간당 임금	정량	사업보고서 (업종별 분포)
		5	교육훈련	정량	이준우(2015
	사회적 경제 생태계 구축	6	사회적 경제 조직 간 연계	정량	이준우(2015
		7	지역사회와의 협력	정량	이준우(2015)
	이윤의 사회적 활용	8	이윤의 사회적활용	정성	문철우(2013)등 참고
	주 사업활동의 사회적 가치	9	내부운영, 주사업 제품이나 서비스, 판매과정	정성	문철우(2013)등 참고

경제적 가치	고용창출 및 재정성과	10	고용창출	정량	사업보고서 (업종별 분포)
		11	매출액	정량	사업보고서 (업종별 분포)
		12	영업이익	정량	사업보고서 (업종별 분포)
	노동생산성	13	1인당 매출액	정량	사업보고서 (업종별 분포)
혁신성	혁신	14	기업운영 및 제품의 혁신성	정성	문철우(2013)등 참고

출처: 한국사회적기업진흥원. 2016. p. 25, 표-5에서 재인용

2. 성과측정 영역

한국사회적기업진흥원은 이들이 개발한 측정지표를 '사회적 가치지수(SVI, Social Value Index)'로 명명하였으며 2018년도부터 적용 가능한 기업들이 활용할 수 있도록 유도하고 있다. 이 지수는 각종 지원사업의 선정과정에서 개별 기업의 사회적 가치 수준을 파악할 수 있도록 만들어진 지수이다. 지수를 포함한 성과측정모델의 관점은 위에서 설명한 바와 같이 사회적 가치, 경제적 가치, 혁신성과로 구성되어있다. 사회적 가치의 경우에는 조직의 미션, 사업활동, 조직운용 측면을, 경제적 가치는 고용성과를 포함한 재정성과 측면을 고려하였다. 또한, 혁신에는 기업운용 및 제품의 혁신성 등을 감안하여 평가지표를 구성하였다. 각 성과영역별 측정내용은 아래와 같다.

<표 5-13> SVI 모델의 성과관리 영역별 측정내용

영역	주요측정내용
사회적 성과(가치)	• 조직이 사회적 가치를 실현하기 위해서 각종 기제를 설정하고 실행하고 있는 여부를 측정
	• 사회적 미션의 관리, 주 사업활동의 사회적 가치, 사회적경제 생태계 구축 노력, 이윤의 사회적목적 재투자, 조직운영의 민주성, 근로자 지향성 등
경제적 성과(가치)	• 조직이 효율적으로 인적,물적 자원을 투입하여 나타난 사업활동의 경제적인 결과를 측정
	• 고용창출 및 재정성과, 노동성과 등
혁신성과	• 기업 활동에서 제품 및 서비스의 혁신성이 제대로 발현되고 있는지 여부를 측정
	• 기업 활동의 혁신성

*출처: 한국사회적기업진흥원(2019). 2020 사회적 가치지표 활용매뉴얼. p.11

아래의 표는 한국사회적기업진흥원이 최종 배포한 성과측정총괄표이다. 이 지표를 보면 위의 2016년에 제시한 성과측정지표에서 약간 수정되어 있음을 알 수 있다. 즉, 2016년에 제시된 측정질문은 총 14개 질문으로 구성되어 있었는데 아래의 표를 보면 사회적 가치와 경제적 가치라는 용어가 사회적 성과와 경제적 성과로 용어를 수정되어 있음을 알 수 있다. 이 지수는 사회적 가치에 중점을 두어 가장 많은 수의 질문을 포함했으며, 전체적인 지수의 배점 또한, 모든 세부항목을 활용한다고 가정했을 때, 사회적 가치 60점, 경제적 가치 30점, 혁신 10점 등 총 100점에서 상대적 값을 제시하였다. 혁신의 배점이 사회적 또는 경제적 성과보다 낮은 이유는 수단보다 결과적 가치를 중시하고자 했기 때문이다. 사회적 성과 내 거의 모든 항목에는 동일한 배점을 제안했으며, 경제적 성과의 경우 대외적 가치의 상대적 중요성을 고려해 개별 세부항목 모두에 동일배점을 주는 방식을 제안했다. 자료는 주로 정성 및 정량자료가 혼합되어 수집되는데 정성자료의 경우는 문건의 존재여부나 진술에 대한 증빙서류를 통해 확인하며 정량지표는 대부분 수량화된 자료(협력건수나 이익금 등)로 문건으로 통해 수집 가능한 자료들이다. 한국사회적기업진흥원이 2019년에 전국 사회적 기업의 성과측정을 위한 기본 안으로 제시한 최종 성과총괄표를 보면 아래와 같다.

<표 5-14> 사회적 기업 사회적 가치지수(SVI) 성과총괄표

<table>
<tr><th>관점</th><th>범주</th><th>영역</th><th>측정지표</th><th>배점</th></tr>
<tr><td rowspan="9">사회적성과(60)</td><td rowspan="2">조직미션(7)</td><td rowspan="2">사회적 미션</td><td>사회적 가치 추구 여부</td><td>2</td></tr>
<tr><td>사회적 성과 관리체계 구축</td><td>5</td></tr>
<tr><td rowspan="4">사업활동(35)</td><td>주요 사업 활동의 사회적 가치</td><td>사업 활동의 사회적 가치 지향성</td><td>15</td></tr>
<tr><td rowspan="2">사회적 경제 생태계 구축</td><td>사회적 경제조직과의 협력 수준</td><td>5</td></tr>
<tr><td>지역사회와의 협력수준</td><td>5</td></tr>
<tr><td>사회목적 재투자</td><td>이윤의 사회적 환원 노력도</td><td>10</td></tr>
<tr><td rowspan="3">조직운영(18)</td><td>운영의 민주성</td><td>참여적 의사결정 비율</td><td>5</td></tr>
<tr><td rowspan="2">근로자 지향성</td><td>근로자 임금 수준</td><td>8</td></tr>
<tr><td>근로자 역량강화 노력</td><td>5</td></tr>
<tr><td rowspan="4">경제적성과(30)</td><td rowspan="4">재정성과(30)</td><td rowspan="3">고용창출 및 재정성과</td><td>고용성과</td><td>10</td></tr>
<tr><td>매출성과</td><td>10</td></tr>
<tr><td>영업성과</td><td>5</td></tr>
<tr><td>노동성과</td><td>노동생산성</td><td>5</td></tr>
<tr><td>혁신성과(10)</td><td>기업혁신(10)</td><td>혁신성</td><td>기업운영 및 제품의 혁신성</td><td>10</td></tr>
<tr><td>계</td><td colspan="3">14개 지표</td><td>100</td></tr>
</table>

* 출처: 한국사회적기업진흥원(2019). 2020 사회적 가치지표 활용매뉴얼.

한국사회적기업진흥원에서 주도하여 연구가 이루어져 도출된 위의 성과측정지수는 대부분 기존 선행연구를 통하여 질문을 도출한 후 전문가그룹과의 면접을 통하여 수정·보완되어 제시된 질문들이다. 따라서 내용타당도는 어느 정도 검증되었다고 볼 수 있지만 개발된 측정도구가 척도가 아니라 지수로써 개관적 타당도(구성타당도)는 입증되지 못하였으며, 대부분의 항목은 문건을 확인하여 점수를 주는 방식이고, 구성요소 간 즉, 성과측정요소 간 상대적 비교값을 구하는데 있어 객관적인 방법을 활용하지 않아 관점별 또는 영역별 측정값의 상대적 비중에 대한 보편타당성이 약하다는 한계가 있다. 통상 90점 이상의 점수를 화보하면 탁월, 80점에서 90점 사이는 우수 70점에서 80점 사이는 보통이며 70점 미만은 미흡으로 판정된다.

3. 한국사회적기업진흥원모델의 장단점

한국사회적기업진흥원 성과측정모델의 특징은 다음과 같다.

> 첫째, 정량(양적)지표와 정성(질적)지표를 혼합한 혼합모델이라는 점이다.
> 둘째, 주관적인 지표가 포함되어 있지만 100점으로 환산할 수 있어 결과 값에 대한 기업 간 상대적 비교가 가능하다.
> 셋째, 성과를 구성하는 요소별로 상대적 비교를 하여 사회적 성과는 60점, 경제적 성과는 30점 그리고 혁신성은 10점 등으로 점수가 할당되어 있어 성과영역 간 상대적 비중이 고려되어 있다.

위와 같은 장점에도 불구하고 아래와 같은 한계들이 공존한다. 한국사회적기업진흥원 성과측정모델의 한계점은 다음과 같다.

첫째, 사회적 가치를 지향하는 측정질문들이 대부분 사회적 기업이 가지고 있는 문건중심의 자료를 중심으로 측정하도록 되어 있으므로 문건이나 보고서만 잘 정리되어 있으면 사회적 성과에 대한 점수를 모든 사회적 기업들이 동일하게 확보(동일한 점수)할 수 있어 실제 기업의 사회적 성과가 얼마나 성취되었는가를 측정하는 것은 어렵게 되어 있다.

둘째, 사회적기업의 9개의 측정질문으로 구성된 사회적 가치 영역에 대한 보완이 필요하다. 선행연구 등을 기반으로 해서 사회적 기업이 창출하는 사회적 가치 영역을 도출하였으나, 제시된 사회적 가치의 영역이 매우 좁게 한정되어 있다(미션의 관리, 운영의 민주성, 근로자지향성, 사회적 생태체계 구축, 이윤의 사회적 활용 등),

셋째, 사회적기업의 사회적 가치에 투입부분의 사회적 가치와 결과부분의 사회적 가치 그리고 조직활동 등이 혼재되어 포함되고 있으며, 사회적 가치를 직접적 자료를 바탕으로 평가하지 못한 한계가 있다. 즉, 사회적 가치 개념의 모호성과 광범위한 특성으로 인해 사회적 가치를 객관적 방식으로 계량화해서 측정하지 못하고 사회적 가치를 평가하는 정량 및 정성지표를 활용하고 있다. 따라서 사회적 가치를 투입단계에서 결과단계가지 명확하게 구분하여야 하여야 한다. 또한 SROI 등 계량화에 초점을 맞춘 지표들의 지속적인 개발 작업을 통해 사회적 가치를 직접적으로 계량화하는 방법들을 보완하는 것이 필요하다.

넷째, 한국사회적기업진흥원에서 제시한 사회적 가치 측정질문들은 성과관리를 위해 개발된 지표라기보다는, 사회적기업의 사회적 가치 창출정도를 판단할 수 있는 가장 기본적이면서도 필수적인 질문들로 구성되어 있다. 따라서 본 기본질문들을 중심으로 하여 평가목적별 세부질문들을 보완·개발해야 하며, 이와 함께 업종별(산업별), 규모별, 인증유형별, 성장단계별 세부질문 개발도 함께 이루어져야 한다.

다섯째, 혁신성이라는 측정영역에 대한 선정도 애매하다. 즉, 혁신성이 이론에 근거하지 못하여 사회적 가치지표영역에 사회적 성과, 경제적 성과와 함께 왜 하나의 성과영역으로 혁신성이 필요한 것인지를 설명하지 못하고 있다. 따라서 혁신성에 대한 수정 및 보완이 필요하다. 혁신성은 기업가정신 특히 사회적 기업가정신을 구성하는 중요한 개념이지만 혁신성 이외에도 기업가 정신을 구성하는 중요한 개념들이 존재한다.

여섯째, 성과측정을 위한 관점별 성과측정요소가 선행연구를 통하여 제시되고 있을 뿐 이론적 기반에 근거하여 도출되었다고 볼 수 없다. 예를 들어 왜 사회목적을 위한 재투자나 운영의 민주성 등이 사회적 성과영역에서 측정되어야 하는 요소들인지에 대한 명확한 이론적 배경을 설명하고 있지 못하다. 성과측정을 위한 구성요소들은 명확하게 이론에 근거하여야 도출되어야 하고 도출된 요소들은 신뢰도 및 타당도가 검증되어 객관화하여야 한다. 따라서 이론적인 기반을 갖추기 위한 추가 연구 및 측정도구들에 대한 타당도검증 역시 필요하다.

결론적으로 한국사회적기업진흥원에서 개발한 사회가치 기본지수(SVI) 평가시스템은 성과측정을 위한 이론적 틀에 기초하지 않으며 사회적 가치에 대한 모호성을 극복하지는 못하였고 측정요소 간 상대적 비중도 객관적으로 증명되지 못하였으며 성과를 객관적이고 보편적인 점수로 계량화하여 측정하는 것도 어렵게 되어 있지만 현 시점에서 우리나라 사회적기업의 사회적 가치 측정을 위한 출발이라고 할 수 있다는 점에서 의의가 있다.

제15절
사회적 경제조직 성과관리모델 특성 및 함의

1. 성과관리모델들 비교 분석

사회적 경제조직의 성과를 관리하기 위한 성과관리모델과 성과측정을 위한 측정요소들을 도출하기 위한 사전 검토단계로써 비교·분석된 로직모델을 포함한 총 14개의 기존 성과관리(측정)모델들의 성과영역과 측정지표 등 중요내용들을 표로 비교하여 제시하면 아래와 같다.

<표 5-15> 성과관리모델 종합

성과관리 모델	성과관리의 내용	성과측정요소
수정된 BSC 모델 (Somers, Bull, Meadow & Pike, Niven 모델)	• 기존의 BSC모델을 사회적 기업이나 비영리조직에 적합하게 수정 • 사회적 목표나 사회적 성과가 측정요소로 제시 • 성과관리영역에서 재정적 관점(영역)이 중심이지만 재정적 지속가능성을 강조함 • 사회적 가치의 실현여부를 사회적 반환금, 사회적 회계 등을 통해 측정 • 성과관리에서 조직의 미션, 가치, 비전과 연관하여 전략적 성과관리체계를 강조	• 측정영역(관점)과 측정요소는 모델별로 상이 • 조직 보유한 측정 가능한 문건 중심의 수량화된 지표를 강조
SAA모델	• 성과관리를 실행하는 목적은 조직의 가치를 입증하고 조직의 성과를 개선하는 것 • SAA모델은 특히, 비재무적 사회적 성과를 측정하는 것을 강조 • SAA모델은 이해관계자들이 개입하여 책임성을 설정한 후 지역사회와 이용자들에 대한 조직의 성과를 이해할 수 있도록 돕는 과정 • 성과측정단계는 준비단계를 거쳐 총 3단계로 구성 • 조직의 성과에 대한 명확한 구분이 제시되지 못한다는 점과 자료가 주로 이해관계자들의 진술에 의존한다는 한계를 가짐	• 성과측정지표는 참여, 신뢰, 투명성, 사회적 책임성, 형평성, 돌봄과 국민들의 번영, 포용에 기반한 양적 및 질적지표로 구성
사회적 회계와 지속가능성 모델	• 사회적 회계(social accounting)에서 발전된 성과관리 및 측정모델 • 사회적 기업의 성과를 지속가능성으로 측정 • 성과는 8개의 성과측정영역에서 도출	• 재무적(경제적)지표에 국한하지 않고 이해관계자들의 진술로도 측정(양적 및 질적 지표혼합)
SIMPLE 모델 (Social Impact for local economies)	• 사회적 기업을 포함한 사회적 경제조직의 성과관리를 위한 측정모델 • 사회적 기업의 소셜임팩트를 성과로 보며 측정을 5단계로 구분하여 제시 • 성과는 구체적으로 재정적 성과, 경제적 성과, 사회적 성과 그리고 환경적 성과로 구성 • 사회적 성과는 사회적 목적성취의 여부로 측정하며 측정을 위한 5단계 제시	• 사회적 성과는 기업의 사회적 목적성취 여부로 측정. 구체적인 지표는 제시하지 못함

다중영역통제 모델	• 사회적 기업의 성과를 측정하는데 적용 • 사회적 기업의 성과를 첫째, 경제적·재정적 성과 둘째, 사회적 효과성 셋째, 조직적 정당성 차원에서 측정 • 사회적 효과성을 수행되어진 작업의 양과 질 그리고 이러한 작업의 양이나 질이 수혜자와 지역사회에 끼친 임팩트(impact)로 인식 • 사회적 효과성을 사회적 목적 실현 여부를 측정하는 성과측정영역으로 제시	• 성과는 조직의 목적이나 추구하는 가치실현 여부로 측정. 양적지표와 질적 지표를 혼용하여 측정
SROI모델	• 사회적 경제조직의 성과(특히 기업이 창출한 가치)를 측정하는데 있어 화폐적 가치를 통해 수량화될 수 있는 것만 측정. 특히, 사회, 경제 그리고 환경적 가치를 재정적 가치 즉, 화폐적 가치로 전환하여 측정하기 위해 SROI는 재정적 대리변수(financial proxies)를 활용 • 성과측정은 6단계를 거쳐 이루어지며 주로 비용편익분석의 논리를 적용. SROI에서 편익은 사회적 효율성을 의미하며 사회적 효율성은 화폐가치로 표현된 사회적 성과나 사회적 가치의 실현정도를 의미 • 기업의 가치를 사회적 가치, 경제적 가치 그리고 환경적 가치로 구분하여 이 가치들을 측정하는 측정도구로써 개발되었지만 주로 측정하기가 상대적으로 어려운 사회적 가치를 측정하는데 활용 • 가치 특히, 사회적 가치가 재정적 대리변수로써 수량화되지 못하면 측정하지 못한다는 한계를 가짐	• 성과측정요소를 재정적 대리변수로 측정(특히, 사회, 경제 그리고 환경적 가치를 재정적 가치 즉, 화폐적 가치로 전환하여 측정, 주로 측정지표는 기관이 보유한 문건중심의 행정지표들을 활용)
혼합가치회계 모델	• 사회적 경제조직인 사회적 기업 성과를 측정함에 있어 재정적 산출과 사회적 산출 그리고 사회적 임팩트를 혼합하여 측정 • 즉, 재정적 산출은 경제적 가치를 나타내며 사회적 산출과 임팩트는 사회적 가치를 의미하며 경제적 가치, 사회적 가치 그리고 사회적 임팩트를 혼합된 가치의 성과로 인식	• 측정요소인 경제적 가치는 정량지표(양적 지표)로 측정되지만 사회적 가치는 주로 질적 지표로 측정

로직모델 (확대된 로직 모델)	• 사회적 경제조직 성과관리 및 측정의 논리를 제공 • 투입, 과정 결과를 단계별로 구분하며 성과를 결과와 비슷한 의미로 해석 • 결과부분을 단기, 중기 장기 또는 직접적 결과와 간접적 결과로 구분하여 측정 • 투입 및 과정과 결과를 측정하는데 있어 사회적 정황이나 사회적 이슈 또는 사회문제 그리고 조직이 설정한 미션이나 목표와의 관계성(인과관계)을 강조 • 결과부분의 성과를 경제적 성과와 사회적 성과로 구분 • 성과측정이 기업설립목적 그리고 투입과 결과까지의 연관성하에서 단계적으로 이루어지도록 논리적으로 설계되어 있음 • 하지만 성과측정을 위한 측정체계 및 측정도구에 대한 설명은 부족	• 성과지표는 결과부분과 동일하고 효과나 변화를 의미, 결과지표는 단기, 중기 장기 결과로 구분하여 측정 • 경제적 성과와 사회적 성과 측정지표는 주로 조직이 보유한 문서중심의 양적 지표를 활용 • 사회적 성과를 측정하기 위한 측정도구는 제시하지 못함
통합적·단계적 성과관리 모델	• 통합적·단계적 성과관리모델은 체계주의이론과 로직모델에 기초 • 투입과 행동, 산출, 결과 그리고 서비스의 임팩트 등의 단계를 하나의 성과로 묶어서 성과를 측정. 즉, 성과를 전체과정에 확인하여 측정 • 조직의 성과를 투입과 임팩트까지의 전체과정에서 도출된다고 강조. 특히 임팩트를 이용자 및 지역사회에 대한 임팩트(영향력)으로 넓게 바라봄 • 공공가치 또는 사회적 가치실현을 위한 노력을 결과부분에서 성과측정의 중요한 영역으로 설정	• 성과측정요소는 총 7개의 요소로 구성 • 7개 측정요소들은 투입, 조직능력, 산출, 행동과 환경적 변화를 나타내는 결과와 클라이언트와 소비자만족을 나타내는 결과, 공공가치 그리고 조직간 네트워크와 조직의 정당성 • 측정요소별 측정도구나 지표는 제시되어 있지 않음
공공가치 성과표모델 (PVS)	• BSC모델을 비영리조직성과측정을 위한 모델로 수정·보완하여 제시된 모델 • 비영리조직의 성과가 화폐가치로 수량화될 수 없는 비재무적 성과를 많은 부분 포함하고 있으며 이를 측정하지 않으면 비영리조직의 성과는 완전히 이해될 수 없다는 점을 강조 • 비영리조직의 비재무적 성과 특히, 사회적 목적 내지는 사회적 가치 성취를 위한 노력을 투입에서 측정 • 성과를 구성하는 요소인 사회적 미션영역에서는 조직미션과 비전이 가장 핵심적인 측정요소이고 운영능력에 대한 측정에는 직원들이 사기와 능력 그리고 직원발전이 포함되며 조직의 정당성을 지역주민과 대중매체로부터 확보하기 위한 노력이나 활동을 중심으로 측정하며 지원의 영역에서는 재정지원자와 자원봉사자들과의 관계와 재정지원자들이 얼마나 다양한지 등을 측정	• 성과측정요소가 사회적 미션, 운영능력 그리고 정당성과 지원으로 구성 • 구체적인 요소별 성과측정지표는 제시되어 있지 않음

자기주도성 성과관리모델 (SOPM 모델)	• 비영리조직 성과관리모델이지만 사회적 목적의 실현 및 사회적 가치창출을 강조하는 사회적 경제조직의 성과관리를 위해서 적용 가능 • 성과관리의 이론적 틀(조직사회자본, 조직발전, 학습조직이론)을 적용하여 성과를 가치, 과정 그리고 결과의 차원으로 구성 • 가치영역 성과관리요소는 신뢰관리, 규범관리, 비전관리, 과정영역은 인력관리, 프로그램관리, 시설안전관리, 재무관리, 혁신관리, 지역사회관리, 자원개발관리, 갈등관리, 이용자관리, 협력관리, 조직관리 등 총 12개 요소, 결과관리는 평가관리, 효과관리 그리고 품질관리요소로 구성	• 양적측정이 중심 • 총 18개의 성과측정요소에서 신뢰도 및 타당도를 검증받은 측정도구/9척도)를 개발하여 측정
Kendall과 Knapp의 성과관리모델	• 제3부문, 자발적 조직, 또는 비영리조직의 성과측정을 위한 성과관리 및 측정모델로 사회적 경제조직에 적용가능 • 조직의 성과는 8영역으로 구성. 첫째, 경제, 둘째, 효율성, 셋째, 효과성, 넷째, 형평성, 다섯째, 참여, 여섯째, 지지, 일곱째, 혁신, 여덟째, 선택/다원주의. 조직성과를 구성하는 영역들에 대한 이론적 근거는 제시하지 않음 • 성과측정과정을 체계주의이론에 근거하여 투입과 산출 그리고 결과를 중심으로 구분하고 각 요소별로 성과측정을 시도	• 8개의 성과측정영역에서 성과지표를 제시 • 수량화하여 측정하기 상대적으로 어려운 영역(지지나 혁신 등)이 존재하지만 이를 측정하는 측정도구는 제시하지 않음
PMS 모델	• 체계주의적 관점과 로직모델을 적용하여 성과측정모델을 구축 • 성과의 다면성을 기반으로 단계별 그리고 요소별로 성과를 구분하여 측정 • 특히, 성과측정을 위해 적합한 지표를 투입, 행동, 산출, 결과 그리고 임팩트 영역에서 단계적으로 설정하여 측정 • 결과영역은 임팩트를 중심으로 측정. 임팩트는 사회적 기업이 활동하는 지역사회에서 지식, 기술, 지위, 생활조건, 가치측면에서 발생하는 혜택이나 변화를 의미 • 성과지표는 주로 이해관계자들과의 인터뷰를 통해 수집되는 질적 자료와 기업이 보유한 수집 가능한 수량화된 문건을 중심으로 설정	• 사회경제조직의 성과는 투입, 산출 그리고 결과요소로 이루어지며 성과를 구성하는 영역은 효율성, 효과성(관리 효과성과 사회적 효과성) 그리고 임팩트 • 객관적인 성과측정도구나 변화나 혜택 중심의 임팩트를 측정하는 측정도구를 개발하거나 지표화하여 측정하지 못하는 한계가 있음

한국사회적기업진흥원모델 (SVI, Social Value Index 모델)	• 사회적 기업 성과측정모델로서 성과를 사회적 가치와 경제적 가치 그리고 혁신(성)으로 제시하였지만 이론적 근거는 제시하지 않음 • 사회적 가치는 조직의 미션, 사업활동, 조직운용 등 총 6개의 영역으로 구성되고, 경제적 가치는 고용성과를 포함한 재정성과와 노동생산성으로 구성되며 혁신성은 기업운용 및 제품의 혁신(성)으로 구분하여 총 14개 영역에서 성과를 측정	• 14개 성과측정요소에서 성과를 측정 • 측정은 양적자료와 질적자료를 혼합하여 측정 • 질적 자료는 주로 문건중심으로 측정하며 양적측정지표는 측정항목을 개발하여 측정 • 양적측정지표의 객관성(신뢰도와 타당도)은 담보되지 못함

2. 사회적 경제조직 성과관리(측정)를 위한 기존 모델의 적용과 시사점

사회적 경제조직의 성과를 관리 및 개선하기 위하여 지금까지 다양한 성과관리(측정)모델들이 제시되어왔다. 본 연구에서는 위에서 제시된 성과관리모델들을 비판적으로 분석하고 본 연구에서 도출하려는 사회적 경제조직 성과관리모형에 적용하기 위하여 아래의 기준들을 적용하도록 한다. 아래의 기준을 적용하여 분석하는 이유는 사회적 경제조직 성과관리 및 성과측정은 반드시 목적이 있어야 하고 성과관리를 위해 무엇을 어떻게 측정하여야 하는지 그리고 어떤 영역을 측정할 것인지가 중요한 요소이기 때문이다(지은구, 2012). 또한 이러한 기준을 적용하면 보다 바람직한 즉, 조직발전 및 조직학습을 통한 조직역량강화를 목적으로 하는 사회적 경제조직 성과관리모형의 바람직한 방안이나 기본적인 틀을 도출할 수 있을 것이라는 기대에 근거한다.

첫째, 측정대상: 어떠한 성과가 측정되어야 하는가?

둘째, 측정영역: 성과는 어디서 측정되어야 하는가?
셋째, 측정방법: 성과는 어떻게 측정되어야 하는가?
넷째, 측정목적: 성과측정의 목적은 무엇인가?

3. 성과측정의 대상: 어떠한 성과가 측정되어야 하는가?

1) 어떠한 성과가 측정되고 있는가?

앞에서 소개된 대부분의 성과관리모델들은 사회적 경제조직의 성과를 이중적 또는 다면적인 요소로 이해하고 있으며 성과의 중심축으로 경제적 성과와 사회적 성과를 반드시 측정되어야 하는 측정영역으로 제시하고 있다. 물론 균형성과표(BSC)모델은 사회적 경제조직의 성과를 재무적 성과와 비재무적 성과로 구분한다는 특징이 있지만 재무적 성과에는 경제적 가치가 그리고 비재무적 성과에 사회적 가치측정요소들이 포함되어 있음으로 큰 틀에서는 사회적 경제조직의 성과는 사회적 미션 또는 사회적 가치의 창출인 사회적 성과와 이윤의 창출인 경제적 성과로 구분하여 측정하여야 하여 하고 이를 위해서는 특히 측정하기 어려운 사회적 성과를 구성하는 요소를 구체화하여 측정할 필요가 있다.

■ **경제적 성과**

경제적 성과는 주로 재무적 관점 또는 경제적 가치와 동일한 의미로 이해될 수 있다. 통상 경제적 성과는 비용대비 이익창출의 비율을 나타내는 비용편익분석을 통해 나타내는 경우가 많다(예를 들어 cost-benefit ratio). 하지만 사회적 경제조직인 사회적 기업의 경우는 이보다 다양한 경제적 성과를 나타내는 지표들이 활용된다. 선행연구를 살펴보면, 사회적 기업과 같은 사회적 경제조직의 경제적 성과를 나타내는 측정지표들은 주로 화폐적 가치로 표현되는 경우가 많으며 지표는 대부분 수량화되어 있다. 성과관리모델들이 제시한 경제적 성과 측정지표들은 다음과 같다.

경제적 성과 측정지표	• 수입(수입의 증가) • 수입원천의 다양성(재정다양성) • 수입에서 생산비용이 차지하는 비율 • 제공된 서비스(생산된 상품)의 양 • 비용대비 편익비율, 비용절감비율, 시장점유율 • 계획대비 목표달성비율 • 새로운 이용자의 수 등

■ 사회적 성과

기존의 연구들을 살펴보면 사회적 성과는 이용자들의 생각 또는 인식이나 직원들의 인식 그리고 태도 등을 나타내는 주관적 관점의 수량화된 지표들이 포함되기도 하며 측정지표는 수량화되어 있는 경우도 있지만 문맥이나 진술 등으로 표현되는 경우도 존재한다. 성과관리모델들이 제시한 사회적 성과 측정지표들은 다음과 같다.

사회적 성과 측정지표	• 사회적 가치 추구 여부 • SROI(사회적 투자 수익률) • 혁신성 • 이용자(나아가 지역사회)들의 향상된 상태나 조건 • (저소득층을 위해) 창출된 일자리 수 • 지역사회문제해결의 정도 • 시민참여의 정도와 민주적 운영정도 • 조직 및 지역사회에 대한 사회자본정도 • 이용자들의 삶의 질 또는 행복감의 정도 • 지역사회로부터의 평판 • 조직목표달성정도(미션성취) 등

2) 무엇이 측정되어야 하는가?

위에서 살펴본 사회적 경제조직의 경제적 성과와 사회적 성과 측정지표들의 특성을 살펴보면 주로 지표는 문건중심의 지표로 수량화되어 있으며 결과부분에서 측정하는 성과지표들이 대부분이라는 점이다. 특히, 직원들의 소명감이나 역량, 조직사회자본측면에서 중요성이 강조되는 상호간의 신뢰, 협력 그리고 사회적 가치지향성 즉, 사회적 가치의 성취를 위한 인식이나 태도 그리고 신념 등에 대한 측정은 이루어지지 않고 있음을 알 수 있다. 사회적 기업을 포함하여 대부분의 사회적 경제조직은 가치지향적인 행동을 추구하며 사회적 가치를 실현하고자 노력하는 조직이고 동시에 시장에서 지속가능성을 보장받기 위하여 끊임없이 경제적 가치를 실현하기 위해 노력하여야 하는 혼합형조직이다. 사회적 가치를 실현하고자 노력이나 경제적 가치를 실현하기 위한 노력은 모두 조직활동의 시작점인 투입단계에서부터 이루어지며 행동과 결과에도 영향을 미치는 중요한 요소이다.

투입영역에서 사회적 경제조직의 직원이나 조직의 대표들이 갖는 사회적 가치실현이나 사회적 목적 실현을 위한 인식이나 태도, 노력의 정도 그리고 조직의 지속가능성을 담보하기 위한 경제적 가치실현을 위한 인식이나 태도 그리고 노력의 정도 등은 과정과 결과부분의 성과에 영향을 미치는 중요한 요소이다. 이는 투입단계에서 직원들의 사명감이나 몰입도, 직무조건 등이 조직이 성취하려는 결과에 직접적인 영향을 주는 요소라는 점과 같은 논리이다. 결국, 사회적 경제조직 구성원들의 사회적 가치와 경제적 가치를 실현하기 위한 노력의 정도로써 사회적 가치지향성이나 경제적 가치지향성의 정도는 성과관리를 위해 그리고 측정에서 중요한 요소이지만 사회적 가치 추구여부를 측정하는 사회적 가치지수(SVI)를 제외하면 대부분의 성과측정모델에서는 이에 대한 측정을 등한시하고 있으므로 이에 대한 보완은 반드시 필요하다고 할 수 있다.

(1) 사회적 가치지향성

경제적 성과 및 사회적 성과에 영향을 미치는 투입요소이자 독립변수로써 직원이나 관리자의 사회적 미션이나 사회적 가치실현에 대한 인식이나 태도, 조직과 사회에 대한 소명감이나 직원상호간의 신뢰, 조직미션에 대한 이해의 정도 등을 포함하는 조직사회자본의 정도를 포함하는 사회적 가치 지향성은 투입단계에서 결과부분의 성과에 영향을 미치는 중요한 영역이다. 따라서 투입영역에서 성과를 구성하는 가치영역으로 사회적 가치를 지향하는 노력이나 태도 그리고 인식의 정도 등에 대한 측정이 반드시 이루어져야 한다. 경제적 이익만을 추구하는 기업은 사회적 경제조직이라고 얘기할 수 없으며 모든 사회적 경제조직은 기업이 추구하는 사회적 가치실현을 위해 반드시 노력하여야 한다. 특히, 사회적 경제의 틀 안에서 시장의 배제를 극복하고 지역사회공동체를 지향하기 위해 노력하여야 한다는 전제는 당연하다.

(2) 경제적 가치지향성

사회적 경제조직을 운영하는 운영자는 시장에서 이윤을 창출하여 기업이 운영되도록 하여 생존가능성을 확보하여야 하며 또한 이윤을 지역사회에 환원하기 위해 노력하여야 하는 사회적 기업가이다. 따라서 사회적 경제조직의 운영자나 대표는 기업운영에 대한 기본 지식뿐만 아니라 기업의 안정과 발전을 위해 노력하여야 하는 것은 당연한 임무이므로 기업가정신으로 무장되어 있을 필요가 있다. 특히, 사회적 기업가정신은 기업가로서 사회적 경제조직을 운영하는 기업가들이 가지고 있어야 하는 덕목이자 기본적 역할에 대한 가이드라인을 제시해주는데 혁신성, 창의성, 위험관리나 위기대처방안 등을 나타내는 사회적 기업가정신의 정도는 기업가들이 가지고 있어야 하는 경제적 어려움 극복 및 이윤창출활동을 위한 기본적 가치이다. 본 연구에서는 사회적 기업가들이 시장에서 이윤을 창출하는데 도움을 주고 기업의 생존가능성을 유지 및 확대하는데 필요한 가치를 경제적 가치로 인식하며 경제적 가치지향성을 “시장에서 생존가능성을 위한 노력 및 이윤창출을 위한 노력의 정도나 인식 그리고 관리자와 직원들을 포함한 인력의 역량이나 위험상황 그리고 조직재정여건에 대한 인식"으로 명명한다.

모든 사회적 경제조직 뿐만 아니라 이를 운영하는 사회적 기업가들은 자본주의시장경제에서 이윤을 반드시 창출하여 이윤을 기업 및 지역사회를 위해 재투자하여야 한다는 기본적 인식 및 태도를 담보하고 있어야 한다. 따라서 투입부분의 성과영역에서 기업가들이 인식하는 경제적 가치지향성은 중요한 측정영역으로 반드시 측정되어야 할 필요가 있다. 경제적 가치지향성이 높은 기업가의 활동은 당연히 결과영역의 가치를 증진시킬 가능성이 높은 요소이자 독립변수이다.

투입영역의 사회적 성과 측정 (사회적가치 지향성)	사회적 가치(미션)에 대한 인식이나 실현을 위한 노력이나 태도, 직원 간 신뢰나 이용자와 지역사회에 대한 신뢰, 지역사회와의 유대 및 공동체인식 등을 포함하는 사회적 가치지향성
투입영역의 경제적 성과 측정 (경제적가치 지향성)	시장에서 생존가능성을 위한 노력 및 이윤창출을 위한 노력의 정도나 인식 그리고 관리자와 직원들을 포함한 인력의 직무역량이나 위험상황, 조직재정여건에 대한 인식 등을 포함하는 경제적 가치지향성

4. 성과측정의 영역: 성과는 어디서 측정되어야 하는가?

1) 성과는 어디서 측정되고 있는가?

SROI나 BSC모델을 포함하여 대부분의 성과관리모델들은 성과를 결과부분(산출과 결과)에서만 측정하여 관리한다. 하지만 통합적·단계적 성과관리모델이나 PMS모델 등과 같이 투입과 결과부분을 같이 측정하는 모델도 존재하며 SOPM모델과 같이 투입과 과정 그리고 결과부분을 모두 측정하는 모델도 존재한다. 체계적 관점을 적용하면 투입과 행동 및 산출과 결과는 모두 밀접한 연관을 가지고 있고 인과적 관계를 유지함으로 사회적경제조직의 성과는 투입, 과정 그리고 결과영역에서 도출될 수 있도록 설계되어야 한다.

(1) 결과부분의 성과

결과부분(산출과 결과)의 성과만을 측정하는 측정모델들은 비영리조직이나 사회적 기업과 같은 사회적 경제조직성과측정모델에서 가장 많은 수를 차지하고 있다. 투입과 과정에서 성과를 측정한다는 것이 수량화된 자료를 중심으로 성과를 측정하는 일반기업의 경우도 측정의 다면성과 복잡성 등으로 어려운 것이 사실이다. 따라서 일반기업들도 주로 성과를 결과부분의 성과로 국한하여 측정하게 되는데 인력과 재정여건이 어려운 사회적 경제조직의 경우는 더욱 결과부분의 성과를 중심으로 측정하는 것이 일반화되었다고 할 수 있다.

SIMPLE모델 등 일부 모델들은 결과부분의 가장 최상의 결과효과로서 또는 개인적 수준을 넘어 지역사회에 나타나는 변화를 사회적 임팩트로 구분하여 측정한다. 경제적 임팩트와 달리 사회적 임팩트는 개인에게 나타나는 직접적인 변화에서 더 나아가 중장기적인 변화 또는 지역사회에 미치는 변화를 측정하여야 한다는 측면에서 더욱 수량화하여 측정하는 것이 어렵고 복잡하고 다면적인 결과부분의 측정지표 및 도구를 필요로 하지만 이에 대한 성과는 기업이 가지고 있는 문서 중심의 자료로 이루어지는 것이 현실이다.

임팩트를 포함하여 결과부분의 성과는 주로 생산성의 증가, 이익의 증가, 일자리창출 수, 지역사회반환금(SROI) 등 수량화된 양적 자료를 중심으로 측정된다. 결과부분의 성과를 중심으로 성과를 측정하는 모델들은 한국사회적기업진흥원모델, SROI모델, 혼합가치회계모델, SIMPLE모델 등이 있다. 한국사회적기업진흥원모델은 사회적 가치와 경제적 가치를 주로 결과부분에서 측정하는 모델이다.

(2) 투입과 결과부분의 인과관계에 기초한 성과

투입과 결과부분의 인과관계에 기초해 성과를 측정하는 모델은 상대적으로 제한적이다. 균형성과표는 인과관계라기보다는 투입의 재무적 관점이 비재무적 관점에 영향을 미치는 관계를 중심적으로 측정하는 특징을 갖는 모델로서 투입을 재정적 관점으로 제한하는 한계를 갖는 모델이다. 하지만 균형성과표(BSC)는 재무적 관점을 기초로 비재무적 관점의 학습과 성장관점 등 조직활동을 측정함으로 투입과 결과만을 측정하는 모델이라고 보기는 어렵다.

(3) 투입, 행동 그리고 결과부분의 인과관계에 기초한 단계적 성과

투입, 행동 그리고 결과부분에서 단계적 성과를 측정하는 대표적인 모델은 논리(logic)모델이다. 물론 로직모델은 성과를 결과부분의 성과로 좁게 이해하지만 측정은 각 단계별로 이루어지며 단계별 인과관계를 중시한다. Kendall과 Knapp의 모델, 지은구의 모델 그리고 Lee와 Nowell(2014)의 통합적·단계적 비영리조직성과측정모델들은 모두 논리모델에 영향을 받아 각 성과요소간의 관계를 단계별로 중요하게 분석하는 모델들이다.

투입, 행동 그리고 결과부분의 단계적 성과를 측정하기 위해서는 고려하여야 하는 점들이 너무 많이 존재한다. 무엇보다도 측정영역과 측정지표가 너무 많고 복잡할 가능성이 높으며 성과측정 역시 성과측정전문가가 개입하기 전에는 직원들이 손쉽게 측정지표를 설정하고 측정을 시행하는 것이 어렵다. 특히 과정을 나타내는 행동부분을 수량화하여 지표로 나타내기가 어렵다는 현실적 한계를 가진다. 또한 단계별로 성과영역을 구성하고 측정지표를 도출하여야 하므로 시간도 많이 소요된다. 따라서 직원의 수가 적거나 재정이 취약한 기업의 경우 성과의 전 과정을 측정하는 단계적 성과측정은 현실적으로 불합리한 측면이 존재한다.

2) 어디서 측정되어야 하는가?

결과는 절대적으로 투입에 의해서 영향을 받는다. 비교·분석된 대부분의 성과측정모델들을 보면 사회적 경제조직의 성과는 측정의 편리함으로 결과부분의 성과가 수량화된 문건중심으로 측정되어져 왔지만 투입에 따라 결과가 영향을 받으므로 반드시 투입과 결과는 동시에 측정되는 것이 바람직하다. 투입이 우수한데 결과가 나쁜 경우는 조직행동과 우수한 결과를 낳기 위한 노력 이외에 어떤 다른 영향요소가 결과에 영향을 미쳤는지를 확인하는 것이 필요하지만 일반적으로 투입 또는 투입영역이 우수하면 결과 또한 우수할 가능성이 높으므로 결과부분의 성과를 향상시키기 위해서는 투입요소에 대한 전면적인 조사와 투입요소를 향상시키기 위한 노력이 당연히 필요하게 되며 또한 조직행동을 나타내는 과정영역의 측정도 당연히 중요하다. 결론적으로 보면 사회적 경제조직의 성과는 가치적 측면에서 다음과 같이 구분되어 측정될 필요가 있다.

첫째, 사회적 가치: 사회적 가치는 사회적 가치실현의 정도를 나타내는 결과부분의 사회적 결과와 사회적 경제조직의 투입부분을 포함하는 사회적 가치를 지향하는 인식이나 노력 등의 정도를 나타내는 사회적 가치지향성으로 구분되어 측정되어야 한다.

둘째, 경제적 가치: 경제적 가치도 결과로써의 경제적 가치의 실현을 의미하는 경제적 결과와 경제적 가치를 실현하기 위한 인식이나 노력 등의 정도를 투입부분에서 측정하는 경제적 가치지향성으로 구분되어 측정되어야 한다.

결국, 사회적 경제조직의 성과는 가치실현의 결과물로써 경제적 결과와 사회적 결과로 구분되어 측정될 수 있으며, 가치실현을 위한 노력이나 인식을 투입부분에서 측정하기 위하여 사회적 가치지향성과 경제적 가치지향성으로 구분되어 측정될 수 있다. 또한 조직성과는 투입에 영향을 받아 나타나는 조직행동과정에 의해서 영향을 받으므로 이에 대한 측정 역시 중요하다.

5. 성과측정의 방법: 성과는 어떻게 측정되어야 하는가?

1) 어떻게 측정되고 있는가?

성과를 측정하는 방법은 크게 양적 자료에 기초한 양적 방법과 질적 자료에 기초한 질적 방법 그리고 두 방법을 혼합한 PSC모델이나 혼합가치회계모델과 같은 혼합모델이 있다.

(1) 양적 방법

양적 측정은 수익금이나 이익률과 같은 수량화된 양적 자료를 중심으로 사회경제조직의 성과를 측정한다. 주로 정량측정으로도 이해된다. BSC모델을 비롯하여 대부분의 성과측정모델들은 주로 수량화된 가치로 표현된 자료를 수집하여 측정하고 있으며 수량화된 자료 중 화폐가치로 표현된 자료로 측정하는 경우도 다수 존재한다.

(2) 질적 방법

질적 방법으로 성과를 측정하는 방식은 수량화할 수 없는 자료를 문장이나 단어 등으로 수집하여 측정하는 방식을 의미한다. 사실 기업 활동의 모든 성과를 수량화된 가치로 측정하는 것은 객관적인 측정도구가 존재하지 않는 경우 불가능에 가깝고 수량화된 가치를 중심으로 자료를 수집하는 경우 기업가나 기업 활동의 세부적인 내용을 구체적으로 확인하는 것이 어려울 수 있어 질적 방법을 통해 성과를 측정하는 방식도 활용되고 있다. 특히, 질적 방법으로 성과를 측정하는 방식은 성과측정모델에서 살펴본 바와 같이 사회적 회계와 감사(SAA)와 한국사회적기업진흥원모델 등이 있다. 사회적 회계와 감사(SAA)에서는 일부 질적 자료를 활용하고 있으며 한국사회적기업진흥원모델을 보면 혁신성에 대한 지표는 질적 방식으로 측정하는데 혁신성에 대한 주관적 생각을 문장으로 서술하는 방식이다.

(3) 혼합 방법

혼합방법은 양적자료와 질적 자료를 혼합하여 상호 장단점을 보완하는 선에서 성과를 측정하는 방식이다. 이 혼합방식을 활용하는 가장 대표적인 모델로는 PMS모델과 SAA모델 등이 있다. SAA 모델에서는 주로 문장으로 구성된 감사보고서나 협치진술 등을 수량화된 자료와 함께 중요한 성과자료로 활용한다. PMS모델 역시 이해관계자들의 면접을 통해 질적 자료를 수집하고 기업이 소유한 문건중심의 양적자료를 통해 수집한 양적자료를 동시에 활용한다.

2) 어떻게 측정되어야 하는가?

사회적 경제조직의 성과를 측정하고 관리하는데 있어 양적 방법을 사용하는가 아니면 질적 방법이나 혼합방법을 사용하여야 하는 가에 대한 정답은 존재하지 않는다. 양적 방법은 수량화된 자료를 측정할 수 있는 객관적인 측정도구가 존재한다면 가장 손쉽게 성과를 측정하는 방식이지만 성과에 영향을 미치는 조직활동의 구체적이고 세부적인 사항에 대해 점검하는 것이 어렵다는 한계를 갖는다. 한편 질적 방법의 자료는 주관적 생각이나 인식이 포함됨으로 자료의 객관성을 담보하기가 어렵고 측정하는데 들어가는 비용과 시간이 많이 들어간다는 단점이 있다.

예를 들어 기업 활동이나 재화와 서비스의 효과성을 측정한다고 했을 때 이용자들의 생각이나 인식의 변화라는 효과성을 수량화된 측정도구로 측정하는 양적 방법이 효과적인가 아니면 문장이나 문맥 등의 자료를 활용한 질적 방법이 효과적인가에 대해서는 논의의 여지가 있다. 객관화되고 사용하기 편리한 측정도구가 있다면 기업의 성과측정은 물론 동일한 수준의 기업 간의 성과에 대한 상대적 비교도 가능한 양적 방법이 유용하지만 객관화되고 보편적인 측정도구가 없다면 질적 방법을 활용하는 것이 편리하다. 또한 사회적 가치지향성을 측정한다고 했을 때 기업관리자들을 심층면접하여 문장이나 문맥 등으로 자료를 수집하는 것이 적절한지 아니면 객관화된 질문으로 구성된 구조화된 설문지를 통해 점수화할 수 있는 양적 방법이 적절한지는 논란의 여지가 있다. 양적 방법은 시간이나 인력 등에서 질적 방법보다 유리함으로 시간의 편리성이나 인력의 한계를 고려한다면 양적 방법을 활용하는 것이 적절하다. 하지만 보다 구체적이고 세부적인 성과를 직접 기업에 관여한 이해관계자나 인력으로부터 또는 이용자들로부터 확보하기 위해서는 질적 방법이 적절할 수 있다. 결국 사회적 경제조직 성과측정에서 질적 방법을 활용할지 아니면 양적 방법을 활용할지는 다음과 같은 상황을 고려하여 결정하여야 할 것이다.

첫째, 사회적 경제조직이 제공하는 재화와 서비스의 효과를 측정할 수 있는 객관화된 측정도구의 존재 여부
둘째, 모든 기업 활동의 지역사회에 대한 사회적 임팩트나 효과를 측정할 수 있는 거시적 측정도구의 존재 여부
셋째, 투입부터 과정 그리고 결과에 이르는 모든 성과를 구성하는 영역에서 측정가능한 척도의 존재 여부
넷째, 사업의 규모나 인력구조 그리고 성과측정을 위한 예산이나 시간의 정도

6. 성과측정의 목적: 측정의 목적은 무엇이어야 하는가?

성과관리를 위한 성과측정의 가장 궁극적인 목적은 바로 현재의 성과를 측정하여 미래의 조직성과를 개선하기 위한 조직성과개선에 있다. 성과관리를 위해 시행되는 성과측정을 기업의 후퇴나 발전을 가로막는 관리행위라고 생각한다면 어떤 기업도 성과관리를 관리기법으로 채택하여 수행하지 않을 것이다. 또한, 성과관리가 기업직원들의 능력을 저하시키고 나아가 조직의 재화와 서비스를 제공하는 수행능력을 저해하는 역량저해효과를 가져다준다면 역시 시간과 인력 그리고 노력이 필요한 성과측정 및 관리를 수행할 기업은 존재하지 않을 것이다. 결국, 기업이 성과를 측정하고 관리하는 가장 주된 목적을 구분하면 크게 첫째는 성과개선을 통한 조직발전이고 둘째는 성과관리를 통한 조직학습능력고양이라고 할 수 있다.

사회적 경제조직 측정의 목적과 관련하여 기본적으로 적용 가능한 이론은 조직발전이론과 학습조직이론이다. 위에서 제시된 대부분의 성과측정모델들은 성과관리 및 측정의 목적을 이론적 배경에 근거하여 제시하지 못하고 사회적 목적 실현이나 사회적 또는 경제적 가치 실현 또는 성과의 실현 정도를 측정하고 성과를 개선하는 것을 성과관리 및 측정의 목적 또는 당위성으로 설명하고 있다. 두 이론을 적용하여 사회적 경제조직의 성과를 관리하고 측정하기 위한 목적을 설명하면 아래와 같다.

(1) 사회적 경제조직의 발전: 조직발전이론

조직발전은 효과적인 조직변화를 위한 체계적이고 계속적인 과정이다(지은구, 2018). 조직발전을 위한 과정에 개입하는 것은 행동과학에 대한 지식, 직원설문조사, 참여관리, 그리고 전반적인 조직체계개선을 통해 이루어진다(Smith, 1998). 조직발전이론에 따르면 조직발전은 조직효과성을 성취하고 변화를 위한 능력을 건설할 수 있도록 돕기 위하여 조직에 인간행동의 지식과 실천기술을 적용하는 과정이다(Cummings and Worley, 2005). 여기서 인간행동과학 또는 행동과학지식은 심리학, 사회학, 인간동기이론, 학습이론과 성격이론 등을 의미한다. French(1969)는 조직발전이 조직을 둘러싼 외부환경에 대처하기 위한 능력과 조직의 문제해결능력을 개선하기 위한 장기적인 노력이라고 강조하였다. Worley와 Feyerhern(2003)에 따르면 조직발전은 첫째, 조직체계의 변화를 이끌어야 하며 나아가 조직변화에 초점을 두어야 하고 둘째, client시스템에 대한 학습이 있어야 하고 client(또는 이용자)시스템으로 지식과 기술을 전이하여야 하며 셋째, client 시스템의 효과성을 개선하기 위한 의도와 증거가 있어야 한다. 이를 사회적 경제조직의 발전에 적용하면 첫째, 사회적 경제조직의 발전은 조직체계의 변화를 이끌어야 하며 나아가 조직변화에 초점을 두어야 하고 둘째, 재화와 서비스의 생산 및 분배시스템에 대한 학습이 있어야 하고 생산 및 분배시스템으로 지식과 기술을 전이하여야 하며 셋째, 생산 및 분배시스템의 효과성을 개선하기 위한 의도와 증거가 있어야 한다.

결국, 조직발전을 위해서는 현재 조직의 기능이나 수행능력 나아가 성과에 대한 사정이 반드시 필요하며 이 사정결과는 곧 조직발전을 위한 증거로써 작동할 수 있다. 즉, 조직발전의 목표가 조직을 둘러싼 내적 그리고 외적 기능과 관계들을 조정하는 조직의 능력을 개선하는 것에 있으므로 조직발전은 조직의 성과개선과 밀접한 연관이 있다고 할 수 있다. 보다 구체적으로 보면, 조직발전을 통하여 더욱 효과적인 의사소통이 이루어지며, 조직이 당면한 문제에 대한 대처능력이 향상되고, 더욱 효과적인 결정수립과 적절한 지도력 스타일, 조직 갈등과 불만에 대처하는 보다 개선된 기술 그리고 조직구성원 사이의 더 높은 수준의 신뢰와 협력이 형성됨으로 이러한 변화는 결국 조직성과를 개선하는 것을 의미함으로 성과관리는 곧, 조직발전의 주요한 방법이라고 할 수 있다(지은구, 2012). DeKker(2007)는 조직이 가지고 있는 상처를 치유하고 조직의 성과를 향상시키기 위해서 조직발전이 중요함을 강조하였다. 조직발전은 현재의 조직구조, 전략, 과정 등에 대한 사정에 기초한다. 현재 조직의 기능과 상태를 점검하고 그것을 증거로 하여 조직효과성 나아가 성과를 개선하기 위한 노력이 곧 조직발전이다.

결국, 사회적 경제조직의 조직효과성이나 성과는 조직성과측정과 측정된 자료를 바탕으로 하는 조직변화를 통하여 개선될 수 있다. 사회적 경제조직의 성과는 앞에서도 설명한 바와 같이 다양한 영역으로 구성되어 있으며 조직의 효과성을 개선하는 것은 조직성과의 중요한 하나의 측면이므로 성과관리 및 성과관리를 위한 성과측정과 사회적 경제조직의 발전은 밀접한 연관이 있음을 알 수 있다.

(2) 사회적 경제조직의 학습능력고양: 학습조직이론

조직은 성장하면서 개별적 사고는 무뎌지고 학습능력은 점차 상실하게 되는데 이런 문제점들이 발생하게 되면 조직은 다른 조직들과의 경쟁에서 살아남지 못하게 됨으로 경쟁력 있는 조직으로 변화되기 위해서, 조직은 재구조화되어야 하고 나아가 다른 조직보다 더 빠르게 학습하여야 하며 이용자에 대한 응답문화를 발전시켜야 한다(O'Keeffe, 2002). Senge(1990)에 의해 발전된 학습조직이론(Learning organization theory)은 조직이 조직구성원들의 학습을 촉진시켜서 끊임없이 변형하는 것을 강조하는 이론으로 학습하는 조직은 조직변화를 촉진시키며 조직성장을 담보할 수 있음을 강조한다. 특히, 학습하는 조직은 혁신수준을 유지하고 경쟁적이 되도록 해주며 외부압력에 보다 효과적으로 응답할 수 있고 이용자나 client의 욕구에 자원을 더 좋게 연계해주는 지식을 갖도록 해주며 서비스의 품질을 개선하고 이익보다는 친-사람중심으로 기업의 이미지가 개선되도록 하여 조직 안에서의 변화를 증대시킴으로 조직성장에 도움이 된다(지은구 외, 2018).

학습조직이론의 측면에서 보면, 사회적 경제조직의 성과관리는 학습조직과 밀접한 연관이 있다. 성과측정 및 관리는 높은 수준의 지식과 기술을 조직에 활용하여 조직의 성과를 측정하고 측정된 성과요소의 자료나 정보를 조직 관리에 적용하여 조직의 성과개선을 추구하는 것을 목적으로 한다. 따라서 성과관리가 효과적으로 조직에 적용되기 위해서는 조직구성원이 성과측정요소에 대한 다양한 정보를 준비하여야 하고 측정을 시행하여 결과를 분석하기 위한 분석기법 및 이를 성과개선으로 인도하기 위해 필요한 관리지침이 제시되어야 가능하다. 이 모든 성과관리 및 성과측정의 과정을 통하여 조직구성원들은 학습되며 그들의 역량은 강화되는 자연스러운 결과를 도출해낼 수 있다(지은구 외, 2018).

성과관리를 통해 개선된 성과를 성취하기 위한 조직구성원들의 노력은 곧 조직의 새로운 변화를 의미하고 조직의 새로운 변화를 위한 시도는 곧 역량이 강화되는 학습조직을 의미한다. 성과측정을 위한 다양한 지식과 기술 그리고 성과측정과정으로의 직원개입은 직원들의 학습능력을 향상시키며 성과측정결과는 보다 나은 조직을 위한 조직학습의 좋은 원료로써 작동한다. 따라서 학습조직이론의 주요 특성인 공유된 비전, 개인적 숙련, 팀 학습 등의 요소들이 성과관리를 통한 조직발전과 성장을 위한 기본 토대로써 중첩되는 역할을 수행한다고 할 수 있다(지은구, 2012).

특히, 학습조직은 조직의 서비스나 품질을 개선하여 빠르게 이용자의 욕구에 부응하며 외부환경의 변화에 빠르게 적응함으로 조직성과개선을 통한 조직발전에 중요한 요인으로 작동한다. 성과의 개선은 곧 이용자에 대한 빠른 응답, 서비스의 질 개선, 외부환경에 대한 즉각적인 반응, 조직변화에 대한 빠른 전개 등에 의해서 나타난다고 했을 때 학습조직은 곧 성과를 지속적으로 개선하는 조직이라고 할 수 있으며 지속적으로 학습하는 조직은 곧 지속적으로 성과를 관리하는 조직이라고 할 수 있다(지은구, 2012). 결국, 사회적 경제조직의 성과관리 및 성과측정을 통한 조직성과개선을 위한 노력과 행동은 조직과 지역사회 그리고 이용자들에 대한 과학적이고 체계적인 분석과 성과측정 관련 높은 정도의 지식과 기술을 요구함으로 성과관리를 위한 성과측정과정을 통해 조직의 구성원들은 학습되고 학습은 직원들의 역량을 강화하는데 결정적인 도움의 요인으로 작동할 것이다(지은구 외, 2018). Argyris(1999)에 따르면 조직은 새로운 서비스나 상품과 과정에 관한 지식을 유지하고, 조직외부환경에서 일어나는 일이 무엇인지를 이해하여야 하며, 모든 조직의 지술과 지식을 이용하여 해답을 찾는 것이 필요하다.

제6장

한국형 사회적 경제조직 성과관리모델

본 장에서는 지금까지 논의된 사회적 경제조직의 성과에 대한 기본 개념을 적용하고, 성과관리를 설명하는 제 이론들을 검토한 후, 기존의 조직 성과관리 및 측정모델을 비교·분석하여 도출된 사회적 경제조직 성과의 다면적 특성을 고려한 한국형 사회적 경제조직 성과관리모델을 구체적으로 설명한다, 이를 위해 성과측정의 목적과 원리를 구체적으로 제시한 후 이에 적합한 "성과측정모델"을 제시한다. 제시되는 모델은 성과를 가치, 과정 그리고 결과 등 단계별로 구분하고 단계마다 성과측정요소를 설정하여 성과를 측정하는 방식으로 혼합적·다면적 그리고 단계별·요소별 성과관리모델이라고 할 수 있다.

제6장

한국형 사회적 경제조직 성과관리모델

제1절 사회적 경제조직 성과관리모델의 특성

1. 사회경제조직 성과관리모델의 바람직한 방향

사회경제조직 중에서 사회적 기업 성과관리모델들(특히 BSC모델이나 SROI모델)은 성과를 결과부분 즉, 산출과 결과영역으로 제한하여 측정하고 있다. 투입과 과정을 거쳐야 산출과 결과가 도출될 수 있고 투입요소에 따라 과정 그리고 산출과 결과가 영향을 받는다는 것을 인정한다면 사회적 경제조직의 성과는 투입부터 결과에 이르는 전 과정에서 창출되는 것으로 이해되어야 한다. 또한 결과영역에서의 사회적 가치의 성취여부와 투입영역에서의 사회적 가치를 성취하려는 노력이나 의지 등과 같은 사회적 가치 지향성 등은 구분되어야 하며 혁신, 위험관리 그리고 창의성을 강조하는 사회경제조직을 운영하는 사회적 기업가정신, 신뢰와 공동체를 강조하는 조직 사회자본 등과 같은 요소들도 모두 과정 및 투입영역에서 측정되어야 한다.

성과관리에 있어 어떠한 성과관리모형을 사용하는가는 성과측정의 목적이 무엇인가 즉, 성과측정을 통한 성과측정 결과를 가지고 성과개선을 시행하는 성과관리의 목적이 무엇인가에 전적으로 의존한다. 사회경제조직의 성과관리 및 성과측정의 목적은 단순히 책임성을 강화하는 것 그리고 조직관리·감독을 강화하는 것에만 있지 않으며 조직 및 조직구성원 역량강화를 통한 조직안정 및 발전과 성장을 지향하여야 한다는 점에도 있다. 성과측정에는 수많은 인적·물적 자원의 동원은 필수적이며 많은 시간과 노력을 필요로 한다는 점에서 성과측정이 반드시 조직안정(유지가능성) 및 발전을 수반하여야 한다는 것은 지상명제라고 할 수 있다. 또한 사회경제조직의 미션, 가치 그리고 비전을 포함하는 성과의 요소와 조직구성원들의 신뢰를 향상시키는 조직사회자본의 정도 역시 반드시 측정되어야 하고 개선되어야 하는 성과관리의 영역이라는 점이 고려되어야 한다. 사회경제조직은 특성상 사회적 가치 지향적이며 신뢰, 협력, 협동을 중시하고 직원과 주민(또는 이용자)들과의 관계지향적인 특성을 가지고 있으며 유형의 생산물(일반 상품)을 포함하여 전문적이면서 무형의 서비스(상담 및 돌봄 서비스 등)를 제공하는 경우도 존재하므로 기업의 성과를 측정하는 것이 매우 어려운 것이 사실이지만 성과가 관리되지 않으면 사회경제조직의 서비스 전달과정의 상태나 문제점, 개선사항 등을 파악하여 기업안정 및 발전을 위한 토대로 삼는 것이 불가능하므로 기존 성과측정모형들의 특성을 파악하고 기업책임성 강화, 조직사회자본 증대 그리고 조직안정 및 역량강화를 위해 최선의 방안을 찾는 것이 중요하다. 한국형 사회경제조직 성과관리모형구축에 있어 반드시 고려되어야 하는 점들을 앞장(제3장)에서 제시하였던 사회적 경제 성과관리의 올바른 방향을 고려하여 종합 정리하여 제시하면 아래와 같다(지은구, 2021).

첫째, 사회경제조직 성과관리의 목적은 조직통제나 관리감독 강화가 아니며 조직의 지속가능성을 토대로 하는 사회적 책임성 강화이고 이를 위하여 성과를 개선시켜 사회적 가치를 실현하며 나아가 조직발전과 변화를 추구함이 목적이어야 한다.

둘째, 사회경제조직의 특성에 맞게 성과의 다양한 측면을 고려하여 성과가 정의되어야 한다. 사회경제조직은 시장에서의 유지를 바탕으로 사회적 가치의 실현을 목적으로 하므로 이에 맞는 성과의 개념정립이 필요하다. 특히, 수량화하기 쉬운 경제적 성과보다는 수량화하기 어려운 사회적 성과에 대한 개념정립과 이를 구성하는 요소들을 구체화하여야 한다.

셋째, 사회경제조직의 가치, 미션 그리고 비전에 대한 분석과 성과영역과의 관계가 반드시 분석되어야 한다. 특히, 사회적 경제조직 구성원들의 행동이나 태도에도 영향을 주며 나아가 전체 성과에도 영향을 주는 사회적 가치지향성과 사회적 기업가정신 등의 내용이 성과관리영역에 포함되어야 한다.

넷째, 사회경제조직은 지역사회에서 활동하는 다양한 조직들과 함께 사회적 가치 실현을 위해 노력하는 조직이므로 이해관계자들이 협력과 참여 그리고 신뢰와 같은 조직사회자본의 구성요소가 성과관리에 고려되어야 한다. 또한 이해관계자들의 참여가 보장되고 협력활동이 형식적인 수준에서 이루어지지 않도록 의사결정구조에 다양한 이해관계자들이 포함되어 있는지도 성과관리에서 확인되도록 하여야 한다.

다섯째, 사회경제조직 성과측정의 요소는 단순하게 조직행동의 결과부분에 해당되는 재정적 요소와 비재정적 요소 또는 경제적 성과와 결론영역의 사회적 성과로 나뉘는 것이 아니며 경제적 및 사회적 성과에 영향을 미치는 영향요인에 대한 관리 및 측정도 포함되어야 한다. 따라서 사회경제조직 성과측정요소는 사회경제조직의 활동을 모두 포괄할 수 있도록 다양하여야 한다. 이를 위해 사회경제조직의 조직성과는 투입영역에서부터 결과영역에 이르기까지 다양하게 측정되어야 한다.

여섯째, 사회경제조직의 성과측정요소에는 집합주의와 공동체지향성 그리고 조직발전적 측면에서 조직성과를 개선시킬 수 있는 모든 조직 관리 요소가 성과측정의 요소에 포함되어야 한다. 이를 위해 사회경제조직 성과관리 및 측정에서는 위와 같은 관리요소를 측정할 수 있는 알기 쉽고 수집가능하며 검증된 성과측정도구가 개발되어 활용되어야 한다.

종합하면, 사회적 경제조직의 성과관리모형에서는 조직이 성취하려는 성과가 이중적이므로 경제적 성과와 사회적 성과가 동시에 측정 가능하도록 설계되어야 한다. 또한 사회적 성과는 경제적 성과에 비해 다면적이고 복잡한 요소들을 포함하고 있으며, 투입단계와 과정(행동)단계에서도 결과단계의 경제 및 사회적 성과에 영향을 주는 영향요소들이 존재함으로 이러한 요소들이 관리되도록 측정되어야 한다. 즉, 투입과 과정이 없으면 결과도 존재하지 않는다. 투입과 과정단계에서 직원들의 역량이나 태도 조직미션에 대한 인식이나 사회적 가치를 성취하기 위해 필요한 사회적 가치를 지향하는 인식이나 노력의 정도, 직원들의 사회적 목적 실현에 대한 공유된 인식이나 협력과 신뢰감의 정도, 혁신성이나 도전의식, 생산성향상 등 경제적 가치를 실현하고자 하는 인식이나 노력의 정도, 다양한 이해관계자들의 참여와 의사소통, 위기 및 갈등해소 등이 모두 성과를 구성하는 영역이고 관리되어야 하는 요소임이 성과관리 기초이론과 관련법(사회적기업육성법 및 협동조합법) 및 운영원칙(마을기업 및 자활기업운영원칙) 등에서 도출되었으므로 이들 영역과 요소들에 대한 측정과 관리 역시 중요하다. 따라서 사회적 경제조직의 성과는 투입과 과정단계에서 결과에 영향을 미치는 성과관리 요소들이 확인되고 측정 및 관리되어야 하며 또한 결과단계에서 창출된 사회적 성과와 경제적 성과의 요소들 역시 도출되어야 하고 이를 중심으로 관리되는 것이 중요하다.

2. 사회적 경제조직 성과관리의 목적

사회적 경제조직의 성과를 관리하여야 하는 목적은 성과개선 및 향상에 있으며 나아가 조직발전이론과 학습조직이론을 적용하면 가장 중심적으로 직원 및 조직의 역량강화를 통한 조직발전과 성장이다. 자활기업이나 사회적 기업 등과 같은 사회적 경제조직은 시장을 통한 성장과 발전에 있어 많은 어려움에 처해있다. 사회적 가치 창출 또는 경제적 이익의 사회적 반환은 모든 사회적 경제조직에 일차적 관심사이며 동시에 해결하여야 하는 주요 목적이지만 기업이 창출하는 수입이 시장에서 생존가능성을 확보하여 주지 못한다고 한다면 사회적 목적 실현이라는 일차적 관심사는 부수적 목적이 될 수밖에 없다.

물론, 사회경제를 활성화시키기 위한 국가적 차원에서의 지원제도가 존재하지만 사회적 경제조직은 부족한 국고보조금에만 의존할 수 없으며 시장에서 생존가능성을 확보하기 위하여 부단히 노력하여야 한다. 이익창출과 지역사회반환이라는 두 개의 가치를 동시에 충족시키기는 것은 현실적으로 어려운 것이 사실이며 많은 사회적 경제조직들이 지금도 이를 충족시키기 못하고 시장에서 퇴출되고 있는 실정이다. 생존 가능하도록 사회적 경제조직의 능력 또는 역량이 강화되기 위해서 조직은 부단히 학습하여야 함으로 조직학습활동은 곧 조직발전을 담보하는 중요 토대가 된다. 이는 곧 조직능력건설 및 역량강화를 위한 조직학습의 중요성 및 조직발전을 위한 사회적 경제조직 성과관리의 필요성을 의미한다고 볼 수 있다. 성과관리를 통하여 사회적 경제조직은 부단히 성과를 개선하고 사회적 경제조직의 가치실현을 위한 노력과 사회·경제적 성과를 국민들에게 홍보하고 이를 토대로 사회경제에 대한 기반을 넓히며 사회경제를 통하여 연대성 및 공동체의식을 함양하는 노력을 기울여야 한다. 또한 정부는 사회경제를 활성화시켜 사회문제해결 및 지역사회발전을 도모하기 위하여 사회적 경제조직이 창출한 사회적 성과에 대한 보상과 이를 창출하기 위한 정책적 지원방안도 반드시 모색하여야 한다.

사회적 경제조직의 성과는 다면적이며 기본적으로 사회적 가치와 경제적 가치를 창출하기 위해 노력한다. 경제적 가치와 사회적 가치가 창출되었는가는 기업 활동의 결과부분 즉, 결과나 영향력을 의미하는 것으로써 투입이나 과정 활동과 같은 전체 기업 활동을 대변하는 것은 아니다. 즉, 사회적 경제조직을 운영하는 기업가의 사고나 노력 또는 활동이 결과에도 영향을 미침으로 성과는 사회적 기업가(직원을 포함)의 사고나 노력, 태도 그리고 내·외부 조직 활동을 통해서도 이루어진다. 따라서 사회적 경제조직의 성과관리 및 성과측정의 목적은 구체적으로 다음과 같이 요약될 수 있다.

> 첫째, 경제적 가치의 창출 여부 확인 및 개선(지속가능성 유지)
> 둘째, 사회적 가치의 창출 여부 확인 및 개선(사회문제해결 및 사회자본과 같은 사회적 임팩트 창출 여부)
> 셋째, 기업가(및 직원)의 태도와 인식 확인 및 개선(사회적 책임감, 소명감 및 사회적 가치 지향성의 정도 확인 및 개선)
> 넷째, 조직 내부활동의 확인 및 개선(재화 및 서비스의 품질 개선)
> 다섯째, 자기-주도적인 성과측정을 통한 기업(직원) 학습능력 고양 및 기업(직원) 성장 및 발전 담보
> 여섯째, 사회적 경제조직 성과관리를 통해 도출된 성과에 대한 홍보를 통해 사회경제 및 사회적 경제조직활동에 대한 국민이미지 및 평판의 개선 나아가 연대성과 공동체의식함양

3. 사회적 경제조직 성과관리모델의 기본전제

사회적 경제조직은 재무적 관점(예를 들어 기업의 재정)에 의해서 다른 모든 성과 영역이 영향을 받지는 않는다. 즉, 경제적 가치 이외에 사회적 가치의 실현이 중요한 조직목적이므로 재무적 관점과 관계가 없는 비재무적 관점에 의해서도 조직성과는 영향을 받는다(예를 들어 사회적 가치 창출을 위한 직원들의 태도나 인식수준 또는 회원이나 자원봉사자의 수 등). 따라서 창출된 이익과 같은 경제적 성과(투입비용 대비 산출이익의 성과)는 사회적 경제조직이 창출하는 성과의 극히 일부분에 지나지 않는다고 할 수 있다. 특히, 사회적 경제조직이 제공하는 재화와 서비스가 이용자들에 미치는

임팩트는 성과로써 반드시 측정되어야 하는 성과측정영역이며 SROI모델이 강조하는 바와 같이 사회적 반환(social return)은 사회적 경제조직이 성취하려는 지역사회발전 또는 지역사회문제해결이나 지역주민들의 삶의 번영이나 질 개선 등과 같은 사회적 임팩트로써 반드시 측정되어야 하는 성과측정영역이라는 점 역시 분명하다.

덧붙여, 사회적 경제조직을 운영하는 사회적 기업가들의 기업 활동에 대한 인식이나 태도에 영향을 미치는 사회적 기업가정신 그리고 기업이 설정한 조직미션에 대한 직원들의 공감도나 이해의 정도 그리고 조직에 대한 충성이나 소명감 그리고 각종 신뢰감(조직이나 관리자에 대한 그리고 직원 간의 신뢰), 지역사회에 대한 공헌 및 책임감 역시 가치영역에서 성과를 구성하는 중요 구성요소임에 틀림없다. 또한 결과영역에서 재화나 서비스의 생산 및 서비스품질과 이용자만족 등도 역시 성과를 구성하는 중요한 요소임에 틀림없다. 본 연구에서는 사회적 경제조직 성과측정을 위한 모델을 제시함에 있어 아래의 특성이 반영될 수 있는 측정모델의 개발을 기본전제로 하였다.

> 첫째, 시장에서의 생존가능성은 사회적 경제조직의 당면한 과제임으로 경제적 가치를 구현하는 성과측정모델
> 둘째, 사회적 경제조직이 추구하는 사회적 가치의 실현 여부 및 사회적 임팩트가 확인 가능한 성과측정모델
> 셋째, 수량화된 자료를 중심으로 개관적이고 모든 사회적 경제조직에 보편적으로 적용 가능한 성과측정모델
> 셋째, 측정이 쉽고 직원 스스로 학습하며 직원 및 조직의 역량이 강화될 수 있는 성과측정모델
> 넷째, 이론적 틀에 기초한 인과요인에 대한 분석을 기본으로 투입에서부터 결과부분에 이르는 전 과정에서 성과를 측정하는 성과측정모델
> 다섯째, 투입을 결과로 전환하는 조직 활동의 측정에 있어 사회적 경제조직의 재정과 인력의 한계 등이 고려되는 성과측정모델

4. 사회적 경제조직 성과관리모델의 특성

위에서 제시된 사회적 경제조직 성과관리의 바람직한 방향과 성과관리 목적 그리고 전제조건 등을 고려하여 본 연구에서 제시하는 한국형 사회적 경제조직 성과관리모델의 특성은 아래와 같다.

1) 혼합적·다면적 모델

▶ **시장에서의 지속가능성을 의미하는 경제적 가치의 구현 정도와 사회적 경제조직이 추구하는 사회적 가치의 실현 여부가 측정되어야 함은 곧 성과측정의 혼합적·다면적 특성을 의미하는 것이다.**

대부분의 산출과 결과를 중심으로 성과를 측정하는 모델들을 포함하여 투입과 결과를 구분하여 성과를 측정하는 모델들도 성과를 다면적인 성격을 가진 개념으로 이해하며 성과가 다면적이고 혼합적인 구성요소들을 포함한다고 강조한다. 예를 들어 결과단계에서 사회적 가치와 경제적 가치를 구분하여 성과를 측정하는 대부분의 모델들은 성과의 다면적이고 혼합적인 성격을 반영한 모델들이다. 또한 투입과 결과에 이르는 모든 단계에서 성과측정요소들을 도출하여 성과를 측정하는 모델(예를 들어 로직모델이나 다중영역통제모델 등)이나 재무적 영역과 비재무적 영역을 총 4개의 측정영역으로 구분하여 성과를 측정하는 균형성과표모델 그리고 결과부분의 성과를 경제적 성과, 사회적 성과, 환경적 성과 그리고 재정적 성과로 구분하여 성과를 측정하는 SIMPLE모델이나 결과의 다면적 성과를 강조하는 SAA모델이나 SROI모델 등은 모두 혼합적·다면적 성과관리모델이라고 할 수 있다.

본 연구에서 제시되는 모델 역시 투입(가치)영역에서 과정 및 산출과 결과영역에 영향을 주는 요소들을 성과로 인식하며 사회적 경제론, 이해관계자론, 거버넌스이론, 지역공동체주의론, 조직사회자본론 등의 제 이론들과 사회적 경제조직에 대한 미션 및 미션성취를 위한 운영기준 및 원리 등으로부터 사회적 경제조직의 성과를 구성하는 다양한 구성요소들을 추출하고 성과를 다면적인 개념으로 확대하여 성과측정 영역과 구성요소들을 제시하도록 한다.

혼합적·다면적 모델	• 성과가 투입(가치)부터 과정과 결과까지 다면적 속성의 영역 및 요소들로 구성되어 있음을 인지하여 성과를 측정하는 성과측정모델

2) 단계별·요소별 모델

▶ 인과요인에 대한 논리적 분석을 기본으로 투입과 결과부분에서 성과를 측정하고 동시에 투입을 결과로 전환하는 조직 활동의 측정이 가능한 것은 곧 성과측정이 단계별·요소별로 이루어져야 함을 의미하는 것이다.

단계별 측정모델이라 함은 이미 설명한 바와 같이 체계적 관점 및 로직모델에 기초하며 투입부터 결과에 이르기까지 측정영역을 설정한 후 단계별로 성과를 측정하는 모델이다. 또한 요소별 측정모델은 성과를 측정하는 구성요소를 도출한 후 요소별로 측정 가능한 측정도구를 활용하여 측정하는 모델이다. 일반적으로 경제 및 사회적 영역에서 성과를 측정하는 중요한 요소로는 효과성, 효율성, 생산성, 서비스품질, 이용자만족 등 다양하며 이러한 측정요소들이 투입부터 결과에 이르기까지 단계별로 구성되어 있다고 보고 성과를 측정하게 되면 단계별·요소별 성과측정모델이 된다. PMS모델과 SOPM모델이 대표적인 단계별·요소별 측정모델이다.

본 연구에서는 사회적 경제조직의 성과를 측정하기 위해 단계별 측정모델과 요소별 측정모델을 혼합한 혼합모델을 제시한다. 단계별·요소별 측정모델은 측정의 각 단계에 성과측정요소를 접목하여 측정하는 것을 의미한다.

단계별·요소별 모델	• 성과를 구성하는 각 단계(투입, 과정, 산출, 품질, 결과 등)에 성과측정요소를 접목하여 측정하는 성과측정모델

3) 수량화모델

▶ **사회적 경제조직의 성과는 가늠할 수 있어야 한다. 즉, 국민들이 이해하기 쉽도록 측정 가능한 지표로 구성되어 있어야 한다. 특히, 사회적 경제조직이 추구하는 사회적 가치의 실현 여부 및 사회적 임팩트가 객관적인 방식으로 측정할 수 있는 모델 또는 다양항 방식으로 수량화된 지표를 중심으로 객관적이고 모든 기업에 보편적으로 적용 가능한 측정모델이여야 하며 이는 곧 모든 성과가 양적 지표로 측정이 가능하도록 설계되어야 함을 의미한다.**

모든 측정하지 못하는 성과는 아무리 좋은 성과라고 해도 입증될 수 없다. 또한 성과측정도구 및 측정척도가 보편화되어 있지 못하면 어떤 측정도구를 활용하는가에 따라 상이한 결과를 초래할 수 있어 측정결과에 심각한 오류가 발생할 수 있으며, 보편적인 측정도구를 활용하지 못함으로 성과는 하나의 기업단위에서만 측정되고 비슷한 규모의 기업 간 상대적 비교 역시 불가능하게 된다. 마찬가지로 측정이 정량화되어 있지 못하면 평가자의 주관적 인식이 가미되어 결과의 객관성을 보장하는 것이 어려우며 결과의 상대성 역시 입증하는 것이 불가능하다.

객관적이고 보편적인 측정도구란 결과값이 수량화된 지표로 나타나는 경우인데 이는 수량화된 양적 지표가 입증되고 가늠하기가 용이하다는 장점이 있기 때문이다. 통상 지표는 %, 비율, 수 등으로 나타나며 사람들의 인식, 행동, 만족, 품질의 변화나 정도 등도 수량화하여 표현할 수 있다. 창출된 일자리의 수와 같은 수량화된 양적 미시지표는 당연히 가늠하기 쉬운 지표의 성격을 나타낸다. 직원들의 사회적 가치실현을 위한 인식의 정도나 생각, 직원들의 태도 등과 같은 지표 역시 수량화하여 나타낼 수 있다. 본 연구에서는 수량화된 측정 가능한 양적 지표를 미시지표와 거시지표로 구분하여 제시한다. 미시지표는 기업문서에 기록되어 있는 측정 가능한 지표들로써 창출된 이익이나 취업자 수 등과 같은 손쉽게 수집가능한 지표이고 거시지표는 사람들의 인식, 태도, 행동, 사고 등의 변화를 수량화하여 나타내주는 지표로써 사회적 가치지향성, 경제적 가치지향성, 사회자본, 서비스 품질이나 만족도 등을 나타내주는 지표들이 포함된다.

본 연구에서는 사람(직원과 이용자, 지역주민 등)들의 인식이나 생각, 태도나 감정 등을 가늠하는 측정 도구인 거시지표[23] 역시 수량화하여 측정 가능하도록 도구를 개발하여 측정한다. 즉, 사람들의 자존감의 정도를 가늠하기 위하여 자존감이라는 개념을 수량화하여 측정하는 자존감척도를 활용하는 것과 같다. 미시지표와 거시지표의 차이점은 다음과 같다.

<표 6-1> 미시지표와 거시지표의 차이

	미시지표	거시지표
공통점	• 특정 조건이나 상황에서 발생한 변화를 측정할 수 있는 가늠자이자 채점자. • 두 지표 모두 특정 조건이나 상황을 수량화하여 나타낼 수 있다(예를 들어 개인의 주관적인 감정인 자아존중감의 정도를 수량화하여 나타내줄 수 있다).	
차이점	• %, 비율, 수 등으로 얼마나 많은 양, 얼마나 자주, 얼마나 많은 수인지 등을 나타낸다.	• 개인들의 생각, 인식, 태도, 기능, 행동, 감정 등의 주관적 반응을 나타낼 수 있다.

23 본 연구에서 제시하는 거시지표는 문장이나 단어 등으로 구성된 질적 자료(연성자료)를 의미하는 것이 아니라 사람들의 인식이나 생각 등에 대한 변화를 가늠할 수 있도록 수량화된 지표를 의미한다. 즉, 질적 자료를 수량화하여 나타내는 지표를 거시지표로 명명하였다.

제2절
사회적 경제조직 성과관리모델의 기본 틀

1. 사회적 경제조직 성과의 영역

사회적 경제조직의 성과는 앞의 제3장 '사회적 경제조직 성과의 다면적 특성'에서 제시된 바와 같이 가치(input value)와 과정(process) 그리고 결과(output + outcome)영역으로 구분될 수 있다.

▶ 가치영역

가치영역은 투입영역을 의미하며 결과를 창출하기 위해 필요한 요인이다 즉, 가치영역은 투입영역에서 경제적 가치 및 사회적 가치를 지향하는 정도를 나타내며 조직행동 그리고 사회적 임팩트나 결과에 원인을 제공하는 인과적 관계에 놓여 있는 영역이다. 특히, 가치영역은 경제적 가치지향성과 사회적 가치지향성으로 구분된다. 한편으로 사회적 경제를 구현하고 지역사회의 문제를 해결하기 위해 노력하는 사회적 경제조직은 다른 한편으로 사회적 가치를 실현하기 위해 노력하는 조직이기 때문에 사회적 가치를 실현하기 위한 기업대표를 포함한 직원들의 태도나 노력의 정도를 의미하는 사회적 가치 지향성은 중요한 가치요소이다. 하지만 또 다른 한편으로 시장에서 생존하여야 하고 이윤을 창출하여야 하는 사회적 경제조직에게 있어 경제적 가치를 추구하는 경제적 가치 지향성 역시 반드시 담보되어야 하는 중요한 가치요소임에 틀림없다.

경제적 가치 지향성과 사회적 가치 지향성으로 대표되는 사회적 경제조직의 가치영역은 사회적 경제조직의 성과관리 및 측정을 설명해주는 다양한 이론들에 기초한다. 사회적 기업가정신론과 스튜어드십이론 그리고 거버넌스이론은 직·간접적으로 사회적 경제조직의 경제적 가치 지향성을 설명해주는 중요한 이론이며 사회적 경제론과 조직사회자본이론 지역공동체주의론 등은 사회적 경제조직의 사회적 가치 지향성을 설명해주는 중요 이론이다.

▶ 과정영역

과정영역은 투입부분의 가치 지향적인 태도나 인식 그리고 노력 등을 결과로 유도하는 조직의 활동을 의미한다. 직원들의 노력이나 의지 그리고 사명감과 신뢰가 높아도 조직 활동을 위한 적절한 환경이 제공되지 않으면 직원들의 책임감과 조직몰입도는 낮아질 수 있으며 생산성은 낮아질 수 있어 사회적 경제조직이 추구하는 가치(경제적 및 사회적 가치)의 성취도는 낮아질 수 있다. 이해관계자이론과 거버넌스이론 등은 사회적 경제조직 구성원들의 과정영역에서 이루어지는 조직 활동(특히, 직원참여와 협력활동)을 설명해주는 중요한 이론적 기초이다.

▶ 결과영역

결과영역은 산출과 결과 그리고 사회적 임팩트 등을 모두 포괄하는 성과영역으로써 경제적 결과와 사회적 결과로 크게 양분될 수 있다. 산출(output)은 경제적 가치로 표현되며 사회적 경제조직의 유지가능성 및 생존가능성을 위해 반드시 필요한 요소이며 결과(outcome)는 재화와 서비스를 이용한 이용자들의 품질 및 만족을 나타내주고 이에 따른 이용자들의 생각, 인식, 태도, 기능, 감정 등의 직접적 변화를 나타내준다. 또한 사회적 임팩트는 사회적 경제조직이 성취하려는 사회적 가치의 실현에 영향을 미치는 지역사회구성원을 넘어 지역사회에 제공되는 혜택이나 변화를 나타내준다. 사회적 경제론, 스튜어드십이론, 조직사회자본론 등은 결과영역에서 이루어지는 이용자와 지역사회에 대한 변화나 혜택을 설명해주는 중요한 이론들이다. 사회적 경제조직의 성과를 구성하는 가치, 과정 그리고 결과영역의 측정요소들이 내포하는 내용은 아래와 같다.

1) 가치(투입)영역

(1) 사회적 가치 지향성

개인적 수준에서 사회적 가치 지향성은 개인보다는 집단을 생각하는 친사회적 성향으로 공동체인식이나 집합주의사고 등에 반영되며 조직적 수준에서 사회적 가치 지향성은 조직이 성취하려는 사회적 가치에 대한 조직 구성원들의 인식이나 태도로써 서비스제공과정 및 결과에 반영된다. 또한 사회적 가치는 개인적 가치와는 대비되는 개념으로 사회적인 이익을 위해 사회구성원들의 생각이나 인식에 영향을 주는 규범이나 사고로 통상 연대, 공정, 정의, 공동체, 집합주의, 형평과 평등 등을 포함한다. 이러한 사회적 가치지향성의 개념을 적용하면, 사회적 경제조직의 사회적 가치 지향성은 "사회적 경제조직구성원들의 사회적 가치에 대한 인식과 이를 실현시키려는 노력의 정도"로 표현되며 구체적으로 신뢰, 비전과 같은 규범기준에 대한 인식 그리고 이에 대한 직원들의 태도나 노력의 정도 등으로 표현되어 나타날 수 있다. 통상 사회적 가치를 실현하기 위해 노력하는 조직적 측면에서 사회적 가치는 조직설립목적이나 미션 등에 담겨져 있다.

사회적 가치 지향성을 보다 구체적으로 살펴보면, 사회적 가치 지향성은 다면적인 속성을 지니는 개념으로 이를 구성하는 구성요소로는 사회적 경제조직의 비전이나 미션 그리고 사회적 경제조직이 추구하는 가치에 대한 종합분석 그리고 사회적 가치 지향성을 설명하는 이론적 토대로부터 도출될 수 있다. 사회적 기업, 자활기업, 마을기업 그리고 사회적 협동조합 등이 추구하는 사회적 가치는 설립목적이나 법적 근거를 종합하였을 때 지역사회문제의 해결, 지역사회공헌, 주민복지향상, 그리고 연대와 공동체의식고취 등이다. 사회적 경제조직의 대표격인 사회적기업을 살펴보면 사회적 경제조직이 추구하는 사회적 목적 즉, 사회적 가치를 짐작할 수 있다. 우리나라의 "사회적 기업육성법"과 "사회적 기업 육성법 시행령"에 의하면 사회적 기업이 추구하는 사회적 목적의 기준으로 취약계층에게 사회서비스를 제공하고, 취약계층에게 일자리를 제공하는 것과 함께 지역사회 공헌도 중요한 목적으로 제시하고 있는데 지역사회 공헌은 지역주민의 소득과 일자리를 늘리거나, 지역의 빈곤, 소외 범죄 등 사회문제를 해결하거나, 지역사회에 서회서비스나 일자리를 제공하거나 또는 지역주민들의 삶의 질을 개선하는 사회적 목적 실현을 우선적으로 추구하는 조직에 대한 컨설팅, 마케팅, 자금 등을 지원하는 경우 등을 포함하고 있다(지은구, 2021).

사회적 가치 지향성이라는 개념은 Messick과 McClintock(1968)이 제시한 것처럼 개인적 이익보다는 친사회적(pro-social)성향을 의미하는 용어로 사회적 이익을 추구하는 행동이나 태도로 이해될 수 있다. Van Lange(1999)은 개인보다는 친사회적 성향을 나타내는 사회적 가치 지향성이 협동과 평등주의의 구성요소로 이루어진 개념으로 그리고 Ockenfels와 Weimann(1999)은 친-사회적이라는 사회적 가치 지향성을 구성하는 요소가 사람들의 협동적 행동과 공동체적 행동이라고 제시하였으며, Brosig-Koch과 동료들(1999)은 사회적 가치 지향성이 협동과 공동체행동이라고 강조하였다. 따라서 사회적 가치 지향성은 연대나 공동체의식이 중요한 구성요소임을 알 수 있다.

또한 사회적 가치 지향성 개념을 조직적 측면에서 해석하면 주주나 기업이익보다는 지역주민들을 위해 더 질 좋고 믿을 수 있는 재화나 서비스를 제공하기 위한 직원들의 상호협력이나 신뢰 등과 같은 조직사회자본이론을 구성하는 중요개념으로부터도 영향을 받았다고 볼 수 있다. 지역공동체주의가 강조하는 상호책임감이나 사회적기업가정신론이 강조하는 사회적 가치와 책임성 그리고 스튜어드십이론이 강조하는 집단주의나 공동체인식 등은 모두 사회적 경제조직이 추구하는 사회적 가치 지향성을 설명하는 구성요소들이라고 할 수 있다. 덧붙여 사회적 가치 지향성은 사회적 이익을 추구하는 행동이나 태도를 나타내는 용어이므로 사회적 경제조직의 구성원들이 이해하는 사회적 목적이나 사회적 가치에 대한 이해의 정도 그리고 이러한 사회적 목적 성취를 위해 조직이 설정한 비전이나 미션의 이해의 정도 등은 조직이 추구하는 사회적 가치 지향성 나아가 조직성과에 중요한 영향을 미친다고 할 수 있다.

2016년 서울시에서 운영 중인 사회적 경제조직(총 204개 사회경제기업)의 미션을 분류하여 제시한 장종익 외(2016)의 연구에 따르면 미션은 크게 질 좋은 일자리창출/조합원 소득창출(전체 49%), 더 불어 사는 행복한 지역사회만들기(18.6%) 사회취약계층 일자리 창출/제공(17.6%), 양질의 사회서비스 제공(14.7%) 등으로 구분되어 사회적 경제조직이 추구하는 미션은 곧 사회서비스제공 그리고 질 좋은 일자리창출과 사회취약계층 지원 등을 통한 공동체 증진과 지역사회발전 등으로 요약됨을 알 수 있다. 또한 장종익(2021)이 2019년도에 전국 19개 시·군·구의 약 620개 사회적 경제조직이 설정한 조직미션을 비교·분석한 연구결과를 보면 "더불어 사는 행복한 지역사회만들기"와 같은 공동체인식이나 지역사회복지증진 등과 같은 미션을 설정한 사회적 경제조직이 약 23.5%를 차지하였으며, 질 좋은 일자리창출/조합원소득향상(25.8%), 사회취약계층에 질 좋은 일자리제공(21.2%), 사회서비스제공(13.2%), 조합원들에게 필요한 질 좋은 재화나 서비스를 상호협동으로 제공(16.1%) 등인 것으로 나타났다. 그리고 가장 최근인 2020년에 경기도에 위치한 사회적 경제조직 총 797개 기업이 설정한 미션은 크게 질 좋은 일자리창출/조합원소득향상(36.3%), 취약계층 자활지원 및 일자리제공과 조합원이나 마을소득향상도모(19.1%), 취약계층에 사회서비스제공(7.3%), 질 좋은 사회서비스제공(23.0%), 공동체성 회복과 환경보전(12.9%) 그리고 사회적 경제조직에 대한 지원(1.4%) 등으로 구분되었다. 일자리창출이나 조합원 소득향상이나 조합원에게 필요한 질 좋은 재화나 서비스 제공 등은 사회적 경제조직 안에 사회적 협동조합 이외에 일반협동조합들도 포함되어 있어 이를 반영한 것으로 보여 진다.

이러한 조사결과를 보면 결국 사회적 경제조직이 설정한 조직미션과 추구하는 사회적 가치는 대부분 동일한 개념으로 구성되어 있으며 사회적 가치는 곧 조직미션에 설정되어 있음을 알 수 있고 이는 곧 사회적 경제조직이 미션설정을 통해 사회적 가치를 성취하려는 의지를 나타내는 것이라는 점을 확인할 수 있다. 아래의 그림은 사회적 경제조직이 설정한 미션에 반영되어있는 사회적 가치를 구분한 것으로 사회적 가치의 주요 개념은 상호협동, 공동체, 행복한 지역사회 등이다.

<그림 6-1> 사회적 경제조직(기업)이 설정한 미션에 나타난 사회적 가치

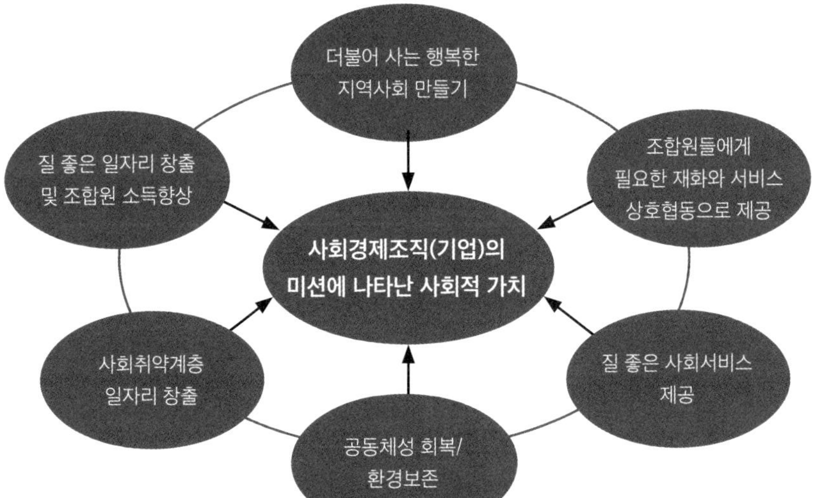

종합하면, 사회적 가치 지향성은 사회적 경제조직의 대표나 관리자 또는 직원들이 인식하는 기업의 가치와 미션에 대한 이해의 정도, 지역사회문제에 대한 인식 및 지역사회와의 유대 및 공동체인식 그리고 조직에 대한 신

뢰와 동료직원 간, 상층부 직원과 일반직원 간 신뢰 등과 같은 조직사회자본의 정도 등 사회적 경제조직이 추구하는 가치를 실현시키기 위한 관리자를 포함한 직원들의 긍정적인 인식이나 태도 등을 나타낸다고 볼 수 있다. 개인보다는 공동체 인식이나 비전의 공유, 신뢰나 사명감 등을 포함하는 사회적 가치 지향성이 조직성과에 영향을 준다는 것은 이미 조직사회자본론이나 사회적 기업가정신론 등 이론적 배경에 의해 입증되었지만 사회적 경제조직이 사회적 가치의 실현이라는 조직비전과 미션을 중요시하는 제3부문의 사회조직이라는 측면에서도 중요한 성과영역이라고 할 수 있다. 사회적 경제조직관리자를 포함한 직원들의 사회적 가치 지향성이 높으면 높을수록 기업이 제공하는 재화와 서비스의 품질은 향상될 것이며 이용자들과 지역사회주민들의 만족은 증가할 것이고 성취하려는 사회적 결과(사회적 반환)와 경제적 결과(이윤창출)는 증대할 수 있다.

사회적 가치 지향성	사회적 경제조직이 추구하는 가치를 실현시키기 위한 관리자를 포함한 직원들의 긍정적인 인식이나 태도 등을 의미
사회적 가치 지향성 구성요소	• 기업의 가치와 미션에 대한 이해의 정도 • 지역사회문제에 대한 인식 및 이해의 정도 • 지역사회에 대한 유대 및 공동체인식 • 조직에 대한 신뢰와 동료직원 간, 상층부직원과 일반직원 간 신뢰와 공동체의식과 같은 조직사회자본의 정도

(2) 경제적 가치 지향성

경제적 가치 지향성은 사회적 경제조직이 시장에서 생존하기 위해 추구하여야 하는 가치로써 기업을 둘러싼 내·외부적 환경에 적극적으로 대응하기 위해 필요한 혁신성이나 창의성 그리고 위험에 대한 대응이나 갈등과 위기관리능력 등과 같은 사회적 기업가정신론에서 강조되는 중요개념들이 포함된다. 사회적 경제조직(기업)의 직원과 대표 또는 관리자의 직무능력이나 역량은 경제적 가치지향성과 연관이 있다. 즉, 사회적 기업구성원들의 직무능력이나 역량이 우수하면 이는 곧 생산성이나 효율성 그리고 효과성과 같은 직무결과나 성과에도 영향을 미치게 되고 이는 곧 경제적 이익의 창출이라는 경제적 가치창출에 영향을 미칠 수 있으므로 관리자를 포함하여 구성원들의 직무와 관련된 역량은 중요한 경제적 가치 지향성을 구성하는 요소이다.

경제적 가치 지향성이 높으면 기업이 직면하는 다양한 내·외부적 문제나 위기 등에 대한 대처가 적적하게 이루어질 것일 가능성이 높으며 또한 기업이 제공하는 재화와 서비스의 이용자중심성이 강화되어 이용자들이 필요로 하는 재화와 서비스 개발 및 제공을 위한 혁신적이고 창의적인 노력이 이루어질 가능성이 높다. 결국, 경제적 가치지향성이 높으면 이익창출과 같은 경제적 결과와 이용자 및 지역사회주민에 대한 서비스품질 및 만족이 향상되어 사회적 결과는 향상될 가능성이 높다.

경제적 가치 지향성	사회적 경제조직이 시장에서 생존하기 위해 대표나 관리자가 추구하여야 하는 가치를 의미
경제적 가치 지향성 구성요소	• 혁신성과 창의성 • 사회적 경제조직을 둘러싼 조직 내외부적 환경에 대한 이해의 정도 • 위기 및 위험에 대한 인식 및 태도 • 구성원들의 직무역량 영향요소

2) 과정영역

▶조직(기업) 활동

사회적 기업가정신론에 따르면 위기 및 갈등관리 등 기업활동이 성과에 중요한 요인으로 작동함을 강조하였고, 스튜어드십이론 역시 조직몰입(도) 그리고 협력과 신뢰 등이 중요한 성과요인임을 제시하였다. 또한 사회적 기업가정신론이나 스튜어드십이론 등이 직무역량을 강조하였는데 직원들의 직무역량강화를 위해서는 과정영역에서 교육 및 훈련 그리고 직원복지 및 작업환경 역시 중요하다. 또한 거버넌스이론이 강조한 협력 및 연계사업과 같은 기업활동 역시 성과에 중요한 요소이며 민주적 의사결정 및 참여구조 등도 중요한 성과요소이다. 조직사회자본론 역시 직원 간의 신뢰와 협력 등이 중요한 성과요소임을 강조하였다. 결국, 사회적 경제조직의 작동원리를 설명해주는 이론들에서 도출된 성과요소 중 직무역량 등과 같이 기업활동과 관련된 요소들이 과정영역에서 성과에 영향을 미치는 중요한 요소임을 알 수 있다.

기업활동은 가치(투입)영역과 결과영역을 연계하는 연결고리역할을 하는 중요한 과정영역의 성과구성요소이다. 기업활동은 사회적 경제조직 내에서 발생하는 모든 조직 내부활동 및 외부활동을 위한 조건 등을 포함한다. 대표적인 측정요소는 직무역량에 영향을 미치는 직무배치와 작업량, 직원 간 협력활동 및 다른 조직과의 연계 및 협력활동, 직원훈련 및 교육활동, 직원참여, 근무조건 및 작업환경 그리고 직원들에 대한 임금 및 보상체계 등이다.

조직에서 이루어지는 활동은 투입요소를 결과요소로 연결시켜주는 매우 중요한 성과요소로써 원활한 기업활동은 사회적 경제조직 직원들의 직무만족 및 직무 몰입도를 향상시키기 때문에 기업에서 제공하는 재화와 서비스의 품질향상 및 생산성과 효율성, 효과성을 모두 향상시키는 중요한 요인으로 작동할 수 있다.

기업활동	• 사회적 경제조직 내에서 발생하는 모든 조직 내부 활동 및 외부활동을 위한 조건 등을 의미

▶기업활동은 다음과 같은 구체적인 활동을 통해서 나타난다.

협력관리	• 협력을 위한 조직 및 직원의 상호활동 및 직원들의 참여활동 및 주민과 이해관계자들의 참여 활동

갈등관리	• 직원 간, 이용자와 직원 간 그리고 제공되는 재화와 서비스에 대한 불만 등 기업활동을 통해서 나타나는 갈등을 관리하는 조직 활동
직무관리	• 직원교육과 훈련, 적성에 맞는 직무배치 및 직무만족 등을 위한 조직 활동
근무조건 관리	• 직원들의 임금 및 복지와 근무환경 등과 같은 조직 활동

3) 결과영역

본 연구에서 결과영역은 크게 산출과 결과부분의 단계에서 나타나는 경제적 결과와 사회적 결과로 구성되어 있는 성과영역으로 이해한다. 사회적 경제조직이 창출하는 성과요소로써 결과에 해당되는 사회적 결과와 경제적 결과의 구체적인 내용은 다음과 같다.

(1) 사회적 결과

사회적 경제조직이 기대하는 사회적 결과는 이용자를 포함한 지역주민 및 지역사회에서 나타나는 임팩트(변화나 혜택)이다. 구체적으로는 사회적 경제조직이 추구하는 사회적 미션의 성취나 향상 정도를 나타내준다. 모든 사회적 경제조직은 친사회적이며 지역사회의 문제해결을 위해 지역주민들과 공동으로 노력하는 집단이다. 특히, 노동시장의 차별을 극복하기 위하여 저소득층을 포함한 사회소외계층주민들의 일자리를 창출하고 근로빈곤층 주민들에게 일정한 소득을 보장하여 안정적인 생활이 보장되도록 하여 삶의 질을 개선하는 것을 돕는다. 나아가 친사회적 기업활동을 통해 지역사회에 안에 공동체의식과 신뢰감이 형성되도록 노력하여 사회자본 및 사회적 효과성을 향상시켜 전제 지역사회의 질이 향상되도록 돕는다. 또한 일반영리기업들이 이윤창출이 어려워 진입을 꺼리는 영역으로 진입하여 주민들의 생활편의를 제공하기 위하여 노력한다. 특히, 이윤보다는 사회적 책임을 강조함으로 이윤의 사회적 반환은 중요한 사회적 결과이다.

사회적 경제조직의 결과에 해당되는 사회적 결과는 사회적 성과로도 이해될 수 있으며 일부 학자들은 사회적 임팩트(social impact)로도 확대해석하기도 한다. SROI모델에서 제시한 바와 같이 사회적 결과는 수량화된 결과(화폐가치)로 측정될 수 있는 사회적 반환금을 의미할 수도 있으며 보다 구체적으로 사회소외계층을 위해 창출된 일자리의 수나 지역사회공헌 액수 등으로 표현될 수도 있다. 여기서 사회소외계층은 저소득층, 한부모가족, 다문화가족, 노인, 장애인 등을 포함한다.

하지만, 사회적 반환금은 모든 결과를 화폐결과로 전환하여야 한다는 한계를 내포함으로 현장에서 사회적 결과로 측정하기 위하여 직접 적용하는 것이 사실상 어려운 점이 존재한다. 따라서 본 연구에서 사회적 결과는 사회적 경제조직이 추구하는 "사회적 가치의 실현 정도"로 정의하며 구체적인 측정요소로는 창출된 일자리 수, 지역사회공헌여부 그리고 향상된 지역사회자본 등으로 제시한다. 모든 요소는 수량화될 수 있는 질문들로 구성한다.

조직원들 간의 신뢰나 협력을 강조하는 조직사회자본과 달리 지역사회자본은 사회적 경제조직의 사회적 가치(목적) 실현이나 사회적 임팩트에 따라 나타나는 변화로써 지역주민들은 사회적 경제조직의 친 사회적인 활동과 지역사회문제해결을 위한 노력에 영향을 받아 삶의 질이 개선되고 공동체의식 및 주민 간 신뢰는 향상될 수 있음을 나타내준다. Evers(2001)는 사회적 기업과 같은 사회적 경제조직이 사회자본을 창출하는 중요한 조직임을 강조하였는데 이는 기업이 창출하는 사회자본이 곧 사회적 임팩트임과 동시에 사회적 결과임을 의미하는 것이다.

사회적 결과	사회적 가치의 실현 정도

사회적 결과 구성요소	• 사회소외계층을 위해 창출된 일자리 수 • 매출 대비 지역사회공헌액수 • 지역사회자본(의 인식) 변화

(2) 경제적 결과

사회적 경제조직이 기대하는 경제적 결과는 곧 이윤이다. 이윤 창출과 안정적인 이윤확보 등을 위해 기업의 생산성과 효율성이 향상되는 것이 곧 가장 중요한 경제적 결과이다. 따라서 경제적 결과는 변화하는 또는 매년 창출되는 이익이나 재화나 서비스의 판매양이나 줄어드는 재고, 이용자 수의 증가 등으로 측정될 수 있다. 경제적 결과가 상승하면 당연히 경제적 측면에서 사회적 경제조직의 성과는 개선되고 향상되는 것을 의미한다. 본 연구에서는 경제적 결과를 '경제적 가치의 창출정도'로 정의하고 이를 측정하기 위한 구성요소로써 영업이익, 재화나 서비스 이용자수, 매출액, 이용자만족 등으로 제시하며 모든 구성요소는 수량화될 수 있는 질문들로 구성한다. 이용자만족이라는 주관적 지표를 포함하는 이유는 사회적 경제조직이 제공하는 재화나 서비스에 대한 만족이 높으면 당연히 매출액 증가로 나타나고 이는 곧 이익창출이라는 경제적 결과의 향상을 의미하기 때문이다.

경제적 결과	경제적 가치의 창출정도
경제적 결과 구성요소	• 영업이익 • 재화나 서비스 이용자 수 • 매출액 • 이용자만족

4) 사회적 경제조직 성과측정영역과 구성요소 종합

결국, 사회적 경제조직이 창출하는 사회적 결과가 상승하면 당연히 사회적 측면에서 사회적 경제조직의 성과는 개선되고 향상되는 것을 의미한다.

<표 6-2> 사회적 경제조직 성과영역별 구성요소

사회적 경제조직 성과의 영역	사회적 경제조직 성과의 구성요소
가치영역	• 경제적 가치지향성: 인적, 경제적 투입자원 = 직원의 수 및 직원의 역량, 투입비용, 혁신성과 창의성과 같은 사회적 기업가 정신 등
	• 사회적 가치지향성: 비-경제적 투입자원 = 신뢰 및 공동체성과 같은 조직사회자본의 정도, 사회적 가치에 대한 인식과 이를 실현하기 위한 노력이나 태도, 조직사명감 등
과정영역	• 조직 내부 활동: 협력관리 및 갈등관리 = 직원만족도, 위험 및 갈등관리 대처여부, 직원 간 그리고 조직 간 협력활동의 여부, 이해관계자의 참여활동 정도 등
	• 활동을 위한 조건: 직무관리 및 근무조건관리 = 직무배치, 직원훈련 및 교육, 근무조건(조직의 직원에 대한 지원 정도. 금수준 및 직원복지수준 등), 근무환경, 직원참여 등
결과영역	• 경제적 결과: 매출액, 생산량, 영업이익, 재화와 서비스의 이용자 수, 이용자만족 등
	• 사회적 결과(지역사회이익): 사회소외계층을 위해 창출된 일자리 수, 사회자본의 향상, 이익의 지역사회반환 등

2. 사회적 경제조직 성과관리모델

본 연구에서 제시하는 사회적 경제조직 성과관리모델은 단계별·요소별 성과관리모델이다. 단계별성과관리를 위하여 투입을 가치영역으로, 행동은 과정영역으로 그리고 산출과 결과부분은 결과영역으로 전환하여 영역별로 성과를 측정한다. 또한 요소별 성과관리를 위해 가치영역의 측정요소를 사회적 가치 지향성과 경제적 가치 지향성으로 보며 과정영역의 측정요소는 직무관리, 근무조건관리, 갈등관리 그리고 협력관리로 구성되어 있다고 본다, 마지막으로 결과영역은 경제적 결과와 사회적 결과로 측정요소가 구성되어 있다고 본다. 아래의 그림은 본 연구가 제시하는 사회적 경제조직 성과관리모델(안)을 나타내준다.

<그림 6-2> 사회적 경제조직 성과관리모델(안)

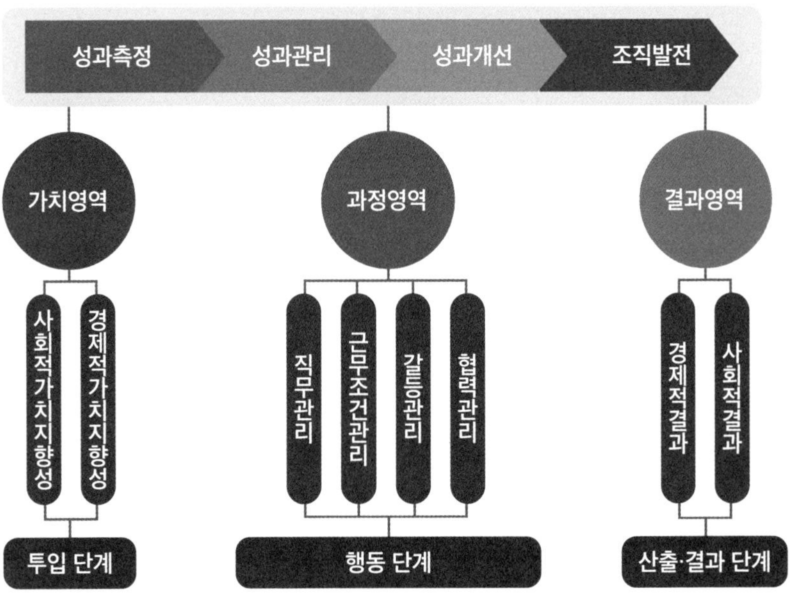

위의 모델에서 모든 성과구성영역이 인과관계를 형성하는 것은 아니다. 즉, 사회적 가치 지향성의 인식 정도가 높으면 경제적 결과나 사회적 결과의 향상에 영향을 줄 수 있지만 행동단계에서 직무관리나 근무조건관리에 직접적인 영향을 준다고 할 수 없다. 즉, 근무조건관리에 속하는 임금조건이 직원복지향상이나 나아가 경제적 결과나 사회적 결과에 영향을 줄 수 있지만 경제적 가치지향성이나 사회적 가치지향성과 같은 투입단계에서 가치구성요소가 근무조건관리에 직접적인 영향을 주는 것은 아님으로 모든 단

계의 성과구성요소들은 상호배타적이기고 하면서 상호관계적인 측면을 동시에 내포한다고 할 수 있다.

위의 모델을 사회적 경제조직의 성과관리를 위한 측정모델로 적용하는데 있어 다음과 같은 사안이 고려될 수 있다. 먼저, 단순히 결과부분의 성과를 측정하기 위해서라면 결과부분의 성과요소에 대한 측정을 통해 현 조직이 창출한 경제적 가치와 사회적 가치의 실현 정도를 파악할 수 있다. 하지만 투입부터 결과에 이르기까지 모든 단계에서 성과를 측정하게 되면 인과관계에 대한 분석이 가능하게 되어 성과요소들이 결과에 영향을 미치는 요소별 영향력의 정도를 분석할 수 있으며 나아가 투입과 과정영역에서 결과영역까지의 전 과정에 대한 단계별 요소별 영향요인을 확인하는 것이 가능하여 조직을 바라보는 전체주의적 관점에서 성과관리를 보다 효과적으로 수행하는데 도움을 줄 수 있다.

결국, 바람직한 성과관리를 위해서는 투입(가치)에서 결과까지 모든 성과영역에서 측정이 이루어져야 한다. 성과관리는 성과를 창출하는 모든 성과의 영역과 조직 활동의 전 과정을 통해서 이루어진다. 특히, 성과관리를 위한 측정을 통해 어떤 부분의 성과창출과정이 미진하고 어떤 부분이 보다 개선되어야 하는지 그리고 성과개선을 위해서 조직적 차원에서 무엇을 어떻게 할 것인지 등에 대한 구체적인 대응방안을 도출하여야 함으로 위의 단계별·요소별 측정이 투입영역부터 결과영역까지 이루어져야 한다.

제3절

사회적 경제조직 성과관리모델과 성과관리이론 및 모델들과의 관계

1. 성과관리이론과의 관계

본 연구가 제시하는 모델인 사회적 경제조직 자기-주도성 성과측정모델(self-oriented performance measurement model for social economy organizations, SOPMSEO)의 성과측정요소는 전적으로 앞장에서 제시된 사회적 경제조직의 활동 및 운영을 설명해주는 이론적 틀에 기초하여 도출되었다. 본 모델에서 도출된 성과측정요소들과 이론의 구체적 관계는 아래와 같다.

첫째, 사회적 경제론에서 강조하는 민주적 의사결정, 직원에 대한 이익분배, 이익의 지역사회환원, 일자리창출, 공동체의식 등의 중요개념들이 성과측정영역별 요소로 전환되어 성과를 측정할 수 있도록 하였다. 예를 들어 공동체의식은 사회적 가치 지향성의 중요 측정요소이며 취약계층을 위한 일자리창출이나 이익의 지역사회환원 등은 모두 경제적 결과와 사회적 결과를 측정하는 결과부분에서 측정되도록 설계되었다. 또한 사회적 경제론에서 제시한 성과요소인 직원에 대한 이익분배를 측정하기 위하여 과정영역에서 직원의 임금을 포함한 근무조건을 측정한다.

둘째, 지역공동체주의론에서 강조하는 민주적 의사결정, 시민의 참여, 공동의 가치 그리고 책임감 등과 같은 중요 개념들도 성과측정영역별 요소로 전환되어 성과를 측정할 수 있도록 하였다. 예를 들어 민주적 의사결정과 시민참여는 과정영역에서 측정하며 공동의 가치나 책임감 등은 사회적 가치 지향성을 통해 측정한다. 또한 지역사회에 대한 책임감 등은 결과부분의 경제적 및 사회적 가치에서 일자리창출이나 지역사회공헌 등과 같은 요소를 통해 측정한다.

셋째, 이해관계자론에서 강조하는 다양한 이해관계자의 참여와 같은 중요 개념들도 성과측정영역별 요소로 전환되어 성과를 측정할 수 있도록 하였다. 예를 들어 이해관계자의 참여는 과정영역에서 지표화하여 측정한다.

넷째, 스튜어드십이론에서 강조하는 조직에 대한 소명감(사명감 또는 몰입감), 집단주의, 지역사회봉사, 공동체인식 협력 및 신뢰 등의 중요 개념들도 성과측정영역별 요소로 전환되어 성과를 측정할 있도록 하였다. 예를 들어 조직사명감은 과정영역에서 측정가능하며, 집단주의는 가치영역에서 그리고 지역사회봉사는 결과영역에서 측정할 수 있다. 또한 공동체인식 등은 사회적 가치 지향성에서 그리고 협력은 과정영역에서 지표화하여 측정하고 및 신뢰와 같은 조직사회자본 역시 사회적 가치 지향성에서 지표화하여 측정한다. 조직소명감은 기업적 측면에서 조직몰입감으로 표현되며 조직이나 직무에 대한 몰입도는 직무태도라는 개념 안에 포함됨으로 성과를 구성하는 과정영역에서 직원들의 직무나 조직에 대한 몰입이나 직무만족의 정도를 측정할 수 있다.

다섯째, 조직사회자본론에서 강조하는 협력, 신뢰, 규범과 비전 등의 중요 개념들도 성과측정영역별 요소로 전환되어 성과를 측정할 있도록 하였다. 예를 들어 협력활동은 과정영역에서 지표화하여 측정하며 신뢰와 규범 그리고 비전 등은 모두 사회적 가치지향성척도를 통해서 측정된다. 또한 조직안전과 같은 조직환경도 조직사회자본에 영향을 받는 성과측정요소이므로 과정영역에서 성과를 측정할 수 있다. 나아가 지역사회자본의 향상이 곧 사회적기업의 중요한 사회적 결과나 사회적 영향력이라는 점은 사회자본론이 사회적기업의 성과에 영향을 미치는 이론임을 의미한다.

여섯째, 사회적 기업가정신론에서 강조하는 창의성, 혁신성, 책임성, 사회적 가지치향성 등의 중요 개념들도 성과측정영역별 요소로 전환되어 성과를 측정할 수 있도록 하였다. 예를 들어 창의성이나 혁신성 등은 경제적 가치지향성을 통해서 측정되며 사회적 가치 지향성은 사회적 가치 지향성 측정 도구를 개발하여 측정하고 사회적 결과는 결과부분에서 지표화하여 측정한다. 또한 사회적 기업가정신론이 강조하는 성과요소인 갈등 및 위기관리는 과정영역에서 성과를 측정하는 중요 요소이다.

일곱째, 거버넌스이론에서 강조하는 다양한 이해관계자 참여, 협력네트워크, 집합적 의사결정구조, 타조직과의 협력 등의 중요 개념들도 성과측정영역별 요소로 전환되어 성과를 측정할 수 있도록 하였다. 예를 들어 협력, 참여 및 집단적 의사결정은 과정영역에서 지표화하여 측정한다.

이론에서 도출된 성과측정요소 중에는 협력이나 참여와 같이 중복되어 도출되는 요소들도 존재하는데 측정의 중복성을 피하기 위하여 본 모델에서는 하나의 측정요소로 인식하고 하나의 측정도구에서 측정하는 것을 기본으로 하였다.

2. 사회적 경제조직 자기주도성 성과관리모델과 기존모델들과의 관계

본 연구에서 제시하는 사회적 경제조직 성과관리모델과 지금까지 제시된 모델과의 가장 큰 차이점은 본 연구가 제시하는 모델은 자기-주도성 성과관리모델(self-oriented model)이라는 점이다. 즉, 기업이 보유한 각종 기록(자료) 등을 담은 문건 이외에 기업에 근무하는 인력으로도 외부기관이나 전문가의 도움없이 충분히 성과를 자발적으로 측정할 수 있도록 설계되었다. 이외에 기존 모델들과의 차이점을 설명해보면 아래와 같다.

첫째, 본 모델은 사회적 경제조직의 성과를 다면적 특성으로 이해하며, 가치와 결과부분에 이르기까지 성과를 측정하기 위하여 기존의 로직모델과 다중영역통제모델 그리고 비영리조직

성과관리모델인 SOPM모델의 장점을 극대화하고 한계를 극복하기 위해 노력하였다.

둘째, 성과측정의 통합적·단계적 모델과 사회적기업진흥원이 개발한 모델의 한계를 극복하기 위해 단계별·요소별로 성과를 측정하여 관리한다.

셋째, 투입부터 결과에 이르기까지 성과를 측정하는 모델과 결과부분만 성과를 측정할 수 있도록 모델을 이분화하여 적용할 수 있도록 설계되었다.

넷째, 본 모델은 성과관리를 통한 직원역량강화 및 조직사회자본강화와 조직학습 및 조직발전 나아가 지역사회자본을 강화하는데 목적을 두고 설계되었다.

다섯째, 본 모델은 성과측정 결과 값의 상대적 비교가 가능할 수 있도록 모든 지표 값을 수량화하여 측정 가능한 측정도구를 활용하여 측정을 한다는 점이 특징이다. 본 연구에서 제시하는 측정도구는 양적(정량) 지표이지만 문서중심이나 건수 중심의 정량지표가 아닌 보다 객관화된 조직 전반의 성과를 측정할 수 있는 정량지표로 구성되었다. 특히 사회적 경제조직 구성원들의 인식이나 태도 등에 대한 질문도 최대한 객관화된 점수로 집계하여 측정할 수 있도록 설계되었다.

여섯째, 본 연구에서 제시된 사회적 경제조직 성과관리모델은 조직 자체적으로 성과측정 및 성과개선을 위한 노력이 이루어질 수 있도록 하는 자기-주도성 모델로서 대부분의 자료는 직원들과 이용자들로부터 수집된다. 예를 들어, 경제적 결과의 이용자만족지표는 이용자들이 직접 작성하도록 되어 있어 재화와 서비스에 대한 객관화된 자료를 수집하도록 하였다.

다음 장에서는 보다 구체적으로 측정 가능한 사회적 경제조직 성과측정 영역별 측정도구들을 살펴보기로 한다.

제7장

한국형 사회적 경제조직 성과관리 영역별 측정요소 및 측정도구

본 장에서는 본 연구에서 제시하는 한국형 사회적 경제조직 성과관리모델에 적용할 수 있는 성과관리 영역별 측정도구와 핵심성과지표(KPI)들을 소개한다. 여기서 소개되는 단계별·요소별 측정지표들은 기본적으로 활용하기에 적합한 타당도가 입증된 측정도구(지표, 지수, 척도)들을 중심으로 소개하였으며 입증된 측정도구가 존재하지 않는 경우를 위해 자체개발한 측정지표도 동시에 소개하도록 한다. 사회적 경제조직 성과관리를 위해 반드시 측정되어야 하는 중요한 성과관리 영역의 측정요소이지만 객관성이 담보된 측정지표(또는 측정도구)가 존재하지 않는 경우 즉, 새로운 측정지표의 개발이 필요한 경우는 본 연구 범위 및 논의의 한계를 뛰어넘지 않는 범위에서 성과측정지표에 대한 기본적 틀(또는 방향성)을 담은 액면 및 내용타당도가 검증된 영역별 측정지표들을 제시한다. 도출된 핵심성과지표에 대한 내용적합성 및 내용타당도를 검증하기 위해 전문가집단심층면접을 시행하여 수정 및 보완과정을 거쳤다. 하지만 한국형 사회적 경제조직 성과관리모델에 적합한 객관적인 측정지표 즉, 모형적합도 및 구성타당도(construct validity)가 검증된 보편적 측정도구(척도)의 개발을 위해서는 또 다른 연구가 필요하다.

제7장

한국형 사회적 경제조직 성과관리 영역별 측정요소 및 측정도구

제1절 사회적 경제조직 성과의 가치영역

1. 사회적 가치 지향성 측정도구[24]

기존연구에서 제시된 사회적 기업과 같은 사회적 경제조직 성과측정모델들은 사회적 경제조직의 논리 및 운영을 뒷받침하는 이론적 틀에 기초하여 성과관리영역 및 영역별 측정요소를 도출하지 못하였으며 특히, 투입부분에서 사회적 기업가나 직원들의 인식이나 태도 등을 포함하는 가치지향성영역의 성과를 도외시하여 이를 측정하는 수량화된 객관적인 측정도구 역시 개발되어 있지 않았다. 사회적 가치 지향성을 측정하는 측정도구는 비영리조직이나 사회적 기업으로 적용할 만한 것들이 존재하지만 사회적 경제조직으로 확대 적용하기 위해서는 보다 객관적인 측정도구개발이 필요하며 경제적 가치 지향성을 측정하는 측정도구는 사회적 경제조직 부분에서 아

24 일반적으로 측정도구는 지표, 지수 그리고 척도를 의미하며 본 연구에서 측정도구 역시 지표나 지수 또는 척도를 의미하는 용어이다.

직 개발되지 못하여 존재하지 않는다. 물론, 재정적 측면에서 투입부분에 비용이나 인력 등 단순 수량화된 자료를 측정하는 지표들은 존재하지만 이는 경제적 가치 지향성이라고 보기 어려움으로 경제적 가치를 창출하는데 필요한 구성원들의 인식이나 태도를 측정할 수 있는 객관화되고 수량화된 측정도구로써 경제적 가치 지향성을 측정하는 측정도구의 개발 역시 필요하다.

본 연구에서 제시하는 사회적 경제조직 성과의 가치영역을 구성하는 사회적 가치 지향성 측정은 사회적 미션에 대한 인식이나 실현을 위한 노력이나 태도, 직원 간 신뢰나 이용자와 지역사회에 대한 신뢰, 지역사회와의 유대 및 공동체인식 등을 포함한다. 본 연구에서 사회적 가치지향성은 "사회적 경제조직이 추구하는 가치를 실현시키기 위한 관리자를 포함한 직원들의 긍정적인 인식이나 태도"로 조작적 정의를 하며 사회적 가치지향성을 구성하는 구성요소(측정요소)는 기업의 가치와 미션에 대한 이해, 지역사회문제에 대한 인식, 지역사회와의 유대와 공동체 인식 그리고 조직사회자본이다. 사회적 가치 지향성에 포함되어야 하는 측정요소들은 다음의 그림과 같다.

<그림 7-1> 사회적 경제조직 사회적 가치 지향성 측정도구의 구성요소

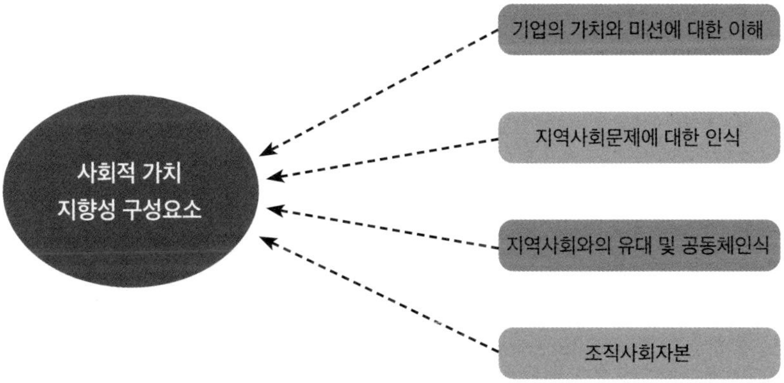

위와 같이 사회적 가치 지향성은 사회적 경제조직이 추구하는 가치를 실현시키기 위한 관리자를 포함한 직원들의 긍정적인 인식이나 태도 등을 측정하는 측정도구로써 작동하지만 위의 정의에 적합한 객관화되고 수량화된 측정도구는 개발되지 않았으므로 기존 개발된 측정도구 중 보완하여 활용하였다. 본 연구가 사회적 경제조직의 사회적 가치지향성 측정도구개발에 활용한 제3부문 조직 영역에서 이미 개발되어 제시된 측정도구들을 소개하면 다음과 같다.

1) 지은구·김민주·이영광(2019)이 개발한 비영리조직 사회적 가치 지향성 척도

사회적 가치의 실현을 중요한 조직미션으로 설정한 사회적 경제조직과 같이 비영리조직 역시 사회적 가치의 실현을 목적으로 한다는 점에서 두 조직의 활동노선은 일정 부분 같다고 할 수 있다. 지은구 외는 2018년 사회복지관 자기주도성 성과관리모델과 2019년 사회복지관 성과관리척도집을 통해서 비영리조직인 사회복지관의 사회적 가치지향성을 측정하는 척도를 개발하여 제시하였다. 그들은 비영리조직의 사회적 가치 지향성이 비전과 규범 그리고 신뢰로 구성되는 개념으로 이해하고 이들 세 영역의 관리요소를 사회적 가치 지향성으로 명명하였다. 이들이 제시한 사회적 가치지향성의 세 측정 영역은 복지관의 비전과 미션(또는 목적과 목표)에 대한 기관장 및 직원들의 공유 정도, 가치실현을 위한 그들의 행동에 영향을 미치는 공유된 규범의 정도, 기관장의 가치지향성을 위한 노력의 정도 및 능력, 그리고 가치실현을 위한 노력에 대한 직원들의 신뢰의 정도 등을 포함한다. 아래의 그림은 사회적 가치 지향성의 구성영역을 나타내준다.

<그림 7-2> 비영리조직 사회적 가치 지향성의 구성영역

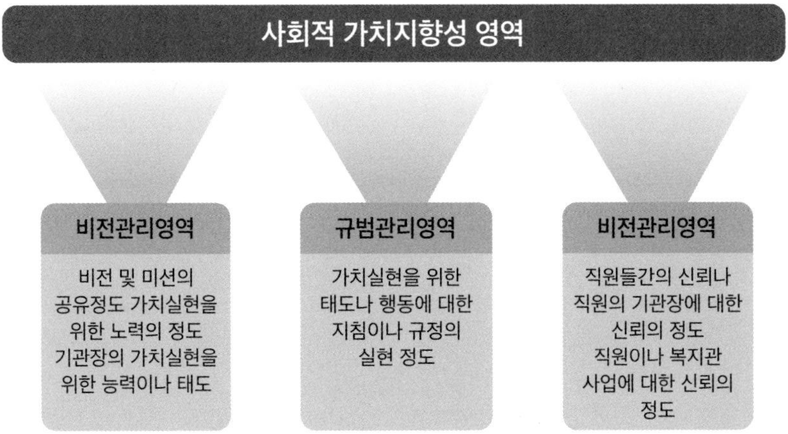

출처: 지은구 외(2019). P, 69, 그림 4-1에서 재인용

이들에 따르면 사회적 가치 지향성의 구성요소인 비전은 조직의 가치와 미션을 연결하는 연결고리의 역할을 수행한다. 따라서 성과의 가치영역은 비전과 미션이라는 개념을 중심으로 구성된다. 비전관리는 조직이 추구하는 가치의 실현여부를 관리하는 영역으로 비전관리에는 당연히 미션에 대한 관리도 포함한다. 이들은 비전관리가 사회복지관의 미션 및 비전의 사회적 가치지향성(8문항), 관장을 포함한 직원들의 비전 및 미션의 공유(3문항), 관장의 리더십(3문항) 및 업무수행 전문적 능력(3문항), 관장의 조직운영철학(6문항) 등 네 개의 측정요소로 구성된 개념으로 이해하였으며 선행연구 및 전문가집단의 심층면접을 거쳐 내용타당도가 검증된 총 23개의 질문항목을 도출하였다.

사회적 가치 지향성의 두 번째 구성요소인 규범이란 조직구성원들에 의해 공유되고 전파되며 특정한 상황에 대해 조직구성원들이 유사한 방식으로 행동하도록 만드는 것을 의미한다. 따라서 조직의 규범을 관리하기 위해 필요한 관리구성요소로는 사회복지관 윤리경영규정, 직원들을 위한 윤리강령, 행동원칙이나 기준, 직원사명 또는 실천원칙과 직원헌장이나 이용자헌장 등이 있을 수 있다. 규범관리의 적절성을 측정하기 위한 성과관리 가치영역의 규범관리 측정요소로는 첫째, 기관의 윤리경영을 위한 준비(1문항), 둘째, 기관의 윤리경영을 위한 노력의 정도(2문항), 셋째, 직원들의 윤리경영규정, 윤리강령, 직원들의 행동원칙이나 실천원칙 또는 직원헌장 그리고 이용자헌장 등의 준수 여부(3문항) 등이 포함되는 개념으로 이해하였으며 선행연구 및 전문가집단의 심층면접을 거쳐 내용타당도가 검증된 총 6개의 질문항목을 도출하였다.

사회복지관의 성과관리 투입측면에서 마지막 구성요인인 신뢰는 조직구성원들 상호간의 신뢰와 이용자들의 조직과 직원 그리고 사업에 대한 신뢰 그리고 지도자에 대한 신뢰를 관리한다는 것을 의미한다. 따라서 신뢰관리의 정도를 측정하기 위한 측정요소, 즉 복지관 신뢰관리의 적절성은, 첫째, 직원 상호 간의 신뢰(3문항), 둘째, 직원들의 직장상사에 대한 신뢰(6문항), 셋째, 이용자들의 조직에 대한 신뢰와 직원들의 조직에 대한 신뢰(10문항), 넷째, 직원들의 복지관 사업 및 프로그램에 대한 신뢰(4문항)의 정도를 통해 측정될 수 있는 개념으로 이해하였으며 선행연구 및 전문가집단의 심층면접을 거쳐 내용타당도가 검증된 총 32개의 질문항목을 도출하였다. 지은구 외(2019)는 도출된 예비 사회적 가치지향성척도의 구성타당도를 검증하기 위해 전국의 사회복지관 직원들을 대상으로 설문조사를 시행하여 최종 척도의 신뢰도 및 수렴타당도와 판별타당도를 검증하였다. 최종 7점 척도로 측정하는 객관성이 입증된 3개의 구성요소(신뢰관리, 규범관리, 비전관리)로 구분되는 사회적 가치지향성은 총 37개 질문항목으로 구성된다. 이들이 제시한 사회적 가치지향성척도는 아래의 표와 같다.

<표 7-1> 비영리 조직(사회복지관) 사회적 가치 지향성 척도

사회적 가치 지향성 척도									
비전관리			동의 정도						
			1	2	3	4	5	6	7
비전과 미션의 공유와 달성 노력	1.	나는 우리 기관의 미션과 비전을 잘 알고 있다.							
	2.	우리 기관은 미션을 성취하기 위해 노력하고 있다.							
	3.	우리 기관의 모든 과업행동은 미션성취와 연관이 있다.							
	4.	우리 기관의 비전은 미션과 상호 연관이 있다.							
	5.	우리 기관의 비전은 사회적 가치(사회복지증진)실현과 연관이 있다.							
	6.	우리 기관은 비전을 성취하기 위해 노력하고 있다.							
	7.	우리 기관의 모든 과업행동은 비전성취와 연관이 있다.							
	8.	우리 기관의 직원들은 우리조직이 조직의 미션 및 비전을 성취하기 위해 노력하고 있다고 생각한다.							
지도자의 비전 및 미션 달성 능력과 태도	9.	관장은 기관을 둘러싼 환경에 적극적으로 대처할 수 있는 능력이 있다.							
	10.	관장은 직원 및 이용자의 생각을 이해하기 위해 노력한다.							
	11.	관장은 직원들로부터 업무수행에 있어 전문적 능력을 인정받고 있다.							
	12.	관장은 직원들의 성장 및 역량강화에 도움이 되는 슈퍼비전을 제공한다.							
	13.	관장은 개인의 이익보다 사회적 이익을 더욱 중요시한다. (= 개인적 이익은 기관 버스 등과 같은 비품이나 용품의 개인적 사용이나 직원들에게 개인적 업무부탁 등 의미)							
	14.	관장은 모든 직원들과 열린 의사소통을 한다.							
	15	관장은 직원들의 성장을 중요하게 생각하며 이를 적극적으로 지원한다.							

규범관리			동의 정도						
			1	2	3	4	5	6	7
윤리 행동	1.	우리 기관은 직원들의 윤리적 행동을 규정하는 각종 지침이나 규정(윤리헌장/윤리강령/윤리기준)을 가지고 있다.							
	2.	우리 기관은 설정된 윤리경영을 실현하기 위해 노력하고 있다.							
	3.	우리 기관의 윤리경영 규정은 현실에 맞게 설정되어 있으며 실현가능하다.							
	4.	우리 직원들은 조직의 윤리헌장/윤리강령/윤리기준을 잘 알고 있다.							

신뢰관리			동의 정도						
			1	2	3	4	5	6	7
이용자들의 조직 및 직원에 대한 신뢰	1.	나는 우리 기관의 이용자들이 기관의 운영원칙이나 규정을 신뢰한다고 생각한다.							
	2.	나는 우리 기관의 이용자들이 기관을 신뢰한다고 생각한다.							
	3.	우리 기관의 이용자들은 기관이 그들에게 든든한 지원을 제공할 것이라고 믿고 있는 것 같다.							
	4.	우리 기관의 이용자들은 기관의 결정에 잘 따른다.							
	5.	우리 기관의 이용자들은 관장을 포함한 직원들을 신뢰한다고 생각한다.							
직원들의 조직에 대한 신뢰	6.	나는 기관이 직원들에게 한 약속을 잘 이행한다고 생각한다.							
	7.	나는 우리 기관이 직원 의견을 반영하기 위해 노력한다고 생각한다.							
	8.	우리 직원의 기관에 대한 신뢰는 매우 두텁다.							
	9.	나는 우리 기관의 의사결정구조와 결정을 신뢰한다.							

직원들의 직장 상사에 대한 신뢰	10.	나는 직무와 관련해서 어려움에 처하는 경우 직장상사들에게 의지할 수 있다.							
	11.	직장상사들은 조직에 해를 끼치는 어떠한 행동도 하지 않을 것이다.							
	12.	직장상사들은 약속한 것을 지킬 것이다.							
	13.	직장상사들은 수행되어져야 하는 일들에 관해 충분한 지식을 가지고 있다.							
	14.	직장상사들의 말과 행동은 일치한다.							
	15.	직장상사들은 직원들과 정보를 공유한다.							
직원 간 및 직원의 프로그램에 대한 신뢰	16.	나는 우리 기관이 제공하는 사업이나 프로그램을 신뢰한다.							
	17.	나는 우리 기관이 제공하는 프로그램이 이용자들에게 많은 도움이 될 것이라고 생각한다.							
	18.	우리 기관의 프로그램은 타기관에 추천할 만하다.							

출처: 지은구 외. 2019. 사회복지관 성과관리 척도집. p, 455-475에서 재인용

2) 장현숙·지은구(2021)가 개발한 사회적 기업 사회적 가치 지향성 척도

사회적 경제조직의 사회적 기업에서 활용될 수 있는 사회적 가치지향성 척도는 장현숙·지은구(2021)에 의해서 개발되어 제시되었다. 이들은 탐색 및 확인적 요인분석을 통해 사회적 가치지향성의 구성요소를 도출하고 이에 대한 적합도가 확인된 최종 22개 문항으로 구성된 척도를 개발하였다. 이들이 제시한 사회적 가치지향성의 구성요소는 미션공유, 윤리, 협력, 상호신뢰 그리고 가치공유로써 신뢰도가 확보되었으며 최종 척도에 대한 판별 및 수렴타당도도 검증된 척도이다. 이들이 개발하여 제시한 척도는 Likert 7점 척도를 활용하였으며 1점은 '전혀 그렇지 않다'이고 7점은 '항상 그렇다'이다. 척도는 아래와 같다.

<표 7-2> 사회적 기업 사회적 가치 지향성 척도

질문			동의 정도						
			1	2	3	4	5	6	7
미션 공유	1	우리 기업은 개인의 이익보다 공공의 이익을 더욱 중요시 한다.							
	2	우리 기업이 설정한 사업의 목적과 목표를 잘 이해하고 있다.							
	3	우리 기업이 설정한 사업의 목적과 목표는 사회적 가치 지향성을 띠고 있다.							
윤리	4	우리 기업은 구성원들의 윤리적 행동을 규정하는 각종 지침이나 규정을 가지고 있다.							
	5	우리 기업은 설정된 윤리경영을 실천하기 위해 노력하고 있다.							
	6	우리 기업의 윤리규정은 현실에 맞게 설정되어 있으며 실현가능하다.							
	7	우리 기업의 구성원들은 조직의 윤리강령을 잘 알고 준수한다.							
	8	우리 기업은 정기적으로 구성원 회의를 개최하며 회의가 도움이 된다.							
협력	9	우리 기업은 대표와 구성원들이 상호 우호적이다.							
	10	우리 기업의 구성원들은 이용자(고객)나 가족과 열린 의사소통을 한다.							
	11	우리 기업은 구성원들이 함께 일하는 것을 즐거워한다.							
	12	우리 기업의 구성원들은 현재의 직업에 대한 자부심이 있다.							
	13	우리 기업의 제품(서비스)들은 이용자들에게 많은 도움이 될 것이다.							
상호 신뢰	14	우리 기업의 제품(서비스)들은 다른 곳에 추천할 만하다.							
	15	우리 기업은 양질의 제품(서비스)들을 제공 한다.							
	16	우리 기업에서 추구하는 제품(서비스)들은 계획에 맞게 이루어지고 있다.							
	17	우리 기업의 제품(서비스)에 대해 잘 알고 있다.							
	18	우리 기업은 이용자(고객)들로부터 업무수행에 전문적 능력을 인정받고 있다.							

가치 공유	19	우리 기업은 지역사회에서 인정받고 있다.							
	20	우리 기업은 지역사회 안정화에 기여한다.							
	21	우리 기업은 구성원들의 삶의 질 향상에 기여한다.							
	22	우리 기업은 구성원들에게 다양한 훈련을 제공한다.							

출처: 장현숙·지은구. 2021. p, 63. 표-11에서 재수정

3) 손제희(2015)가 개발한 조직사회자본척도

사회적 경제조직의 구성원들이 인식하는 조직사회자본의 정도를 직접적으로 측정하는 척도는 개발되어 있지 않지만 비영리조직의 경우 조직사회자본을 측정하는 척도는 개발되어 있다. 가장 대표적으로는 손제희(2015)가 개발하여 제시한 신뢰도와 타당도가 검증된 조직사회자본척도는 아래의 표와 같다. 조직사회자본척도는 신뢰, 규범, 비전공유, 관계망, 참여라는 5가지 차원, 29개 문항으로 구성되어 있으며, 5점 리커트 척도를 이용하여 '매우 그렇지 않다'(1점)에서 '매우 그렇다'(5점)로 측정하였다. 손제희의 연구(2015)에서 본 척도의 신뢰도(Cronbach's alpha)는 .95로 나타나 신뢰도는 확보되었으며 구성타당도(수렴 및 판별타당도) 역시 검증되었다.

<표 7-3> 비영리조직 사회자본척도

	번호	질 문	①전혀 그렇지 않다	②그렇지않다	③보통이다	④그렇다	⑤매우 그렇다
신뢰	1	우리 기관의 운영방침을 믿는다.	①	②	③	④	⑤
	2	우리 기관이 내리는 결정들을 믿는다.	①	②	③	④	⑤
	3	우리 기관은 누구든지 노력한만큼 인정해준다.	①	②	③	④	⑤
	4	우리 기관은 약속을 잘 지킨다.	①	②	③	④	⑤
	5	우리 기관은 직원의 의견을 반영하려고 노력한다.	①	②	③	④	⑤
	6	우리 기관은 권한위임이 잘 이루어지고 있다.	①	②	③	④	⑤
	7	우리 기관은 직원들의 고충을 잘 배려한다.	①	②	③	④	⑤
	8	우리 기관은 직원들의 근무여건 향상을 위해 노력한다.	①	②	③	④	⑤
	9	우리 기관의 직무관리는 형평성있게 이루어지고 있다.	①	②	③	④	⑤
	10	우리 기관의 상사는 직원들에게 공정하게 대우한다.	①	②	③	④	⑤
	11	우리기관의 상사는 직원들을 믿는다.	①	②	③	④	⑤
	12	우리 기관의 직원들은 다른 직원이 업무상 어려운 상황에 처할 경우 적극 나서서 도우려고 할 것이다.	①	②	③	④	⑤
	13	우리 기관의 직원들은 서로 믿는다.	①	②	③	④	⑤

	번호	질 문	①전혀 그렇지 않다	②그렇지 않다	③보통이다	④그렇다	⑤매우 그렇다
규범	14	우리 기관은 운영규정이 잘 마련되어 있다.	①	②	③	④	⑤
	15	우리 기관의 직원들은 운영규정을 잘 지킨다.	①	②	③	④	⑤
	16	우리 기관은 질서가 잘 유지되고 있다.	①	②	③	④	⑤
	17	우리 기관의 직원들은 시민의식(공동체주의, 준법정신, 친사회적 성향 등)이 높은 편이다.	①	②	③	④	⑤
	18	우리 기관의 직원들은 이용자의 이익을 우선시한다.	①	②	③	④	⑤
	19	우리 기관은 직원들 간 의견이 일치하지 않을 때 합의를 도출하려고 노력한다.	①	②	③	④	⑤

	번호	질 문	①전혀 그렇지 않다	②그렇지 않다	③보통이다	④그렇다	⑤매우 그렇다
비전공유	20	우리 기관은 비전을 공유하고 있다.	①	②	③	④	⑤
	21	우리 기관의 비전은 구체적이고 명확하다.	①	②	③	④	⑤
	22	우리 기관의 비전은 환경변화에 적응할 수 있는 유연성을 가지고 있다.	①	②	③	④	⑤
	23	우리 기관은 기관의 발전과 직원개인의 발전을 함께 지향한다.	①	②	③	④	⑤
	24	우리 기관의 비전설정에 직원들이 참여한다.	①	②	③	④	⑤
	25	우리 기관은 사회적으로 가치있는 일을 실천한다.	①	②	③	④	⑤
	26	우리 기관의 직원들은 기관의 목표를 달성하기 위해 노력한다.	①	②	③	④	⑤

	번호	질 문	①전혀 그렇지 않다	②그렇지 않다	③보통이다	④그렇다	⑤매우 그렇다
관계망	27	우리 기관은 직원들에게 필요한 정보를 충분히 제공하고 있다.	①	②	③	④	⑤
	28	우리 기관은 업무처리와 관련하여 부서(팀) 간 접촉이 용이하다.	①	②	③	④	⑤
	29	우리 기관은 구성원들 간 의사소통이 활발하다.	①	②	③	④	⑤
	30	우리 기관은 회의나 간담회를 자주 한다.	①	②	③	④	⑤
	31	우리 기관은 슈퍼비전이 잘 이루어지고 있다.	①	②	③	④	⑤
	32	우리 기관의 직원들은 서로 정보를 공유한다.	①	②	③	④	⑤
	33	우리 기관의 직원들은 상호 협력한다.	①	②	③	④	⑤
	34	우리 기관의 직원들은 친밀한 관계를 맺고 있다.	①	②	③	④	⑤
	35	우리 기관의 직원들은 서로 지지하고 의지한다.	①	②	③	④	⑤

	번호	질 문	①전혀 그렇지 않다	②그렇지 않다	③보통이다	④그렇다	⑤매우 그렇다
참여	36	우리 기관의 직원들은 친선도모를 위한 모임(동호회, 회식, 체육대회, 등산, 전시회, 영화관람 등)에 적극 참여한다.	①	②	③	④	⑤
	37	우리 기관의 직원들은 사이버 커뮤니티(홈페지, 카페 등 가상공동체)에 적극 참여한다.	①	②	③	④	⑤
	38	우리 기관의 직원들은 직원들의 이해와 관련된 원칙(취업규칙, 복무규정, 복지후생 등)을 정할 때 의견을 제시한다.	①	②	③	④	⑤
	39	우리 기관은 기관운영과정에 직원들이 참여할 수 있는 환경이 구비되어 있다.	①	②	③	④	⑤

3) Crucke와 Decramer(2016)의 사회적 가치지향성 관련 측정도구

Crucke와 Decramer(2016)은 전문가 초점집단면접과 확인적 요인분석을 통해 모형적합도의 신뢰도가 검증된 사회적 기업 성과측정문항을 포함한 측정도구를 도출하였다. 이들은 성과를 경제적 성과, 환경적 성과, 지역사회성과, 인간성과, 거버넌스성과의 5개 영역으로 제시하고 거버넌스성과가 순응성, 공유된 비전, 명확한 조직 미션과 목적, 참여적인 의사결정 그리고 이사 및 직원들의 전략적 역할로 구성된 개념이며 총 25개의 질문항목으로 구성되어 있음을 검증하여 제시하였다. 이들이 제시한 거버넌스영역을 보면 사회적 가치지향성을 구성하는 조직사회자본의 요소인 공유된 비전과 조직과 조직의 비전과 미션에 대한 이해를 나타내는 명확한 조직목적에 대한 질문항목이 포함되어 있다. 이들이 검증하여 제시한 사회적 가치지향성과 연관이 있는 질문항목을 소개하면 다음과 같다.

<표 7-4> Crucke와 Decramer(2016)의 사회적 가치지향성 관련 측정도구

질문			동의 정도						
			1	2	3	4	5	6	7
공유된 비전	1	우리기업의 직원(이사회포함)들은 조직에 대한 같은 희망과 비전을 공유하고 있다							
	2	우리기업의 직원(이사회포함)들은 열정적으로 집단적 목적과 미션을 추구한다.							
	3	우리기업의 직원(이사회포함)들은 조직목적을 향해 헌신한다.							
	4	우리기업의 직원(이사회포함)들은 자신들을 조직방향을 계획하는 파트너로 바라본다.							
	5	우리기업의 직원(이사회포함)들은 공통된 목적을 가지고 있다.							
	6	우리기업의 직원(이사회포함)들은 조직의 비전에 전적으로 동의한다.							

명확한 조직 미션과 목적	7	우리기업의 목적은 모든 이해관계자의 요구와 욕구를 충족시킨다.							
	8	우리기업의 목적은 외부인에게 설명하기 쉽다,							
	9	우리기업의 미션은 기업의 모든 구성원들에게 분명하다.							
	10	우리기업의 목적은 분명하게 정의되어 있다.							

위의 성과측정 질문항목(도구)은 전문가집단으로부터 내용타당도를 검증받아 수정 및 보완과정을 거친 후 요인분석을 통해 적합도와 신뢰도를 검증받았다는 장점이 있다. 하지만 최종 측정도구들에 대한 구성타당도는 검증받지 않았다는 한계 역시 내포한다.

4) 사회적 경제조직 사회적 가치 지향성 측정도구(안)

(1) 사회적 가치지향성 측정도구의 근거

본 연구는 사회적 가치지향성을 구성하는 기업의 가치와 미션에 대한 이해, 지역사회문제에 대한 인식, 지역사회와의 유대와 공동체인식 그리고 조직사회자본의 정도를 측정하기 위해 아래와 같은 사회적 가치지향성 측정도구(social value orientation measure)를 제시한다. 아래의 측정도구에 포함되어 있는 질문항목들은 모두 앞에서 소개한 사회적가치지향성관련 측정도구들을 기반으로 하여 이론적 배경 및 선행연구를 통해 도출되었다. 특히, Crucke와 Decramer(2016)가 도출하여 검증한 거버넌스성과 측정관련 질문항목과 장현숙과 지은구(2021)가 개발한 사회적 기업 사회적 가치지향성척도를 사회적 경제조직에 확대·적용하기 위하여 사회적 경제조직의 성과관리모형에 맞게 수정 및 보완하여 예비측정문항을 선정하였다. 특히, 사회적 경제조직이 추구하는 사회적 가치에 대한 선행연구 및 사회적 경제조직의 성과에 대한 이론적 배경을 분석하여 이로부터 1차 사회적 가치지향성 예비 측정을 위한 22개 문항을 도출하였다.

(2) 사회적 가치지향성 측정도구 개발과정

사회적 경제조직이 창출하는 사회적 가치지향성의 정도를 측정하기 위해 선행연구를 통해 1차로 도출된 예비 사회적 가치 지향성 개념을 설명하는 총 4개의 구성요소(components) 및 구성요소별 22개의 측정 질문항목은 사회적 가치지향성을 설명하는 이론 및 기존 측정질문항목에 근거하여 자체개발한 예비문항으로 내용타당도가 입증되지 않았다. 사회적 경제조직이 추구하는 사회적지향성의 정도를 측정하기 위해서는 사회경제관련 전문가집단으로부터 예비 사회적 가치지향성 측정도구가 측정하기에 내용이 적합한 측정도구인지에 대한 검증과정을 거치는 수정 및 보완단계가 필요하다. 즉, 개발하려는 측정도구의 내용이 적합한지를 검증하기 위해 액면 및 내용타당도 검증과정을 거쳐 도출된 측정도구를 수정 및 보완을 하는 과정이 필요하다.

본 연구에서는 자체개발하여 제시한 예비 성과영역별 측정도구들의 내용적합성 및 내용타당도를 검증하기 위해 전문가집단심층면접을 시행하였다. 즉, 사회적 가치지향성측정도구가 사회적 경제조직관련 전문가들로부터 적합한 내용을 담고 있으며 사회적가치지향의 정도를 측정하기에 적합한 질문항목들로 구성되어 있는지를 확인받고 수정의견을 반영하여 보완 및 수정하는 과정을 통해 보다 적합하고 내용타당도가 향상된 측정도구를 개발하여 제시하기 위하여 전문가심층면접을 시행하였다. 일반적으로 측정도구개발에 있어 액면 및 내용타당도를 검증받는 것은 반드시 필요한 과정이다(DeVellis, 2012; 지은구 외, 2019).

예비측정도구의 측정요소 및 측정지표들에 대한 내용적합성여부를 확인하기 위하여 사회적 경제조직에서 근무하는 현장전문가를 대상으로 1차 포커스집단면접을 통해 사회적 가치지향성을 구성하는 4개의 영역 및 영역별 핵심지표에 대한 내적일관성을 검증받는 과정을 거쳤다. 전문가심층면접 결과 1차로 도출된 22개 측정예비문항에 대한 액면 및 내용타당도 검증을 통해 내용적합성이 부족한 것으로 지적된 총 5개 문항이 삭제되고 두 개 문항이 수정되어 최종 네 개 영역의 15개 질문항목으로 구성된 사회적 가치지향성 측정도구가 개발되었다. 심층면접에 참가한 전문가집단은 사회적 경제조직에서 5년 이상 근무한 경험이 있는 대표나 팀장급 이상의 현장전문가들을 대상으로 구성되었으며 총 6명의 전문가가 참가하였다.

<표 7-5> 1차 포커스집단 심층면접 구성원 명단

영역	직위	비고
현장전문가	사회적 기업 000 대표	
	사회적 기업 0000 사무국장	
	경북 00 사회적 협동조합 대표	
	00 지역자활센터 00사업단 단장	
	000 사회적 협동조합 대표 이사	
	00 사회적 기업 지원센터 팀장	

모든 포커스집단면접은 현장의 실태를 이해하고 파악하는데 수행되는 질적 조사방법이며 주로 수집되는 자료는 질적 자료이다. 포커스집단면접은 2022년 1월에서 3월 사이에 이루어졌으며 면접 일주일전에 당사자들에게 인터뷰가이드를 배포하여 면접 당일 불필요한 시간을 줄이고 집약적으로 내용을 다루도록 유도하였다. 원활한 질적 자료의 분석을 위해 모든 면접내용은 녹음하였으며 녹취록을 작성하여 코딩을 한 후 부호화단계를 거쳐 중심주제나 패턴을 발견하는 주제 분석(Thematic analysis)을 수행하였다. Braun과 Clarke(2006)에 따르면 질적연구방법에서 자료분석을 위해 활용

되는 주제 분석은 다양한 자료세트의 주요 특징을 요약하고 강조하며 해석할 수 있는 강력한 분석 방법이며 질적 분석의 기초가 된다.

포커스그룹면접을 통해 1차 수정·보완된 사회적 경제조직 사회적 가치지향성 측정항목은 크게 4개의 영역으로 구성(조직의 가치와 미션에 대한 인식, 지역사회문제에 대한 인식, 지역사회와의 유대 및 공동체성에 대한 인식, 조직사회자본에 대한 인식)되어 있으며 아래와 같다.

<표 7-6> 사회적 경제조직 사회적 가치지향성 1차 측정도구(안)

사회적 가치지향성		
측정요소	번호	측정내용(질문항목)
조직가치와 미션	1.	나는 우리기업이 추구하는 사회적 가치를 잘 알고 있다. * 사회적 가치는 사회적 기업의 친사회적 성향 즉, 지역사회문제해결, 주민복지증진과 삶의 질 향상 그리고 지역사회발전 등을 의미
	2.	나는 우리 기업의 비전과 미션을 잘 알고 있다.
	3.	우리 기업의 미션과 비전은 사회적 가치의 실현과 깊은 연관이 있다.
	4.	우리 기업은 사회적 가치를 실현하기 위하여 노력한다고 생각한다.
지역사회 문제에 대한 인식	5	나는 우리지역사회의 당면한 문제를 잘 알고 있다.
	6.	나는 우리 기업이 지역사회문제를 해결하기 위해 노력한다고 생각한다.
	7.	우리기업은 지역주민의 고통이나 문제를 이해하기 위해 노력하고 있다고 생각한다.
지역사회와의 유대 및 공동체 인식	8.	우리기업은 항상 주민들의 편이라고 생각한다.
	9.	지역주민들은 우리기업을 신뢰한다고 생각한다.
	10.	지역사회와 지역주민이 있기에 우리기업이 존재한다고 생각한다.
조직사회 자본	11.	우리기업의 구성원들은 서로를 신뢰한다.
	12.	우리기업의 구성원들이 갖는 기업에 대한 신뢰는 매우 두텁다.
	13.	나는 우리기업의 의사결정구조와 결정을 신뢰한다.
	14.	나는 우리기업이 구성원들의 의견을 반영하기 위해 노력한다고 생각한다.
	15.	나는 우리기업이 제공하는 재화(상품)나 서비스가 지역주민들에게 많은 도움이 될 것이라고 생각한다.

위와 같은 선행연구 및 1차 심층면접을 통하여 4개 영역의 총 15개 문항으로 구성된 사회적 가치 지향성 예비측정도구의 귀결 및 내용타당도를 검증하기 위하여 2차 포커스집단 전문가심층면접을 시행하였다. 2차 전문가심층면접을 위한 포커스집단은 제3부문(특히, 사회경제기업)에서 활동하는 관련 전문가들과 학계전문가들로 구성되었다.

<표 7-7> 2차 포커스집단 심층면접 구성원 명단

영역	직위	비고
현장전문가	사회적 기업 000 대표	
	사회적 기업 0000 사무국장	
	경북 00 사회적 협동조합 대표	
	00 지역자활센터 00사업단 단장	
	000 사회적 협동조합 대표 이사	
학계전문가	00대학교 사회복지과 교수	
	00대학교 복지상담학과 교수	
	경북 행복재단 선임연구원	

현장전문가집단은 제3부문 조직에서 5년 이상 근무한 사회적 경제조직 대표 총 5명이며 학계전문가는 사회복지 관련학과에서 근무하는 부교수급 이상 교수와 공공출연 연구기관에서 사회복지 및 사회경제관련 연구를 담당하는 선임연구원 등 총 8명으로 구성되었으며 사전에 심층면접을 위한 인터뷰가이드를 배포한 후 심층면접을 시행하여 사회적 가치지향성의 영역과 영역별 구성항목을 포함한 예비 척도에 대한 귀결 및 내용타당도를 검증받았다. 심층면접은 약 2시간에 걸쳐 이루어졌으며 녹취를 통해 내용을 분석한 결과 질문내용의 애매성으로 15개 항목 중 14개 문장이 수정되었다. 심층면접을 통해 귀결 및 내용타당도가 검증된 최종 사회적 가치 지향성 2

차 측정도구의 질문영역 및 항목은 다음과 같다. 본 연구에서는 도출된 측정도구가 15개의 복합항목으로 구성되어 있지만 항목 간 논리적 연관성을 입증하는 구성타당도를 검증받지는 못하였으므로 척도가 아닌 사회적 가치 지향성 지수라고 명명한다.

<표 7-8> 사회적 경제조직 사회적 가치 지향성 측정도구 2차 수정 (안)

사회적 가치 지향성		
측정요소	번호	측정내용(질문항목)
조직가치와 미션	1.	나는 우리기업이 추구하는 사회적 가치를 잘 설명할 수 있다. * 사회적 가치는 사회적 기업의 친사회적 성향 즉, 지역사회문제해결, 주민복지증진과 삶의 질 향상 그리고 지역사회발전 등을 의미.
	2.	나는 우리 기업의 비전과 미션을 잘 이해하고 있다.
	3.	우리 기업의 미션과 비전은 사회적 가치의 실현과 연관이 있다.
	4.	우리 기업은 사회적 가치를 실현하기 위하여 노력한다.
지역사회 문제에 대한 인식	5	우리 기업은 지역사회의 당면한 문제를 잘 알고 있다.
	6.	우리 기업은 지역사회문제를 해결하기 위해 노력하고 있다.
	7.	우리 기업은 지역주민의 고통이나 문제를 이해하기 위해 노력하고 있다.
지역사회와의 유대 및 공동체인식	8.	우리 기업은 항상 주민들의 편이다.
	9.	지역주민들은 우리 기업을 신뢰한다.
	10.	지역사회와 지역주민이 있기에 우리 기업이 존재한다.
조직 사회자본	11.	우리 기업의 구성원(직원)들은 서로를 신뢰한다.
	12.	우리 기업의 구성원(직원)들이 갖는 기업에 대한 신뢰는 매우 두텁다.
	13.	나는 우리 기업의 의사결정구조와 결정을 신뢰한다.
	14.	우리 기업은 구성원(직원)들의 의견을 반영하기 위해 노력한다.
	15.	우리 기업이 제공하는 재화(상품)나 서비스는 지역주민들에게 도움이 될 것이다.

2. 경제적 가치 지향성(사회적 기업가정신) 척도

본 연구에서 제시하는 사회적 경제조직의 경제적 가치지향성은 "시장에서 생존가능성을 위한 노력 및 이윤창출을 위한 노력의 정도나 인식 그리고 관리자와 직원들을 포함한 인력의 역량이나 위험상황 그리고 조직재정여건에 대한 인식" 등을 나타낸다. 이러한 조작적 정의와 관련하여 본 연구가 제시하는 경제적 가치 지향성에 포함되어야 하는 측정요소들은 다음과 같다.

<그림 7-3> 사회적 기업 경제적 가치 지향성 측정도구의 구성요소

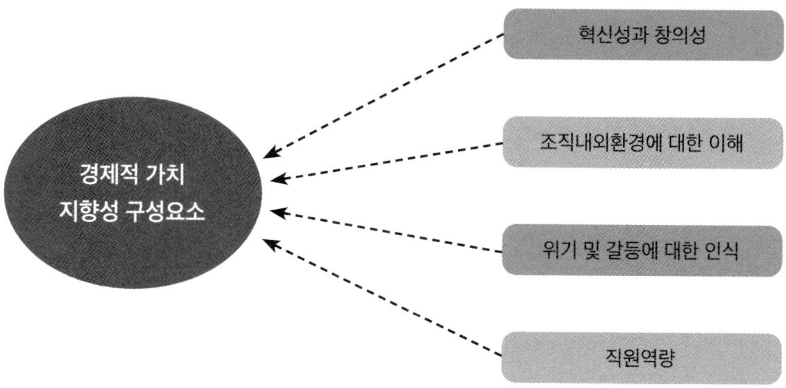

위와 같이 경제적 가치 지향성은 사회적 경제조직이 시장에서 생존하기 위해 구성원(대표나 관리자 그리고 직원)이 추구하여야 하는 경제적 가치를 의미하며 사회적 경제조직이 추구하는 경제적 가치를 실현시키기 위한 관리자를 포함한 직원들의 긍정적인 인식이나 태도 등을 나타내는 측정도구로써 작동하지만 위의 정의에 적합한 객관화되고 수량화된 측정도구는 개발되어 있지 않다. 선행연구를 통해 이미 개발된 경제적 가치지향성의 틀 안에 포함되는 측정도구 중 보완하여 활용할 수 있는 측정도구들을 제시하면

다음과 같다.

1) 한국사회적기업진흥원(2016)의 혁신성척도

혁신성은 대표적인 사회적 기업가정신을 구성하는 구성요소임으로 측정되어야 하는 지표이다. 한국사회적기업진흥원(2016)은 사회적기업가정신의 모든 영역은 아니지만 기업 활동에서의 혁신성을 기업운영 및 제품의 혁신성으로 보고 이를 측정하기 위한 정성지표를 제시하였는데 아래와 같다.

<표 7-9> 한국사회적기업진흥이 제시한 혁신성 질문(정성평가: 서술)

혁신성	기업활동에서의 혁신성	14 기업 운영 및 제품의 혁신성	1~5점 배점 기업 운영 및 제품의 혁신성을 전반적으로 평가 문철우(2013, 2014) 변용	○ 기업운영과정의 혁신: 주요 사업의 제품 및 서비스를 기존에 사용하지 않던 새로운 방식으로 생산 및 판매할 경우, 이에 대해 기술 ○ 주사업 이외에 기업 운영 과정에 있어서의 혁신: 주사업 제품 또는 서비스 생산 판매하는 행위 이외에 전반적 기업운영 과정에서 혁신적인 운영을 하고 있는 사례가 있을 경우, 이에 대해 기술 ○ 기업 제품이나 서비스 자체의 혁신성: 주사업의 제품 및 서비스가 기존 시장(공공, 민간)에서 생산되지 않던 제품이나 서비스일 경우, 이에 대해 기술 ○ 주요사업이외의 제품이나 서비스 자체의 혁신: 주사업 영역 이외에 귀사가 기존제품 및 기존시장과는 질적으로 다른 신제품 영역이나 신시장에 진출하거나 진출을 시도하려 한 적이 있는지 기술	좌동

출처: 한국사회적기업진흥원, 2016. 사회적 기업 사회적 가치지표활용방안과 지표구성에서 재인용

2) 지은구 외(2019)가 개발한 비영리조직 혁신관리척도

지은구 외(2019)는 비영리조직인 사회복지관의 성과관리를 위한 척도 중 과정영역에서 조직 활동의 일환으로 조직혁신을 위한 노력의 정도를 측정할 수 있는 혁신관리척도를 개발하였다. 지은구 외가 개발한 혁신관리 척도는 총 13개 문항으로 구성되어 있으며 혁신관리를 구성하는 구성요소로

써 혁신준비(7문항)와 변화노력(6문항) 등이 포함된다. 이들이 개발하여 제시한 혁신관리척도의 신뢰도 분석 결과 혁신준비의 Cronbach's α=.926, 변화노력의 Cronbach's α=.942로 나타나 신뢰도는 확보되었으며 수렴 및 판별타당도 역시 검증되었다. 이들이 제시한 혁신관리척도는 아래의 표와 같다.

<표 7-10> 지은구 외의 비영리조직 혁신관리척도

혁신관리			동의 정도						
			1	2	3	4	5	6	7
혁신준비	1.	우리 기관은 서비스 제공과정 및 내용에 대해 주기적으로 점검을 실시하고 있다.							
	2.	우리 기관은 클라이언트의 서비스 개선사항에 대한 피드백을 받을 수 있는 체계가 되어 있다.							
	3.	우리 기관은 조직 내 모든 부서의 구분과 업무내용에 대한 규정이 마련되어 있다.							
	4.	우리 부서가 다루는 업무의 책임성과 자율성은 우리 부서가 가지고 있다.							
	5.	우리 기관은 조직을 둘러싼 위험요소를 파악하기 위해 SWOT 분석 등을 실시하고 있다.							
	6.	우리 기관은 지역사회와 클라이언트 욕구에 근거하여 명확한 목표와 목적을 설정하여 중장기 계획안을 제시하고 있으며 이를 준수한다.							
	7.	우리 기관은 이용자들로부터의 정보와 피드백을 주기적으로 점검한다.							
변화노력	8.	나의 기관은 높은 성과를 가지고 있는 조직이라고 생각된다.							
	9.	우리는 규칙적으로 이용자들로부터의 정보와 피드백을 추구한다. 그 결과 우리는 더 좋은 서비스를 이용자들에게 제공할 수 있다.							
	10.	우리 기관은 지난 1년간 새로운 프로그램 또는 사업을 실행했다.							
	11.	우리 기관은 서비스전달을 개선시키기 위한 최근의 지식이나 기술을 사용하고 있다.							
	12.	이용자들은 나의 기관에서 서비스를 빨리 그리고 꾸준히 제공받는다.							
	13.	우리 기관은 새로운 프로그램과 서비스를 빠르게 도입하는데 있어 성공적이다.							

3) 직원역량측정도구

사회적 경제조직 구성원의 역량을 측정하는 직원역량측정도구는 개발되지 않았지만 일반기업에서 직원들의 역량을 측정하는 활용가능한 측정관련 도구들은 개발되어 있다. Boyatzis(1982)는 "역량"이란 개인이 어떤 역할을 수행함에 있어 효과적인 성과를 가져오는 그 개인이 가지고 있는 내재적 특성으로 정의하였으며, McLagan(1989)은 역량을 "직무나 역할 수행에서 뛰어난 수행자와 관련된 개인의 능력이나 특성"으로 보았고, Green(1999)은 역량을 "작업을 수행하는 개인의 지식, 기술, 태도"로 보고, 이들의 결합을 '특질의 결합(an Attribute Bundle)'이라고 하였다. 유엔산업발전조직(United Nations Industrial Development Organization, UNIDO, 2002)은 역량을 "특정 기능이나 직무 안에서 행동이나 과업을 성공적으로 수행하기 위해 개인이 가진 속성, 기술 그리고 지식"으로 정의하였다. 연구자들은 태도를 속성(attribute)과도 비슷한 의미로 사용하고 있음으로 역량을 종합하면 개인이 가지고 있는 능력으로 지식과 기술 그리고 속성이나 태도 등의 집합체로 이해할 수 있다.

역량의 구성요소인 속성이나 태도는 한마디로 표현하기 어려운 복잡한 개념이며, 일반적으로 환경적 조건에 크게 영향을 받지 않으면서 비교적 장기적으로 일관되게 행위양식을 결정해주는 개인의 독특한 심리적 자질들의 총체로 정의된다(박영배, 1998). 더불어 역량은 지식(knowledge), 기술(skill), 자아개념(self-concept)으로 구분되기도 한다(Spencer & Spencer, 1993). 자아개념은 태도, 가치 또는 자기상(self-image)을 의미하는데(최경진, 2006), Spencer와 Spencer(1993)는 자아개념이 곧 속성이나 태도 그리고 가치와 비슷한 의미를 나타내주며 지식이나 기술과 달리 숨겨져 있는 또는 드러나지 않는 역량이라고 설명하였다. 지식은 특정 분야에 대해 가지고 있는 정보를 말하며, 무엇을 할 수 있다는 것을 말해준다. 기술은 과제를 수행할 수 있는 능력이며, 정신적 또는 인지적 기술은 분석적 사고와 개념적 사고를 포함한다. Parry(1996)는 지식과 기술의 결합인 역량이 행동, 생각, 느낌 등 사람들의 행동에 영향을 미치고, 행동은 산출과 나아가 조직성과에 영향을 준다고 주장하였다. 따라서 Parry의 견해를 받아들이면 역량은 단계적으로 발전하며 지식이나 기술이 생각이나 태도에 영향을 주고 나아가 조직의 성과에 영향을 준다고 할 수 있다.

결국, 역량을 구성하는 구성요인으로 지식과 기술은 연구자들 간에 공통적으로 지적되는 조직성과에 영향을 미치는 중요한 변수임을 알 수 있다. 또한 직무에 대한 생각이나 느낌을 나타내는 자아개념, 속성, 태도 그리고 가치 등은 모두 개인적인 직무를 수행하는데 필요한 개인적 능력 즉, 직무에 대한 개인적 생각이나 태도로써 직무에 수행하는데 필요한 태도나 능력을 나타내주는 개념임을 알 수 있다. 본 연구는 이러한 선행연구를 바탕으로 직무역량이 "직무를 성공적으로 수행하기 위해 개인이 가진 속성으로 직무수행능력 그리고 지식과 기술"로 구성된다고 본다. 직무역량을 구성하는 요인들에 대한 구체적인 소개는 아래와 같다.

(1) 직무수행능력

엄기성(2007)은 직무능력을 타조직과 구별되는 요인으로 조직 안에서 조직의 발전을 위해 필요한 업무능력으로 정의하고였다. 그는 조직 안에서 구성원들이 비전을 제시 및 공유할 수 있거나 구성원들 상호간의 관련성을 생산적으로 또한 향후 가치지향적으로 조직의 자원을 효율적으로 구성하는 역량의 중요성을 주장하였다. 김인수(1998)는 직무능력을 타조직과의 차별화된 요인으로 보면서 경쟁우위를 확보하기 위한 요인으로 조직 안에서 독특하고 희소한 나만의 업무 또는 조직의 임무로 정의하면서 이 직무수행은 조직의 성과와 직결되는 특성이 있음을 주장하였다.

결국 직무는 타조직, 타부서와 구별되는 조직 안에서 담당자에게 주어지는 업무 또는 임무를 의미하는데 조직원의 직무수행들이 모여 조직 또는 부서의 가치 및 성과가 창출되는 것이다. 본 연구에서는 직무수행능력을 사회적 기업의 성과개선을 위한 구성원 역량의 요인으로 보아 직무수행을 잘하기 위한 해당 업무 노하우의 파악여부, 업무를 잘하기 위한 지식동원여부, 업무의 정확한 이해 정도, 전체 조직의 업무 안에서의 자신의 업무 위치와 역할이해 등을 질문항목(측정지표)로 구성하였다.

(2) 지식

Wiig(1997)은 지식을 활용목적과 범위에 따라 적용 범위가 다르게 적용했는데 지식을 믿음, 전망, 개념, 기대, 방법, 노하우 등으로 보아 특정한 상황과 문제해결에 적용하기 위해 축적되고 보유하는 것으로 정의하였다. 결국 기업의 경영목적에 부합하는 활동에 개인의 보유지식은 조직의 역량을 향상시키는데 필수적인 요소이다. 이런 결론에 Davenport&Prusak(1998) 또한 지식을 새로운 경험과 정보를 평가하고 구성하기 위한 프레임워크를 제시하는 개인의 경험, 가치 및 정보의 유동적 결합체로 주장하였다. 결국 이런 연구자들의 견해는 기업의 기술사업화를 위한 역량에 핵심적인 역할을 수행하는 것을 의미한다.

본 연구에서는 업무에 필요한 핵심지식을 가지고 있는지 유무, 업무에 필요한 지식을 지속적으로 하는지 유무, 업무 획득 중 경험이나 노하우 정리 및 수집여부, 획득지식을 공유하는지 여부, 충분한 지식을 보유하고 있는지 여부 등을 질문항목으로 선정하였다.

(3) 기술

장성근과 동료들은(2009) R&D 연구소 보유기업을 대상으로 한 기술역량과 기업성과와의 관련성 연구에서 기술전략, 기술프로세스, 기술자산, 기술인력 및 기술조직, 기술리더십 등 6개의 기술역량 요인이 기업성과에 미치는 영향을 연구하였다. 결론적으로 기술역량은 기업성과에 커다란 영향을 미치고 있음을 주장하였다. 유연우와 노재확(2010) 또한 중소제조기업의 기술혁신 성과와 경영자의 기술역량과의 관련성을 연구하면서 경영자의 기술에 대한 이해, 신기술개발 능력, 신사업 추세대응력, 신기술 개발계획 등 기술역량에 대한 전반적인 노력이 중소제조 기업에게는 매우 중요하다는 것을 연구로 제시하였다. 신용세와 하규수(2012) 또한 국내 중소벤처기업을 대상으로 기술역량과 기술사업화 성공 간의 관련성을 연구한 결과 기술전략, 기술프로세스, 기술흡수능력 등이 성공요인 중 높은 비중을 차지하고 있음을 주장하였다. 결국, 기술역량은 기술습득 의지와 목표, 기술개발 목표의 명확성, 기술의 효율적 관리, 보유기술의 엄부와 연계성 강화, 혁신적 핵심기술 등으로 측정될 수 있다. 아래의 표는 선행연구에서 제시된 역량을 측정할 수 있는 관련 질문항목들을 종합하여 나타내준다.

<표 7-11> 직원역량의 측정문항과 출처

영역	문항	측정문항	출처
직무수행능력	1	나의 노하우가 무엇인지 잘 알고 있다.	Sparrow(1996), 엄기성(2007), 송대근(2006),
	2	지금하고 있는 업무에 나의 지식을 활용하고 있다.	
	3	내가 하는 업무를 다른 사람에게 정확하게 설명할 수 있다.	
	4	부서 내 업무의 진행흐름(진행도)을 그림으로 그릴 수 있다.	
지식	6	우리 기업 종사자들은 가장 핵심적으로 필요한 지식이 무엇인지를 알고 있다.	Wing(1997), Davenport & Prusak(1998)
	7	우리기업 종사자들은 업무에 필요한 지식습득을 지속적으로 하고 있다.	
	8	우리기업 종사자들은 업무중에 획득하는 경험이나 노하우를 정리 수집하고 있다.	
	9	우리기업 종사자들은 업무중에 획득하는 지식(정보)을 구성원간에 서로 공유하고 있다.	
	10	우리기업 종사자들은 어떤 일이든 잘 할 수 있는 충분한 지식을 가지고 있다.	

기술	11	우리기업 종사자들은 기술습득 의지와 목표가 높다.	장성근(2009), 노재확(2010), 신용세 & 하규수 (2011)
	12	우리기업 종사자들은 기술개발 목표가 명확하다.	
	13	우리기업 종사자들은 기술 및 도입기술을 효율적으로 관리한다.	
	14	우리기업 종사자들은 보유기술과 업무와의 연계성이 높다.	
	15	우리기업 종사자들은 혁신적인 핵심기술을 보유하고 있다.	

4) Crucke와 Decramer(2016)의 경제적 가치 지향성 관련 측정도구

Crucke와 Decramer(2016)은 성과를 구성하는 5개 영역 중 하나의 영역으로 경제적 성과를 제시하고 경제적 성과가 혁신, 위험감수, 적극성 요인으로 구성된 개념임을 강조하였다. 이들이 제시한 경제적 성과는 곧 경제적 가치 지향성을 의미하는 내용을 포함하고 있다. 경제적 성과의 3개 영역은 각각 3개 문항씩 총 9개 문항으로 구성되어 있다. 이들이 검증하여 제시한 경제적 성과와 관련된 질문항목을 소개하면 다음과 같다.

<표 7-12> 경제적 가치 지향성 관련 측정도구

경제적 성과			동의 정도						
			1	2	3	4	5	6	7
혁신성	1.	지난 5년 동안 우리 기업은 새로운 조직적 과정의 개발에 집중하였다.							
	2.	지난 5년 동안 우리 기업은 새로운 제품이나 서비스, 정책 등을 도입하였다.							
	3.	지난 5년 동안 우리 기업의 정책 및 제품이나 서비스에는 중요한 변화가 있었다.							
적극성	4.	지난 5년 동안 우리 기업은 새로운 제품이나 서비스, 행정기술이나 운영기술을 가장 먼저 소개하는 조직이었다.							
	5.	지난 5년 동안 우리 기업은 새로운 현장의 변화를 잘 활용하였다.							
	6.	지난 5년 동안 우리 기업은 유사한 서비스(기업)업체를 선도하였다.							

위험 감수	7.	지난 5년 동안 우리 기업은 이 분야의 행동규범과 상충되는 행동을 하였다.							
	8.	지난 5년 동안 우리 기업은 대중들로부터의 이미지를 바꾸기 위한 프로젝트를 수행하였다.							
	9.	지난 5년 동안 우리 기업은 직원안정에 변화를 가져다주는 결정을 내렸다.							

3. 사회적 경제조직 경제적 가치 지향성 측정도구

사회적 경제조직이나 사회적 기업의 연구에서 경제적 가치나 경제적 성과는 대부분 결과부분에서 문건으로 수집하기 쉬운 정량화된 수치를 이용하여 측정한다. 예를 들어 기업이윤이나 창출된 일자리 수 등과 같이 쉽게 수집 및 측정할 수 있는 자료를 중심으로 측정한다. 본 연구에서는 경제적 가치지향성(economic value orientation)이라는 개념을 도출하여 새롭게 사회적 경제조직의 경제적 가치영역(투입부분)에서 중요한 성과로 제시하였는데 이를 측정하기 위해서는 측정도구가 필요하지만 선행연구를 통해서 나타난바와 같이 지금까지 사회경제영역에서 경제적 가치지향성에 대한 개념소개는 물론이고 이에 대한 측정도구를 다루는 연구는 소개되지 않고 있다.

본 연구에서는 앞에서 제시한 사회적 경제조직의 경제적 가치 지향성을 구성하는 혁신성과 창의성, 조직내외의 환경에 대한 이해, 위기 및 갈등에 대한 인식 그리고 직무역량의 정도를 측정하기 위한 측정도구를 도출하기 위에서 기존연구에서 제시된 선행연구의 측정도구를 기반으로 하여 이론적 배경 및 선행연구를 통해 1차 예비 경제적 가치지향성 측정도구를 도출하였다. 도출된 1차 예비 측정도구는 경제적 가치 지향성을 총 4개의 영역으로 구성된 개념으로 이해하며 영역별 총 25개 문항으로 구성되었다. 1차 도출된 경제적 가치지향성 측정도구에 대한 액면 및 내용타당도를 검증받기 위하여 관련 전문가들을 대상으로 포커스집단면접을 시행하였다. 포커스집단면접은 사회적 경제조직에 근무하는 전문가를 대상으로 하였으며 면접결과 6개 문항이 삭제되고 한 개 문항이 수정되어 최종 18개 질문항목으로 구성된 경제적 가치지향성 1차 예비 측정도구(economic value orientation measure)가 도출되었다. 도출된 사회적 경제조직 성과관리를 위한 예비 경제적가치지향성 측정도구의 질문항목은 아래와 같다.

<표 7-13> 1차 사회적 경제조직 경제적 가치 지향성 측정도구

사회적 경제조직 경제적 가치지향성		
측정요소	번호	측정내용(질문항목)
혁신성과 창의성	1.	우리 기업은 재화 및 서비스 제공과정 및 내용에 대해 주기적으로 점검을 실시하고 있다.
	2.	우리 기업은 현실에 안주하는 기업이 아니다.
	3.	우리 기업은 지역사회와 이용자 욕구에 근거하여 명확한 목표와 목적을 설정하여 중장기 계획안을 제시하고 있으며 이를 준수한다.
	4.	우리는 규칙적으로 이용자들로부터의 정보와 피드백을 추구한다. 그 결과 우리는 더 좋은 서비스를 이용자들에게 제공할 수 있다.
	5.	우리 기업은 새로운 사업을 시행하기 위해 항상 노력하는 기업이다.
	6.	우리 기업은 새로운 재화나 서비스를 개발하기 위하여 항상 노력한다.
조직내외 환경에 대한 인식	7.	우리 기업은 변화하는 이용자들의 욕구에 적극적으로 대처하고 있다고 생각한다.
	8.	우리 기업은 지역사회의 변화에 민감하며 적극적으로 대처하고 있다고 생각한다.
	9.	우리 기업은 다른 기업들의 도전과 경쟁을 잘 이겨나가고 있다.

위기 및 갈등에 대한 인식	10.	우리 기업은 모든 갈등요소를 해결할 준비가 되어 있다.
	11.	우리 기업은 기업을 둘러싼 위험요소를 파악하기 위해 SWOT 분석 등을 실시하고 있다.
	12.	우리기업은 갈등발생시 적극적으로 대처하고 있다.
직무역량	13.	나는 나의 업무를 다른 사람들에게 정확하게 설명할 수 있다.
	14.	우리 기업의 구성원들은 필요한 지식과 기술을 무엇인지를 잘 알고 있다.
	15.	우리 기업의 구성원들은 필요한 지식과 기술습득을 지속적으로 하고 있다.
	16.	우리 기업 구성원들은 필요한 핵심기술을 보유하고 있다.
	17.	우리 기업 구성원들은 새로운 지식 및 기술습득에 대한 의지가 매우 높다.
	18.	우리 기업 구성원들은 지식과 기술에 대해 서로 간에 공유하고 있다.

위와 같은 선행연구 및 1차 심층면접을 통하여 4개 영역의 총 18개 문항으로 구성된 경제적 가치지향성 예비측정도구의 귀결 및 내용타당도를 검증하기 위하여 2차 포커스집단 전문가심층면접을 시행하였다. 전문가심층면접을 위한 포커스집단은 앞의 사회적 가치지향성 측정도구 개발에 참여한 제3부문에서 활동하는 관련 전문가들과 학계전문가들로 동일하게 이루어졌으며 일시와 진행방법 역시 동일하다. 심층면접 녹취를 통해 내용을 분석한 결과 질문내용의 애매성으로 18개 항목 중 13개 문장이 수정되었으며 질문항목의 부적절성으로 한 문항이 삭제되어 총 17개 항목으로 구성된 2차 측정도구가 도출되었다. 2차 심층면접을 통해 귀결 및 내용타당도가 검증된 최종 경제적 가치지향성 2차 측정도구의 질문영역 및 항목은 다음과 같으며 본 연구에서는 이를 경제적 가치 지향성 지수라고 명명한다.

<표 7-14> 사회적 경제조직 경제적 가치 지향성 측정도구 2차 수정(안)

사회적 경제조직 경제적 가치지향성		
측정요소	번호	측정내용(질문항목)
혁신성과 창의성	1.	우리 기업은 재화 및 서비스 제공과정 및 내용에 대해 주기적으로 점검을 실시한다.
	2.	우리 기업은 다른 경쟁기관에 비해 연구 및 개발에 투지를 많이 하는 편이다.
	3.	우리는 규칙적으로 이용자들로부터의 정보와 피드백을 추구한다. 그 결과 우리는 더 좋은 서비스를 이용자들에게 제공하고 있다.
	4.	우리 기업은 새로운 사업을 시행하기 위해 항상 노력하는 기업이다.
	5.	우리 기업은 새로운 재화나 서비스를 개발하기 위하여 항상 노력한다.
조직내외 환경에 대한 인식	6.	우리 기업은 변화하는 이용자들의 욕구에 적극적으로 대처하고 있다.
	7.	우리 기업은 지역사회가 요구하는 변화에 민감하며 적극적으로 대처하고 있다.
	8.	우리 기업은 다른 기업들의 도전과 경쟁을 잘 이겨나가고 있다.
위기 및 갈등에 대한 인식	9.	우리 기업은 모든 갈등요소를 해결할 준비가 되어 있다.
	10.	우리 기업은 기업을 둘러싼 위험요소를 파악하기 위해 위험분석(SWOT 분석 등)을 실시하고 있다.
	11.	우리 기업은 이용자와의 갈등발생시 잘 대처하고 있다.
직무역량	12.	나는 나의 업무를 다른 사람들에게 정확하게 설명할 수 있다.
	13.	우리 기업의 구성원들은 필요한 지식과 기술이 무엇인지를 잘 알고 있다.
	14.	우리 기업의 구성원들은 필요한 지식과 기술습득을 위해 노력하고 있다.
	15.	우리 기업 구성원들은 필요한 핵심기술을 보유하고 있다.
	16.	우리 기업 구성원들은 새로운 지식 및 기술습득에 대한 의지가 매우 높다.
	17.	우리 기업 구성원들은 지식과 기술에 대해 서로 간에 공유하고 있다.

제2절

사회적 경제조직 성과의 과정영역

1. 사회적 경제조직의 기업활동 측정도구

사회적 경제조직에서 이루어지는 기업활동은 투입(가치)요소를 결과요소로 연결시켜주는 중간과정의 성과요소로써 원활한 기업활동은 사회적 경제조직(기업) 직원들의 직무만족 및 직무 몰입도를 향상시킴으로 기업에서 제공하는 재화와 서비스의 품질향상 및 생산성과 효율성, 효과성을 모두 향상시키는 중요한 요인으로 작동한다. 기업활동은 "사회적 경제조직 내에서 발생하는 모든 조직 내부활동 및 활동을 위한 조건 등"으로 조작적 정의가 가능하다. 특히, 기업 활동은 협력관리, 갈등관리, 직무관리 그리고 근무조건관리 등으로 구성된다.

협력관리는 협력을 위한 조직 및 직원의 활동 그리고 주민과 이해관계자들의 참여활동을, 갈등관리는 직원 간, 이용자와 직원 간 그리고 제공되는 재화와 서비스에 대한 불만 등 기업활동을 통해서 나타나는 갈등을 관리하는 조직 활동을 나타낸다. 직무관리는 직원교육과 훈련, 적성에 맞는 직무배치 및 직원들의 참여활동, 직무만족 등을 위한 조직 활동을 그리고 근무조건관리는 직원들의 임금 및 복지와 근무환경 등을 위한 조직 활동을 나타낸다. 기업활동 측정도구에 포함되는 측정요소들은 아래와 같다.

<그림 7-4> 사회적 경제조직 기업활동 측정도구의 측정요소

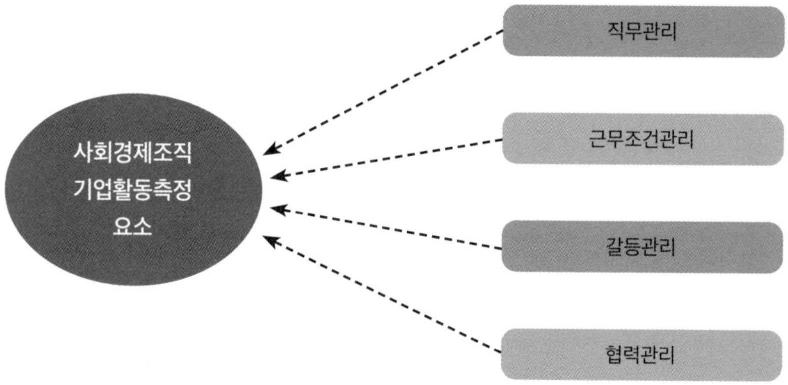

1) 직무관리

사회적 경제조직의 직무관련 내용(직무관리)을 측정하는 측정도구는 개발되어 있지 않다. 직무관리영역의 측정요소들은 직원교육과 훈련, 적성에 맞는 직무배치 및 직원들의 참여활동, 직무만족 등을 위한 조직 활동을 나타내는데 여기서는 직무만족도과 조직몰입을 측정할 수 있는 직무태도 척도만을 소개한다. 직무태도는 "조직구성원들이 직무나 조직에 대해 느끼는 정서적, 심리적 감정이나 태도"로 직무만족과 조직몰입으로 구성된다. 직무태도를 측정하는 척도는 손제희(2015)가 수정 개발한 척도를 활용한다. 손제희는 선행연구를 기초로 직무태도가 직무만족과 조직몰입 등 2가지 차원으로 구성된다고 보고, 총 24문항을 활용하였다. 직무만족 부분은 Spector(1985)의 척도와 Minnesota Satisfaction Questionnaire(MSQ) 척도 중 10문항을 활용하였고, 조직몰입 부분은 Mowday 외(1979)의 OCQ 척도와 Allen과 Meyer(1990)가 개발한 조직몰입척도 중 14문항을 활용하였다. 각 문항은 5점 Likert 척도로써, '매우 그렇지 않다'(1점)에서 '매우 그렇다'(5점)로 측정하였으며, 이 척도는 손제회와 지은구(2016)의 연구에서 신뢰도(Cronbach's alpha)는 .95로 나타났으며 판별 및 수렴 타당도 역시 검증되었다.

<표 7-15> 비영리조직 직무만족척도

번호	질 문	①전혀 그렇지 않다	②그렇지 않다	③보통이다	④그렇다	⑤매우 그렇다
1	나는 내가 받는 보수에 만족한다.	①	②	③	④	⑤
2	나는 상사와의 관계에 만족한다.	①	②	③	④	⑤
3	나는 직원들과의 관계에 만족한다.	①	②	③	④	⑤
4	나는 기관의 기관운영방식에 만족한다.	①	②	③	④	⑤
5	나는 기관에서 인정받는다고 느낀다.	①	②	③	④	⑤
6	나는 기관에서 중요한 일을 한다고 느낀다.	①	②	③	④	⑤
7	나는 직무와 관련한 의사소통방식에 만족한다.	①	②	③	④	⑤
8	나는 나의 근무환경에 대해 전반적으로 만족한다.	①	②	③	④	⑤
9	나에게 주어진 업무량은 적절하다고 생각한다.	①	②	③	④	⑤
10	나는 직무를 통해 보람, 성취감을 느낀다.	①	②	③	④	⑤

<표 7-16> 비영리조직 직무몰입척도

번호	질 문	①전혀 그렇지 않다	②그렇지 않다	③보통이다	④그렇다	⑤매우 그렇다
1	나는 우리기관의 목표달성을 위해 기대이상의 많은 노력을 기울일 것이다.	①	②	③	④	⑤
2	우리 기관에서 계속 일하기 위해 어떤 과업이 주어지더라도 기꺼이 받아들일 것이다.	①	②	③	④	⑤
3	우리 기관에서 오래 일하면 많은 것을 성취할 것이다.	①	②	③	④	⑤
4	나는 우리 기관의 장래에 대해 진정으로 관심을 가지고 있다.	①	②	③	④	⑤
5	우리 기관은 내가 일할 수 있는 모든 조직들 중 최고다.	①	②	③	④	⑤
6	나는 현재 근무하는 기관에 대해서 외부 사람들과 이야기 하는 것을 즐긴다.	①	②	③	④	⑤

7	나는 우리 기관의 문제가 진실로 나의 문제인 것처럼 느낀다.	①	②	③	④	⑤
8	나는 우리 기관에 대해서 감정적으로 애착을 느낀다.	①	②	③	④	⑤
9	우리 기관에서 일하는 것은 나에게 매우 큰 의미가 있다.	①	②	③	④	⑤
10	나는 우리 기관에 강한 소속감을 느낀다.	①	②	③	④	⑤
11	나는 우리 기관에서 오래 근무할 것이다.	①	②	③	④	⑤
12	내가 지금 우리 기관을 그만둔다고 하면, 내 인생에서 너무 많은 것이 좌절될 것이다.	①	②	③	④	⑤
13	나는 우리 기관에 계속 남아있어야 할 도덕적 책임감을 느낀다.	①	②	③	④	⑤

2) 협력관리척도

사회적 경제조직에서 발생하는 협력에 대한 관리의 정도를 측정하는 측정도구는 개발되어 있지 않음으로 지은구 외(2019)가 개발하여 제시한 비영리조직 성과관리 구성영역인 과정영역의 성과를 측정하는데 활용한 협력관리척도를 소개하도록 한다. 지은구 외(2019)는 비영리조직인 사회복지관의 성과관리를 위한 척도 중 과정영역에서 조직 활동의 일환으로 조직혁신을 위한 노력의 정도를 측정할 수 있는 협력관리척도를 개발하였다. 지은구 외가 개발한 협력관리 척도는 총 5개 문항으로 구성되어 있으며 협력노력이라는 단일구성항목으로 구성되었다. 이들이 개발하여 제시한 혁력관리척도의 신뢰도 분석 결과 Cronbach's α=.872로 나타나 신뢰도는 확보되었으며 수렴 및 판별타당도 역시 검증되었다. 이들이 제시한 협력관리척도는 아래의 표와 같다.

<표 7-17> 지은구 외(2019)의 비영리조직 협력관리척도

협력관리			동의 정도						
			1	2	3	4	5	6	7
협력 노력	1.	우리 복지관의 관리자(관장, 부장, 사무국장)는 정기적 회의를 통하여 직원들에게 중요 안건의 내용과 결정 경위를 설명한다.							
	2.	우리 복지관은 타기관과의 공동사업을 위한 협약서를 작성하여 체결하고 있고 이를 실현하기 위해 노력한다.							
	3.	우리 복지관은 타조직과의 협력을 전담하는 전담직원을 확보하고 잘 활용하고 있다.							
	4.	우리 복지관은 지역사회 조직·단체와의 네트워크에 참여하고 있다.							
	5.	우리 복지관은 지역주민이 참가할 수 있는 자체 행사를 기획하고 운영하고 있다.							

2) 갈등관리척도

사회적 경제조직에서 발생하는 갈등에 대한 관리의 정도를 측정하는 측정도구는 개발되어 있지 않음으로 지은구 외(2019)가 개발하여 제시한 비영리조직인 사회복지관의 성과관리 영역인 과정영역의 성과를 측정하는데 활용한 갈등관리척도를 소개하도록 한다. 지은구 외가 개발한 갈등관리 척도는 총 14개 문항으로 구성되어 있으며 내부갈등(10문항)과 외부갈등(4문항)으로 구성된다. 이들이 개발하여 제시한 갈등관리척도의 신뢰도 분석 결과 내부갈등의 Cronbach's α는 .986이고 외부갈등은 .971으로 나타나 갈등관리척도의 구성요인인 내부갈등 10개 문항, 외부갈등 4개 문항에 대한 신뢰도가 확보되었으며 수렴 및 판별타당도 역시 검증되었다. 이들이 제시한 갈등관리척도는 아래의 표와 같다.

<표 7-18> 지은구 외(2019)의 비영리조직 갈등관리척도

갈등관리			동의 정도						
			1	2	3	4	5	6	7
내부 갈등	1.	우리 기관은 이용자 간의 갈등처리 규정이나 지침이 마련되어 있으며 이를 준수한다.							
	2.	우리 기관은 이용자 간 의견과 고충을 접수·해결하는 담당자가 지정되어 있다.							
	3.	우리 기관은 이용자 간 갈등을 해결하기 위한 갈등(또는 고충)처리위원회가 운영되고 있다.							
	4.	우리 기관은 이용자 간 갈등처리과정 및 결과에 대해 이용자에게 알려 주고 기록을 관리하고 있다.							
	5.	우리 기관은 이용자와 직원 간의 갈등을 처리하는 규정이나 지침이 마련되어 있으며 이를 준수한다.							
	6.	우리 기관은 이용자와 직원 간의 갈등을 해결하기 위한 고충처리위원회가 운영되고 있다.							
	7.	우리 기관은 이용자와 직원 간의 면담과 소통의 기회를 정기적으로 마련하고 있다.							
	8.	우리 기관은 이용자와 직원 간 갈등처리과정 및 결과에 대해 당사자에게 알려 주고 기록을 관리하고 있다.							
	9.	우리 기관은 이용자와 직원 간에 발생하는 갈등을 사전 예방할 수 있도록 상호존중과 협력적 문제해결과정에 대한 교육을 이용자와 직원 모두에게 시행하고 있다.							
	10.	우리 기관은 직원 간 갈등처리과정 및 결과에 대해 당사자에게 알려 주고 기록을 관리하고 있다.							
외부 갈등	11.	우리 기관은 지자체와의 갈등을 해결하기 위한 갈등(또는 고충)처리위원회가 운영되고 있다.							
	12.	우리 기관은 지자체와의 면담과 소통의 기회를 정기적으로 마련하고 있다.							
	13.	우리 기관은 지자체와 갈등처리과정 및 결과에 대해 당사자에게 알려 주고 기록을 관리하고 있다.							
	14.	우리 기관은 지자체와 발생하는 갈등을 사전 예방할 수 있도록 상호존중과 협력적 문제해결과정에 대한 교육을 직원 모두에게 시행하고 있다.							

4) 근무조건 측정도구

사회적 경제조직 구성원들의 근무조건을 측정하는 측정도구는 개발되어 있지 않다. 하지만, 위에서 제시된 직무태도(직무만족 및 직무몰입)척도의 질문항목에 근무조건에 대한 질문들이 포함되어 있어 이를 참조하면 아래와 같은 근무조건 관련 질문항목이 가능하다. 본 연구에서 근무조건은 "직원들의 임금 및 복지와 근무환경 등을 위한 조직 활동"으로 정의한다.

<표 7-19> 근무조건 측정도구

근무조건			동의 정도						
			1	2	3	4	5	6	7
근무조건	1.	나는 내가 받는 보수에 만족한다.							
	2.	나는 나의 근무환경에 대해 전반적으로 만족한다.							
	3.	나는 우리기업의 직원에 대한 복지후생에 만족한다.							
	4.	우리기업은 직원들을 잘 대접하는 편이다.							

4) Crucke와 Decramer(2016)의 기업활동 관련 측정도구

Crucke와 Decramer(2016)은 성과를 구성하는 5개 영역 중 인간성과(human performance)를 조직(기업)과 인력의 관계를 나타낸다고 개념화하고 이를 구성하는 요소로써 직무훈련 및 개발, 성과지원, 다양성관리, 인력자원정책 등을 제시하였는데 이중 직무훈련과 개발, 성과지원 그리고 직무만족관련 항목들이 기업활동과 관련이 있는 질문항목들이다. 이들을 소개하면 다음과 같다.

<표 7-20> 기업활동 관련 측정도구

질문			동의 정도						
			1	2	3	4	5	6	7
직무 훈련 및 개발	1.	우리기업은 강력한 학습능력을 갖추고 있으며 우리에게 경쟁우위를 제공한다.							
	2.	우리기업의 핵심가치는 개선을 위한 학습을 포함한다.							
	3.	우리기업에서 직원학습은 비용이 아니라 투자이다.							
	4.	우리기업에서 학습은 조직생존을 보장하기 위한 핵심필수품으로 간주된다.							
	5.	우리기업은 조직내 직무순환을 목표로 직원을 육성한다.							
	6.	우리조직은 교육을 받고자 하는 모든 직원을 지원한다.							
	7.	우리조직은 교육 및 훈련계획에 직원을 참여시킨다.							
	8.	우리조직은 직원교육 및 개발에 대한 정책을 가지고 있다.							
성과 지원	9.	우리기업은 직원들이 성과를 향상시킬 수 있는 방안에 대한 유용한 제안을 제공한다.							
	10.	우리기업은 개선이 필요한 직원에게 건설적인 피드백을 제공한다.							
	11.	우리기업은 직원이 성과를 분석하는 것을 돕는다.							
	12.	우리기업은 성과기대치에 대한 지침을 제공한다.							
직무 만족	13.	우리기업은 직원 개개인의 직무만족에 관심을 기울이고 있다.							

2. 사회적 경제조직의 과정영역 측정도구

본 연구에서 제시한 사회적 경제조직 성과의 과정영역 즉, 기업 활동을 구성하는 직무관리, 근무조건관리, 갈등관리, 협력관리 등의 구성요소를 측정하기 위해 다음과 같은 기업 활동 측정도구(business activity measure)를 제시한다. 아래의 질문들은 모두 앞에서 소개한 기업 활동 관련 측정도구들을 기반으로 한다. 특히, 이론적 배경 및 선행연구를 통해 1차 예비 측정도구로써 기업 활동의 4개 영역 총 25개 문항으로 구성된 1차 예비 기업 활동 측정도구를 도출하였다. 본 연구에서는 1차 개발된 4개 영역이 총 25개 문항으로 구성된 예비측정도구에 대해 사회적 경제조직에 근무하는 전문가를 대상으로 포커스집단면접을 통해 액면 및 내용타당도를 검증받아 4개 문항이 삭제되고 두 개 문항이 수정된 총 4개 영역의 영역별 총 19개 질문항목으로 구성된 1차 예비 사회적 경제조직 활동 측정도구를 아래와 같이 도출하였다.

<표 7-21> 1차 사회적 경제조직의 기업 활동 측정도구

사회적 경제조직 기업 활동		
측정요소	번호	측정내용(질문항목)
직무관리	1.	지금하고 있는 나의 업무는 나에게 가장 적합한 업무이다.
	2.	우리 기업은 내가 필요한 지식과 기술을 습득할 수 있도록 항상 지원하기 위해 노력한다.
	3.	우리 기업은 구성원들의 의견을 소중하게 생각한다.
	4.	나는 우리 기업의 의사결정기구 및 결정에 참여할 수 있다.
	5.	나는 우리 기업의 목표달성을 위해 기대 이상의 노력을 기울일 수 있다.
	6.	우리 기업은 내가 일할 수 있는 기업 중 최고다.
	7.	나는 우리 기업에 대해 감정적 애착을 가지고 있다.
	8.	나는 우리 기업의 문제가 나의 문제인 것처럼 느낀다.

근무조건 관리	9.	나는 일한 만큼 임금을 받고 있다고 생각한다.
	10.	우리 기업의 후생복지는 충분하다.
	11.	우리 기업의 작업환경은 만족할 만하다.
	12.	우리 기업은 구성원들을 잘 대접하는 편이다.
갈등관리	13.	우리 기업은 이용자와 직원 간의 면담과 소통의 기회를 정기적으로 마련하고 있다.
	14.	우리 기업은 이용자와 직원 간에 발생하는 갈등을 사전 예방할 수 있도록 상호존중과 협력적 문제해결과정에 대한 교육을 이용자와 직원 모두에게 시행하고 있다.
	15.	우리 기업은 직원 간의 갈등을 처리하는 규정이나 지침이 마련되어 있으며 이를 준수한다.
협력관리	16.	우리 기업은 지역의 다른 기업들과 의사소통을 잘 하는 편이다.
	17.	우리 기업은 다른 기업과 필요한 정보를 공유하는 편이다.
	18.	우리 기업은 다른 기업과의 협력활동(공동사업 등)이 활발히 이루어지는 편이다.
	19.	우리 기업은 지역사회 조직·단체와의 네트워크에 참여하고 있다.

위와 같은 선행연구 및 1차 심층면접을 통하여 4개 영역의 총 19개 문항으로 구성된 사회적 경제조직 기업 활동 예비측정도구의 귀결 및 내용타당도를 검증받기 위하여 2차 포커스집단 전문가심층면접을 시행하였다. 전문가심층면접을 위한 포커스집단은 앞의 사회적 가치지향성 측정도구 개발에 참여한 제3부문 사회적 경제조직에서 활동하는 관련 전문가들과 학계전문가들로 구성되었으며 일시와 진행방법은 사회적 가치지향성과 동일하다. 심층면접 녹취를 통해 내용을 분석한 결과 질문내용의 애매성으로 19개 항목 중 6개 항목의 문장이 수정되었으며 질문항목의 부적절성으로 한 문항이 삭제되어 총 18개 항목으로 구성된 2차 측정도구가 도출되었다. 2차 심층면접을 통해 귀결 및 내용타당도가 검증된 최종 사회적 경제조직의 기업활동 2차 측정도구의 질문영역 및 항목은 다음과 같다. 본 연구에서는 위와 같은 과정을 거쳐 도출된 측정도구를 사회적 경제조직 기업 활동 지수라 명한다.

<표 7-22> 사회적 경제조직의 기업 활동 2차 측정도구 (안)

사회적 경제조직 기업 활동		
측정요소	번호	측정내용(질문항목)
직무관리	1.	지금하고 있는 나의 업무는 나에게 가장 적합한 업무이다.
	2.	우리 기업은 내가 필요한 지식과 기술을 습득할 수 있도록 항상 지원하기 위해 노력한다.
	3.	우리 기업은 구성원들의 의견을 소중하게 생각한다.
	4.	나는 우리 기업의 의사결정기구 및 결정에 참여할 수 있다,
	5.	나는 우리 기업의 목표달성을 위해 내가 하는 것 이상의 노력을 기울일 수 있다.
	6.	우리 기업은 내가 일할 수 있는 기업 중 최고다.
	7.	나는 우리기업에 대해 좋은 감정을 지고 있다.
	8.	나는 우리기업의 문제가 나의 문제인 것처럼 느낀다.
근무조건 관리	9.	나는 일한 만큼 임금을 받고 있다.
	10.	우리 기업의 후생복지는 잘 되어 있다.
	11.	우리 기업의 작업환경은 안전하다.
갈등관리	12.	우리 기업은 이용자와 직원 간의 면담과 소통의 기회를 정기적으로 마련하고 있다.
	13.	우리 기업은 이용자와 직원 간에 발생하는 갈등해결을 위한 교육을 직원에게 시행하고 있다.
	14.	우리 기업은 직원 간의 갈등을 처리하는 규정이나 지침이 마련되어 있다.
협력관리	15.	우리 기업은 지역의 다른 기업들과 의사소통을 잘 한다.
	16.	우리 기업은 다른 기업과 필요한 정보를 공유하는 편이다.
	17.	우리 기업은 다른 기업과의 협력활동(공동사업 등)을 활발히 추진하고 있다.
	18.	우리 기업은 지역사회 조직·단체와의 네트워크에 참여하고 있다.

제3절
사회적 경제조직 성과의 결과영역

1. 사회적 결과 측정도구

사회적 경제조직의 사회적 결과를 측정하는 객관화된 척도는 개발되어 있지 않다. 기존 연구들을 종합하면 사회적 결과는 사회적 가치나 사회적 성과로 명명되어 측정하여 왔다. 즉, 사회적 경제조직이 성취하려는 사회적 가치나 성과가 최종 결과부분에서 어느 정도 실현되거나 성취되었는지를 주로 질적 방법이나 기업이 보유한 문서중심의 수량화된 자료를 통해 수집하고 측정한다. 특히, 대부분의 연구들은 사회적 가치나 사회적 성과를 구분하여 이에 대한 개념적 정의를 시도하지 않고 결과부분에서 성취된 것으로 간주하여 사회적 결과를 측정한다. 이들 측정도구들을 간략하게 소개하면 아래와 같다.

1) 사회적 가치 지수(social value index, SVI)

한국사회적기업진흥원은 사회적 기업의 성과측정도구를 개발하기 위한 연구를 진행하여(대표적으로 문철우 외, 2013; 2014, 이준우 외, 2012, 2015 등의 연구가 있다) 성과를 측정하기 위한 척도를 포함한 질문지를 도출하였다. 한국사회적기업진흥원은 특히, 사회적 기업의 성과가 사회적 가치와 경제적 기치 그리고 혁신성으로 구성된다고 보고 사회적 가치 지수(social value index)를 개발하여 제시하였다(고용노동부. 한국사회적기업진흥원, 2016).

한국사회적기업진흥원(2016)이 제시한 질문지를 보면 사회적 성과가 6개 영역 총 9개 지표에 60점, 경제적 성과 총 4개 지표에 30점 그리고 혁신성과는 1개 지표에 10점이고 세 개 영역을 합산하여 총 100점으로 성과를 측정한다. 특히, 사회적 가치를 사회적 가치창출이라고 명명하고 세부항목으로 첫째, 사회적 미션의 관리(2문항), 둘째, 운영의 민주성(1문항), 셋째, 근로자지향성(2문항), 넷째, 사회적경제생태계구축노력(1문항), 다섯째 (잠재적) 이윤의 사회적 활용(1문항), 여섯째 주사업의 사회적 가치(1문항) 등으로 구성되어 있다.

<그림 7-5> 한국사회적기업진흥원이 제시한 사회적 가치 구성요소

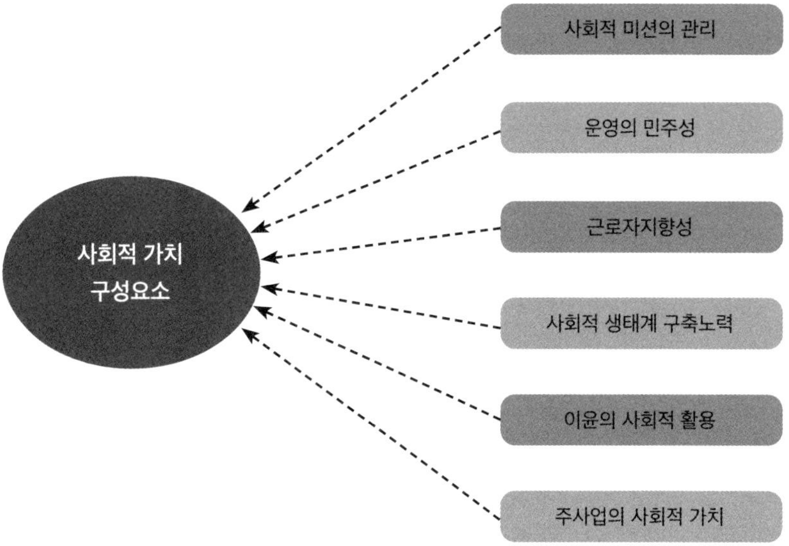

한국사회적기업진흥원이 개발하여 제시한 사회적 가치 지표의 구체적 내용을 보면 아래와 같다.

<표 7-23> 한국사회적기업진흥원 사회적 가치 지표 상세 내용

항목	대항목	세부항목	측정방식	측정척도	필요한 자료
사회적 가치 창출 (사회적 목적)	사회적 미션의 관리 사회적 미션의 관리	1 사회적가치 명시적선언문 유무	유/무 문철우 (2013, 2014) 변용	사회적가치 명시적 선언문 유무 귀사는 보고기간 중에 기업의 사회적목적을 반영하는 미션선언문 또는 경영원칙을 명시적으로 표현 한 문서를 갖고 계십니까? 유⑤/무①	미션선언문 또는 경영원칙(전문) 서술(있다면)
		2 사회적 성과 평가체계	5점척도 문철우(2013, 2014) 변용	사회적성과 평가체계 귀사에서는 창출하는 사회적성과 는 체계적으로 평가하기 위해 다 음 사항을 갖추고 있습니까? 평가 기준, 담당인력, 평가보고서, 평가 위원회, 평가결과의 사내공유 체계(유/무) ① 0개 ② 1개 ③ 2개 ④ 3개 ⑤ 4개 이상	사회적성과 평가 체계
	운영의 민주성	3 근로자와 사외이사의 주요결정 기 구(이사회 또는 총회 실제참여 수준)	5점척도 이준우(2015) 변용	참여적 의사결정수준 ① 근로자이사와 사외이사의 주요 의사결정기구 실제 참여 비율이 0% ② 근로자이사와 사외이사의 주요 의사결정기구 실제 참여 비율이 1~20% ③ 근로자이사와 사외이사의 주요 의사결정기구 실제 참여 비율이 21~40% ④ 근로자이사와 사외이사의 주요 의사결정기구 실제 참여 비율이 41~60% ⑤ 근로자이사와 사외이사의 주요 의사결정기구 실제 참여 비율이 61%~100%	주요의사결정기구명칭(예 : 이사회, 총회 등) 해당 주요 의사결정기구 근로자 또는 사외이사 참여 비율 (2015년)

	근로자 지향성(고용의 질, 근로자 투자 등)	4 근로자 시간당 임금	5점척도 : 성과분석 기준 시간당 임금 업종별 분포 활용	근로자 시간당 임금 ① 근로자 시간당 임금이 동일업종 시간당 임금분포의 20% 미만 ② 근로자 시간당 임금이 동일업종 시간당 임금분포의 20% 이상 40% 미만 ③ 근로자 시간당 임금이 동일업종 시간당 임금분포의 40% 이상 60% 미만 ④ 근로자 시간당 임금이 동일업종 시간당 임금분포의 60% 이상 80% 미만 ⑤ 근로자 시간당 임금이 동일업종 시간당 임금분포의 80% 이상	근로자 평균임금 근로자 평균 근로시간 (사업보고서 기준) (2015년)
		5 교육훈련	5점척도 이준우 (2015) 변용	근로자 능력개발을 위한 교육훈련 수준 ① 법정 의무교육을 제외한 근로자 1인당 연평균 교육훈련 시간 (직무교육, 소양교육 등)이 5시간미만 ② 법정 의무교육을 제외한 근로자 1인당 연평균 교육훈련 시간 (직무교육, 소양교육 등)이 5~10시간미만 ③ 법정 의무교육을 제외한 근로자 1인당 연평균 교육훈련 시간 (직무교육, 소양교육 등)이 10~15시간미만 ④ 법정 의무교육을 제외한 근로자 1인당 연평균 교육훈련 시간 (직무교육, 소양교육 등)이 15~20시간미만 ⑤ 법정 의무교육을 제외한 근로자 1인당 연평균 교육훈련 시간 (직무교육, 소양교육 등)이 20시간 이상	교육훈련 수준 (2015년)
	사회적 경제생태계구축노력	6 사회적경제 조직간 연계	5점척도 이준우 (2015) 변용	사회적경제 네트워크 참여 수준 ① 공식적인 사회적 경제 네트워크에 참여하지 않음 ② 1개의 공식적인 사회적 경제 네트워크에 참여하였음 ③ 2개의 공식적인 사회적 경제 네트워크에 참여하였음 ④ 3개의 공식적인 사회적 경제 네트워크에 참여하였음 ※ 1개 이상의 주요역할(대표, 임원 등)에 참여했을 경우 1점 가점	참여중인 공식적인 사회적 경제 네트워크 역할

	7 지역사회와의 협력	5점척도 이준우(2015) 변용	지역사회와의 협력활동 수준(협력활동 예시: 관련 MOU체결, 지 역사회문제 공동해결, 공동캠페인, 지역맞춤형 일자리창출사업 등) ① 자치단체, 공공기관, 비영리기관, 영리기관 등과의 공식적인 협력활동 사례가 없음 ② 자치단체, 공공기관, 비영리기관, 영리기관 등과 1~2건의 공식적인 협력활동에 참여하였음 ③ 자치단체, 공공기관, 비영리기관, 영리기관 등과 3~4건이 상의 공식적인 협력활동에 참여하였음 ④ 자치단체, 공공기관, 비영리기관, 영리기관 등과 5건 이상의 공식적인 협력활동에 참여하였음 ※ 1건 이상 주도적으로 수행했을 때 1점 가점	지역사회와의 협력활동 내용 역할
(잠재적) 이윤의 사회적활용	8 (잠재적) 이윤의 사회적 활용	1~5점 배점 사업활동(8) 통한(잠재적) 이윤의 사회적으로 활용 평가 기존연구 전반적 내용 변용	○ (잠재적)이윤의 사회적 활용 - 조직활동을 남은 수익(이윤)에 대해 부가적인 일자리창출, 구성원 성과급, 지역사회로의 재투자를 행하고 있는지 기술 - 조직의 역량(인력, 시간 등)을 활용해 주사업 이외에 지역 자원봉사, 후원, 사회서비스 제공 등을 행하고 있는지 기술 - 조직의 주사업을 행함에 있어 서비스 및 제품 제공의 판매가를 낮추어 제품이나 서비스를 제공하는 등의 활동을 통해 (잠재적)이윤 또는 수익을 주사업활동의 이용자(수혜자)에 환원하고 있는지	좌동

	주사업활동의 사회적 가치(Social Impact)	9 주사업활동의 사회적 가치	1~5점 배점 사회적 가치에 대한 여러 기술을 보고 전체적으로 평가 기존연구 전반적 내용 변용	○ 내부 운영에서의 사회적 가치 - 취약계층 고용현황(수, 비율, 시간당 평균임금 등) - 법정 근로조건 미준수 적발 건수 - 작업환경, 고용안정성(정규직 등), 근로자 일상근무 독립성·자율성 등 전반적 내부 운영상의 고용의 질에 대해 기술 ○ 주사업 제품이나 서비스의 사회적 가치 - 주 사업영역을 잘 반영하는 제품 또는 서비스 3개 품목 기술 - 귀사의 제품 또는 서비스의 사회적 가치에 대해 기술 - 귀사의 제품 또는 서비스를 활용하는 사회적가치의 이용자(수혜자) 그룹 기술 ○ 귀사의 제품 또는 서비스를 생산하고 판매하는 과정에서 사회적 가치를 실현하는 방식에 대해서 기술	좌동

출처: 한국사회적기업진흥원(2016). 사회적 기업 사회적 가치지표활용방안과 지표구성에서 재인용

■ 문철우 외(2014)이 제시한 사회적 가치평가툴

위의 사회적기업진흥원에서 제시한 사회적 가치지표가 제시되기 전 사회적기업진흥원(책임연구원, 문철우)에서는 2014년 연구를 통해 "사회가치지표평가툴"을 제시되었다. 이 연구에서 문철우 등은 사회가치지표를 사회적 경제조직(특히, 사회적 기업)이 창출한 가치로 명명하고 총 13개 분야에서 최종 165개 지표(대부분의 지표는 측정 가능한 정성 및 정량지표)를 사회가치지표로 제시하였다. 사회가치의 13개 영역은 사회가치정의의 적절성, 지배구조, 윤리경영, 사회적 가치의 평가 및 공유, 사회적 기업 육성, 고용의 양적 성과, 고용의 질적 성과, 사회서비스제공의 양적 성과, 사회서비스제공의 질적 성과, 사회적 경제조직 간 네트워크 활성화, 제품 및 서비스의 경쟁력, 사회가치창출모델의 혁신성, 지속가능성이다. 이들이 제시한 사회가치는 결과부문의 창출된 가치로 측정하며 경제적 결과(가치)와 사회적 결과

(가치)가 구별없이 혼용되어 있다는 한계를 갖는다. 특히, 고용의 양적 성과나 질적 성과 사회서비스제공의 양적 성과나 질적 성과 그리고 경쟁력이나 지속가능성 등은 창출된 사회가치로 보기에 적합하지 않은 지표(예를 들어, 순이익률, 영업이익, 직원들의 평균근속연수, 고객수 증가율 등)들도 포함되어 있다.

<표 7-24> 사회가치 평가툴(2014)

가치영역	가치영역별비중	변수
사회적 가치 정의의 적정성	10%(+8%)	사회적 목적 정의의 구체성
		사회가치수혜자 정의의 구체성
지배구조	6%(-3%)	이사회빈도
		이사회참여율
		근로자이사회참여
		이해관계자그룹의 이사회참여
윤리경영	4%(-3%)	윤리규정의 준수
		직원복지의 충족(정량)
사회적 가치의 평가 및 공유	2%	사회가치평가여부
사회적 기업 육성	2%	대표의 사회적 기업
고용의 양적 성과	15%(-15%)	총근로자수
		취약계층근로자수
		총근로자수 대비 취약계층의 비중
		취약계층고용의 순증가(전년대비)
		신규채용인력수
		이직률
		이직자중 취약계층의 비중
		사회적일자리지원종료후 고용유지
		사회적일자리지원종료후 취약계층고용유지

고용의 질적 성과	15%(-10%)	평균근속연수
		취약계층근로자근속연수
		근로자정규직비율
		취약계층근로자정규직비율
		4대보험가입근로자비율
		여성근로자비중
		취약계층임금상대수준
사회서비스제공의 양적 성과	3%	취약계층고객 비중
		고객수증가율
		취약계층고객수증가율
사회서비스제공의 질적 성과	2%	취약계층고객확보노력
사회적 경제조직간 네트워크 활성화	2%	사회적경제 공급자네트워크 참여도
제품 및 서비스의 경쟁력	6%	근로자 교육훈련시간수
		취약계층근로자 교육훈련시간수
		고객만족도조사
		품질경영인증
사회가치창출모델의 혁신성	3%	사회혁신 사업모델 보유여부
지속가능성	30%(+17%)	3개년 매출성장
		매출 대비 영업외수익의 비중
		3년간 영업이익률
		전년도 영업이익률
		3년간 순이익률
		전년도 순이익률
		지속가능성의 정성적 평가
		자본비율
		부채비율
		유동성 비율
합계	**100%**	

출처: 한국사회적기업진흥원, 2014. p, 141에서 재인용

2) 임성은 외(2018)가 제시한 사회적 경제조직 사회적 성과측정지표

임성은 외(2018)는 그동안 진행되어왔던 국내외의 사회적 경제조직 성과측정지표들에 대한 선행연구를 통해 측정 가능한 지표들을 종합하여 비

교·분석한 후 아래와 같은 사회적 지표를 정리하여 제시하였다. 공통지표는 협동조합이나 마을기업 그리고 사회적 기업 등과 같은 국내의 모든 사회적 경제조직에 공통적으로 적용 가능한 성과측정을 위한 사회적 가치지표이고 개별지표는 기업별로 적용 가능한 사회적 가치지표를 제시한 것이다. 사회적 기업의 경우 공통지표 4개와 개별지표 1개 등 총 5개의 지표로 사회적 가치를 측정한다.

이들은 경제적 가치를 측정하는 성과측정지표 역시 제시하였다. 이들이 제시한 성과측정지표의 특징 및 한계는 다음과 같다.

> 첫째, 정량지표중심이다. 즉, 성과측정에 있어 상대적으로 측정하기 쉬운 수량화된 측정지표를 중심으로 하였으며 정성지표는 제외되어 있다.
>
> 둘째, 산출과 결과를 구성하는 결과지표가 중심이며 투입이나 과정에 대한 측정지표는 제외되어 있다.
>
> 셋째, 사회적 가치측정지표로 구분되기 애매한 지표들이 포함되어 있다. 예를 들어 근로자의 4대 보험가입률이나 근로자의 임금수준이 사회적 가치창출과 연관이 있는 지표라기보다는 직무태도를 나타내는 지표라고 구분하는 것이 더 적당하다. 즉, 이들 지표는 사회적 가치와 연관을 찾을 수는 있겠지만 명확하게 사회적 경제조직이 성취하려는 사회적 가치를 나타내는 지표라고 구분하기 어렵다.
>
> 넷째, 이들이 제시한 성과측정지표는 기존 연구들에서 반복되거나 손쉽게 측정될 수 있다고 간주되는 지표들을 중심으로 선별하여 제시하였음으로 사회적 경제조직의 성과측정을 위한 이론적 틀이나 측정모델로부터 도출되지 않았다는 한계를 갖는다. 성과측정측정지표는 사회적 경제조직의 성과관리 및 측정의 중요성을 설명해주는 이론과 이미 개발된 성과측정모델의 틀에 근거하여 도출되어야 하며 손쉽게 측정 가능한 것들로만 구성되는 것은 아니다.

<표 7-25> 임성은 외(2018)가 제시한 사회적 경제조직 사회적 성과측정지표

구분	지표
공통지표	1. 사회적경제기업의 취약계층 고용인력 수(전체 기업과 비교) 2. 사회적경제기업 근로자의 4대 보험 가입률(전체 기업과 비교) 3. 사회적경제기업 근로자의 임금 수준(전체 기업과 비교) 4. 사회적경제기업의 낙후지역 내 창업 및 일자리 창출
개별지표	5. 사회적기업의 사회서비스 수혜자 수 6. 협동조합의 조합원 수 및 협동조합 조합원의 출자금액 7. 마을기업의 매출액 중 지역사회공헌액 비율 8. 마을기업의 지역 자재·원료 조달 비중 9. 마을기업의 지역 주민 고용률 10. 자활기업의 참여자 및 탈수급자 수(기초수급 감소액)

출처: 임성은, 문철우, 이은선, 윤길순, 김진희. (2018). 사회적경제의 사회·경제적 가치 측정을 위한 통합 지표 개발 연구. 한국보건사회연구원. pp. 99. <표 4-3>에서 재인용

3) 지역사회자본지수

미국의 The Council on Quality and Leadership(CQL)은 2005년 사회자본지수를 발표하였다. CQL이 제시한 사회자본지수는 특히, Putnam의 교량 및 결합자본의 개념에 영향을 받아 3개의 교량사회자본 측정항목과 5개의 결합사회자본 측정항목 등 총 8개의 측정항목으로 구성되어 있다. 아래의 표는 CQL의 사회자본지수를 나타내준다.

<표 7-26> CQL의 사회자본지수

	사회자본 측정항목
결합사회자본	1. 사람들은 친밀한 관계를 가지고 있다.
	2. 사람들은 지역사회의 삶에 참여한다.
	3. 사람들은 친구가 있다.
	4. 사람들은 존중받는다.
	5. 사람들은 네트워크를 통한 자연적인 지지에 연관되어 있다.
교량사회자본	6. 사람들은 통합된 환경에서 살고 있다.
	7. 사람들은 지역사회의 다른 구성원들과 상호 행동한다.
	8. 사람들은 상이한 사회적 규칙을 수행한다.

출처: 지은구·김민주(2014), 복지국가와 사회통합, 청목출판사. 표 4-14에서 재인용

4) Crucke와 Decramer(2016)의 사회적 성과 관련 측정도구

Crucke와 Decramer(2016)은 성과를 구성하는 5개 영역 중 지역사회 성과(community performance)를 중요한 사회적 결과(성과)로 이해하고 이를 측정할 수 있는 측정질문항목을 검증하여 제시하였다. 이들은 지역사회성과를 기업이 지역사회에서의 책임을 어떻게 다루는가로 정의하고 측정요소로써 사회적 책임감을 측정하는 5개 문항 그리고 사회취약계층 고용을 측정할 수 있는 3개문항 등 총 2개 요소의 8개 질문항목으로 구성된 측정도구를 제시하였다. 이들이 검증하여 제시한 지역사회성과 관련 질문항목을 소개하면 다음과 같다.

<표 7-27> 지역사회성과 측정도구

지역사회성과			동의 정도						
			1	2	3	4	5	6	7
사회취약계층 고용	1.	우리 기업은 노인을 적극적으로 고용하고 있다.							
	2.	우리 기업은 이민자를 적극적으로 고용하고 있다.							
	3.	우리 기업은 저숙련노동자를 적극적으로 고용하고 있다.							
사회적 책임감	4.	우리 기업은 기업방문이나 프리젠테이션을 통해 지역사회에 우리기업에 관한 정보를 제공하고 있다.							
	5.	우리 기업은 학생들에게 직업훈련을 제공하고 있다.							
	6.	우리 기업은 사회취약계층에게 우리의 제품과 서비스를 제공하고 있다.							
	7.	우리 기업은 해결되지 않은 사회문제를 해결하기 위해 노력한다.							
	8.	우리 기업은 정부, 비영리조직, 사회경제조직, 영리조직 등과 파트너십을 유지하고 있다.							

4) 사회적 경제조직 사회적 결과 측정도구

선행연구를 종합하면, 사회적 경제조직의 성과를 구성하는 결과영역은 사회적 결과와 경제적 결과로 양분된다. 사회적 결과는 곧 사회적 가치나 성과를 의미하며 “사회적 경제조직이 창출한 사회적 가치의 실현 정도”를 나타내고 사회적 결과를 구성하는 측정요소로는 미시지표인 저소득층이나 지역사회주민을 위한 창출된 일자리의 수, 매출에서 차지하는 지역사회공헌을 위한 액수나 활동 그리고 사회문제해결, 공동체인식이나 지역사회에 대한 신뢰감과 같은 거시지표인 지역사회자본의 향상 정도 등이 있다.

미시지표인 일자리 수나 지역사회공헌액수(이윤의 사회적 활용)나 지역사회활동 등은 모든 사회적 경제조직이 수량화된 자료를 확보하고 있음으로 측정하기가 쉽지만 거시지표인 지역사회자본은 사회적 경제조직이 창출하는 사회적 임팩트로써 지역사회자본향상의 정도를 파악하기 위해서는 조직원(이사회포함) 및 이용자들을 대상으로 하는 조사가 필요하다. 따라서 사회적 결과를 측정하기 위해서는 미시지표와 거시지표를 구분하여 사회적 경제조직의 성과측정에 활용하는 것이 필요하다. 아래의 그림은 본 연구가 제시하는 사회적 결과의 측정요소를 나타내준다.

<그림 7-6> 사회적 경제조직 사회적 결과 측정요소

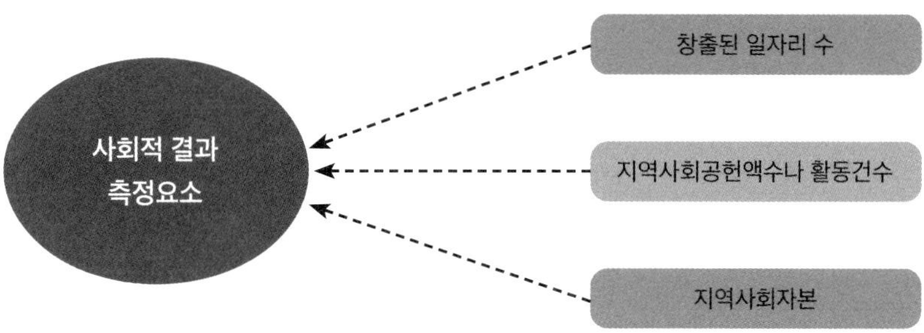

본 연구에서 사회적 결과는 "사회적 경제조직이 추구하는 사회적 가치의 실현 정도"로 정의하였으며 구체적인 측정요소로 창출된 일자리 수, 지역사회공헌 액수와 노력 그리고 향상된 지역사회자본 등을 제시하였다. 양적 미시지표인 일자리 수나 지역사회공헌액수와 활동은 대부분의 사회적 경제조직이 확보하고 있는 자료들임으로 지표화하여 측정하는 것이 어렵지

않지만 거시지표인 지역사회자본은 직원을 포함하여 이용자 및 지역주민들로부터 오는 자료로써 주관적 인식을 바탕으로 측정함으로 측정대상자를 확대하여 일반화하거나 타당한 결과를 갖는 자료를 수집하는 것이 쉽지 않다는 한계를 가진다. 따라서 사회적 경제조직의 규모나 인력 등의 내부조건과 성과측정의 목적 등을 고려하여 미시지표와 거시지표를 구분하여 결과부분의 성과를 측정하는 것이 현실적인 적용방안이며 거시지표인 경우(예를 들어 지역사회자본) 대상자를 이용자나 직원으로 한정할 필요가 있으며 지역사회자본 향상의 정도를 확인하기 위해서는 사전·사후조사가 필요할 수도 있다. 본 연구에서는 개개인들의 사고나 인식, 생각, 태도, 감정 등을 가늠하는 측정 도구인 거시지표 역시 수량화하여 양적인 측정이 가능하도록 도구를 개발하여 측정한다. 즉, 본 연구에서는 사람들의 인식이나 생각, 태도의 변화를 측정하기 위해 거시지표를 수량화하여 측정함으로써 수집되는 자료의 객관성과 타당성을 확보하기 위해 최대한 노력하였다.

본 연구에서 제시한 사회적 경제조직 성과의 결과영역 중 사회적 결과를 구성하는 창출된 일자리 수, 지역사회공헌 액수와 노력, 지역사회자본 등의 구성요소를 측정하기 위해 다음과 같은 사회적 결과 측정도구(social outcome measure)를 제시한다. 아래의 질문들은 모두 앞에서 소개한 사회적 가치나 사회적 성과 관련 척도들을 기반으로 하며 사회적 경제조직 성과측정을 설명하는 이론적 배경 및 선행연구를 통해 도출되었다. 도출된 1차 사회적 결과 측정도구는 3개 영역의 영역별 통 20개 문항을 구성되었다. 본 연구에서는 1차 예비측정도구의 액면 및 내용타당도를 검증받기 위하여 사회적 경제조직에 근무하는 전문가를 대상으로 집단면접을 시행하였다. 1차 심층면접은 앞의 측정도구개발과 동일한 전문가를 대상으로 동일한 시간에 이루어졌으며 면접결과 5개 문항이 삭제되고 네 개 문항이 수정되어 최종 3개 영역의 11개 질문항목으로 구성된 사회적 경제조직 사회적 결과 측정도구를 아래와 같이 도출하였다. 도출된 질문항목은 수량중심의 미시지표 3개와 기타 거시지표인 8개의 질문항목으로 구성되었다.

<표 7-28> 1차 사회적 경제조직 사회적 결과 측정도구(안)

사회적 경제조직 사회적 결과		
측정요소	번호	측정내용(질문항목)
창출된 일자리 수 (미시지표)	1.	창출된 일자리의 수 취약계층 직원의 수
지역사회공헌액수와 활동 건수 (미시지표)	2.	지난 1년간 지역사회에 기여한 기부금액수(최하치와 최대치로 구분)
	3.	지난 1년간 지역사회를 위해 봉사활동을 한 총 건수
지역사회 자본	4.	기업은 지역주민들과 서로 친밀한 관계를 가지고 있다.
	5.	기업은 지역사회의 각종 모임이나 기관이나 시설 등에 참여한다.
	6.	기업은 지역사회문제를 해결하기 위해 노력한다.
	7.	기업직원들과 지역주민들은 상호 존중한다.
	8.	기업은 지역주민들과 함께 활동할 수 있는 네트워크가 있다.
	9.	기업은 돌봄이 필요한 지역주민들을 잘돌보고 있다.
	10.	기업은 지역사회의 다른 구성원들과 상호 행동한다고 생각한다.
	11.	기업은 지역사회의 규범이나 규칙을 잘 준수한다.

선행연구 및 1차 심층면접을 통하여 3개 영역의 총 11개 복합문항으로 구성된 사회적 경제조직 사회적 결과 예비측정도구의 귀결 및 내용타당도를 검증받기 위하여 2차 포커스집단 전문가심층면접을 시행하였다. 전문가심층면접을 위한 포커스집단은 앞의 사회적 가치지향성 측정도구 개발에 참여한 제3부문 사회적 경제조직에서 활동하는 관련 전문가들과 학계전문가들로 구성되었으며 일시와 진행방법은 사회적 가치지향성과 동일하다. 심층면접 녹취를 통해 내용을 분석한 결과 추가 지표의 필요성이 제기되어 2개의 양적지표가 추가되었으며 질문내용의 애매성으로 1개 항목이 수정되어 13개 항목으로 구성된 2차 측정도구가 도출되었다. 2차 심층면접을 통해

귀결 및 내용타당도가 검증된 최종 사회적 경제조직의 사회적 결과 2차 측정도구의 질문영역 및 항목은 다음과 같다. 본 연구에서는 위와 같은 과정을 거쳐 도출된 측정도구를 사회적 경제조직 사회적 결과 지수라 명한다.

<표 7-29> 2차 사회적 경제조직 사회적 결과 측정도구(안)

사회적 경제조직 사회적 결과		
측정요소	번호	측정내용(질문항목)
창출된 일자리 수 (미시지표)	1.	지난 1년간 창출된 일자리의 수 취약계층 직원의 수(지난 1년간) (취약계층: 저소득층주민, 한부모가족, 다문화가족, 장애인, 고졸청년 등)
지역사회 공헌액수와 활동 건수 (미시지표	2.	지난 1년간 지역사회에 기여한 기부금액수
	3.	지난 1년간 지역사회를 위해 봉사활동을 한 총 건수
	4.	지난 1년간 이익금 대비 지역사회재투자 금액 비율
	5.	지난 1년간 경제적으로 어려운 이용자들(사회소외계층주민)에게 무상으로 재화나 서비스를 제공한 건수
지역사회 자본	6.	이 기업은 지역주민들과 서로 친밀한 관계를 가지고 있다.
	7.	이 기업은 지역사회의 각종 모임이나 기관이나 시설 등에 참여하고 있다.
	8.	이 기업은 지역사회문제를 해결하기 위해 노력한다.
	9.	이 기업은 돌봄이 필요한 지역주민들을 잘 돌보고 있다.
	10.	이 기업은 지역사회의 규범이나 규칙을 잘 준수한다.
	11.	기업직원들과 지역주민들은 상호 존중한다.
	12.	나는 이 기업(구성원)이 지역사회의 다른 구성원들과 상호 행동한다고 생각한다.
	13.	이 기업은 지역주민들과 함께 활동할 수 있는 네트워크가 있다.

2. 경제적 결과 측정도구

사회적 경제조직의 경제적 결과는 "사회적 경제조직이 창출하는 경제적 가치의 창출 정도"를 의미하며, 사회적 결과에 비해 측정되는 것이 손쉽다. 사회적 경제조직이 창출하는 경제적 결과는 경제적 이익창출을 의미하는 영업이익을 포함하여 연간 매출액, 재화와 서비스를 이용하는 이용자의 수, 서비스만족 또는 이용자만족도 등으로 표현될 수 있고 대부분의 기업들은 수량화된 자료들을 수집한다. 하지만 다른 경제적 가치지표와 달리 이용자만족은 이용자들로부터 자료를 확보하여야 한다는 특징이 있다. 따라서 영업이익, 연간 매출액, 재화와 서비스를 이용하는 이용자의 수는 기업내부에서 수집하는 미시지표이고 이용자만족은 이용자들로부터 수집되는 거시지표이다. 이용자만족과 같은 거시지표를 확보하지 못한 기업의 경우는 경제적 결과의 측정은 미시지표만으로도 적용할 수 있다.

이용자만족이 경제적 결과에 포함되는 이유는 서비스를 제공받은 후 이용자들이 서비스에 대해 만족도가 높거나 높아지게 되면 재이용이나 주변에게 소개 등 서비스에 대한 이용이 증가할 가능성이 높고 이는 곧 기업의 입장에서 경제적 혜택(이윤창출)의 증가를 의미하기 때문이다. 본 연구가 제시하는 경제적 결과의 성과측정요소를 그림으로 나타내면 아래와 같다.

<그림 7-7> 사회적 경제조직 경제적 결과 성과측정요소

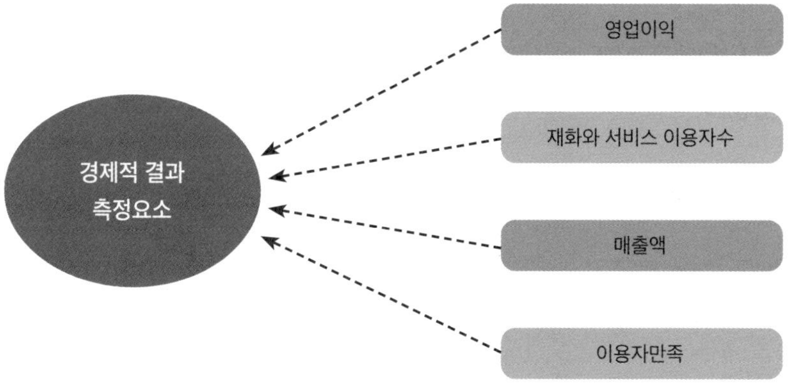

결론적으로, 사회적 경제조직의 경제적 결과를 측정하는 보편화된 객관화된 척도는 개발되어 있지 않지만 사회적 결과에 비해 상대적으로 잘 수량화되어 있어 측정하는 것이 어렵지 않다는 특징이 있다. 기존 연구들을 종합하면 경제적 결과는 경제적 가치나 경제적 성과로 명명되어 측정되어 왔다. 본 연구가 사회적 경제조직의 경제적 결과(성과 또는 가치) 측정도구개발에 활용한 이미 개발된 측정도구들을 소개하면 다음과 같다.

1) 한국사회적기업진흥원의 경제적 가치 측정 척도

한국사회적기업진흥원은 경제적 성과가 2개 영역 총 4개 지표로 구성된 경제적 가치척도를 제시하였다. 특히, 경제적 성과를 경제적 가치창출이라고 명명하고 세부항목으로 첫째, 노동생산성(1문항), 둘째, 고용창출 및 재정성과(3문항)를 제시하였다.

<표 7-30> 한국사회적기업진흥이 제시한 경제적 가치척도

<table>
<tr><td rowspan="3">경제적 가치창출(지속가능성)</td><td>노동생산성</td><td>10 노동생산성</td><td>5점척도 : 성과분석 기준 1인당 매출액 활용</td><td>1인당 매출액
① 매출액이 동일업종 매출액 분포의 20% 미만
② 매출액이 동일업종 매출액 분포의 20 이상 40% 미만
③ 매출액이 동일업종 매출액 분포의 40 이상 60% 미만
④ 매출액이 동일업종 매출액 분포의 60 이상 80% 미만
⑤ 매출액이 동일업종 매출액 분포의 80 이상</td><td>노동생산성 (사업보고서 기 준) (2015년)</td></tr>
<tr><td rowspan="2">고용창출 및 재정성과</td><td>11 고용창출</td><td>5점척도: 성과 분석 기준 총 근로자수 활용</td><td>총 근로자수
① 총 근로자수가 동일업종 총 근로자수 분포의 20% 미만
② 총 근로자수가 동일업종 총 근로자수 분포의 20 이상 40% 미만
③ 총 근로자수가 동일업종 총 근로자수 분포의 40 이상 60% 미만
④ 총 근로자수가 동일업종 총 근로자수 분포의 60 이상 80% 미만
⑤ 총 근로자수가 동일업종 총 근로자수 분포의 80 이상</td><td>총근로자수 (사업보고서 기준) (2015년)</td></tr>
<tr><td>12 매출액</td><td>5점척도: 성과 분석 매출액 활용</td><td>매출액
① 총 매출액이 동일업종 매출액 분포의 20% 미만
② 총 매출액이 동일업종 매출액 분포의 20 이상 40% 미만
③ 총 매출액이 동일업종 매출액 분포의 40 이상 60% 미만
④ 총 매출액이 동일업종 매출액 분포의 60 이상 80% 미만
⑤ 총 매출액이 동일업종 매출액 분포의 80 이상</td><td>매출액 (사업보고서 기준) (2015년)</td></tr>
</table>

		13 영업이익	1,3,5 점: 성과분석 영업이익활용	영업이익 영업손실의 유무 무③ 또는 ⑤/유① ※ 동일업종 영업이익 분포의 상위 10% 지점이 영업손실을 보이면 5점, 그렇지 않으면 3점을 부여 ※ 동일업종 영업이익 분포의 상위 10% 지점이 영업이익을 보이는 경우(영업손실의 유무로 3점을 부여), 해당 조직의 영업이익이 상위 10% 이내에 드는 경우 2점 가점	영업이익 (사업보고서 기준) (2015년)

출처: 한국사회적기업진흥원, 2016. 사회적 기업 사회적 가치지표활용방안과 지표구성에서 재인용

위의 한국사회적기업진흥원이 제시한 경제적 성과 즉, 경제적 결과는 주로 눈에 들어나는 수량중심의 문건중심의 경제적 이익관련 지표들로만 구성되어 있다는 한계를 갖는다.

2) 임성은 외(2018)가 제시한 사회적 경제조직 경제적 성과측정지표

임성은 외(2018)는 그동안 진행되어 왔던 국내외의 사회적 경제조직 성과측정지표들에 대한 선행연구를 통해 측정 가능한 지표들을 종합하여 비교분석한 후 아래와 같은 사회적 지표를 정리하여 제시하였다. 공통지표는 협동조합이나 마을기업 그리고 사회적 기업 등과 같은 국내의 모든 사회적 경제조직에 공통적으로 적용 가능한 성과측정을 위한 경제적 가치지표이다. 경제적 지표는 총 6개의 지표로 구성된다.

<표 7-31> 임성은 외(2018)가 제시한 사회적 경제조직 경제적 성과측정지표

구분	지표
공통지표	1. 사회적경제의 GDP 공헌도 2. 사회적경제기업의 수(전체 기업 중 비중) 3. 사회적경제기업의 고용인력 수(전체 고용인력 중 비중) 4. 사회적경제기업의 생존율 5. 사회적경제기업의 매출액 6. 사회적경제기업의 영업이익(영업이익률)

*출처: 임성은, 문철우, 이은선, 윤길순, 김진희. (2018). 사회적경제의 사회·경제적 가치 측정을 위한 통합 지표 개발 연구. 한국보건사회연구원. pp. 113. <표 4-4>에서 재인용

임성은 외(2018)가 제시한 경제적 성과측정지표 역시 한국사회적기업진흥원이 제시한 경제적 성과인 경제적 이익관련 지표들로만 구성되어 있다는 한계를 갖는다.

3) 이용자(서비스)만족도 척도

사회적 목적성취를 강조하는 제3부문 조직을 이용하는 이용자의 만족을 나타내는 지표로 활용될 수 있는 지표로는 사회서비스영역에서 활용되는 McMurty와 Hudson(2000)의 척도가 대표적이다. 본 연구에서는 McMurty와 Hudson(2000)이 사회복지시설을 이용하는 이용자들의 만족을 측정하도록 개발한 이용자만족도 척도(client satisfaction inventory)를 참고하여 지은구와 김민주(2017))가 사회서비스영역에서 신뢰도와 타당도를 검증하여 개발한 총 12개 문항으로 구성된 이용자(서비스)만족도 척도를 소개한다. 이들이 개발한 사회서비스 만족도 척도의 Cronbach's α 는 .969로 신뢰도가 확보되었으며 서비스만족을 구성하는 요인의 개념신뢰도(convergent reliability: CR)이 0.963으로 나타나(CR값이 0.7 이상) 수렴타당도가 확보되었다.

<표 7-32> 사회서비스 이용자 서비스만족도척도

서비스(이용자) 만족도 척도	
1	이 기관에서에서 제공받은 서비스는 나에게 큰 도움이 되었다.
2	이 기관에서 기관장과 직원들은 나의 얘기에 귀를 기울인다.
3	나는 이 기관에서 나의 문제를 다루는 방법에 대해 많이 배웠다.
4	나는 현재 이용하고 있는 기관을 다른 사람에게 추천할 것이다.
5	기관장 및 직원들은 그들이 제공하는 서비스 내용을 잘 알고 있다.
6	나는 현재 이용하고 있는 기관에서 내가 진정으로 필요로 하는 서비스를 받았다.
7	기관장과 직원들은 있는 그대로의 나를 받아들였다.
8	내가 처음 이 기관에 왔을 때보다 지금이 훨씬 좋아졌다.
9	이 기관에서 받은 서비스는 내가 지불한 비용(투자한 시간, 본인부담금, 추가비용 등) 만큼의 가치가 있다.
10	기관장과 직원들은 그들의 욕구보다 나의 욕구를 중요시하였다.
11	기관장과 직원들은 나와 의견이 다를 때 나의 의견을 존중한다.
12	내가 이 기관에서 얻은 서비스는 기대했던 것 이상이다.

4) 사회적 경제조직 경제적 결과 측정도구(안)

본 연구에는 선행연구를 바탕으로 도출된 사회적 경제조직 성과의 결과영역 중 경제적 결과를 구성하는 이용자만족, 매출액, 영업이익 그리고 재화와 서비스의 이용자 수 등의 구성요소를 측정하기 위해 다음과 같은 경제적 결과 측정도구(economic outcome measure)를 제시한다. 아래의 질문들은 모두 앞에서 소개한 경제적 가치나 경제적 성과 관련 척도들을 기반으로 하였으며 사회적 경제조직 성과관리 및 성과측정을 설명하는 이론적 배경 및 선행연구를 통해 도출된 1차 예비질문 4개 영역의 15개 문항을 사회적 경제조직에 근무하는 전문가를 대상으로 포커스집단면접을 통해 액면 및 내용타당도를 검증받아 4개의 동일한 영역에서 5개 문항이 삭제되고 1개

문항이 수정되어 최종 10개 질문항목으로 구성된 사회적 경제조직 경제적 결과 측정도구를 아래와 같이 도출하였다. 10개 항목 중 3개 항목은 수량화된 양적지표(미시지표)로 구성되며 특히 이용자만족도질문은 이용자들의 인식을 측정하는 양적지표(거시지표)로써 위에서 소개한 지은구외의 척도를 참고하여 사회적 경제조직의 특성에 맞게 수정·제시한 것이다.

<표 7-33> 1차 사회적 경제조직 경제적 결과 측정도구(안)

사회적 경제조직 경제적 결과		
측정요소	번호	측정내용(질문항목)
영업이익 (미시지표)	1.	한해 총 영업이익 또는 전 년 대비 증가된 영업이익(원 또는 %)
매출액 (미시지표)	2.	한해 총 매출액 또는 전 년 대비 증가된 매출액 비율(원 또는 %)
이용자의 수 (미시지표)	3.	한해 이용자의 수 또는 전 년 대비 증가된 이용자의 수(수 또는 %)
이용자만족	4.	여기서 구입한 상품이나 제공받은 서비스는 내가 지불한 가격만큼의 가치가 있다.
	5.	이곳에서 받은 상품이나 서비스는 나에게 도움이 된다.
	6.	나는 이 기업의 상품이나 서비스를 다른 사람에게도 추천하고 싶다.
	7.	이곳의 직원은 나를 업무적으로 대하지 않고 인격적으로 대해준다.
	8.	이곳의 직원은 자신들이 맡은 일을 열심히 하는 것 같다.
	9.	이 기업의 상품이나 서비스는 내가 생각한 것보다 훨씬 좋아졌다고 생각한다.
	10.	이곳의 직원은 전문적인 지식과 기술을 가지고 있는 것 같다.

위와 같은 선행연구 및 1차 심층면접을 통하여 3개 영역의 총 10개 복합문항으로 구성된 사회적 경제조직 경제적 결과 예비측정도구의 귀결 및 내용타당도를 검증받기 위하여 2차 포커스집단 전문가심층면접을 시행하였다. 전문가심층면접을 위한 포커스집단은 앞의 사회적 결과 측정도구 개발에 참여한 제3부문 사회적 경제조직에서 활동하는 관련 전문가들과 학계전문가들로 구성되었으며 일시와 진행방법은 동일하다. 심층면접 녹취를 통

해 내용을 분석한 결과 추가 지표의 필요성이 제기되어 1개의 지표가 추가되었으며 질문내용의 애매성으로 3개 항목이 수정되어 총 11개 항목으로 구성된 2차 측정도구가 도출되었다. 2차 심층면접을 통해 귀결 및 내용타당도가 검증된 최종 사회적 경제조직의 경제적 결과 2차 측정도구의 질문영역 및 항목은 다음과 같다. 본 연구에서는 위와 같은 과정을 거쳐 도출된 측정도구를 사회적 경제조직 경제적 결과 지수라 명한다.

<표 7-34> 2차 사회적 경제조직 경제적 결과 측정도구(안)

사회적 경제조직 경제적 결과		
측정요소	번호	측정내용(질문항목)
영업이익	1.	한해 총 영업이익 또는 전 년 대비 증가된 영업이익(원 또는 %)
매출액	2.	한해 총 매출액 또는 전 년 대비 증가된 매출액 비율(원 또는 %)
이용자의 수	3.	한해 이용자의 수 또는 전 년 대비 증가된 이용자의 수(수 또는 %)
이용자만족(서비스품질과 이용자만족)	4.	이 기업에서 구입한 상품이나 제공받은 서비스는 내가 지불한 가격만큼의 가치가 있다.
	5.	이 기업에서 구입한 상품이나 서비스는 나에게 도움이 된다.
	6.	이 기업의 상품이나 서비스를 다른 사람에게도 추천하고 싶다.
	7.	이 기업의 직원은 나를 업무적으로 대하지 않고 인격적(인간적)으로 대해준다.
	8.	이 기업의 직원은 자신들이 맡은 일을 열심히 수행한다.
	9.	이 기업의 상품이나 서비스는 내가 생각한 것보다 훨씬 좋다.
	10.	이 기업의 직원은 전문적인 지식과 기술을 가지고 있다.
	11.	이 기업의 상품이나 서비스의 품질은 믿을 만하다.

제8장

결론: 한국형 사회적 경제조직 성과관리모델의 특성

Social Economy Organizations and Performance Managemen

제8장

결론: 한국형 사회적 경제조직 성과관리모델의 특성

제1절

한국형 사회적 경제조직 성과관리모델 및 성과측정도구(지표)의 특성

1. 사회적 경제조직 성과관리모델(안)의 특성

사회적 경제조직 성과관리를 위해 성과를 측정하는 한국형 성과관리 및 성과측정모델로 본 연구에서는 성과관리 이론을 개발하여 적용하고 기존 모델들을 비판적으로 비교·분석한 후 사회적 경제조직의 직접적 이해관계자인 이용자와 직원들이 직접 관여하여 측정할 수 있는 "자기-주도성 사회적 경제조직 단계별·요소별 성과관리모델"을 도출하여 제6장에서 제시하였다. 단계별이라는 의미는 성과가 결과물이 아닌 다면적 측면의 투입과 행동 및 결과의 영역 또는 단계로 구성되어 단계별로 성과를 측정한다는 것을 나타내며 요소별이라는 의미는 성과를 구성하는 영역에서 영역별 측정요소를 도출하여 성과를 측정한다는 것을 나타낸다. 본 연구는 사회적 경제조직이 창출하는 성과를 가치의 실현이자 가치지향적인 행동들의 종합으로 인식하는데 이러한 성과의 다면적이고 가치지향적인 정의는 최근 성과를 다면적이고 가치지향적인 개념으로 이해하는 선행연구들에 영향을 받은 결과이다. 본 연구가 제시하는 사회적 경제조직 성과관리 및 측정모델은 성과의 영역을 크게 가치영역, 과정영역 그리고 결과영역으로 구분한다.

가치영역은 투입(input)부분으로 사회적 가치지향성과 경제적 가치지향성의 측정요소로 구성되고 과정영역은 직원들의 행동을 나타나는 행동(activity)부분으로 직무관리, 근무조건관리, 협력관리, 갈등관리 등 총 4개의 측정요소로 구성된다. 마지막으로 결과영역은 산출(output)과 결과(outcome)부분으로 경제적 결과와 사회적 결과로 구성된다. 즉, 성과는 가치영역의 성과측정요소 2개, 과정영역의 성과측정요소 4개 그리고 결과영역의 성과측정요소 2개 등 총 3개의 성과영역에서 총 8개의 측정요소들로 구성되어 있다. 특히 규모가 작은 사회적 경제조직도 적용에 어려움이 없도록 자기기입식으로 모든 측정요소들을 지표화하여 알기 쉽게 성과를 측정하는 모델이라는 특징도 갖추고 있다. 최종 도출된 사회적 경제조직 성과관리영역 및 영역별 요소를 그림으로 나타내면 아래와 같다.

<그림 8-1> 한국형 사회경제조직 성과관리모델의 성과영역과 요소

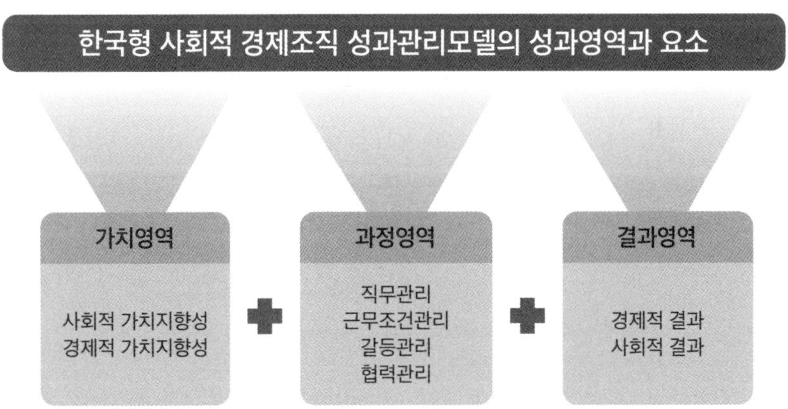

구체적으로 본 연구에서 제시하는 사회적 경제조직 성과관리모델의 특

성을 종합적으로 제시하면 아래와 같다.

- ▶ 첫째, 본 모델은 사회적 경제조직의 성과를 투입단계에서 행동단계를 거쳐 결과단계까지 이루어지는 과정(process)으로 이해한다. 성과를 단순한 결과물이 아닌 투입부터 결과까지의 과정으로 이해하는 이유는 성과를 과정 및 다면적으로 이해한 Armstrong과 Baron(2005), Van Dooren, Bouckaert, 그리고 Halligan(2010), 지은구(2012) 등의 선행연구와 투입과 행동 및 결과와의 상호인과적 관계를 중요시하는 성과관리모델인 로직모델과 PMS모델, 자기주도성 성과관리(SOPM)모델 등을 적용하고 이론적으로는 성과를 과정으로 이해하고 다면적 영역으로 구성된다는 것을 설명해주는 거버넌스이론, 정치경제론, 사회경제론 등에 기초한다. 따라서 사회적 경제조직의 성과관리는 가치영역과 과정영역 그리고 결과영역의 관리를 통해서, 구체적으로는 성과영역별 주요 성과측정요소들의 측정 및 평가를 통해서 이루어지는 종합적 과정이다.
- ▶ 둘째, 성과관리를 위하여 투입단계는 사회적 경제조직이 성취하려는 사회적 미션에 대한 이해와 이를 성취하려는 경제적 마인드를 사회적 가치를 지향하는 정도와 경제적 가치를 지향하는 정도로 구분하고 이를 본 연구에서는 성과의 가치영역으로 명명하였다. 성과의 투입단계를 가치영역으로 구분하는 본 연구의 성과관리모델은 사회적 경제조직이 사회적 미션을 창출하는 정도는 곧 직원들의 경제적 가치를 창출하려는 의지나 인식(경제적 가치지향성) 그리고 사회적 가치를 실현하려는 의지나 인식(사회적 가치지향성)에 영향을 받으며 또한 가치의 실현을 곧 성과로 인식하는 Alter(2007) 등의 선행연구의 영향을 받은 결과이고, 이론적으로는 직원이나 이해관계자의 인식이나 역량을 강조하는 조직사회자본과 이해관계자이론 등에 영향을 받았기 때문이며, 가치영역의 중요성을 강조한 통합적·단계적 성과관리모델, 공공가치성과표모델, PMS모델 등과 같은 성과관리모델의 영향력을 적용하였기 때문이다.
- ▶ 셋째, 성과관리의 행동단계인 과정영역은 조직의 재화와 서비스가 형성되고 제공되는 행동단계로써 사회적 미션 성취를 위한

노력과 시장에서의 지속가능성을 확보하기 위한 노력을 실행하는 단계이다. 과정영역은 직원들의 직무기술과 지식 그리고 작업환경과 관련된 직무관리와 임금과 같은 근무조건관리 그리고 직원 간 또는 이용자와의 갈등을 해결하는 정도를 나타내는 갈등관리 그리고 직원 간이나 타 조직과의 업무협력의 정도를 나타내는 협력관리 등 총 4개의 측정요소로 구분하였다. 성과의 과정영역을 본 연구에서 위와 같이 4개의 측정요소로 구성되는 다면적 영역으로 제시한 이유는 조직성과 및 행동이 직무 및 근로조건 등 직원들에게 영향을 미치는 다양한 환경에 영향을 받는다는 Parry(1996) 등의 선행연구와 이를 토대로 등장한 BSC 모델, 수정 및 확대된 로직모델, PMS모델 등 본 연구에서 제시된 성과관리모델들 그리고 이론적으로는 이해관계자이론, 거버넌스이론, 사회적기업가정신론 등에서 공통적으로 지적된 과정영역에서 필요한 성과측정요소들을 비교·분석하여 도출한 결과이다,

▶ 넷째, 사회적 경제조직 성과의 결과영역은 창출된 경제적 가치의 정도를 나타내는 경제적 결과와 사회적 가치창출의 정도를 나타내는 사회적 결과로 구분하여 측정하고 관리하도록 설계되었다. 결과영역을 단순한 경제적 결과물(이익이나 사회적 반환금 등)로 보지않고 사회적 결과와 경제적 결과의 이중적 결과로 바라보는 본 모델은 선행연구들에서 꾸준히 지적된 사회적 경제조직의 지속가능성(sustainability)이 결국 경제적 이익창출을 의미하는 경제적 결과와 함께 사회적 미션의 성취정도를 나타내는 사회적 결과로 이루어진다는 사회적 경제조직의 이중적 성격에 근거한다. 사회적 경제조직의 이중적 기반(Double bottom line)은 사회적 경제조직이 경제적 결과와 사회적 결과를 동시에 추구하는 이중적 성격의 조직임을 강조함으로 본 연구에서는 경제적 결과와 사회적 결과의 이중적 기반을 강조한 Clark과 동료들(2004), Poter와 동료들(2011), Perera(2013) 등의 선행연구와 본 연구에서 소개된 BSC모델이나 SROI모델등 경제적 성과와 사회적 성과를 동시에 강조하는 대부분의 모델들 그리고 사회적 경제조직이 창출한 사회적 결과로써 지역사회자본의 창출 등을 강조한 Evers(2001)등의 연구를 적용하여 경제적 결과와 사회적 결과를 사회적 경제조직의 성과를 구성하는 결과영역의 요소

로 제시하였다.

▶ 종합하면, 본 연구에서 제시하는 한국형 사회적 경제조직 성과관리모형은 성과를 가치영역과 과정 및 결과영역에서 도출되는 종합으로 이해하며 성과영역별 구성요소(측정요소)로 총 8개의 요소를 설정하여 측정 및 관리하는 모델이다.

2. 사회적 경제조직 성과관리를 위한 성과측정도구의 특성

본 연구에서는 한국형 사회적 경제조직의 성과관리를 위한 기본 모델로 "자기-주도성 사회적 경제조직 단계별·요소별 성과관리모델"을 그리고 제7장에서는 개발된 사회적 경제조직 성과관리모델의 활용을 위해 측정영역 및 영역별 측정요소에 적합한 측정도구를 제시하였다. 개발된 성과관리 및 측정모델을 보면 총 3개의 성과영역에서 성과영역별 총 8개의 측정요소가 존재하는데, 각각의 성과측정영역은 요소별 측정도구가 있어야 측정이 가능하도록 설계되어 있다. 즉, 8개 측정요소에서 측정도구는 지표이든, 지수이든 또는 척도이든 측정 가능하여야 하며 보편적으로 적용가능하고 간편하며 객관화할 수 있는 수량화된 측정도구를 활용하는 것이 사회적 경제조직 성과관리 및 측정을 위해 보다 적합하다. 본 연구에서는 성과측정요소별로 측정 가능한 지표들을 질문항목으로 구체화하여 도출하였으며 최종 한국형 사회적 경제조직 성과관리를 위한 측정도구(안)은 총 8개 측정요소에 총 74개의 질문항목으로 설계되었다. 가치영역에서는 2개의 측정요소에 32개의 질문항목, 과정영역에는 4개의 측정요소에 18개의 질문항목 그리고 결과영역은 2개의 측정요소에 24개의 질문항목이 있다. 아래의 그림은 사회적 경제조직 성과관리이론을 적용하고 기존 성과측정모델을 비교·분석한 후 기존 성과측정모델에서 제시한 성과측정도구들에 근거하여 새롭게 도출하여 사회적 경제조직 현장 및 학계 전문가들로부터 액면 및 내용타당도가 입증된 최종 사회적 경제조직 성과관리 및 측정모델(안)을 나타내준다.

<그림 8-2> 최종 한국형 사회적 경제조직 성과관리 및 측정모델(안)

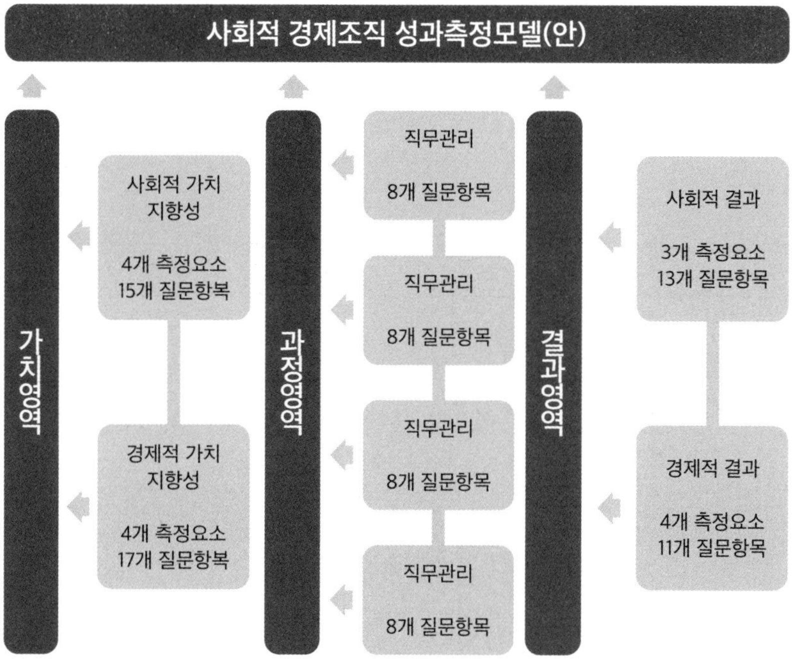

구체적으로 본 연구에서 제시하는 사회적 경제조직 성과관리모델에 적합한 성과측정도구(모델)의 특성을 종합적으로 제시하면 아래와 같다.

▶ 사회적 경제조직 성과를 구성하는 가치영역의 2개 성과측정요소별 총 32개 질문항목은 사회적 경제조직의 사회적 및 경제적 가치지향적 성격을 측정하기 위하여 도출된 질문항목으로 사회적 경제론, 스튜어드십이론, 사회적 기업가정신론, 조직사회자본론 등의 이론과 수정되고 확대된 로직모델, BSC성과관리모델, SAA모델, 혼합가치회계모델, PMS모델, 공공가치성과표모델 그

리고 지은구 외(2019) 등이 개발한 사회적 가치지향성척도, 장현숙·지은구(2021)가 개발한 사회적 기업 사회적 가치 지향성 척도, Crucke와 Decramer(2016)이 제시한 사회적 가치지향성 및 경제적 가치지향성 측정도구, 한국사회적기업진흥원(2016)의 혁신성척도 그리고 손제희(2015)가 개발한 조직사회자본척도 등의 선행연구들을 비교·분석하여 본 연구에 맞게 수정 및 보완과정을 거쳐 새롭게 도출하였다.

▶ 사회적 경제조직 성과를 구성하는 과정영역의 4개 측정요소별 총 18개 질문항목 중 직무관리의 8개 항목과 근무조건관리의 3개 질문항목은 직무만족과 직무몰입 등이 성과와 밀접한 연관이 있음을 설명하는 스튜어드십이론, 이해관계자이론, 거버넌스이론 등의 이론과 직무관리요소를 성과를 구성하는 중요한 요소로 제시한 확대된 로직모델, 통합적·단계적 성과관리모델, PMS성과측정모델 그리고 직무관리와 연관하여 손제희(2015)와 Spector(1985)가 제시한 측정항목, Minnesota Satisfaction Questionnaire(MSQ) 척도의 질문항목, Mowday 외(1979)의 OCQ척도의 질문항목 그리고 Allen과 Meyer(1990의 척도 등에서 적합한 질문항목을 도출하여 본 연구에 적합하게 수정 및 보완하여 제시하였다.

▶ 사회적 경제조직 성과를 구성하는 과정영역의 4개 측정요소별 총 18개 질문항목 중 협력관리를 구성하는 4개 질문항목은 협력의 중요성을 강조한 거버넌스이론과 스튜어드십이론을 기반으로 하여 협력관리를 과정영역의 중요한 성과측정요소로 제시한 사회복지관 자기주도성 성과관리(SOPM)모델(지은구 외, 2018) 그리고 지은구 외(2019)가 시회복지관 성과관리를 위해 제시한 협력관리척도의 질문항목을 참고하여 도출하였다. 또한 사회적 경제조직 성과를 구성하는 과정영역의 갈등관리를 구성하는 3개 항목은 성과개선을 위해서 갈등관리의 중요성을 강조한 사회적기업가정신론을 기초로 자기주도성 성과관리모델과 지은구 외(2019)가 갈등관리측정을 위해 제시한 질문항목과 Crucke와 Decramer(2016)의 질문항목 등을 참고하여 도출하였다.

▶ 사회적 경제조직 성과를 구성하는 결과영역의 2개 측정요소별 총 24개 질문항목 중 사회적 결과를 나타내는 3개 측정요소의 13개 질문항목은 사회적 가치의 실현 정도를 나타내는 질문항

목들로 구성되어 있으며 구체적으로는 창출된 일자리의 수, 지역사회공헌액수 및 활동 건수 그리고 지역사회자본형성의 정도 등을 측정한다. 사회적 결과를 측정하는 요소 및 요소별 질문항목은 사회적 경제조직의 사회적 결과(또는 혜택)의 중요성을 강조한 사회경제론 및 사회적 기업가정신론, 스튜어드십이론 조직사회자본론 등의 이론적 틀을 반영하였으며 확대된 로직모델, BSC모델, SROI모델, 자기주도성 성과관리모델, PMS 모델 등을 참고하였다. 또한 사회적 가치의 실현을 측정하기 위해 제시된 한국사회적기업진흥원(2016)이 개발하여 제시한 사회적 가치 지수(social value index), 문철우 외(2014)이 제시한 사회적 가치평가툴과 임성은 외(2018)이 제시한 사회적 성과 측정항목 그리고 지역사회자본창출의 정도를 나타내는 질문항목은 The Council on Quality and Leadership(CQL)의 지역사회자본지수와 Crucke와 Decramer(2016)의 지역사회성과에 대한 질문항목 등을 참고하여 수정 및 보완하여 제시하였다.

▶ 사회적 경제조직 성과를 구성하는 결과영역의 2개 측정요소별 총 24개 질문항목 중 경제적 결과를 나타내는 4개 측정요소의 11개 질문항목은 경제적 혜택의 실현정도를 나타내는 잘문항목들로 구성되어 있으며 측정요소는 첫째, 영업이익, 둘째, (총) 매출액, 셋째, 이용자 수, 넷째, 이용자만족도 등을 나타낸다. 경제적 결과를 측정하는 요소 및 요소별 질문항목은 사회적 경제조직의 경제적 이익이나 혜택 그리고 이용자만족의 중요성을 강조한 이해관계자이론, 사회경제론 및 스튜어드십이론 등의 이론적 틀과 성과관리모델로는 SIMPLE모델, 혼합가치회계모델, 확대된 로직모델, BSC모델, SROI모델, 자기주도성 성과관리모델, PMS 모델 등을 참고하였다. 또한 경제적 가치의 실현을 측정하기 위해 제시된 한국사회적기업진흥원(2016)이 개발하여 제시한 경제적 가치 측정 척도, 임성은 외(2018)이 제시한 경제적 성과 측정항목을 참고하였으며 이용자만족관 관련된 질문항목은 McMurty와 Hudson(2000)의 이용자만족도 척도, 지은구와 김민주(2017)가 개발한 이용자(서비스)만족도척도를 참고하여 새롭게 수정 및 보완하여 제시하였다.

▶ 아래의 표는 성과측정요소별 측정 가능한 측정도구로써 핵심성과측정질문(안)을 도출하여 제시한 것이다. 핵심성과측정질문들

은 곧 측정영역 및 요소별 핵심성과지표를 의미한다. 8개의 성과측정요소별 74개의 측정질문항목은 제7장에서 이미 설명한 바와 같이 이미 검증된 척도나 지표들을 활용한 질문도 존재하며 사회적 경제조직에 맞게 새롭게 수정 및 보완한 질문도 존재한다. 또한 질문항목이 존재하지 않아 성과측정요소에 맞게 자체 도출한 질문도 존재한다. 74개의 측정질문항목은 일차적으로 문헌조사를 통해 측정도구가 도출되었고 도출된 (예비)측정도구에 대한 액면 및 내용타당도는 2차에 걸쳐 전문가들을 통해 검증되고 수정 및 보완되었다. 하지만 성과관리 영역별 측정도구(질문항목)의 구성타당도(수렴 및 판별타당도)는 통계적으로 검증이 이루어지지 않은 질문(지표)들이라는 특징이 있음으로 통계적으로 신뢰도와 타당도가 검증되기 위해서는 이를 위한 또 다른 연구가 필요하다. 성과측정요소별 모든 질문은 수량화된 값으로 측정되며 측정값은 Likert 5점 척도나 또는 7점 척도로 구성될 수 있다.

<표 8-1> 사회적 경제조직 단계별·요소별 성과관리를 위한 성과측정도구(질문항목)

사회적 경제조직 사회적 가치지향성(가치영역)		
측정요소	번호	측정내용(질문항목)
조직가치와 미션	1.	나는 우리 기업이 추구하는 사회적 가치를 잘 설명할 수 있다. * 사회적 가치는 사회적 기업의 친사회적 성향 즉, 지역사회문제해결, 주민복지증진과 삶의 질 향상 그리고 지역사회발전 등을 의미
	2.	나는 우리 기업의 비전과 미션을 잘 이해하고 있다.
	3.	우리 기업의 미션과 비전은 사회적 가치의 실현과 연관이 있다.
	4.	우리 기업은 사회적 가치를 실현하기 위하여 노력한다.
지역사회문제에 대한 인식	5.	우리 기업은 지역사회의 당면한 문제를 잘 알고 있다.
	6.	우리 기업은 지역사회문제를 해결하기 위해 노력하고 있다.
	7.	우리 기업은 지역주민의 고통이나 문제를 이해하기 위해 노력하고 있다.
지역사회와의 유대 및 공동체 인식	8.	우리 기업은 항상 주민들의 편이다.
	9.	지역주민들은 우리 기업을 신뢰한다.
	10.	지역사회와 지역주민이 있기에 우리 기업이 존재한다.

조직사회자본	11.	우리 기업의 구성원(직원)들은 서로를 신뢰한다.
	12.	우리 기업의 구성원(직원)들이 갖는 기업에 대한 신뢰는 매우 두텁다.
	13.	나는 우리 기업의 의사결정구조와 결정을 신뢰한다.
	14.	우리 기업은 구성원(직원)들의 의견을 반영하기 위해 노력한다.
	15.	우리 기업이 제공하는 재화(상품)나 서비스는 지역주민들에게 도움이 될 것이다.
사회적 경제조직 경제적 가치지향성(가치영역)		
측정요소	번호	측정내용(질문항목)
혁신성과 창의성	1.	우리 기업은 재화 및 서비스 제공과정 및 내용에 대해 주기적으로 점검을 실시한다.
	2.	우리 기업은 다른 경쟁기관에 비해 연구 및 개발에 투자를 많이 하는 편이다.
	3.	우리는 규칙적으로 이용자들로부터의 정보와 피드백을 추구한다. 그 결과 우리는 더 좋은 서비스를 이용자들에게 제공하고 있다.
	4.	우리 기업은 새로운 사업을 시행하기 위해 항상 노력하는 기업이다.
	5.	우리 기업은 새로운 재화나 서비스를 개발하기 위하여 항상 노력한다.
조직내외 환경에 대한 인식	6.	우리 기업은 변화하는 이용자들의 욕구에 적극적으로 대처하고 있다.
	7.	우리 기업은 지역사회가 요구하는 변화에 민감하며 적극적으로 대처하고 있다.
	8.	우리 기업은 다른 기업들의 도전과 경쟁을 잘 이겨나가고 있다.
위기 및 갈등에 대한 인식	9.	우리 기업은 모든 갈등요소를 해결할 준비가 되어 있다.
	10.	우리 기업은 기업을 둘러싼 위험요소를 파악하기 위해 위험분석(SWOT 분석 등)을 실시하고 있다.
	11.	우리 기업은 이용자와의 갈등발생시 잘 대처하고 있다.
직무역량	12.	나는 나의 업무를 다른 사람들에게 정확하게 설명할 수 있다.
	13.	우리 기업의 구성원들은 필요한 지식과 기술이 무엇인지를 잘 알고 있다.
	14.	우리 기업의 구성원들은 필요한 지식과 기술습득을 위해 노력하고 있다.
	15.	우리 기업 구성원들은 필요한 핵심기술을 보유하고 있다.
	16.	우리 기업 구성원들은 새로운 지식 및 기술습득에 대한 의지가 매우 높다.
	17.	우리 기업 구성원들은 지식과 기술에 대해 서로 간에 공유하고 있다.

사회적 경제조직의 기업 활동(과정영역)		
측정요소	번호	측정내용(질문항목)
직무관리	1.	지금하고 있는 나의 업무는 나에게 가장 적합한 업무이다.
	2.	우리 기업은 내가 필요한 지식과 기술을 습득할 수 있도록 항상 지원하기 위해 노력한다.
	3.	우리 기업은 구성원들의 의견을 소중하게 생각한다.
	4.	나는 우리 기업의 의사결정기구 및 결정에 참여할 수 있다,
	5.	나는 우리 기업의 목표달성을 위해 내가 하는 것 이상의 노력을 기울일 수 있다.
	6.	우리 기업은 내가 일할 수 있는 기업 중 최고다.
	7.	나는 우기기업에 대해 좋은 감정을 지고 있다.
	8.	나는 우리기업의 문제가 나의 문제인 것처럼 느낀다.
근무조건 관리	9.	나는 일한 만큼 임금을 받고 있다.
	10.	우리 기업의 후생복지는 잘 되어 있다.
	11.	우리 기업의 작업환경은 안전하다.
갈등관리	12.	우리 기업은 이용자와 직원 간의 면담과 소통의 기회를 정기적으로 마련하고 있다.
	13.	우리 기업은 이용자와 직원 간에 발생하는 갈등해결을 위한 교육을 직원에게 시행하고 있다.
	14.	우리 기업은 직원 간의 갈등을 처리하는 규정이나 지침이 마련되어 있다.
협력관리	15.	우리 기업은 지역의 다른 기업들과 의사소통을 잘 한다.
	16.	우리 기업은 다른 기업과 필요한 정보를 공유하는 편이다.
	17.	우리기업은 다른 기업과의 협력활동(공동사업 등)을 활발히 추진하고 있다.
	18.	우리기업은 지역사회 조직·단체와의 네트워크에 참여하고 있다.

사회적 경제조직 사회적 결과(결과영역)		
측정요소	번호	측정내용(질문항목)
창출된 일자리 수 (미시지표)	1.	창출된 일자리의 수 (전년 대비 창출된 일자리의 수) 취약계층 직원의 수 (취약계층: 저소득층주민, 한부모가족, 다문화가족, 장애인, 고졸청년 등)

지역사회공헌 액수와 활동 건수 (미시지표)	2.	지역사회에 기여한 기부금액수
	3.	지난 1년간 지역사회를 위해 봉사활동을 한 총 건수
	4.	지난 1년간 이익금 대비 지역사회재투자 금액 비율
	5.	지난 1년간 경제적으로 어려운 이용자들(사회소외계층주민)에게 무상으로 재화나 서비스를 제공한 건수
지역사회자본 (거시지표)	6.	이 기업은 지역주민들과 서로 친밀한 관계를 가지고 있다.
	7.	이 기업은 지역사회의 각종 모임이나 기관이나 시설 등에 참여하고 있다.
	8.	이 기업은 지역사회문제를 해결하기 위해 노력한다.
	9.	이 기업은 돌봄이 필요한 지역주민들을 잘 돌보고 있다.
	10.	이 기업은 지역사회의 규범이나 규칙을 잘 준수한다.
	11.	이 기업직원들과 지역주민들은 상호 존중한다.
	12.	나는 이 기업(구성원)이 지역사회의 다른 구성원들과 상호 행동한다고 생각한다.
	13.	이 기업은 지역주민들과 함께 활동할 수 있는 네트워크가 있다.
사회적 경제조직 경제적 결과(결과영역)		
측정요소	번호	측정내용(질문항목)
영업이익	1.	한해 총 영업이익 또는 전 년 대비 증가된 영업이익(원 또는 %)
매출액	2.	한해 총 매출액 또는 전 년 대비 증가된 매출액 비율(원 또는 %)
이용자의 수	3.	한해 이용자의 수 또는 전 년 대비 증가된 이용자의 수(수 또는 %)
이용자 만족 (거시지표)	4.	이 기업에서 구입한 상품이나 제공받은 서비스는 내가 지불한 가격만큼의 가치가 있다.
	5.	이 기업에서 받은 상품과 서비스는 나에게 도움이 된다.
	6.	이 기업의 상품이나 서비스를 다른 사람에게도 추천하고 싶다.
	7.	이 기업의 직원은 나를 업무적으로 대하지 않고 인격적(인간적)으로 대해준다.
	8.	이 기업의 직원은 자신들이 맡은 일을 열심히 수행한다.
	9.	이 기업의 상품과 서비스는 내가 생각한 것보다 훨씬 좋다.
	10.	이 기업의 직원은 전문적인 지식과 기술을 가지고 있다.
	11.	이 기업의 상품과 서비스의 품질은 믿을 만하다.

- ▶ 위에서 제시된 결과영역의 총 24개의 측정질문들은 미시지표(8개의 질문항목)와 거시지표(16개의 질문항목)로 구분되는데 미시지표는 기관이 보유한 자료나 정보 등을 통해서 수집 가능한 지표들이며 기업 활동에 근거한 수량화된 값으로 측정된다. 거시지표는 조직직원이나 이용자들의 인식을 반영하는 지표이다, 즉, 미시지표의 8개 질문(예를 들어 매출액이나 이용자 수 등)을 제외한 16개 질문(거시지표)의 결과 값은 사회적 경제조직 구성원들의 기업 성과에 대한 주관적 인식이나 태도 등에 기초하는데 지역사회자본에 대한 인식이나 이용자의 만족에 대한 인식이나 생각에 대한 질문이다. 지역사회자본지표는 보다 정확한 측정을 위하여 일정 기간의 조사 기간을 거치는 사전·사후조사가 필요하지만 기업 간 비교를 위해서는 사후조사도 가능하다.
- ▶ 거시지표는 사회적 경제조직의 직원이나 이용자들로부터 직접 수집되는 자료들을 나타낸다(예를 들어 사회적 가치 지향성, 경제적 가치 지향성, 지역사회자본 등).
- ▶ 미시지표는 자체적인 문건이나 문서 등을 통해 확보될 수 있는 수량화된 지표를 나타낸다 (예를 들어 창출된 일자리 수 등).
- ▶ 종합하면, 본 연구에서 제시되는 사회적 경제조직 성과관리를 위한 성과측정요소 및 지표들은 전문가 심층면접을 통해 수정 및 보완작업을 거쳤음으로 액면 및 내용타당도는 검증된 지표이지만 통계적으로 객관성이 검증된 즉, 측정지표의 구성타당도(construct validity)가 검증된 지표가 아님으로 보편적이고 객관적인 정량화된 점수라고 하기에는 한계가 있다.

3. 사회적 경제조직 성과측정지표의 배경

본 연구에서 제시하는 사회적 경제조직 핵심성과측정지표(질문항목)는 사회적 경제조직 성과관리요소를 설명하는 이론적 배경에 근거하며, 기존 사회적 기업과 같은 사회적 경제조직 성과측정모형에서 제시된 측정요소들을 참고하여 도출되었다. 구체적인 성과측정요소와 성과측정문항을 포함한 사회적 경제조직 성과측정지표의 특성들은 다음과 같다.

<표 8-2> 사회적 경제조직 성과측정지표

성과영역	영역별 성과측정요소	성과측정문항	측정요소의 이론적 배경	지표의 특성
가치영역	1. 사회적 가치지향성	15개 측정문항	사회적기업가정신론/스튜어드십이론/지역공동체주의론/조직사회자본론/사회적경제론	수량화된 거시지표
	2. 경제적 가치지향성	17개 측정문항	사회적경제론/사회적기업가정신론	
과정영역	3. 직무관리	8개 측정문항	사회적기업가정신론/스튜어드십이론	
	4. 근무조건관리	3개 측정문항	사회적경제론/스튜어드십이론	
	5. 갈등관리	3개 측정문항	사회적기업가정신론/조직사회자본론	
	6. 협력관리	4개 측정문항	거버넌스이론/지역공동체주의론/이해관계자이론	
결과영역	7. 사회적 결과	13개 측정문항	사회적기업가정신론/조직사회자본론/사회적경제론	조직이 보유한 문서중심의 5개 양적 미시지표 포함
	8. 경제적 결과	11개 측정문항	사회적경제론/사회적기업가정신론	조직이 보유한 문서중심의 3개의 양적 미시지표 포함
3개 성과영역별 총 8개 측정요소		총 74개 측정 문항		

제2절

사회적 경제조직 성과측정 결과값 계산

1. 성과측정 결과값 계산의 예

사회적 경제조직 성과를 측정하는 본 연구의 성과관리 및 측정모델을 적용하여 성과를 측정하기 위해서는 측정결과값을 표준화할 수 있는 계산식이 필요하다. 본 모델에서 제시하는 성과측정결과값도출을 위한 예를 제시하면 아래와 같다.

- ▶ 결과영역의 사회적 결과에 대한 양적 지표(미시지표)와 경제적 결과에 대한 양적 지표(미시지표)인 총 8개의 질문은 등간비율로 측정하기 위하여 일정한 기준 값을 가지고 있어야 한다. 예를 들어 지역사회공헌액수를 5점 척도로 측정한다고 하면 등급 간에 액수를 구분하여 제시하여야 한다(예를 들어 최소값으로 1점은 1,000,000원이하, 2점은 2,000,000원이하, 3점은 3,000,000원이하 4점은 4,000,000이하 그리고 최대값은 5점으로 5,000,000만원 이상 등).
- ▶ 성과측정요소의 결과 값은 표준화를 위하여 평균값인 100점으로 환산함으로 총 8개 성과측정요소에 성과측정 총 결과값은 800점이 된다.
- ▶ 8개의 성과측정요소별 성과측정 결과값에 대한 계산식은 아래의 표와 같이 수행될 수 있다.

<표 8-3> 성과의 가치영역에 해당되는 사회적 가치지향성 측정 결과값 계산의 예

측정도구 명	가치영역: 사회적 가치지향성 측정	대상	기관장을 포함한 전체 직원
점검표 소개	• 사회적 경제조직의 성과영역 중 가치영역의 사회적 가치지향성을 측정		

채점방법 및 해석	• 7점 척도, 총 15문항으로 구성 • 점수가 높으면 높을수록 직원들이 인식하는 사회적 가치지향성의 정도는 높다고 해석 • 아래의 공식은 척도계산 공식을 나타낸다. $S = \frac{(\sum(Y) - N)(100)}{[(N)(6)]}$ Y = 질문항목의 점수 N = 응답한 질문의 수 • 응답한 질문의 수에 6을 곱하는 이유는 7점 척도이기 때문이며 만약 5점 척도라고 한다면 4를 곱해야 한다. = 각 항목의 점수들을 모두 합한 값에 응답자들이 응답한 문항수를 뺀다. 만약 모든 문항에 대해 응답했다면 척도는 15을 빼면 된다. 그리고 이 값에 100을 곱하고, 응답자들이 정확하게 응답한 문항 수에 6을 곱한 숫자로 나누어주면 총점이 나온다. 만약 모든 항목에 대해 7점으로 응답했다면 총점은 100이 되며, 반대로 1점으로 응답했다면 총점은 0이 된다. 점수가 높으면 높을수록 참여자들이 인식하는 사회적 거치지향을 의한 인식의 정도는 높음을 나타내준다.

2. 사회적 경제조직 성과관리를 위한 성과측정도구의 활용방법

본 연구에서 제시하는 한국형 사회적 경제조직 자기-주도성 성과관리 모델은 마을기업, 자활기업, 사회적 협동조합 그리고 사회적 기업 등 사회적 경제조직의 성과를 가치와 과정 그리고 결과로 구성되는 요소로 이해하고 성과를 단계별·요소별로 측정하여 관리하는 모델이다. 특히 성과측정요소별 측정도구의 제시에 있어 수량화된 측정값을 미시지표와 거시지표로 구분하여 측정하는 측정도구가 포함되어 있다. 거시지표는 지역주민이나 이용자에게 직접 질문하는 이용자만족도와 지역사회자본지표이다. 이 두 지표는 사회적 경제조직의 결과부분 중 성취된 사회적 가치(지역사회자본)와 경제적 가치(이용자만족)의 실현여부나 실현의 정도를 측정하는 지표이다. 특히, 지역사회자본은 사회적 경제조직이 창출하는 직접적 결과라기보다는 간접적 결과(사회적 임팩트, social impact)임으로 기업의 상황(예를 들어 신규기업)을 고려하여 측정에서 제외할 수 있다. 본 연구에서 제시하는 사회적 경제조직 성과측정의 대상자는 사회적 경제조직의 이해관계자로서 특히 직원(대표를 포함)과 이용자가 중심이다. 현재 운영 중인 사회적 경제조직들은 본 연구에서 제시하는 측정지표(문항)들을 수정하여 자신들의 조직에 맞게 활용할 수 있다.

본 연구가 제시하는 성과측정도구의 바람직한 적용을 위하여 사회적 경제조직의 인력구조를 구분하여 적용해보면 아래와 같다.

▶설립된 지 3년 이상이거나 10인 이상의 직원을 둔 일정 규모 이상의 사회적 경제조직

사회적 경제조직의 성과는 총 3개의 성과관리영역에서 총 8개의 핵심성과측정요소를 측정한다. 다만 결과영역에서, 거시지표인 이용자만족의 측정은 이용자를 상대로 측정할 수 있으며 지역사회자본은 이용자 및 직원들을 상대로 일정기간의 조사기간을 거치는 사전·사후조사가 필요할 수 있으므로 성과측정에서 제외할 수 있다.

▶설립된 지 3년 이하이거나 10인 이하의 직원을 둔 소규모 사회적 경제조직

사회적 경제조직의 성과는 총 3개의 성과관리영역에서 총 8개의 핵심성과측정요소를 측정한다. 다만 결과영역에서, 거시지표인 이용자만족과 지역사회자본에 대한 측정은 제외할 수 있다.

제3절
연구의 함의 및 향후 과제

1. 연구의 함의 및 한계

본 연구는 일차적으로 사회적 경제조직의 성장과 발전에 도움을 주는 사회적 경제조직이 자체적으로 주도할 수 있는 성과관리모델을 개발하고 후속적으로 모델에 적합한 성과측정도구 및 측정요소별 핵심성과지표(KPI)를 개발하여 제시하는 것이다. 본 연구를 통해 도출된 사회적 경제조직의 성과관리모델 및 성과관리지표들은 사회경제의 중요성이 날로 증가하는 현 시대에서 경쟁시장의 한계를 극복하고 지속적으로 증가하는 사회배제 및 사회문제에 노출되는 사회구성원들의 사회적 위기를 해결하며 나아가 지역사회가 갖는 각종 사회문제를 해결할 수 있는 대안조직으로 발전할 수 있는 조직성장과 발전을 위한 한국형 성과관리모델을 찾는데 일정한 기여를 할 수 있을 것이다. 또한 본 연구에서 제시된 성과의 개념 및 성과관리의 영역과 성과관리를 위한 측정요소는 지속적으로 관심이 증가하고 있는 사회적 경제조직 성과관리모형연구 및 성과측정도구개발을 위한 연구에 도움을 줄 수 있을 것으로 기대할 수 있다.

하지만 본 연구에서 제시하는 사회적 경제조직 성과측정모델에 적합한 구체적인 성과를 측정하는 지표(indicator) 또는 지수(index)는 척도(scale)와 같이 신뢰할 수 있고 타당한 객관적인 성과측정도구라고 할 수 없다는 한계가 있다. 즉, 본 연구가 제시한 가치영역의 사회적 가치지향성이나 사회적 가치지향성을 측정하는 적합한 측정도구와 과정영역의 4개 측정요소를 측정하는 지수 그리고 결과부분의 사회적 결과와 경제적 결과를 측정하는 지수는 객관적으로 신뢰도 및 타당도가 검증된 척도와 달리 핵심성과지표들 사이의 구성타당도(construct validity)가 입증되지 않아 보편화되고 객관화된 측정도구라고는 할 수 없음으로 향후 사회적 경제조직의 성과를 측정할 수 있는 객관화되고 검증된 측정도구인 성과관리 영역별 척도 개발연구가 필요하다.

본 연구의 일차적 목적은 사회적 경제조직 성과관리를 위한 성과측정모델을 개발하고 이를 측정하는 핵심성과지표(측정질문항목)를 도출하는 것임으로 성과를 측정하는 측정도구들의 구성타당도가 검증된 성과영역별 척도개발은 본 연구의 범위를 뛰어 넘는다. 수량화되고 객관적인 척도를 개발하기 위해서는 여러 복잡한 연구 및 통계처리과정을 거쳐야 하며 많은 시간 역시 필요하다. 사회적 경제조직 간의 상대적 비교를 통해 기업의 발전을 담보하기 위해서는 객관적이고 보편적인 활용 가능한 측정도구가 반드시 존재하여야 함과 동시에 성과관리의 영역(투입, 과정 그리고 결과영역)과 영역별 측정요소(총 8개 요소)들 간의 상대적 비중(중요도)을 위해서는 가중치가 있어야 함으로 상대적 비교값도 반드시 필요하다. 예를 들어 8개 성과관리 요소 중 사회적 가치지향성이 경제적 가치지향성보다 상대적으로 더 중요할 수도 있으며 반대일 수도 있다. 따라서 향후 연구로는 사회적 경제조직의 성과측정모델에 적합한 요인구조와 신뢰도 및 구성타당도가 검증된 성과관리 측정도구로써 척도를 개발하는 작업과 성과를 구상하는 영역인 가치와 과정 그리고 결과영역에 대한 상대적 가중치 값을 찾는 연구를 동시에 제안한다.

2. 사회적 경제조직 발전을 위한 향후 과제

사회경제조직이 성과를 관리하고 이를 개선하여 조직발전과 성장 그리고 조직역량강화에 도움이 되기 위해서는 다음과 같은 개선점들이 필요하다.

첫째, 정부는 사회적 경제조직의 설립목적에 맞는 조직활동이 보장될 수 있도록 조직의 성과를 관리할 수 있는 성과관리지원방안을 구축하여 시행할 필요가 있다. 성과관리지원방안에는 인력지원과 성과관리시행에 따른 재정지원은 필수적이다. 특히, 사회복지시설에 지급되는 국고보조금과 같은 형식으로 사회적 경제조직에게 인건비나 운영비를 지원하는 국고보조금제도의 실행이 필요하다.

둘째, 사회적 경제조직이 창출하는 사회적 성과에 대한 보상이 이루어져야 한다. 즉, 사회적 성과를 창출하는 정도에 따라 일정정도의 운영비를 보상하는 방안이 고려될 수 있다. 경제적 성과로써 이익창출 이외에 사회적 성과에 대한 재정적 보상이 이루어진다면 사회적 경제조직의 운영은 재정적으로 도움이 되며 활성화될 수 있다.

셋째, 사회적 경제조직이 활성화되고 일정수준의 성과가 창출되기 위해서는 법적 기반이 반드시 필요하다. 이를 위해서 현재 국회에 계류 중인 사회적 경제관련 3법(사회적경제기본법, 공공기관의 사회적 가치실현에 관한 기본법, 사회적경제기업제품 구매촉진 및 판로지원에 관한 특별법)의 국회인준 및 시행은 필수적이라고 할 수 있다

넷째, 사회적 경제조직의 유형별 적합한 성과관리표준안을 개발하여 사회적 경제조직의 활용할 수 있도록 할 필요가 있다. 즉, 사회적 협동조합, 사회적 기업 등 유형별로 성과관리모형이 개발되고 작용될 수 있도록 하는 것도 필요하다.

다섯째, 사회적 경제조직 중 자체적인 성과관리를 시행하는 사회적 경제조직에 대해 일정 수준의 재정적 지원을 하는 방안이나 인센티브를 제공하는 것도 고려되어야 한다.

참고문헌

강문수, 양성국. (2016). 사회적 기업의 사회적 자본이 기업성과 및 맥락수행에 미치는 영향. *대한경영학회지*, 29(1), 151-167.

강종수. (2012). 사회복지조직의 사회자본과 직무만족 및 조직몰입의 관계. *한국산학기술학회논문집*, 13(9), 3915-3923.

고세라. (2010). *기업의 사회적 성과가 장·단기 재무적 성과에 미치는 영향에 관한 실증연구: 이해관계자 이론과 전망이론을 중심으로*. 단국대학교 대학원, 박사학위논문.

고용노동부, 한국사회적기업진흥원. (2020). *2019 사회적기업 성과분석*.

고용노동부, 한국사회적기업진흥원. (2021). *2020 사회적기업 성과분석*.

곽관훈. (2013). 사회적 기업 육성법제 및 기타 창업관련 법제 정비방안. *증권법연구*, 13(3): 1-27.

곽선화. (2009). '07 인증 사회적기업의 성과분석과 과제. *사회적기업연구*, 2(1): 37-65.

곽선화. (2010). 2008 사회적기업 인증 분석. *사회적기업연구*, 3(1): 5-38.

기획재정부, 한국사회적기업진흥원. (2022). *사회적경제 우수사례집*.

김구, 한기민. (2011). 경찰조직의 사회적 자본이 직무성과에 미치는 영향. *지방정부연구*, 15(4), 127-151.

김기현. (2013). *사회적기업의 성과에 영향을 미치는 요인에 관한 연구: 조직 유형 및 형태를 중심으로*. 고려대학교 대학원. 박사학위 논문.

김동헌, 김영재, 이영찬. (2006). *기업의 사회적 자본과 인적자원개발*. 한국직업능력개발원.

김상진. (2006). *호텔의 사회자본이 기업성과에 미치는 영향 : 직무만족, 조직몰입, 경영성과를 중심으로*. 박사학위논문, 경희대학교.

김성기. (2010). *사회적기업의 지속가능성 연구: 다중이해당사자 참여를 중심으로*. 성공회대학교 대학원 박사학위논문.

김순양. (2008). 사회적 기업에 대한 성과평가 지표의 개발 및 적용. *지방정부연구*, 12(1): 31-59.

김순양. (2009). 사회적 기업 인증제도의 개선방안 고찰. *사회적기업연구*, 2(1): 67-99.

김용민·제점숙·이원범. (2012). 일본의 사회적 기업에 대한 고찰. *일본근대학연구*. 35: 325-340.

김은희. (2010). 사회복지조직의 사회적 자본과 직무만족과의 관계연구. *한국거버넌스학회* 학술대회자료집, 139-165.

김은희. (2010). 장애인복지기관의 BSC 성과평가모형개발에 관한 연구: AHP기법을 중심으로. *한국정책과학학회보*. 14(4): 143-171.

김인수. (1998). *개인/조직특성이 조직문화 수용도에 미치는 영향에 관한 탐색적 연구: 韓國 海兵隊를 中心으로*. 연세대학교 대학원, 석사학위논문.

김재인 (2012). 지방정부의 사회적기업 성장모델 탐색-제주지역 사회적기업 운영실태 분석을 중심으로, *지방정부연구*, 16(1), 67-88.

김재홍, 이재기. (2012). 사회적기업에 대한 정부지원금의 고용창출 효과분석. *한국지방정부학회*, 16(3): 135-163.

김종수, 전은호, 홍성효. (2012). 공동체자산기반 접근을 활용한 사회적 기업 육성정책 방향 모색. *한국도시행정학회*, 25(2): 71-91.

김통원. (2001). *프로그램 성과측정과 BCS기법 활용*. 사회복지평가·정보지원센터.

김학실. (2012). 사회적기업 업종별 지원제도 우선순위에 관한 연구-AHP분석을 중심으로. *한국자치행정학보*, 26(3): 201-218.

김혜란. (2012). 사회적 기업이 창출하는 가치의 SROI 기법에 의한 측정. *한국사회와 행정연구*, 23(2): 249-278.

김희영, 조준서. (2012). 정보소외계층의 복지 IT를 위한 사회적 기업의 비즈니스 모델과 경영전략. *KBR*, 16(1): 99-117.

김희철. (2015). 사회적 기업의 성과분석에 관한 연구. *대한경영학회지*, 28(7): 1797-1812.

류만희. (2011). 한국의 사회적기업 특성과 발전전략에 관한 연구. *상황과 복지*, 31: 161-191.

류만희. (2012). 사회적기업의 지역개발 기능과 시장형성에 관한 연구. *비판사회정책*, 36: 75-104.

문영주. (2011). 사회복지조직의 사회적 자본 척도 구성과 그 적용에 관한 연구. *사회복지연구*. 42(3). 381-407.

문유석, 허용훈, 김형식. (2008). 경찰공무원의 사회적 자본과 직무만족. *한국지방자치학회* 하계학술대회, 2, 143-174.

문철우, 김혜원, 최희원, 고연경, 오윤식, 유정완, 조동호. (2013). *사회적 경제 사회가치 측정지표 개발 연구*. 한국사회적기업진흥원.

문철우, 이현숙, 이병희. (2013). The Impact of Absorptive Capacity on Knowledge Transfer and Performance of Korean Subsidiaries of Foreign MNCs. *조직과 인사관리연구*, 37(1), 151-170.

문철우, 최희원, 권성일, 고연경, 김은정, 성미진, 오윤식. (2014). *사회적 경제 사회가치 측정지표 정교화 및 활용을 위한 연구*. 고용노동부·한국사회적기업진흥원.

문철우. (2014). *사회적 경제 사회가치 측정지표 정교화 및 활용을 위한 연구*. 한국사회적기업진흥원.

박명선, 강상목. (2012). 계층분석기법(AHP)을 이용한 사회적기업의 성공요인중요도

분석. *한국중소기업학회*, 15(3): 69-88.

박재환, 이우진.(2009). 사회적 기업의 국내외 연구동향 및 발전과제. *대한경영학회*, 추계학술대회발표논문집 : 833-842.

박재환, 장원혁. (2011). 사회적 기업 투자 의사결정을 위한 성과 측정 방법과 지표 연구. *한국경영교육학회*: 129-150.

박희봉, 강제상, 김상묵. (2003). 조직 내 사회적 자본의 형성 및 조직성과에 대한 효과. *한국행정연구*, 12(1), 3-25.

사회적기업연구원. (2011). *사회적기업 사회적 가치 측정 지표개발에 관한 연구*. 한국사회적기업진흥원.

선남이, 박능후. (2011). 사회적기업의 사회경제적 성과에 미치는 영향요인 분석. *지방정부연구*, 15(2): 141-164.

성균관대학교 산학협력단. (2013). *사회적 경제 사회적 가치 측정지표 개발연구 최종보고*. 한국사회적기업진흥원.

성균관대학교 산학협력단. (2014). *사회적경제 사회가치 측정지표 정교화 및 활용을 위한 연구*. 한국사회적기업진흥원.

손영화. (2012). 사회적 기업에 대한 회사법적 검토. *한국상사판례학회*, 25(4): 41-78.

송건섭. (2006a). 사회복지관의 성과평가 모형구성과 적용에 관한 연구: SERVQUAL을 이용한 질적평가. *한국정책과학학회보*, 10(1), 79-100.

송건섭. (2006b). 사회복지관서비스의 성과평가에 관한 경험적 연구: 효율성·만족도 차원의 연계모형을 중심으로. *지방정부연구*, 10(1), 205-222.

송태수. (2012). 사회적 기업의 지속가능한 발전에 관한 소고. 한국정책연구원,12(4): 289-304.

신용세, 하규수. (2012). 기술경영능력이 기술사업화 성공에 미치는 영향. *디지털융복합연구*, 10(8), 97-110.

심이영, 염동문, 전재명, 박정배. (2012). 사회적 기업에 대한 이용자의 주관적 인식유형 연구-Q방법론적 접근을 중심으로. *사회과학연구*, 28(4): 231-255.

안수현. (2013). 사회적 기업의 조직형태와 자금조달 지원을 위한 외국의 입법과 시사점. *증권법연구*, 13(3): 26-69.

안영규. (2010). 대구·경북 사회적기업의 사회경제적 영향력 평가. *경영교육논총*.

엄기성. (2007). *조직역량과 조직효과성 인식의 관계에 관한 연구: 조직진단 관점에서*. 연세대학교 교육대학원, 석사학위논문.

염종호. (2011). *공공조직의 사회적 자본과 조직효과성에 관한 연구*. 한양대학교 대학원, 박사학위논문.

오미옥. (2009). 사회적기업의 특성과 연과된 지속가능한 성장 방안. *한국지역사회복지학*, 31: 79-98.

유연우, 노재확. (2010). 중소 제조기업의 기술혁신 성과 결정 요인에 관한 분석. *한국전자거래학회지*, 15(1), 61-87.

유재언. (2012). 지속 가능한 사회적 기업을 위한 전략적 방향 제시: 홀론 다이내믹스의 적용. *한국시스템다이내믹스* 연구, 13(1), 133-157.

유한나, 민동권. (2012). 다차원척도법(DS)을 이용한 사회적기업가 속성 차원에 관한 연구: 한국 사회적기업 전문가의 관점을 중심으로. *한국중소기업학회*, 15(3): 25-42.

유효선, 김생수. (2012). 시업적 기업의 개념과 유형에 관한 고찰. *한국행정과 정책연구*, 10(1): 23-45.

이광택. (2012). 사회적기업 지원을 위한 법제도의 개선. *법학논총*, 24(3): 239-278.

이나영. (2011). 한국 사회적기업 인증 결과 분석: 2007년부터 2011년 5월까지 인증 사회적 기업을 중심으로. *사회적 기업연구*, 4(1):104-116.

이도희. (2012), 사회적기업 관련 제도 고찰. *경영경제연구*, 15(1): 109-138.

이미숙. (2010). 사회적 기업과 정부 역할. *한국사회혁신학회*, 1(1):171-192.

이상아, 백학영, 황명주, 박송이, 고은새. (2021). *자활사업의 변화와 발전방안*(연구보고서-2021-03). 한국자활복지개발원.

이승규. (2007). 사회적 기업평가도구개발. *실업극복국민재단 정책연구원 심포지움 자료집*.

이영범, 박성우, 남승연, 정무권 (2012). 근거이론을 통한 사회적기업의 지속발전 모형에 대한 연구-서울지역 사회적기업을 대상으로. *한국사회와 행정연구*, 22(4): 355-387.

이영범, 박수영. (2011). 균형성과표(BSC)를 활용한 사회적기업의 핵심성과지표(KPI) 개발. *창조와 혁신*, 4(1): 119-148.

이용재. (2012). 사회적 기업에서 비전공유와 가치일치가 근로자의 조직시민행동에 미치는 영향. *한국콘텐츠학회논문지*, 12(3): 206-213.

이용탁. (2008). 사회적기업의 BSC모형 개발에 관한 연구. *사회적기업연구*, 1(1): 65-92.

이용탁. (2009). BSC를 이용한 사회적기업의 성과기준 개발에 관한 연구. *인적자원관리연구*. 16: 267-287.

이은수, 이준우. (2017). 사회적 기업가정신이 조직구성원의 직무태도에 미치는 영향-신뢰의 조절효과 분석. *인적자원관리연구*, 24(1), 113-133.

이준봉. (2013). 사회적 기업 조세특례의 개선방안에 관한 검토. *증권법 연구*, 13(3): 117-164.

이준우, 권병욱. (2012). *사회적기업의 사회적 가치 측정을 위한 컨설팅 연구*. 한국사회적기업진흥원.

이준우·곽원준·안성익·전인·조윤형·차윤석. (2015). *사회가치 기본지표(BISV)의 검증 및 지표 타당성 연구*, 한국사회적기업진흥원.

이준희. (2016). 조직특성이 사회적 기업의 성과에 미치는 영향. *사회적 경제와 정책연구*, 5(2): 97-133.

이진만. (2013). *조직 내 사회자본 영향요인에 관한 연구: 공.사 조직 비교를 중심으로*. 박사학위논문, 건국대학교.

이찬호, 김혜연. (2012). 사회적기업 모형의 도시재생사업-부산·경남을 중심으로. *디지털정책연구*, 10(8): 197-202.

이헌상, 형영주, 이창원. (2012). 지역형사회적기업 전략적 발전방향 설정에 관한 연구: 전라북도 사회적기업 실태 분석을 중심으로. *한국산업경제저널*, 4(2):

15-37.

이현주, 조성숙. (2013). 사회적협동조합의 사회적기업 정착을 위한 정책과제. *사회과학연구*, 29(1): 199-218.

이현주, 조성숙. (2012). 지역사회복지 역할 제고를 위한 사회적기업의 과제. *한국지역사회복지학*, 42: 211-229.

일자리위원회 관계부처 합동. (2017). 사회적경제 활성화 방안. 기획재정부.

임성은, 문철우, 이은선, 윤길순, 김진희. (2018). *사회적경제의 사회·경제적 가치 측정을 위한 통합 지표 개발 연구*. 한국보건사회연구원.

장금성, 김은아, 오숙희. (2011). 간호사가 지각한 병원조직의 사회적 자본이 조직성과에 미치는 영향. *한국간호과학회*, 17(1), 22-32.

장석인. (2012). 선진국의 사회적기업 국제비교-유럽3개국(프랑스·독일·영국)과 미국을 중심으로. *경영컨설팅 리뷰*, 3(2): 79-95.

장성근, 신영수, 정해혁. (2009). R&D투자, 기술경영능력, 기업성과간의 관계. *한국경영학회*, 38(1): 105-132.

장성희, 반성식. (2010). 사회적 기업의 기업가 지향성과 시장 지향성이 경제적 성과와 사회적 성과에 미치는 영향에 관한 연구. *대한경영학회지*, 23(6): 3479-3496.

장성희, 하갑진. (2012). 시장지향성이 사회적 기업의 성과에 미치는 영향과 기업가정신의 조절효과 분석. *한국창업학회지*, 7(2): 105-127.

장종익, 김혜원, 김병조, 최유진, 권혁주. (2020). *경기도 사회경제 실태조사 보고서*. 경기도 사회적경제센터·한신대학교 산학협력단.

장종익, 홍훈, 유정식, 김태환, 박종현. (2016). *서울시 사회적 경제 성과측정과 정책평가*. 서울연구원.

장종익. (2021). 사회적경제기업의 사회적 성과측정에 관한 유형별 접근. *지역발전연구*, 30(2): 77-107.

장현숙, 지은구. (2021). 사회적 기업 사회적 가치지향성 척도 개발과 타당도연구. *사회적경제와 정책연구*, 제11권(3): 37-67.

전기우, 윤광재. (2011). 사회복지조직의 사회적 자본이 복지전담인력의 직무성과에 미치는 영향에 관한 연구: 지적자본의 매개효과를 중심으로. *한국사회와 행정연구*, 22(3), 313-343.

정상민. (2012). *기업의 사회적 책임과 이해관계자 경영에 대한 연구*. 부산대학교 대학원, 박사학위논문.

조상미, 정선희, 이재희, 하정은. (2012). 비영리 사회적 기업 변화경험 및 운영에 관한 탐색적 사례연구. *한국사회복지행정학회*, 14(2): 143-178.

조영복. (2011). 한국의 사회적기업 육성모델과 국제비교. *사회적 기업연구*, 4(1): 81-103.

지은구, 김민주, 이원주, 이영광. (2019). *사회복지관 성과관리 척도집*. 학지사.

지은구, 김민주, 이원주. (2018). *사회복지관 자기주도성 성과관리모형*. 학지사.

지은구, 김민주, 이원주. (2018). *사회복지관 자기주도성 성과관리모형*. 학지사.

지은구, 김민주. (2014). *복지국가와 사회통합*. 청목출판사.

지은구, 손제희, 김민주. (2015). 사회복지사가 인지하는 사회적 자본 지표 개발과 타당도 연구. *사회과학연구*, 31(1), 161-192.

지은구. (2003). *사회복지경제학연구*. 청목출판사.

지은구. (2012). 비영리조직 성과측정에 있어 로직모델과 BSC 모델의 활용가능성과 한계. *한국사회과학연구*, 31(1), 381-407.

지은구. (2012). *비영리조직과 성과관리*. 나눔의 집.

지은구. (2021). *사회경제론*. 공동체출판사.

진희선. (2014). *한국 사회적 기업에서의 사회적 가치에 관한 연구: 전북 사회적 기업을 중심으로*. 박사학위논문. 경희대학교.

진희선. 2013. 한국 사회적 기업에서의 사회적 가치와 그 구성요소에 대한 논의. *윤리연구*, 91:127-167.

최석현, 조창현, 정무권. (2012). 사회적기업의 지속가능성을 위한 지역사회자본형성 전략에 대한 이론적 고찰-연결망 재구축과 지속가능성을 중심으로. *한국거버넌스학회보*, 19(1): 125-151.

최영출, 이상엽. (2012). 한국의 사회적기업의 성공요인 분석 및 정책 시뮬레이션. *한국비교정부학보*, 16(2), 51-76.

최영출. (2012). 사회적기업의 정책요소부석을 통한 적정모형 탐색. *한국비교정부학보*, 16(1): 149-166.

최은정, 김수현. (2013). 사회적 가치 일치성이 사회적 기업에 대한 태도와 구매의도에 미치는 영향에 대한 연구: 사회적 가치 일치성의 매개효과를 중심으로. *한국심리학회*, 14(1): 87-109.

최조순, 강병준. (2012). 조직유형에 따른 사회적 기업의 사회적 경제적 성과에 관한 연구: 서울형 사회적 기업을 중심으로. *한국정책학회 하계학술대회논문집*: 401-420.

최준규. (2013). *사회적 기업 성과에 대한 정책도구 효과: 지역형 예비사회적 기업 사례를 중심으로*. 박사학위논문. 성균관대학교.

최홍근, 유연우. (2013). 사회적 기업의 성과분석에 관한 사례연구: 인천시 난동구를 중심으로. *지방행정연구*, (27)1: 351-378.

추욱. (2010). *지방정부조직의 사회적 자본과 조직효과성의 관계에 관한 연구: 충청남도를 중심으로*. 박사학위논문, 배재대학교.

한국노동연구원. (2016). *사회적기업 사회적 가치지표 활용방안과 지표구성*. 한국사회적기업진흥원.

한국보건사회연구원. (2018). *사회적 경제의 사회경제적 가치 측정을 위한 통합지표 개발연구*, 연구보고서. 2018-01.

한국사회적기업진흥원. (2011). *사회적 기업 사회적 가치 측정지표개발에 관한 연구*. 한국사회적기업진흥원.

한국사회적기업진흥원. (2016). *사회적 기업 사회적 가치지표 활용방안과 지표구성*. 고용노동부·한국사회적기업진흥원.

한국사회적기업진흥원. (2019). *2020 사회적 가치지표(SVI) 활용매뉴얼*. 고용노동부·한국사회적기업진흥원.

한상진. (2009). 사회적 기업의 복합 이해당사자 구조와 사회적 기업가의 역할:'재활용 대안기업 연합회'를 중심으로. *환경사회학연구 ECO*, 13(1), 267-297.

한승일, 문종범, 유왕진. (2012). 사회적 기업 성공요인에 관한 연구. *한국창업학회지*, 7(4): 33-49.

현성훈. (2012). 고령자원 활용을 위한 사회적 기업 콘텐츠개발에 관한 고찰. *21 세기사회복지연구*, 9(2):, 299-331.

홍요석, 김예경. (2016). 사회적 기업의 사회적·경제적 성과에 관한 연구. *재무와 회계정보저널*, 16(1): 1-29.

Alesina, A. F. (2007). Program report: political economy. *NBER Reporter*, 3, 1-5.

Allen, N. J., & Meyer, J. P. (1990). Organizational socialization tactics: A longitudinal analysis of links to newcomers' commitment and role orientation. *Academy of management journal*, 33(4), 847-858.

Allen, N. J., & Meyer, J. P. (1990). The measurement and antecedents of affective, continuance and normative commitment to the organization. *Journal of occupational psychology*, 63(1), 1-18.

Allen, N. J., & Meyer, J. P. (1996). Affective, continuance, and normative commitment to the organization: An examination of construct validity. *Journal of vocational behavior*, 49(3), 252-276.

Alter, K. 2007. Social enterprise typology. Washington DC: Virtue Ventures.

Amin, A., Cameron, A & Hudson, R. (2002). Placing the social economy. London: Routledge.

Anderson, J. & Gerberg, D. 1988. Structural equation modeling in practice: A review and recommended two-step approach. *Psychological Bulletin*, 103. 411-423.

Andrews, R. (2010). Organizational Social Capital, Structure and Performance. *Human Relations, 63*(5), 583-608.

Ansell, C., & Gash, A. (2008). Collaborative governance in theory and practice. *Journal of public administration research and theory*, 18(4), 543-571.

Arena, M., Azzone, G., & Bengo, I. (2015). Performance Measurement for Social Enterprises. *Voluntas* 26, 649-672.

Argyris, C. (1973). Personality and organization theory revisited. *Administrative science quarterly*, 141-167.

Argyris, C. (1999). Tacit knowledge and management. *In Tacit knowledge in professional practice* (pp. 137-154). Psychology Press.

Arvidson, M., Lyon, F., McKay, S., & Moro, D. (2013). Valuing the social? The nature and controversies of measuring social return on investment (SROI). *Voluntary sector review*, 4(1), 3-18.

Austin, J., Stevenson, H., & Wei-Skillern, J. (2006). Social and commercial entrepreneurship: same, different, or both?. *Entrepreneurship theory and practice*, 30(1), 1-22.

Austin, J., Stevenson, H., & Wei-Skillern, J. (2012). Social and commercial entrepreneurship: same, different, or both?. *Revista de Administração*, 47(3), 370-384.

Bacal, R. (1999). Performence management. New York: McGraw-Hill.

Bacchiega, A., & Borzaga, C. (2001). Social enterprises as incentive structures: an economic analysis A. BAC CHIEGA AND C. BORZ AG A: *An economic analysis. In The emergence of social enterprise* (pp. 285-307). London: Routledge.

Bagnoli, L., & Megali, C. (2011). Measuring Performance in Social Enterprises. *Nonprofit and Voluntary Sector Quarterly*, 40(1): 149-165.

Bagozzi,, R. P. 1980. Performance and Satisfaction in an Industrial Sales Force: An Examination of Their Antecedents and Simultaneity. *Journal of Marketing*, Vol. 44, No. 2, pp. 65-77.

Barber, N. (1995). The evolutionary psychology of physical attractiveness: Sexual selection and human morphology. *Ethology and Sociobiology*, 16(5), 395-424.

Barnett, M. L. (2007). Stakeholder influence capacity and the variability of financial returns to corporate social responsibility. *Academy of management review*, 32(3), 794-816.

Barraket, J., Mason, C., & Blain, B. (2016). Finding Australia's Social Enterprise Sector 2016: Final Report. Centre for Social Impact. Swinburne University of Technology.

Becchetti, L., & Borzaga, C. (2010). The economics of social responsibility. *Rouledge*. New York.

Beckert, J., & Streeck, W. (2008). Economic sociology and political economy: A programmatic perspective. *Available at SSRN* 2464458.

Benz, A., & Papadopoulos, Y. (2006). Introduction: governance and democracy: concepts and key issues. *In Governance and democracy* (pp. 1-26). Routledge.

Berman, E, M. (2006). Performance and Productivity in Public and Nonprfit Organizations. N, Y: M.E. Sharpe, Inc.

Berrone, P., Surroca, J., & Tribó, J. A. (2007). Corporate ethical identity as a determinant of firm performance: A test of the mediating role of stakeholder satisfaction. *Journal of business ethics*, 76(1), 35-53.

Bertotti, M., Harden, A., Renton, A., & Sheridan, K. (2012). The contribution of a social enterprise to the building of social capital in a disadvantaged urban area of London. *Community Development Journal*, 47(2), 168-183.

Bonoli, G. (2011). Active labour market policy and social investment: a changing relationship. In N., Morel, B., Palier and J., Palme(Eds),

Towards a social investment welfare state? (pp. 181-204). Bristol: Policy Press.

Borzaga C. and Defourny, J. (2001). The emergence of social enterprise. London: Routledge.

Borzaga, C. and Solari, L. (2001). 19 Management challenges for social enterprises. In C. Borzaga and J. Defourny, *The emergence of social enterprise*. London: Routledge.

Borzaga, C., & Defourny, J. (2001). From third sector to social enterprise. In C. Borzaga and J. Defourny(Eds). *The emergence of social enterprise*, pp. 1-28. London: Routledge.

Boswell, D. M. (1994). The social prestige of residential areas. *Maltese society: A sociological inquiry*, 133-62.

Bouchard, J., Goodyer, W., & Lefebvre, L. (2007). Social learning and innovation are positively correlated in pigeons (Columba livia). *Animal cognition*, 10(2), 259-266.

Bouckaert, L., & Vandenhove, J. (1998). Business ethics and the management of non-profit institutions. *Journal of Business Ethics*, 17(9), 1073-1081.

Boyatzis, G. R. E. (1982). at Work. *Motivation and Society*, 221.

Boyne, G, A., Meier, K,J., O'Toole Jr, L, J., and Walker, R, M. (2006). Public Service Performance: Perspectives on measurement and management. N, Y: Cambridge.

Braun, V., and Clarke, V. 2006. Using thematic analysis in psychology. *Qualitative Research in Psychology*, 3:2, 77-101.

Brosig, K., Jeannette. (1999). *Communication and individual cooperation : an experiment. Magdeburg*. Univ. Fak. für Wirtschaftswiss.

Brown, M. W. and Cudneck, R. 1992. Constructing a covariance matrix that yields a specified minimizer and a specified minimum discrepancy function value. *Psychometrika*, Volume 57, Issue 3, pp 357-369.

Brown, M. W. and Cudneck, R. 1993. Alternative ways of assessing model fit. In K. A. Bollen & J. S. Long(Eds). *Testing structural equations models*. Beverly Hills, CA: Sage.

Bruijn, H. (2009), Managing Performance in the Public Sector. N, Y: Routledge.

Bruijn, H. D. (2007). *Managing performance in the public sector*(2nd ed.). London: Routledge.

Bull, M. (2007). "Balance": the development of a social enterprise business performance analysis tool. *Social Enterprise Journal*, 3(1): 49-66.

Bull, M., & Fellow, R. (2007). 'Balance': The development of a social enterprise business performance analysis tool. *Social Enterprise Journal*, 3(1): 49-66.

Callow-Heusser, C., Chapman, H. J., & Torres, R. (2005). Evidence: An Essential Tool: *Planning for and Gathering Evidence Using the Design-implementation-outcomes (DIO) Cycle of Evidence*. National Science Foundation, Math and Science Partnership Program.

Campbell, C. and Sacchetti, S. (2014). Social enterprise networks and social capital: A case study in Scotland/UK. In A. Christoforou and J. Davis(Eds). *Social Capital and Economics Social Values, Power, and Social Identity*. London: Routledge.

Campi, S., Defourny, J., & Grégoire, O. (2006). Work integration social enterprises: are they multiplegoal and multi-stakeholder organizations?. *Social enterprise: At the crossroads of market, public policies and civil society*, 29-49.

Campos, J. L. M. (1997). Contributions of the social economy to the general interest. *Annals of public and cooperative economics*, 68(3), 397-408.

Cardy, R. L. (2004). Performance management. Armonk, New York: M.E.Sharpe.

Carroll, A. B. (1979). A three-dimensional conceptual model of corporate performance. *Academy of management review*, 4(4), 497-505.

Carroll, A. B. (1999). Corporate social responsibility: Evolution of a definitional construct. *Business & society*, 38(3), 268-295.

Carton, R. B., Hofer, C. W. (2006). Measuring organizational performance: Metrics for entrepreneurship and strategic management research. Cheltenham: Edward Elgar.

Centre for Good Governance. (2005). *Governance reform and public management strategy in Andhra Pradesh*. Centre for Good Governance.

Chhotray, V., & Stoker, G. (2009). Governance: From theory to practice. *In Governance theory and practice* (pp. 214-247). Palgrave Macmillan, London.

Choi Y.C, Lee S.Y, Ju S.H (2012). Creating Jobs by Social Enterprises in Korea - With a Special Reference to Evaluation Indicators, 한국자치행정학보, 25(2), 231-243.

Clark, C,, Rosenzweig, W., Long, D. and Olsen, S. (2004). Double bottom line project report: assessing social impact in double bottom line ventures. The Rockefeller Foundation.

Clarkson, P. (1994). In recognition of dual relationships. *Transactional Analysis Journal*, 24(1), 32-38.

Conseil Wallon de l'Économie Sociale(CWES). (1990). *Rapport à l'Exécutif Régional Wallon sur le secteur de l'Économie Sociale*, Liège.

Costa, E. and Andreaus, M. (2021). Social impact and performance measurement systems in an Italian social enterprise: a participatory action research project. Journal of Public Budgeting, Accounting & Financial Management Vol. 33(3): 289-313.

Crowder, K. (2000). The racial context of white mobility: An individual-level assessment of the white flight hypothesis. *Social Science Research*, 29(2), 223-257.

Crucke, S. and Decramer. A. (2016). The Development of a Measurement Instrument for the Organizational Performance of Social Enterprises. *Sustainability. Vol* 8, 161.

Cummings, T. G., & Worley, C. G. (2005). Organization development. Mason, OH: Thomson South-Western.

Dacin, P. A., Dacin, M. T., & Matear, M. (2010). Social entrepreneurship: Why we don't need a new theory and how we move forward from here. *Academy of management perspectives,* 24(3), 37-57.

Darby, L., & Jenkins, H. (2006). Applying sustainability indicators to the social enterprise business model: The development and application of an indicator set for Newport Wastesavers, Wales. *International Journal of Social Economics*, 33(5/6): 411-431.

Davenport, T. H., & Prusak, L. (1998). Working knowledge: How organizations manage what they know. Harvard Business Press.

Davies, B. P. And Knapp, M. R. J. (1981). Old People's Homes and the Production of Welfare, London: Routledge & Kegan Paul.

Davis, J. H., Schoorman, F. D., & Donaldson, L. (1997). Davis, Schoorman, and Donaldson reply: The distinctiveness of agency theory and stewardship theory. *Academy of Management. the Academy of Management Review*, 22(3), 611.

Dees J. G. (2001). The Meaning of "Social Entrepreneurship". Duke University, Durham. http://www.caseatduke.org/documents/dees_

sedef.pdf. Accessed Oct 2012.

Defourny, J. and Develtere, P. (1999). The social economy: the worldwide making of a third sector. In J. Defourny, P. Develtere, and B. Fontrneau. Lecoonomie sociale au nord et au sud.

Defourny, J. and Nyssens, M. (2012). Conceptions of social enterprise in Europe. In B. Gidron and Y. Hasenfeld. (Eds.). Social Enterprises: An Organizational Perspective. London, England: Palgrave Macmillan.

Defourny, J., & Develtere, P. (1997). Jalons pour une clarification des débats sur l'économie sociale. *ADA Dialogue*, (2).

Defourny, J., & Nyssens, M. (2014). The EMES approach of social enterprise in a comparative perspective. In L. Hulgard, J. Defourny and V., A., Pestoff(Eds). *Social enterprise and the third sector* (pp. 58-81). London: Routledge.

Dekker, K. (2007). Social capital, neighbourhood attachment and participation in distressed urban areas. A case study in The Hague and Utrecht, the Netherlands. *Housing Studies*, 22(3), 355-379.

Denhardt, J. V. and Denhardt, B. D. (2003). The new public service. London: M. E. Sharpe.

Denhardt, R. B. (1993). *The pursuit of significance: Strategies for managerial success in public organizations*. Fort Worth, TX: Hardcourt Brace college Publisher.

DeVellis, R. F. (2012). Scale development: theory and applications,(ed.) SAGE: Thousand Oaks.

DiGaetano, A., & Strom, E. (2003). Comparative urban governance: An integrated approach. *Urban affairs review*, 38(3), 356-395.

Diochon, M. C. (2010). Governance, entrepreneurship and effectiveness: exploring the link. *Social Enterprise Journal*, 6(2): 93-109.

Doyal, L., and I. Gough. A Theory of Human Need. London: Macmillan, 1991

Ebrahim, A. and Rangan, K. (2010). The limits of nonprofit impact: A contingency framework for measuring social performance. Harvard Business School Working Paper, May 2010.

Ebrahim, A., Battilana, J., & Mair, J. (2014). The governance of social enterprise. *Research in Organizational Behavior*, 34: 81-100.

Emerson, J. (2003). The blended value proposition: Integrating social and financial returns. *California management review*, 45(4), 35-51.

Emerson, J., & Cabaj, M. (2000). Social return on investment. *Marking Waves,* 11(2): 10-14.

Etzioni, A. (1995a). New communitarian thinking: Persons, virtues, institutions, and communities. Charlottesville VA: University Press of Virginia.

Etzioni, Amitai (1995). Rights and the Common Good the Communitarian Perspective. St. Martin's press.

European Economic and Social Committee, EESC. (2016). The economy for the common good: A sustainable economic model geared towards social cohesion. EUR-Lex. European Economic and Social Committee.

European Economic and Social Committee(EESC). (2012). The Social economy in the European Union.

Evan, W. M., & Freeman, R. E. (1988). Ethical Theory and Business. A stakeholder theory of the modern corporation. *Kantian capitalism*, 75-93.

Evans, J. R. (2008). *Quality & performance exsellence: Management, orgnizations, and strategy*(5th ed.). Mason: Thomson.

Evers, A. (2001). The significance of social capital in the multiple goal and resource structure of social enterprise, In C. Borzaga and J. Defourny(Eds), The emergence of social enterprise(pp. 296-311).

London: Routledge.

Farzianpour, F., Fouroshani, A. R., Vahidi, R. G., Arab, M. & Mohamadi, A. (2011). Investigating the Relationship between Organizational Social Capital and Service Quality in Teaching Hospitals. *American Journal of Economics and Business Administration, 3*(2), 425-429.

Ferreira, A., Marques, R., Azevedo, G., Inacio, Q. and Santos, C. (2019). Modernization and accountability in the Social Economy Sector. Hershey,PA: IGI Global.

Fornel, C. & Larcker, D. 1981. Evaluating structural equation models with unobserbable varables and measurement error. *Journal of Marketing Research*, 18(February), 39-50.

Frechtling, J. (2007). Logic modeling methods in program evaluation. San Francisco, CA: Wiley.

Frederickson, H. G. (1997). The spirit of public administration. San Francisco: Jossey Bass.

Freeman, R. B. (1984). Unionism comes to the public sector. *Working Paper No. 1452*. National Bureau of Economic Research.

Freeman, R. E., & Evan, W. M. (1990). Corporate governance: A stakeholder interpretation. *Journal of behavioral economics*, 19(4), 337-359.

Freeman, R. E., Gilbert, D. (1987): Corporate Strategy and the search for Ethics, Englewood Cliffs, New Jersey: Prentice Hall Inc.

French, W. (1969). Organization development objectives, assumptions and strategies. *California Management Review*, 12(2), 23-34.

Frost, B. (1998). Measuring performance. Lima, Ohio: Fairway Press.

Gair, C. (2009). SROI act II: A call to action for next generation SROI. *San Francisco: REDF*.

Galston, W. A., (1991). Liberal purposes: Goods, virtues, and diversity in the liberal state. Cambridge University Press.

Gibbon, J., & Dey, C. (2011). Developments in social impact measurement in the third sector: scaling up or dumbing down?. *Social and Environmental Accountability Journal*, 31(1), 63-72.

Godbout, A. J. (2000). Managing core competencies: the impact of knowledge management on human resources practices in leading-edge organizations. *Knowledge and Process Management*, 7(2), 76-86.

Godfrey, P. C. (2005). The relationship between corporate philanthropy and shareholder wealth: A risk management perspective. *Academy of management review*, 30(4), 777-798.

Gond, J. P., & Herrbach, O. (2006). Social reporting as an organisational learning tool? A theoretical framework. *Journal of Business Ethics*, 65(4), 359-371.

Graaf, F. de, en C. Herkströter, How Corporate Social Performance is institutionalized within the governance structure, *Journal of Business Ethics*, 74, 2007, 177-189.

Granovetter, M. (1985). Economic action and social structure: the problem of embeddedness, *American Journal of Sociology 91*, 481-510.

Gray, R., Owen, D. L., & Maunders, K. T. (1987). Corporate Social Reporting Accounting and Accountability", HemelHempsted: Prentice-Hall.

Green, R. (1999). Meaning and form in community perception of town character. *Journal of Environmental Psychology*, 19(4), 311-329.

Grossi, G., Reichard, C., Thomasson, A., and Vakkuri, J. (2017). Theme: Performance measurement of hybrid organizations—emerging issues and future research perspectives. *Public Money and Management:* September, 379-386.

Gueslin, A. (1987). L'invention de l'économie sociale: le XIXe siècle français.

Hajer, M. A., Van Tatenhove, J. P. M., & Laurent, C. (2004). Nieuwe vormen van governance, een essay over nieuwe vormen van bestuur met een empirische uitwerking naar de domeinen van voedselveiligheid en gebiedsgericht beleid. *RIVM rapport 500013004, Duurzaamheidsverkenning*.

Halachmi, A., and Bouckaert, G. (1996). Organizational Performance and Measurement in the Public Sector: Toward service, effort and accomplishment reporting. London: Quorum Books.

Harbour, J. L. (2009). The basics of performance measurement(2nd Ed.). New York: CRC Press.

Hart, T., & Haughton, G. (2007). Assessing the economic and social impacts of social enterprise: Feasibility report.

Harting, T. R., Harmeling, S. S., & Venkataraman, S. (2006). Innovative stakeholder relations: When "ethics pays"(and when it doesn't). *Business Ethics Quarterly*, 16(1), 43-68.

Hatry, H. P. (2006). Performance measurement: Getting results(2nd Ed.). Washingon, D.C.: The Urban Institute Press.

Héritier, A., & Rhodes, M. (2011). Conclusion new modes of governance: Emergence, execution, evolution and evaluation. In A. Héritier and M. Rhodes(Eds). *New modes of governance in Europe* (pp. 163-174). London: Palgrave Macmillan.

Heugens, P. P., Van Den Bosch, F. A., & Van Riel, C. B. (2002). Stakeholder integration: Building mutually enforcing relationships. *Business & Society*, 41(1), 36-60.

Hillman, A. J., & Keim, G. D. (2001). Shareholder value, stakeholder management, and social issues: what's the bottom line?. *Strategic management journal*, 22(2), 125-139.

Holmes, J. S. et al. (2006). Reforming government agencies internationally: Is there a role for the balanced scorecard? *International Journal of Public Administration*. 29(12). 1125-1145.

Hsu, C. P., Chang, C. W., Huang, H. C. & Chiang. C. Y. (2011). The relationships among social capital, organizational commitment and customer-oriented prosocial behaviour of hospital nurses. *Journal of Clinical Nursing, 20*, 1383-1392.

Huybrechts, B. (2010). The governance of fair trade social enterprises in Belgium. *Social Enterprise Journal, 6*(2): 110-124.

Huybrechts, B., & Nicholls, A. (2012). Social entrepreneurship: definitions, drivers and challenges. In *Social entrepreneurship and social business* (pp. 31-48). Gabler Verlag.

Irwin, D. (2002). Strategy mapping in the public sector. Long Range Planning. 35(1).

Jenson, J. (1998). Mapping social cohesion: The state of Canadian research (pp. 109-28). Ottawa: Canadian policy research networks.

Jessop, B. (2000). The crisis of the national spatio–temporal fix and the tendential ecological dominance of globalizing capitalism. *International journal of urban and regional research*, 24(2), 323-360.

John, P. (2001). Local governance in western Europe. Sage.

Jonker, J., & Foster, D. (2002). Stakeholder excellence? Framing the evolution and complexity of a stakeholder perspective of the firm. *Corporate social responsibility and Environmental Management*, 9(4), 187-195.

Jun, J. S., & Kim, T. Y. (2002). Distrust as a hindrance to democratic governance in South Korea. *Asian Journal of Political Science*, 10(1), 1-16.

Kaplan, R. S., & Norton, D. P. (1996). Using the balanced scorecard as a strategic management system.

Kassinis, G., & Vafeas, N. (2002). Corporate boards and outside stakeholders as determinants of environmental litigation. *Strategic management journal*, 23(5), 399-415.

Kay, A. (2005). Social capital, the social economy and community development. *Community Development Journal* Vol 41(2): 160-173.

Kellogg Foundation. (2000). The Many Faces of Philanthropy. 2000 Annual Report. Kellogg Foundation.

Kendall, J., & Knapp, M. (2000a). Measuring the performance of voluntary organizations. *Public Management*, 2(1): 105-132.

Kendall, J., & Knapp, M. (2000b). The third sector and welfare state modernisation: Inputs, activities and comparative performance (No. 14). Centre for civil society, London school of economics and Political Science.

Kennedy, E. D. (2016). Positioning the beneficiary: The role of entwinement in social enterprise impact and performance management. *Doctoral Dissertation*. University of Massachusetts Boston.

Kenny, D. 2012. Measuring model. http://davidakenny.net/cm/fit.htm.

Kerlin, J. A. (2006). Social Enterprise in the United States and Europe: Understanding and Learning from the Differences. *Voluntas*, 17: 247-264.

Keystone. (2008). Developing a theory of change: A guide to developing a theory of change as a framework for inclusive dialogue, learning and accountability for social impact. Available at http://portals.wi.wur.nl/files/docs/ppme/KeystoneTool-DevelopingaTheoryofChange.pdf

Kickul, J., & Lyons, T. S. (2012). Understanding social entrepreneurship: The relentless pursuit of mission in an ever changing world. N, Y:

Routledge.

Knapp, M. R. J. (1984). *The Economics of Social Care*, London: Macmillan

Knight, B., & Stokes, P. (1996). The deficit in civil society in the United Kingdom. Foundation for Civil Society.

Kolb, D. A., & Fry, R. (1975). Toward an applied theory of experiential learning. In L. Cary and Cooper(Eds). *Theories of Group Processes*. U.M.I. Books on Demand.

Kooiman, J. (2003). Governing as governance. New York: Sage.

Kramer, M. R., & Porter, M. (2011). *Creating shared value* (Vol. 17). Boston, MA, USA: FSG.

Laplume, A. O., Sonpar, K., & Litz, R. A. (2008). Stakeholder theory: Reviewing a theory that moves us. *Journal of management*, 34(6), 1152-1189.

Lascoumes, P., & Le Galès, P. (2007). Introduction: Understanding public policy through its instruments—From the nature of instruments to the sociology of public policy instrumentation. *Governance*, 20(1), 1-21.

Laville, J. L. (1994). Économie solidaire et crise de l'État en Europe. *Lien social et Politiques*, (32), 17-26.

Laville, J. L., & Nyssens, M. (2001). The social enterprise: toward a theoretical approach. In C. Borzaga and J. Defourny, *The emergence of social enterprise* (pp 312-332). London: Routledge.

Lawrie, G., Cobbold, I., and Marshall J. (2003). *Design of a coporate performance management system in a developmental organization*. 2GC Research Paper. 2GC Active Management: UK.

Leana, C. R. & Pil, F. K. (2006). Social Capital and Organizational Performance : Evidence from Urban Public Schools. *Organizational Science*, 17(3),

353-366.

Leana, C. R. & Van Buren, H. J. (1999). Organizatioal Social Capital and Employment Practices. *Academy of Management Review, 24*(3), 538-555.

Lee, C., & Nowell, B. (2014). A framework for assessing the performance of nonprofit organizations. *American Journal of Evaluation*, 36(3), 299-319.

Lévesque, B., & Ninacs, W. A. (2000). The social economy in Canada: The Quebec experience. Social economy: *International debates and perspectives*, 112-129.

Lingane, A., & Olsen, S. (2004). Guidelines for social return on investment. *California management review*, 46(3), 116-135.

Low, C. (2006). A framework for the governance of social enterprise. *International Journal of Social Economics*, 33(5/6): 376-385.

MacCallum, R. C., Browne, M., and Sugawara, H. M. 1996. Power analysis and determination of sample size for covariance structure modeling. *Psychological Methods*, a. 130-149.

Mair, J., & Marti, I. (2004). Social entrepreneurship: What are we talking about? *A framework for future research* (No. D/546). IESE Business School.

Mair, J., & Noboa, E. (2003). Social entrepreneurship: How intentions to create a social enterprise get formed. *Working Paper No. 521*. IESE Business School: University de Navarra.

Mallin, C. (2003). The Relationship between Corporate Governance, Transparency and Financial Disclosure. *Corporate Governance*, 10(4), 253-255.

Margolis, J. D., & Walsh, J. P. (2003). Misery loves companies: Rethinking social initiatives by business. *Administrative science quarterly*, 48(2), 268-305.

Marquand, R. (1988). The meaning of America: Is it'up for grabs' in US schools. *The Christian Science Monitor*, B1-B12.

Marr, B. (2009). Managing and Delivering Performance. London: B, H.

Martin, L, L., and Kettner, P, M. (2010). Measuring the Performance of Human Service Programs. Thousand Oaks, California: Sage.

Martin, R. L., & Osberg, S. (2007). *Social entrepreneurship: The case for definition*. Stanford Social Innovation Review. Stanford Graduate School of Business.

McAdam, R. and Walker, T. 2003. An inquiry into balanced scorecards within best value implementation in UK local government. *Public Administration* 81(4). pp. 873-892.

McLagan, P. A. (1989). Models for HRD practice. *Training & development journal*, 43(9), 49-60.

McLaughlin, J. A., & Jordan, G. B. (1999). Logic models: a tool for telling your programs performance story. *Evaluation and program planning*, 22(1), 65-72.

McLoughlin, J., Kaminski, J., & Sodagar, B. (2009). A strategic approach to social impact measurement of social enterprises; The SIMPLE methodology. *Social Enterprise Journal*, 5(2): 154-178.

McMurtry, S. L., & Hudson, W. W. (2000). The Client Satisfaction Inventory: Results of an initial validation study. *Research on Social Work Practice*, 10(5), 644-663.

Meadows, M., & Pike, M. (2010). Performance management for social enterprises. *Systemic practice and action research*, 23(2), 127-141.

Mellor, K. S., & Edelmann, R. J. (1988). Mobility, social support, loneliness and well-being amongst two groups of older adults. *Personality and Individual Differences*, 9(1), 1-5.

Messick, D. M., & McClintock, C. G. (1968). Motivational bases of choice in experimental games. *Journal of experimental social psychology*, 4(1), 1-25.

Meyer, J. P., & Allen, N. J. (1997). Commitment in the workplace: Theory, research, and application. Sage publications.

Millar, R., & Hall, K. (2013). Social return on investment (SROI) and performance measurement: The opportunities and barriers for social enterprises in health and social care. *Public Management Review*, 15(6), 923-941.

Millar, R., Hall, K., & Miller, R. (2013). A story of strategic change: becoming a social enterprise in English health and social care. *Journal of social entrepreneurship*, 4(1), 4-22.

Miller, G. E. (1990). The assessment of clinical skills/competence/performance. *Academic medicine*, 65(9), 63-7.

Mitchell, R. K., Agle, B. R., & Wood, D. J. (1997). Toward a theory of stakeholder identification and salience: Defining the principle of who and what really counts. *Academy of management review*, 22(4), 853-886.

Molloy, A., McFeely, C., and Connolly, E. (1999). Building a social economy for the new millennium. Derry: Guildhall Press/NICDA.

Moore, G. (2001). Corporate social and financial performance: An investigation in the UK supermarket industry. *Journal of Business ethics*, 34(3), 299-315.

Moore, G. (2003). Hives and hoseshoes, Mintzberg or MacIntyre: what future for corporate social responsibility?. *Business Ethics: A European*

Review, 12(1), 41-53.

Moulaert, F., & Ailenei, O. (2005). Social economy, third sector and solidarity relations: A conceptual synthesis from history to present. Urban studies, 42(11), 2037-2053.

Moulaert, F., & Nussbaumer, J. (2005). Defining the social economy and its governance at the neighbourhood level: A methodological reflection. *Urban Studies*, 42(11), 2071-2088.

Mowday, R. T., Steers, R. M., & Porter, L. W. (1979). The measurement of organizational commitment. *Journal of vocational behavior*, 14(2), 224-247.

Moxham, C., & Boaden. R. (2007). The impact of performance measurement in the voluntary sector: Identification of contextual and processual factors. *International Journal of Operations & Production Management*, 27(8): 826-845.

Nahapiet, J., & Ghoshal, S. (1998). Social Capital, Intellectual Capital, and the Organizational Advantage. *Academy of Management Review*, 23(2), 242-266.

Nakagawa, S., & Laratta, R. (2010). How can co-operative banks spread the spirit of co-operation in deprived communities?. *Social Enterprise Journal*, 6(2): 162-180.

Nasioulas, I. (2015). Social economy: A viable alternative? Policy Paper, No. 26: 1-12.

New Philanthropy Capital(NPC). (2010). Social Return on Investment. Position paper.

Neely, A., Adams, C., & Kennerley, M. (2002). The performance prism: The scorecard for measuring and managing business success. London: Financial Times Prentice-Hall.

Nicholls, A. (2009). 'We do good things, don't we?':'Blended Value Accounting'in social entrepreneurship. *Accounting, organizations and society*, 34(6-7), 755-769.

Nicholls, A., & Cho, A. H. (2006). Social entrepreneurship: The structuration of a field. *Social entrepreneurship: New models of sustainable social change*, 34(4), 99-118.

Nicholls, J. (2007). Why measuring and communicating social value can help social enterprise become more competitive. London: Cabinet Office.

Niven, P. (2003). Balanced scorecard step by step for government and nonprofit agencies. Hoboken, NJ: John Wiley & Sons, Inc.

Niven, P. (2006)(2nd ed.). Balanced scorecard step by step: Maximizing perormance and maintaining results. Hoboken, NJ: John Wiley & Sons, Inc.

Niven, P. (2008)(2nd ed.). Balanced scorecard step by step for government and nonprofit agencies. Hoboken, NJ: John Wiley & Sons, Inc.

O'Keeffe, T. (2002). Organisational learning: a new perspective. *Journal of European Industrial Training*.

Ockenfels, A., & Weimann, J. (1999). Types and patterns: an experimental East-West-German comparison of cooperation and solidarity. *Journal of public economics*, 71(2), 275-287.

Ogden, S., & Watson, R. (1999). Corporate performance and stakeholder management: Balancing shareholder and customer interests in the UK privatized water industry. *Academy of Management journal*, 42(5), 526-538.

Oh, H. S., Labianca, G. & Chung, M. H. (2006). A Multilevel Model of Group Social Capital. *Academy of Management Review, 31*(3), 569-582.

Olve, N-G., Roy, J. and Wetter, M. (1999). Performance drivers: A practical guide to using the balanced scorecard. Hoboken, NJ: John Wiley & Sons, Inc.

Olve, Nils-Goran., Roy, J. and Wetter, M. (1999). Performance drivers: A practical guide to using the balanced scorecard. Chichester: John Wiley & Sons.

Oosterlynck, S. D. J., Kazepov, I. A. K., Andreas, N., Pieter, C., Florian, W., Saruis, T., Barberis, E., & Bernhard, L. (2013). *Exploring the multi-level governance of welfare provision and social innovation: welfare mix, welfare models and rescaling*. ImProve: Porverty, Social Policy and Innovation.

Osborne, S. P. (2010). Introduction The (New) Public Governance: a suitable case for treatment?. *In The new public governance?* (pp. 17-32). Routledge.

Parry, S. B. (1996). Just What Is a Competency?(And Why Should You Care?). *Training*, 35(6), 58.

Paton, D. (2003). Disaster preparedness: a social-cognitive perspective. Disaster Prevention and Management. *An International Journal*, 12(3): 210-218.

Pay, C. (2001). Social accounting: a method for assessing the impact of enterprise development activities. EDIAIS. Traidcraft exchange.

Pearce, J. (2001). Organization and management in the embrace of government. Psychology Press.

Pearce, J., & Kay, A. (2005). Social accounting and audit: the manual (Vol. 14). Social Audit Network.

Peattie, K., & Morley, A. (2008). Eight paradoxes of the social enterprise research agenda. *Social enterprise journal*, 4(2): 91-107.

Pennings, J. M., Lee, K., & Witteloostuijn, A. V. (1998). Human capital, social capital, and firm dissolution. *Academy of management Journal*, 41(4), 425-440.

Perera, (2013). In pursuit of the double bottom-line: An emergent theory of value creation in for-profit social enterprises. Doctoral Dissertation. New Mexico State University.

Perrini, F., & Vurro, C. (2006). Social entrepreneurship: Innovation and social change across theory and practice. In *Social entrepreneurship* (pp. 57-85). Palgrave Macmillan, London.

Peters, B G. and Pierre, J. (2006). Handbook of public policy. *London: SAGE Publications*.

Pfeffer, J. (1982). *Organizations and organization theory*. Marshfield, MA: Pitman.

Pfeffer, J. (1995). Mortality, reproducibility, and the persistence of styles of theory. *Organization Science*, 6(6), 681-686.

Pierre, J. (Ed.). (2000). Debating governance: Authority, steering, and democracy. OUP Oxford.

Pierre, J., & Peters, B. (2000). Governance. Politics and the State. St. Martin's Press.

Pless, N. M. (2012). Social entrepreneurship in theory and practice—An introduction. *Journal of Business Ethics*, 111(3), 317-320.

Poister, T. H. (2003). Measuring performance in public and nonprofit organizations. San Francisco: Jossey-Bass.

Porter, M., Hills, G., Pfitzer, M., Patscheke, S. and Hawkins, E. (2011). Measuring Shared Value. FSG.

Prabhu, G. N. (1999). Social entrepreneurial leadership. *Career development international*.

Price, J. L., & Mueller, C. W. (1986). Handbook of organizational measurement, Marshfield, MA: Pitman.

Provost, L. and Leddick S. (1993). How to take multiple measure to get a complete picture of organizational performance. *National Productivity Review*. 12(4).

Putnam, R. D. (1995). Tuning in, tuning out: The strange disappearance of social capital in America. *PS: Political science & politics*, 28(4), 664-683.

Putnam, Robert D. (1993). The Prosperous Community: Social Capital and Public Life. *American Prospects, 4*(13), 35-42.

Radnor, Z. and Lovell, B. (2003a). Defining, justifying and implementing the balanced scorecard in the national health service. *International Journal of Medical Marketing* 3(3). pp. 174-188.

Radnor, Z. and Lovell, B. (2003b). Success factors for implementation of the balanced scorecard in a HNS multi-agency setting. *International Journal of Health Care Quality Assurance* 16(2). 99-108.

Rhodes, R. A. (1992). Beyond Whitehall: researching local governance. *Social Sciences*, 13(2).

Richards, A., & Rotheroe, N. (2008). Social return on investment and social enterprise: transparent accountability for sustainable development. *Social Enterprise Journal*. volume 3(1): 31-48.

Ridley, D., & Bull, M. (2011). Understanding Social Enterprise: Theory and Practice. *Business & Economics*, 304.

Rimar, S. (2000). Strategic planning and the balanced scorecard for faculty practice plans. *Academic Medicine*. 75(12).

Rosenau, J. N., Czempiel, E. O., & Smith, S. (Eds.). (1992). *Governance without government: order and change in world politics* (No. 20). Cambridge University Press.

Rossi, S., & Busetta, P. (2004). Towards monitoring of group interactions and social roles via overhearing. In *International Workshop on Cooperative Information Agents* (pp. 47-61). Springer, Berlin, Heidelberg.

Rotheroe, N. C., & Miller, L. (2008). Innovation in social enterprise: achieving a user participation model. *Social Enterprise Journal*.

Rowley, T., & Berman, S. (2000). A brand new brand of corporate social performance. *Business & society*, 39(4), 397-418.

Ruebottom, T. (2011). Counting social change: outcome measures for social enterprise. *Social Enterprise Journal*, 7(2): 173-182.

Ryan, P. W., & Lyne, I. (2008). Social enterprise and the measurement of social value: methodological issues with the calculation and application of the social return on investment. *Education, Knowledge & Economy*, 2(3), 223-237.

Sahlman, W. A. (1996). Some thoughts on business plans. Harvard Business School Public.

Schneper, W. D., & Guillén, M. F. (2004). Stakeholder rights and corporate governance: A cross-national study of hostile takeovers. *Administrative Science Quarterly*, 49(2), 263-295.

Schneper, W., & Guillen, M. (2002). Institutions, power, and corporate governance: A cross-national study of hostile takeovers. *Penn Economic & Organizational Sociology*, 2(1/2).

Selbourne, D. (1994). The principle of duty. London: Sinclair-Stevenson.

Senge, P. (1990). *The fifth discipline*. London: Century Business.

Sheridan, K. (2011). Measuring the Impact of Social Enterprise. *British Journal of Healthcare Management*, 17(4): 152–56.

Smith, M. (2000). Strategic management accounting: The public sector challenge. *Management Accounting*. January 2000.

Smith, P. (1996). Measuring outcome in the public sector. London: Taylor & Francis.

Somers, A. B. (2005). Shaping the Balanced Scorecard for use if UK social enterprise. *Social Enterprise Journal*, 1(1): 43-56.

Sowa, J. E., Selden, S. C., & Sandfort, J. R. (2004). No longer unmeasurable? A multidimensional integrated model of nonprofit organizational effectiveness. *Nonprofit and voluntary sector quarterly*, 33(4), 711-728.

Sparrow, P. R. (1996). Transitions in the psychological contract: Some evidence from the banking sector. *Human Resource Management Journal*, 6(4), 75-92.

Spector, P. E. (1985). Measurement of human service staff satisfaction: Development of the Job Satisfaction Survey. *American journal of community psychology*, 13(6), 693.

Spencer, L.M. and Spencer, S.M. (1993) *Competence at Work: Models for Superior Performance*. John Wiley & Sons, New York.

Spencer, R., Brueckner, M., Wise, G., & Marika, B. (2016). Australian indigenous social enterprise: measuring performance. *Journal of Enterprising Communities: People and Places in the Global Economy*, 10(4), 397-424.

Spitzer, D. R. (2007). Transforming performance measurement. *New York: AMACOM.*

Spreckley, F. (2008). Social audit toolkit ; Hunt S, editor. Herefordshire, *England: Local Livelihoods Ltd.*

SROI Network. (2012). A Guide to social return on investment.

Stupak, R. J., & Leitner P. M. (2001). *Handbook of Public Quality*

Management. New York: Marcel Dekker Inc.

Sullivan Mort, G., Weerawardena, J., & Carnegie, K. (2003). Social entrepreneurship: Towards conceptualisation. *International journal of nonprofit and voluntary sector marketing*, 8(1), 76-88.

Talbot, C. (2008). Measuring public value. London: The Work Foundation.

Talbot. C. (2010). *Theories of performance: Organizational and service improvement in the public domain*. London: Oxford University Press.

Tam, H. (1998). What is Communitarianism?. *In Communitarianism* (pp. 1-30). Palgrave, London.

Thomson, I., & Bebbington, J. (2005). Social and environmental reporting in the UK: a pedagogic evaluation. *Critical Perspectives on Accounting*, 16(5), 507-533.

Thomson, R. (2001). The programme to policy linkage: The fulfilment of election pledges on socio-economic policy in the Netherlands, 1986-1998. *European Journal of Political Research*, 40(2), 171-197.

Trogen, N., Yavas, U. (2002). Factors enhancing effectiveness of Nonprofit multihospital organizations. *Public Performance & Management Review*, 26(1): 44-57.

Tsai, W., & Ghoshal, S. (1998). Social Capital and Value Creation: The Role of Intra-firm Networks. *Academy of Management Journal*, 41(4), 464-476.

Twine, F. (1994). *Citizenship and social rights: The interdependence of self and society* (Vol. 33). Sage.

Tyson, S. and Jackson, T. (1992). *The essence of organizational behavior*. New York: Prentice-Hall.

Tzafrir, S. and Dolan, S. 2004. "Trust Me: A Scale for Measuring Manager-Employee Trust", Management Research: *Journal of the Iberoamerican*

Academy of Management, Vol. 2 Iss: 2, pp.115-132.

United Nations Industrial Development Organization(UNIDO). (2002). *Industrial Development Report*. United Nations Industrial Development Organization(UNIDO).

Vaillancourt, Y., & Favreau, L. (2001). Le modèle québécois d'économie sociale et solidaire. *Revue internationale de l'économie sociale: recma*, (281), 69-83.

Van Dooren, W. and Van de Walle, S. (2008). *Performance information in the public sector*. UK: Palgrave.

Van Dooren, W., Bouckaert, G., and Halligan, J. (2010). *Performance Management in the Public Sector*. N, Y: Routledge.

Van Lange, P. A. (1999). The pursuit of joint outcomes and equality in outcomes: An integrative model of social value orientation. *Journal of personality and social psychology*, 77(2), 337.

Van Slyke, D. M. (2007). Agents or stewards: Using theory to understand the government-nonprofit social service contracting relationship. *Journal of public administration research and theory*, 17(2), 157-187.

Villanueva, L. F. A. (2015). The New Public Governance? Emerging perspectives on the theory and practice of public governance. *Journal of Public Governance and Policy: Latin American Review*, 1(1), 126-134.

Waddock, S. A., & Graves, S. B. (1997). The corporate social performance-financial performance link. *Strategic management journal*, 18(4), 303-319.

Walburg, J., Bevan, H., Wilderspin, J. and Lemmens, K. (2006). *Performance management in health care: Improving patient outcomes: an integrated approach*. London: Routledge.

Walzer, M. (1992). What it means to be an American. Marsilio Publishers

Wartick, S.L. and Cochran, P.L. (1985) The Evolution of the Corporate Social Performance Model. *Academy of Management Review*, 10, 758-769.

Wheeler, D., McKague, K., Thomson, J., Davies, R., Medalye, J., & Prada, M. (2005). Creating sustainable local enterprise networks. *MIT Sloan Management Review*, 47(1), 33.

Wiig, K. M. (1997). Integrating intellectual capital and knowledge management. *Long range planning*, 30(3), 399-405.

Wilson, C. D. et al., (2003). Results using the balanced scorecard in the public sector. *Journal of Corporate Real Estate*. 6(1). 53-63.

Wood, D. J. (1991). Corporate social performance revisited. *Academy of management review*, 16(4), 691-718.

Worley, C. G., & Feyerherm, A. E. (2003). Reflections on the future of organization development. *The Journal of Applied Behavioral Science*, 39(1), 97-115.

Zadek, S., Fostater, M., & Raynard, P. (2002). Social Development and the Role of the Private Sector: Corporate Social Responsibility. *Unpublished Working Paper, United Nations Department of Economics and Social Affairs: Division for Social Policy and Development*, New York.

Zappalà, G., &Lyons, M. (2009). *Recent approaches to measuring social impact in the Third sector: An overview*. the Centre for Social Impact, CSI Background Paper No.6.

Zelman, W. N., Pink, G. H. and Matthias, C. B. (2003). Use of the balanced scorecard in health care. *Journal of Healthcare Finance*. 29(4).

한국사회적기업진흥원, www.socialenterprise.or.kr

사회적기업연구원, www.rise.or.kr

고용노동부, www.moel.go.kr

영국의 트레이드크라프트. http://www.traidcraft.co.uk

찾아보기

ㄱ

ㄴ

ㄷ

ㅁ

ㅂ

ㅇ

ㅈ

ㅊ

ㅍ

ㅎ

C

E

P

R

S

저자 소개

지은구 계명대학교 사회복지학과 교수

〈주요저서〉

사회복지경제학연구(2003), 비영리조직 성과관리(2012), 사회복지전달체계연구(2016), 복지국가와 사회의 질(2018), 사회경제론(2021), 복지자본주의연구(2024) 외 다수

〈주요논문〉

Eun-gu Ji. 2006. A study of the structural risk factors of homelessness in 52 metropolitan areas in the U.S. International Social Work 49(1): 107-117 외 다수